周口店遗址保护工程报告

周口店北京人遗址管理处　编著

文物出版社

2013年·北京

装帧设计　隗　伟
责任印制　张道奇
责任编辑　张冬妮

图书在版编目（CIP）数据

周口店遗址保护工程报告／周口店北京人遗址管理处编著．—北京：文物出版社，2013.5
ISBN 978－7－5010－3695－0

Ⅰ.①周…　Ⅱ.①周…　Ⅲ.①周口店（考古地名）－文化遗址－保护－研究报告　Ⅳ.①K878

中国版本图书馆 CIP 数据核字（2013）第 072393 号

周口店遗址保护工程报告

周口店北京人遗址管理处　编著

*

文物出版社出版发行

（北京东直门内北小街 2 号楼）

邮　政　编　码：　100007

http：//www.wenwu.com

E-mail：web@wenwu.com

北京京都六环印刷厂印刷

新　华　书　店　经　销

787×1092　1/8　印张：36

2013 年 5 月第 1 版　2013 年 5 月第 1 次印刷

ISBN 978－7－5010－3695－0　定价：420.00 元

《周口店遗址保护工程报告》编辑委员会

序

《周口店遗址保护工程报告》的出版，说明了作为第一批我国被列入世界文化遗产名录的周口店遗址的保护已得到足够重视。这是第一部详实记录周口店遗址文物保护工程的报告，它阐述了从现状评估、病害调查、工程勘察、设计、施工、验收到组织管理的整个认识和实践过程。它是遗产地积累的历史档案资料，也是经验的总结，它不仅为今后的保护工程积累了丰富经验，同时也可为其他类似的遗产地的保护提供参考。因此它的出版也得到国家文物局与北京市文物局的高度重视。

近十年来我有幸见证了周口店遗址的变化。在市、区各级领导，中国科学院，文物部门等关心、支持下，周口店北京人遗址管理处邀请到科学院所、高校、企业等多学科、多专业的专家、学者与工程技术人员，对周口店遗址的保护、研究与展示进行了大量卓有成效的工作，其中的文物保护工程，就是值得称道的内容。由于周口店遗址的特殊性：作为纵贯70万年史前人类活动的遗址，大多是洞穴、岩土结构的遗址，它受地理、自然环境因素的影响较多，一些通常使用的文物保护措施在某些地点不一定适用，对环境协调的要求很高。因此，其规划、设计的前期研究工作显得十分重要。首先，要求保护工程必须建立在有详尽的基础调查资料之上开展保护工作。为确保保护工程的科学性、严谨性，周口店遗址管理处自2003年开始进行了27个化石地点系统调查工作，掌握了遗址的现状和病害特征，为制订遗址保护规划与保护工程方案提供了确切的基础资料。然后，在2004年至2006年期间，进行了大量的前期研究准备，先后对遗址内8处化石地点存在的安全隐患实施了抢险加固保护工程。

在对古人类居住的洞穴保护加固时，不仅使用了常规的锚固与灌浆技术，同时考虑如何隐蔽这些现代结构与设施对环境的影响，用与山体相似的层理、构造外壳，使保护工程与山洞的原貌十分协调；对保护构筑物的着力点也要作出精密计算，既要了解岩体的结构与风化特性，又要进行岩体力学的稳定性分析；在设计排水沟位置时，既要避免水进入紧密相连的洞穴，还要保持参观道路的畅通；尤其是第一地点考古遗址剖面的保护方案，经历了多次方案的选择，研讨会、论证会开过多次，在采用何种保护措施上，有不少争论。由于其主要病害是几乎垂直的高陡坡，受日晒雨淋、干湿交替、冻融等影响，不断崩塌、掉块，今年的一次暴雨，在其下的溶洞暗沟冲出动物遗骨，这些迹象说明已严重威胁到遗址的安全。在研究如何保护时，多数专家认为不宜使用锚固与灌浆的办法，也不能使用化学材料渗透加固，这些措施解决不了其整体稳定性，并对遗址的进一步发掘不利，便产生了后来的保护棚方案，原来只考虑在第一地点顶部盖保护棚，但又提出其两侧也有文化层遗迹，而且这个空间又是汇水集中处，与鸽子堂、猿人洞之间，原来就是洞穴环境，是后来被挖掉的，因此又有了后来的大面积覆盖保护棚的设计。这个过程充分说明了保护工程设计的慎重与艰辛。此外，报告中还记录了施工过程中一些先进技术，如孔内探测摄影成像技术，提高了对遗址本体病害的探测精度；无尘干钻成孔，显著降低了对自然环境的污染。类似的例子还有不少，我们可以在《周口店遗址保护工程报告》中读到。通过几年来的监测观察，这些保护工程使遗址经受住了各种考验，说明是有成效的。

当然，任何的保护工程不可能是一劳永逸的，尤其遗址本体及其环境在不断地变化，除了要加强监测与日常保养外，还有一些难题需要去研究攻关，如松散的文化层保护问题；地下岩溶洞穴的通道，是否会对遗址造成危害；岩溶地下水径流、排泄过程是否对遗址本体造成损害等。相信随着周口店遗址保护规划的实施，博物馆的建成，管理处将会有更多的力量投入到遗址保护工作中来。预祝周口店遗址保护获得更大成功！

黄克忠

2012 年 8 月

前　言

周口店遗址位于北京市房山区周口店镇，自1927年大规模系统发掘以来，先后发现不同时期的各类化石和文化遗物地点27处。发现了距今约70万年至20万年前的“北京人”、距今约20万年至10万年前的第四地点早期智人、距今约3．85万年至4．2万年前的田园洞人、距今3万年前的山顶洞人，以及10多万件石器、大量的用火遗迹和上百种动物化石等。周口店遗址是世界上同时期中材料最丰富、最齐全和最有价值的古人类遗址及古生物遗址群，它保存了纵贯70万年的古人类和古生物遗存，是我国古人类学、旧石器时代考古学和第四纪地质学等多种学科的科研基地。1961年被国务院批准为第一批全国重点文物保护单位。1987年被联合国教科文组织列入《世界遗产名录》。1997年被中宣部列入“全国百家爱国主义教育示范基地”。2008年被国家文物局评为国家一级博物馆。2010年被评为国家考古遗址公园。

为了充分发挥政府部门的管理优势和科研部门的科研优势，2002年8月16日，北京市人民政府与中国科学院签署了《关于共建周口店北京猿人遗址的协议》，“市院共建”以来，遗址的保护、管理、科研、科普教育等工作均取得了丰硕成果。

周口店遗址自发现以来一直处于露天状态，随着自然环境的变迁和人为因素的影响，遗址本体和周边环境均遭受到了不同程度的破坏，部分化石地点已经消失。为保护好这一珍贵的人类遗产，2003年12月，中国科学院古脊椎动物与古人类研究所、北京市文物局和房山区人民政府联合主办了“周口店北京人遗址保护与研究专家论坛”，围绕周口店遗址的保护与研究等问题进行了深入的探讨。

根据专家们的意见，2003年~2005年组织考察队，开展了周口店遗址27个化石地点的系统调查和27个化石地点的地质病害调查，先后完成了《周口店遗址27个化石地点——系统调查与资料整理报告》、《周口店遗址群地质病害调查报告》。基础调查工作的开展使我们详细掌握了遗址各化石地点的位置坐标、保存现状和地质病害情况，为科学、合理地开展遗址保护工作奠定了坚实的基础。

为了使遗址化石地点得到有效保护，在国家文物局和北京市文物局的大力支持下，委托辽宁有色勘察研究院，对遗址核心区内的部分化石地点设计了加固保护方案。该方案得到国家文物局和北京市文物局的批准后，2004年~2006年由辽宁有色基础工程公司分两期实施了遗址加固保护工程。保护工程的实施，使遗址核心区化石地点本体和其附着岩体得到了有效保护，确保了遗址核心区化石地点的安全稳定。两期工程竣工后得到了各级领导和相关专家的充分肯定。

为全面记录周口店遗址加固保护工程实施过程，为今后遗址进一步开展保护工作、查阅资料提供方便，特编制本书。本书共分7章，详细记录了周口店遗址的基础调查成果，保护方案设计理念，保护工程实施过程以及工程中采用的相关技术，并收录有设计图、竣工图、施工照片、大事记、批复文件等资料。

本书的编著国家文物局和北京市文物局高度重视，辽宁有色勘察研究院、北京大学考古文博学院、中国科学院古脊椎动物与古人类研究所、中国科学院地质与地球物理研究所等单位给予了大力支持，相关的地质、水文等方面的专家给予了指导，在此一并表示感谢。

周口店北京人遗址管理处

2012 年 12 月

目　　录

插图目录

附图目录

图版目录

29. 加固后的第 3 地点
30. 加固前的第 4 地点
31. 加固前的第 4 地点门廊
32. 第 4 地点门上裂隙进行封堵
33. 第 4 地点门上裂隙进行封堵
34. 加固后的第 4 地点
35. 加固后的第 4 地点门廊
36. 第 4 地点排水槽挖方
37. 第 4 地点排水槽混凝土施工
38. 第 4 地点前护栏
39. 第 4 地点上部挡水墙及护栏
40. 加固前的顶盖堆积
41. 加固后的顶盖堆积
42. 重修后的顶盖堆积门前广场
43. 加固前的第 12 地点
44. 加固后的第 12 地点
45. 加固前的山顶洞北侧
46. 加固山顶洞安装锚杆
47. 吊装钢梁
48. 焊缝
49. 防护棚玻璃钢防水处理
50. 防护棚协调做旧（钻孔）
51. 防护棚协调做旧（勾缝）
52. 防护棚协调做旧（磨光）
53. 防护棚协调做旧（上色）
54. 山顶洞挡水墙及护栏
55. 山顶洞南侧排水槽
56. 加固前的山顶洞北侧
57. 加固前的山顶洞东侧
58. 加固后的山顶洞北侧
59. 加固后的山顶洞东侧
60. 周口店遗址一期加固保护工程竣工会
61. 周口店遗址加固保护二期工程竣工会

第一章　概　述

一、地理位置

周口店遗址位于北京西南房山区周口店镇龙骨山上，距市中心约50公里，地理坐标为北纬39°41′，东经115°51′。遗址保护范围13.68平方公里。其中：重点保护范围0.4平方公里，一般保护范围4.4平方公里，建设控制地带（缓冲区）8.88平方公里。

自20世纪20年代以来，周口店遗址因发现著名的古人类化石——北京猿人、丰富的古脊椎动物化石、数十万件石器和丰富的用火遗存等方面的考古科研材料及丰硕的中外合作研究成果而闻名于世。周口店遗址是我国古人类学、旧石器时代考古学和第四纪地质学的发源地，至今仍是这些学科领域在中国乃至世界的一处重要研究基地。1961年被国务院公布为第一批全国重点文物保护单位；1987年，被联合国教科文组织列为《世界文化遗产名录》；1997年被中宣部评为全国百家爱国主义教育示范基地之一；2010年，被国家文物局评为全国首批国家考古遗址公园之一。

图1－1　周口店遗址位置图

二、价值概述

（一）科学价值

周口店遗址是世界上同时期中内涵最丰富、材料最齐全和最有科研价值的古人类及古生物遗址，它保存了纵贯70万年的古人类活动和古生物遗存，是我国古人类学、旧石器时代考古学和第四纪地质学等多学科科研基地。

1. 古人类学

周口店遗址出土的丰富的人类化石材料涵盖了人类演化史上的三个阶段：直立人、早期智人和晚期智人。这些化石材料确立了直立人这一人类演化阶段的存在，为研究直立人以来古人类的生物特征、演化过程提供了不可缺失的证据。阐释了有关东西方人种形态差别特点及变异来源；有控制的用火遗迹和狩获大型猎物的遗存，为研究古人类的生存能力、行为特点、社会组织和智力发展水平提供了不可替代的资料，成为建立东亚地区古人类生存模式的重要依据；确立了“多地区起源说”、“区域连续演化说”等理论基础，也是研究以蒙古人种为代表的现代东亚人类的起源与演化过程的主要依据。

2. 旧石器时代考古学

周口店遗址出土丰富的石制品，从60万年前断续延伸到1万年前。第1地点、第15地点和山顶洞分别是东亚地区旧石器时代早、中、晚三个时期的典型代表，是研究东亚古人类石器技术特点及其发展过程和建立中国旧石器时代考古学体系和进行东、西方远古文化比较研究的实证基础。

3. 第四纪地质学

周口店遗址的一系列第四纪洞穴沉积和丰富的动物化石使“周口店期”和“周口店动物群”得以建立，成为华北中更新世地质时代、地质沉积类型与序列和动物群演化序列的典型代表，成为其他地域更新世地层划分、时代界定和动物群对比定性的参照系。

4. 古环境学

周口店遗址保存着多方面的古环境信息，包括洞穴地层的沉积类型、规律、颗粒、化学成分，古哺乳动物群的生态环境特征，沉积物中所包含的孢粉等，均为重建远古气候条件背景的环境信息载体。周口店洞穴中所保留的这些环境信息与黄土沉积序列以及深海氧同位素相结合，将为复原中更新世以来的环境演变和研究古人类生存背景奠定基础。

（二）历史学价值

周口店遗址是世界上发现的材料最为系统的旧石器时代古人类遗址，经历年代久远，是远古时期（史前）人类生存方式以及繁衍进化的见证。周口店遗址的考古发掘、科学研究，是中国考古史上的重大事件，在世界科学史上占有重要地位。

（三）文化传承价值

世界遗产委员会认定，周口店遗址符合文化遗产列入准则的第3与第6条，即：它能为一种现存的或一种已消逝的文明或文化传统提供一种独特的或至少是特殊的见证；同时又与某些事件、现行传统、思想、信仰或文学艺术作品有着直接和实质的联系。周口店北京人遗址是世界文化遗产，即为人类共同继承的文化和自然遗产。遗产是历史的见证，是现今社会的继承物，“缔约国有责任对本国领土内的文化和自然遗产进行确认、保护、保存、展出和移交给后代”。

（四）教育价值

周口店遗址是人才培育与成长的摇篮，造就了一大批优秀的专家学者。至今，周口店遗址仍作为古人类学和考古学培育人才的基地，推动着我国相关科研事业的发展。

周口店遗址是普及科学知识和相关专业教育实践的基地。在周口店古人类遗址区可以学到许多古人类学、考古学、地质学等学科的相关专业知识。

周口店遗址是“北京市青少年教育基地”和“全国百家爱国主义教育示范基地”之一，为新时期的精神文明建设做出巨大贡献。

（五）展示利用价值

周口店遗址是世界知名的人文资源，具有不可替代性、不可复制性和不可再生性，对国内外学者、文人、政要和一般旅游者都具有研究、鉴赏、教育、观光的作用，具有不可替代的展示利用价值。

三、地形和地貌

周口店遗址地处太行山脉和华北平原的过渡地带，地形大致向东南倾斜，遗址区坐落在山前侵蚀低丘上。西北面是中山、高山区，白垩纪后、更新世前，以构造运动为主形成了峰峦叠嶂、复杂的高山地形。东南方为一望无际的华北大平原。附近有许多条西北—东南向伸向平原的基岩岗丘、缓坡低山，地形稍有起伏。

周口店地区的主要地形为剥蚀的低山丘陵和山前洪冲积平原。附近最高峰为猫儿山，海拔1370米。龙骨山、鸡骨山等均为唐县期侵蚀面，多为孤山丘。

周口店地区的地貌单元可以划分为：构造侵蚀中山区、构造剥蚀低山区、侵蚀堆积河谷区和山前倾斜洪—冲积平原区（谭应佳和叶俊林，1987）。北京猿人的活动场所与现在大体相似，只是山体高度、坡度有所不同（裴文中，1960；谢又予等，1985），包括中山（海拔1 000～2 000米）、低山（海拔500～1 000米）、丘陵（海拔100～500米）和平原（100米以下）。总体上，该区第四纪以来由于东北向的八宝山大断裂活动的影响，东南盘逐渐下降，形成了厚达百余米的松散沉积物，地貌上为海拔约50米的北京平原区，而西北上盘则形成了一系列的阶梯状断裂，逐级上升依次形成了丘陵、低山和中山地貌。

四、水文地质条件

周口店遗址区内水文地质条件比较简单，大气降水大部分经地表直接排泄入山前周口河，少部分顺岩层裂隙渗入地下，沟内未见常年流水。遗址区生活用水为地表下70米的深井水，深井位于遗址门口停车场北侧，地下水属石灰岩裂隙水。

根据前人资料，本区可分为两个含水岩组：

（1）黏砂碎石、砂卵石含水岩组：主要分布在山麓、山间沟谷及山前一带。多为坡积洪积、洪积和冰碛物。岩性多为黏砂碎石，透水性能差，一般水位埋藏较深，多为缺水区。但是在局部山间凹地、山间间歇性河谷地带，也有较好的砂卵石透镜体，富水性较好。

表 1－1　周口店遗址角砾堆积崩解试验特征表

编号	试样名称	取样位置	崩解试验特征
1	浅棕色钙质胶结含泥、砂角岩	顶盖堆积	浸泡 10 分钟之内表面土层崩解，10 天后泥质物略有增加，角砾岩仍坚硬块状，45 天后无大变化，表面为坚硬砂质感觉（见照片 3－7 中 1）
2	褐红色钙质、泥质胶结角砾岩	第三地点	10 分钟之内表面上颗粒崩解，10 天后泥质物略有增加，样品仍为块状坚硬，45 天后无大变化，手摸样品为砂质坚硬（见照片 3－7 中 2）
3	深红色沙砾黏土层	第十二地点	1 分钟内土块样品全部崩解，成小片状、土状，搅动后部分片状粉碎，45 天后上部为一层细颗粒，下部仍为碎片状（见照片 3－7 中 3）
4	褐灰色钙质胶结角砾岩	第四地点	浸泡 10 分钟内崩解的泥质很少，10 天后泥质仍很少，样品坚硬块状，45 天后无太大变化，崩解之泥量略多于 6 号样，样品手感砂质坚硬（见照片 3－7 中 4）
5	褐黄色钙质胶结角砾岩	第十五地点	浸泡 10 分钟内崩解之泥质粉末很少，10 天后手摸样品有泥滑感觉，但崩解的粉末仍很少，45 天后样品状，坚硬、手感砂质（见照片 3－8 中 5）
6	棕黄色钙质胶结角砾岩	鸽子堂南侧壁	浸泡 10 分钟内表面上颗粒有少量崩解，10 天后泥质物增加很少，45 天后样品无大变化，是 8 个试样中泥质含量最少的，手感坚硬砂质（见照片 3－8 中 6）
7	灰白色钙质胶结砂、泥质角砾岩	鸽子堂东侧（外）	浸泡 10 分钟内表面上颗粒崩解，5 日后泥质崩解物不多，但样品手感泥滑明显，10 天后砂感明显，45 天后崩解之粉末略有增加，手感砂状坚硬（见照片 3－8 中 7）
8	褐黄色钙质胶结角砾岩	猿人洞东侧壁灰烬层	浸泡 10 分钟有少量泥质崩解，5 日后表面有泥滑感，10 天后全为砂质坚硬感觉，表层泥质颗粒全部崩解，45 天后样品块状、坚硬，但手搓沙粒可脱落（见照片 3－8 中 8）

注：试验用水为周口店遗址内深井水，PH 值为 7.33，水化学类型为 $HCO_3 + SO_4 - Mg + Na + Ca$ 型。

（2）碳酸盐岩岩溶裂隙水含水岩组：北京西山的奥陶系灰岩质纯层厚，易被水溶蚀，裂隙、溶洞发育，地下水丰富，但富水不均，北京有名的大泉多出露于此层中，如房山万佛堂泉、马刨泉，西郊玉泉山泉等。房山、周口店的山前地带，奥陶系灰岩埋藏在第四系沉积物之下，埋藏深度一般在 20 米以上，单井出水量相差悬殊，一般在 200 方/日以上，大者可达 3000～4000 方/日。碳酸盐岩地区的岩溶裂隙水资源比较丰富，对工农业供水有一定意义。但是由于地质构造的作用，岩层裂隙溶洞发育程度不均，溶洞充填情况不同，补给条件各异，其富水性极不均一。特别是在山区的碳酸岩分布区，由于裂隙发育透水性强，大气降水容易向下漏失，地下水埋藏较深，开采困难，常常造成缺水。

山区地下水径流和排泄条件好，交替强烈。一般为矿化度小于 0.5 克/升的淡水。化学组分受到岩性的控制，碳酸盐岩类中的地下水主要为 $HCO_3 - Ca + Mg$ 型水。

这次病害调查过程中，10 月下旬在遗址核心区内采集了雨水样、周口河地表水样、遗址区内深井生活用水样（为井深 70 米的岩溶水）。雨水样的水分析结果显示，PH 值为 5.4，属弱酸性，这对碳酸盐类矿物极为不利，酸雨可与石灰岩作用生成易溶的重碳酸钙，因此酸雨对遗址内的石灰岩和碳酸盐胶结的角砾岩都有侵蚀作用。

深井水样根据水分析所做的项目结果来看，各项指标均符合饮用标准。

五、工程地质条件

（一）寒武系地层

黄院组（∈H）

出露于鱼岭和鸡骨山一带，岩石由上至下为青灰色纹带大理岩，厚35.28米。灰色灰黄色泥质条带大理岩，夹钙质千枚岩，厚20.97米。灰褐色中薄层纹带状泥质大理岩，厚11.54米。灰褐色泥质条带大理岩，厚22.23米。

张夏组（∈Z）

由上至下为灰色厚层鲕状灰岩，厚7.15米。银灰色千枚状板岩，夹数层白云石大理岩，厚29.28米。

徐庄组（∈X）

由上至下为黄灰色鲕状大理岩，厚3.60米。暗绿色粉砂质板岩，夹黄色鲕状大理岩及大理岩，厚17.60米。含磁铁矿千枚状板岩，厚6.7米。

馒头－毛庄组（∈M）

出露岩石为灰色千枚状板岩，夹云质大理岩，厚40.23米。

昌平组（∈C）

由上至下为青灰色云质大理岩，厚4.80米。青灰色纹带状大理岩，含白云质团块大理岩（豹斑状），厚10.87米。

（二）奥陶系地层

马沟组（OM）

分布于龙骨山、鱼岭和太平山一带，由上而下出露岩石为黄白色中厚层条带状大理岩，厚2.00米。灰白色中厚层纹带状大理岩与纹带状白云岩互层，厚7.96米。薄层白云岩与薄层大理岩互层，中夹数层深灰色板岩，厚15.96米。灰色中厚层白云质大理岩及青灰色纹带状大理岩，厚10.34米。灰色薄层状白云岩与大理岩互层，厚15.44米。

龙宝峪组（OL）

分布在鱼岭和太平山一带，由上而下出露岩石灰色、灰白色薄层白云质大理岩夹薄层纹带大理岩，底部为一层厚约1.5米的膏溶角砾岩，厚11.76米。灰白色中薄层白云质大理岩夹白色纹带状大理岩，岩层中含少量燧石团块，厚23.07米。灰白色厚层白云岩与纹带状大理岩互层，顶部白云岩中出现角砾状白云岩，厚21.66米。灰白色厚层白云岩，上部为厚约2～5米的膏溶角砾岩，下部为白云岩，厚8.87米。灰白色薄层白云质大理岩，上部有一层，厚约0.5～1米的膏溶角砾岩层厚9.55米。黄灰色厚层泥灰质大理岩，夹青灰色大理岩，局部含燧石团块，厚12.94米。黄褐色薄层泥质含石英大理岩夹黄褐色钙质板岩，厚14.80米。灰白色薄层白云质大理岩、青灰色中厚层白云质大理岩，底部为约3米厚的黄灰色钙质板岩，该板岩为寒武系与奥陶系分界的标志层，厚15.51米。

周口店遗址群主要出露地层为寒武系和奥陶系灰岩中的洞穴堆积。洞穴内第四系堆积物为早、中更新世（猿人洞）、中更新世（第四地点、山顶洞），其中猿人洞内堆积物最厚，达 40 余米，主要岩性为石灰岩角砾，还有含泥质钙华及砂砾石层。遗址群沟谷内则为中、上更新世冲积层（灰黄色砾石层）、洪积层（黄色砂砾砂土层）、坡积层（黄色亚黏土层）及全新统的人工堆积层（灰角砾层）、阶地冲积层（砂砾层）和河漫滩冲积层（砾石层）。

遗址群内石灰岩中溶洞比较发育，洞内常见有如下堆积物：

（1）化学沉积物，如石钟乳、石笋等；

（2）崩塌堆积物，如洞顶洞壁崩塌的岩块、岩屑，常和洞底的石灰华、砂黏土等泥杂经石灰岩淋滤作用胶结成角砾岩；

（3）生物和文化堆积层，如哺乳动物化石和古人类文化遗迹，如石器、灰烬层等。

考古学家对周口店组（中更新统）洞穴堆积有过详细研究，以周口店第 1 地点为代表，按岩性可分为三部分：

上部角砾岩：由未风化的石灰岩块及砂质黏土组成，石灰岩块呈青色，大小不一。底部为砂层，局部夹有石灰华，含较厚的灰烬层及大量鬣狗粪层。

中部角砾岩：由风化的石灰岩块组成，夹有红黏土与黑色灰烬，灰烬层厚 1 米。石灰岩块呈白色，有钙质外壳，局部有石灰华。

下部角砾岩：角砾由风化的石灰岩块组成，含鬣狗粪层。

第 1 地点的堆积层中含有大量的石器，其中刮削器最为丰富。

本次遗址区内地质调查在第 2 地点南侧和西侧、博物馆南侧、后山平房北侧和西侧、山顶洞西侧和南侧、第 4 地点南侧共发现并圈出十四处时代 为 $Q_{2\sim3}$的第四系堆积，可能含有哺乳动物化石。

第二章　现状评估

一、遗址地点现状评估

周口店遗址自1921年发现以来，经过几代中外科学家的努力，共发现具有学术价值的化石地点27处，200多件古人类化石（代表40余个猿人个体的化石材料），10万余件石制品，上百种古脊椎动物化石，是迄今为止世界同时期古人类遗址中材料最丰富、内容最完整、最具有代表性的遗址之一。根据《周口店遗址27个化石地点—系统调查与资料整理报告》，目前尚保存的地点有14处，即：1、2、3、4、9、10、11、12、14、15、20、25、26、27；地理位置不清的地点有3处，即：16、17、24。

二、遗址化石地点现状

1. 周口店第1地点（猿人洞）

周口店第1地点被称为“猿人洞”，位于龙骨山的东北坡，包括“猿人洞”和“鸽子堂”两个部分，是周口店遗址中最重要的一处地点。它是一个落水型的石灰岩溶洞，洞口向东，早期有部分洞顶，东西长140米，南北宽40米，西部最窄处为20米，深度40米。目前，西侧壁保存有1/3的堆积物，是目前世界上同时期保存最完整的第四纪地质剖面。（见图2－1，照片2－1）

2. 第2地点

周口店第2地点在第1地点的西面，龙骨山山体的西坡上，即北纬39°41′，东经115°55′。2002年以前，一直处于杂草丛生的荒芜环境之中，2002年市院共建后，遗址管理处对第2地点的环境进行了整理，剖面出露，修建了一条石子小路，研究者和游人可以走近第2地点进行参观。（见图2－2，照片2－2）

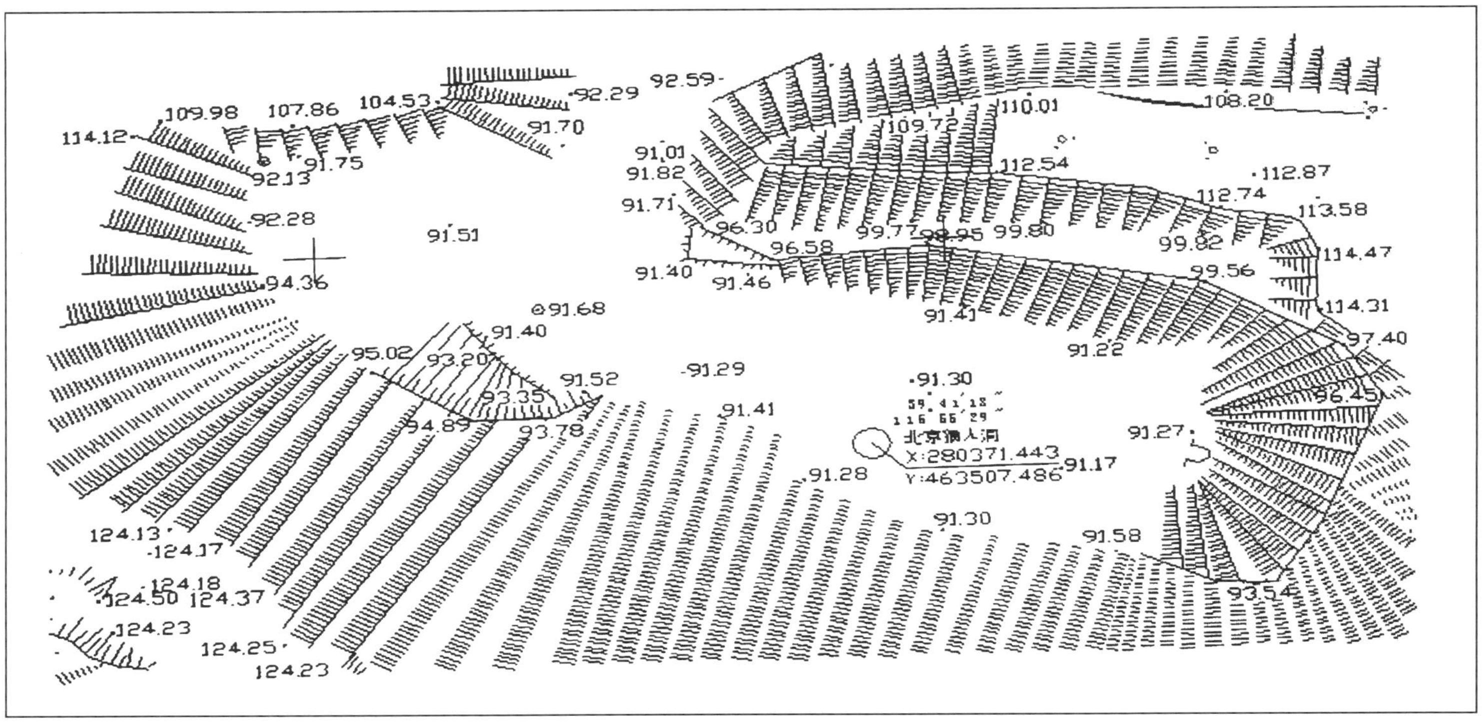

图 2－1　第 1 地点位置

照片 2－1　第 1 地点（猿人洞）

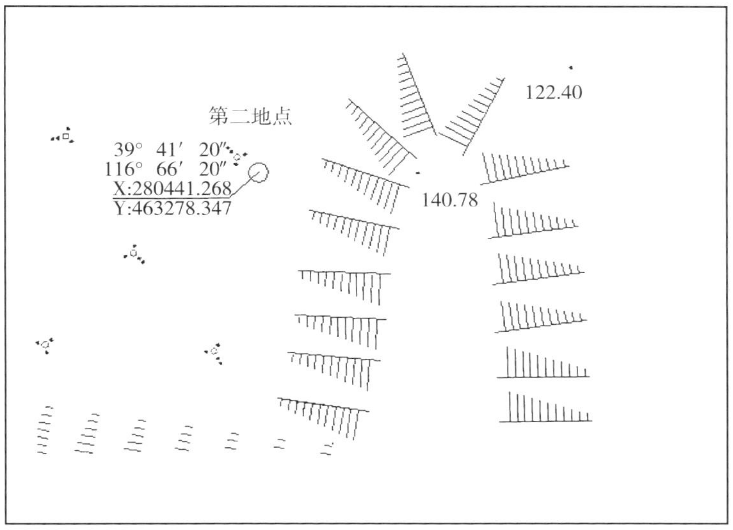

图 2－2　第 2 地点位置

照片 2－2　第 2 地点调查情景

3. 第 3 地点

周口店第 3 地点位于周口店第 1 地点西南 400 米，北纬 39°41′，东经 115°55′。第 3 地点系一南北向裂隙，开口处接近龙骨山顶。此次调查在该地点没有发现化石。目前尚保存。（见图 2－3，照片 2－3）

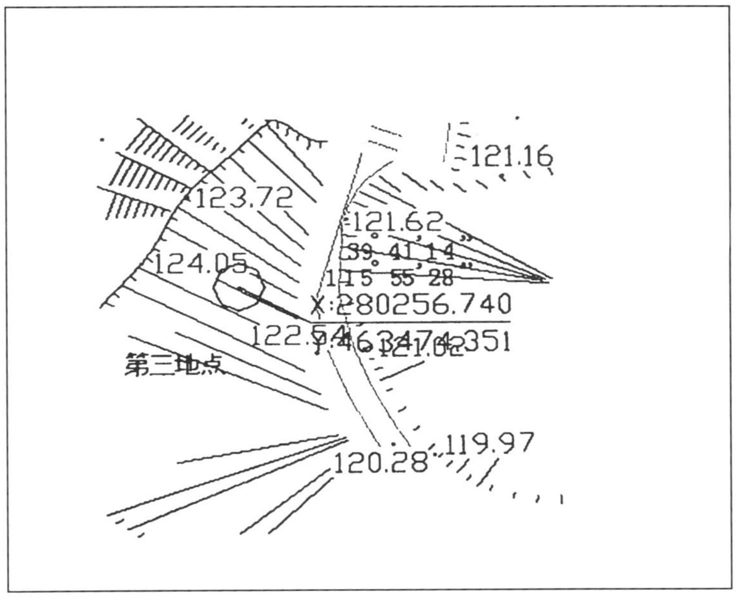

图 2－3　第 3 地点位置

照片 2－3　第 3 地点堆积地层

4. 第 4 地点

第 4 地点位于龙骨山南坡，距第 1 地点约 70 米，在第 15 地点西侧，两地点紧邻。第 4 地点早期为一溶洞，后期南端之洞顶呈破损裂隙状。洞口高出周口河 46 米，地理坐标为北纬 39°41′，东经 115°55′。目前尚保存。（见图 2－4，照片 2－4）

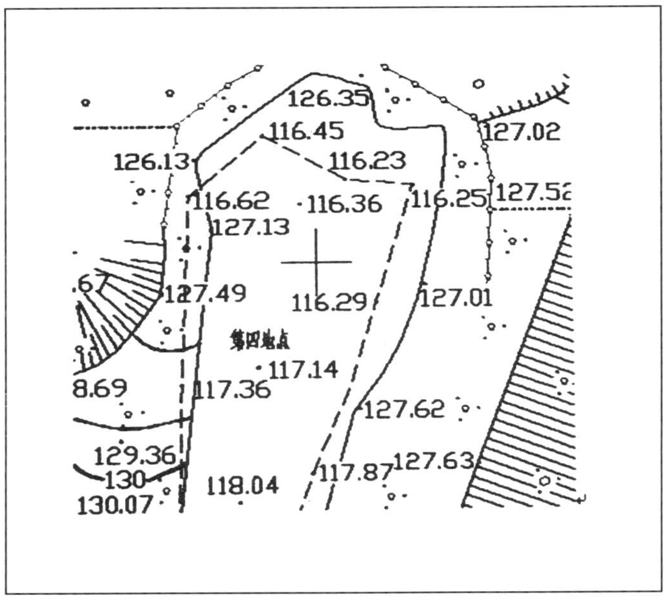

图 2－4　第 4 地点位置

照片 2－4　第 4 地点堆积

5. 第 5 地点

周口店第 5 地点在周口店火车站以南，距离北京猿人洞南约 80 米。地理坐标为北纬 39°41′，东经 115°55′。目前尚保存。（见图 2－5，照片 2－5）

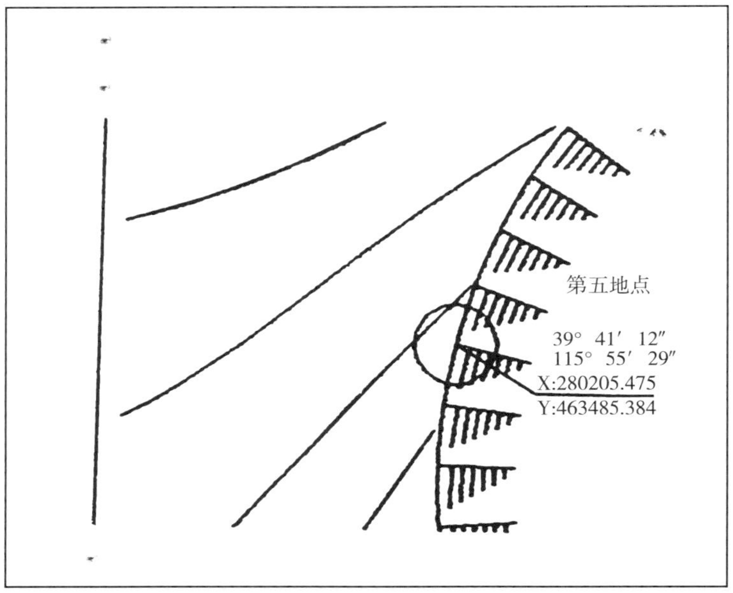

图 2－5　第 5 地点位置

照片 2－5　第 5 地点外景

6. 第 6 地点（鸡骨山）

第 6 地点位于第 14 地点以南 200 米，地理坐标为北纬 39°40′，东经 115°55′。目前尚保存。（见图 2－6，照片 2－6）

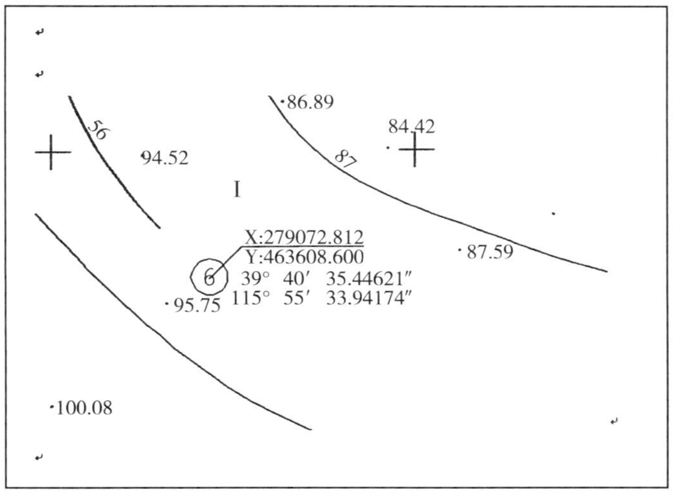

图 2－6　第 6 地点位置

照片 2－6　第 6 地点外景

7. 第 7 地点

第 7 地点位于北京猿人洞以南 1 公里，第 13 地点北侧约 3 米，第 4 地点正南约 1000 米处。地理坐标北纬 39°40′，东经 115°55′。调查组调查现场时，只能根据发掘的地形图和专家记忆确定其位置。目前尚保存。（见图 2－7，照片 2－7）

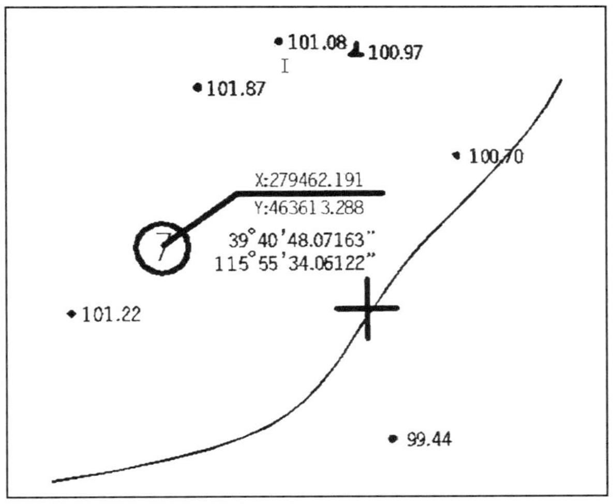

图 2－7　第 7 地点位置

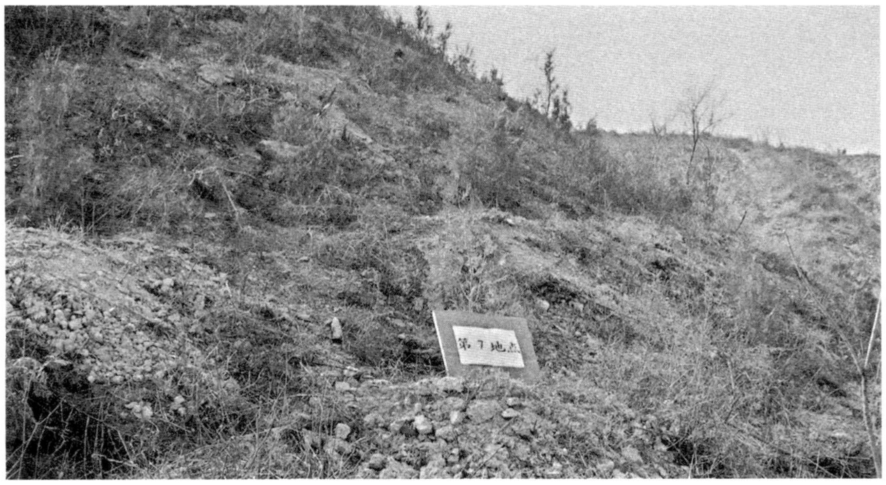

照片 2－7　第 7 地点外景

8. 第 8 地点

第 8 地点位于周口村附近的西山脚下，当地叫“东洞”。在周口店火车站以东，地理坐标北纬 39°41′，东经 115°56′。已在开山采石中被破坏得荡然无存。调查组在一块巨石旁边发现一堆浅红色砂质黏土，视其为该地点的相对位置。（见图 2－8，照片 2－8）

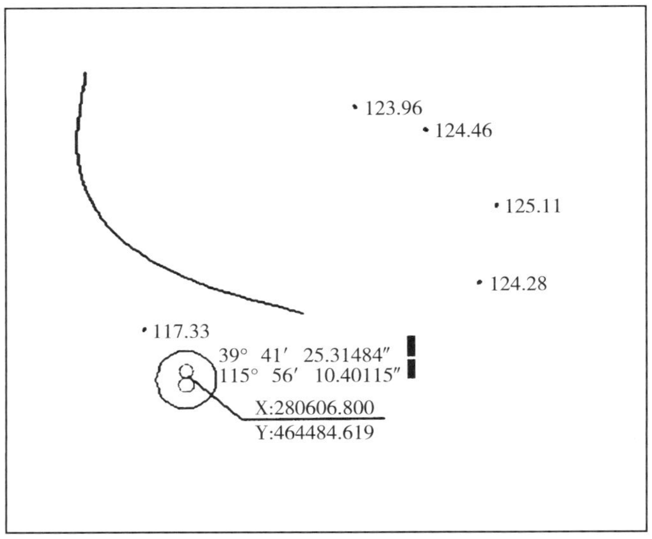

图 2－8　第 8 地点位置

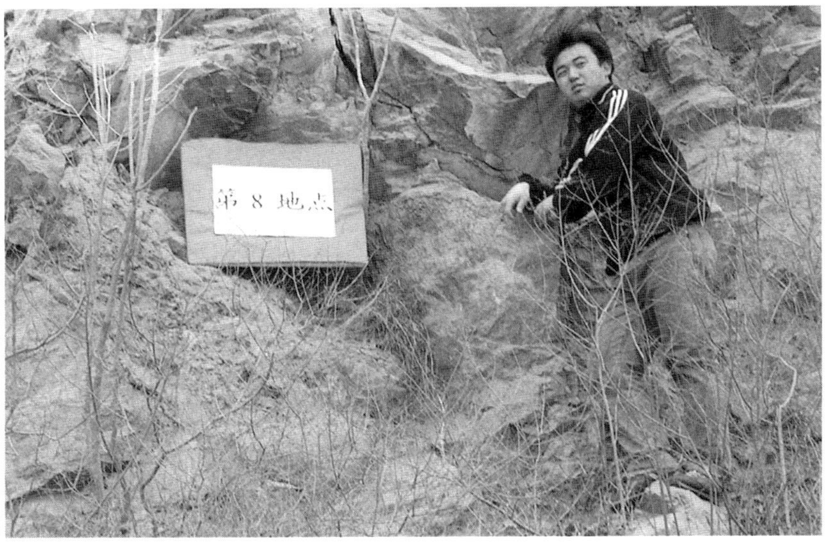

照片 2－8　第 8 地点外景

9. 第 9 地点

第 9 地点位于第 1 地点南约 1 公里处，低于第 14 地点约 5 米，高出坝儿河河床大约 55 米。地理坐标北纬 39°40′，东经 115°55′。目前尚保存部分原生堆积和基岩。（见图 2－9，照片 2－9）

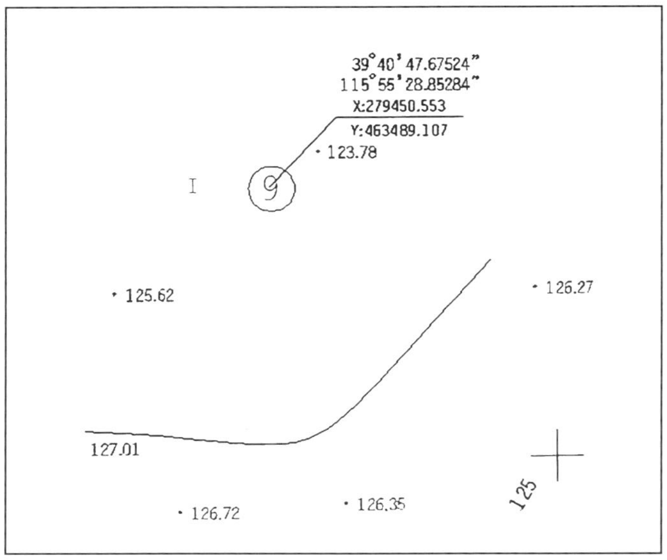

图 2－9　第 9 地点位置

照片 2－9　第 9 地点外景

10. 第 10 地点

第 10 地点位于周口店第 1 地点西南 1000 米处。地理坐标北纬 39°41′，东经 115°55′。目前尚保存部分原生堆积。（见图 2－10，照片 2－10）

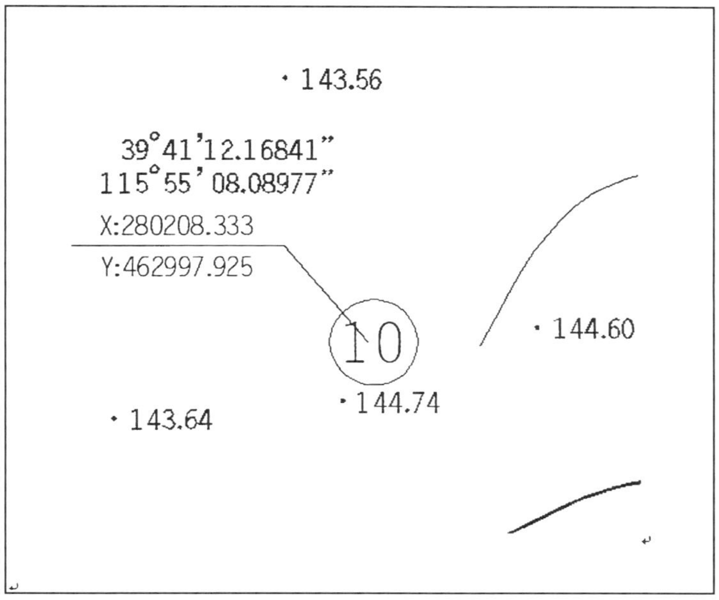

图 2－10　第 10 地点位置

照片 2－10　第 10 地点外景

11. 第 11 地点

第 11 地点位于距离周口店第 1 地点西北 1 公里，第 10 地点北约 0. 5 公里。地理坐标北纬 39°41′，东经 115°55′。目前尚保存部分原生堆积。（见图 2－11，照片 2－11）

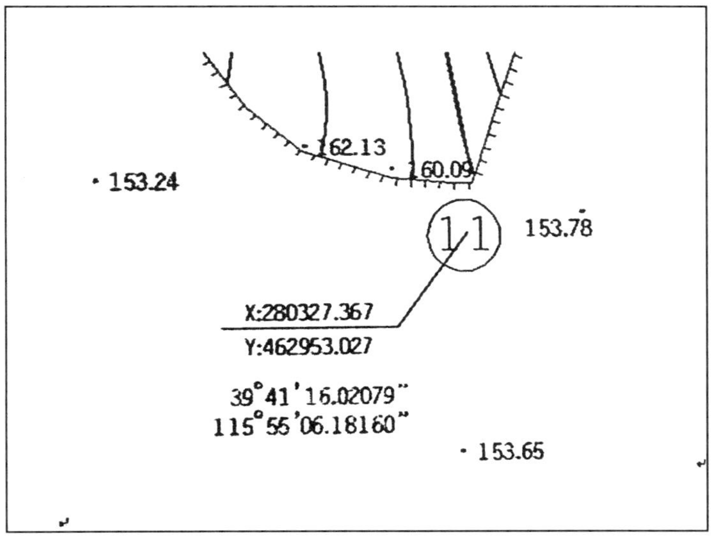

图 2－11　第 11 地点位置

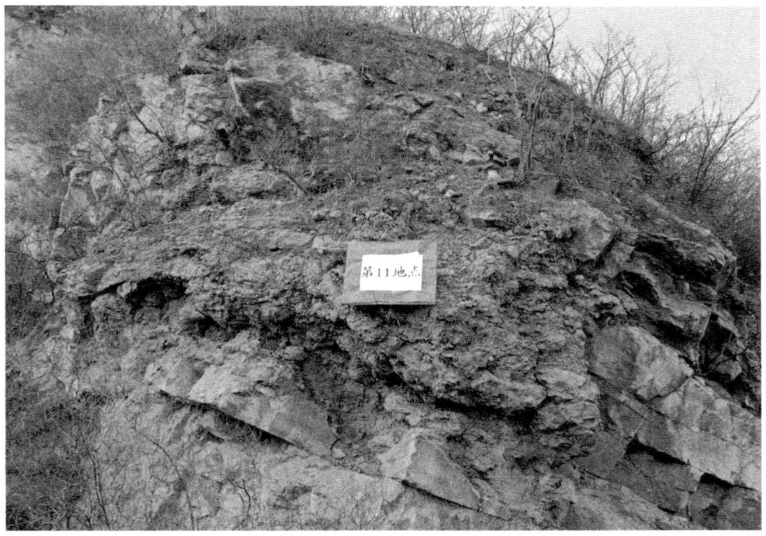

照片 2－11　第 11 地点外景

12. 第 12 地点

第 12 地点与第 3 地点毗邻，相距不足 5 米，地理坐标北纬 39°41′，东经 115°55′。目前尚保存部分原生堆积。（见图 2－12，照片 2－12）

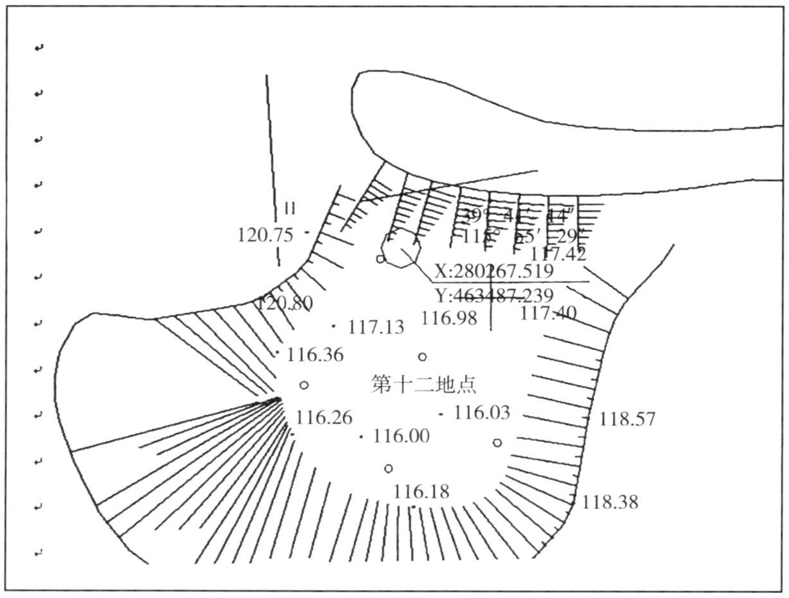

图 2－12　第 12 地点位置

照片 2－12　第 12 地点外景

13. 第 13 地点

第 13 地点位于第 14 地点以东约 50 米处。地理坐标北纬 39°40′，东经 115°55′。由于常年的开山采石，第 13 地点破坏相当严重。（见图 2－13，照片 2－13）

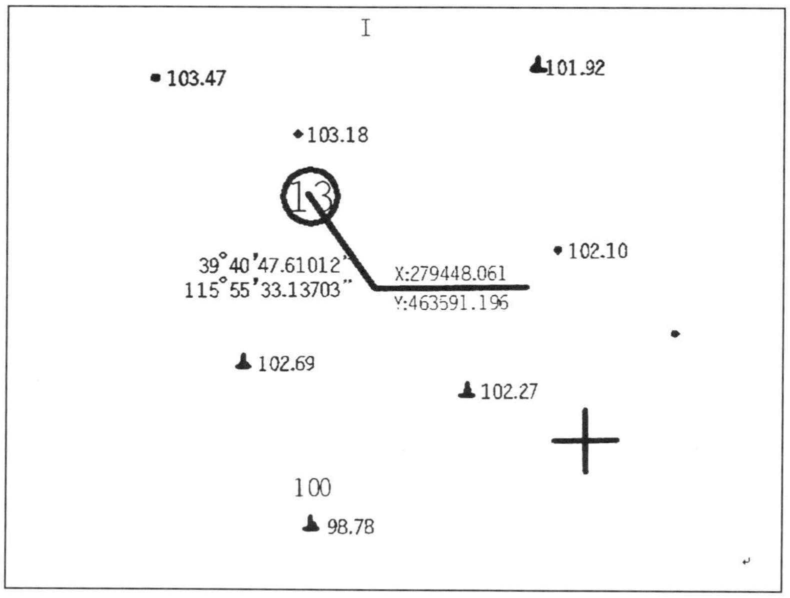

图 2－13　第 13 地点位置

照片 2－13　第 13 地点外景

14. 第 14 地点

第 14 地点位于第 1 地点南约 1.5 公里处，在第 6 地点的西北，与第 20 地点毗邻，相距约 17 米，地理坐标北纬 39°40′，东经 115°55′。1933 年发掘后，由于采石原因，洞穴的围岩全被炸掉，致使地层剖面受严重破坏。（见图 2－14，照片 2－14）

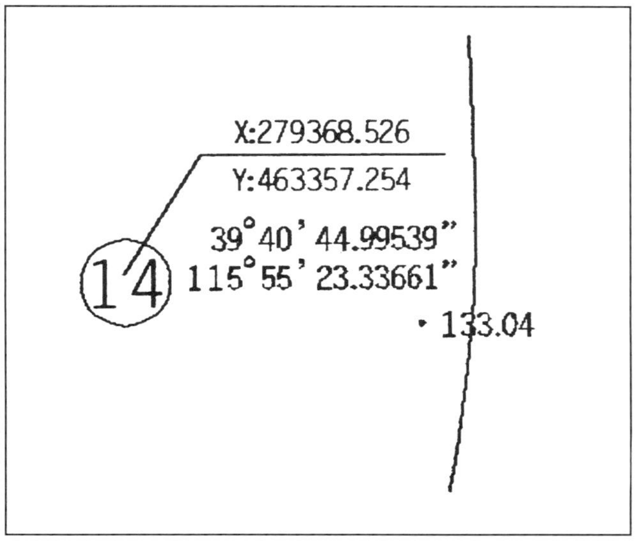

图 2－14　第 14 地点位置

照片 2－14　第 14 地点外景

15. 第 15 地点

周口店第 15 地点位于周口店第 1 地点西南约 250 米，地理坐标北纬 39°41′，东经 115°55′。第 15 地点上、下均为灰渣，中间为灰黄黏土。该洞穴遭受了严重的破坏。(见图 2－15，照片 2－15)

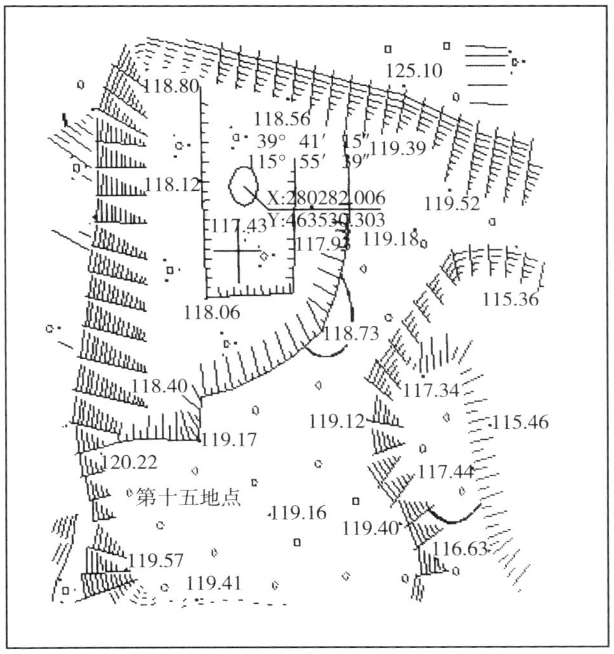

图 2－15　第 15 地点位置

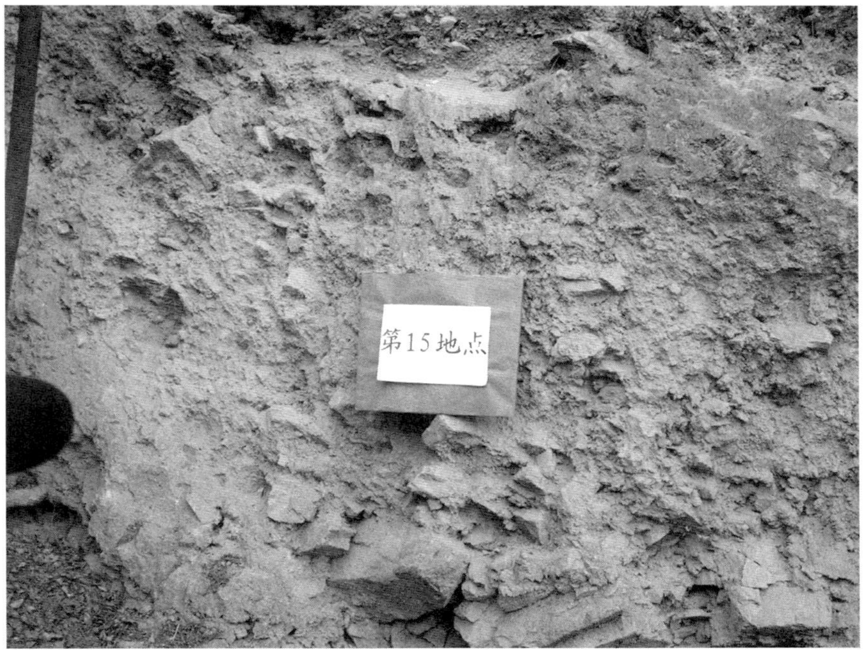

照片 2－15　第 15 地点外景

16. 第 16 地点、17 地点

第 16、17 地点，位于第 18 地点西侧的军庄（军河）附近，属石灰岩裂隙，堆积地层为角砾岩，由于化石较少，前人在文献中未作过详细报道，故此行对第 16、17 地点无从考证。

17. 第 18 地点

第 18 地点于 1937 年发现。地理位置在门头沟区灰峪村北约 800 米处，在一条冲沟的左侧半山坡上。(见照片 2－16)

照片 2－16　第 18 地点外景

18. 第 19 地点

第 19 地点位于第 9 地点西北 5～7 米处，地理坐标北纬 39°40′，东经 115°55′。1951 年开采石灰岩时发现，由贾兰坡等进行清理和发掘。它是一处裂隙堆积，含化石。经过多年的开采，堆积物已不复存在。（见图 2－16，照片 2－17）

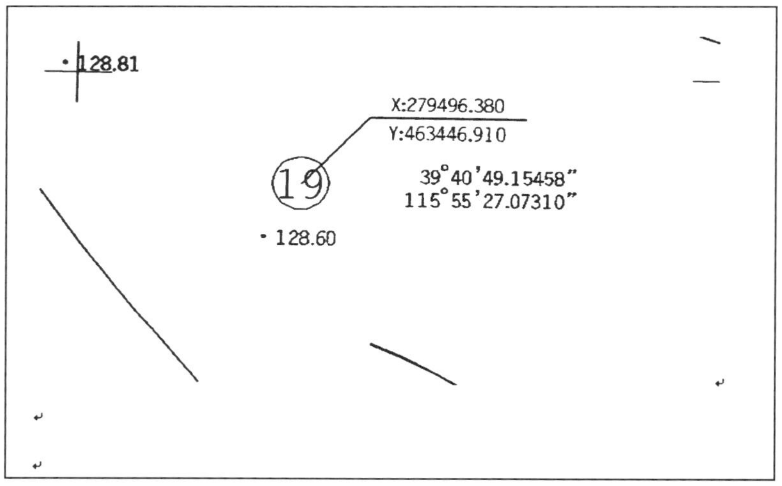

图 2－16　第 19 地点位置

照片 2－17　第 19 地点外景

19. 第 20 地点

第 20 地点位于第 14 地点东北约 10 米处，地理坐标北纬 39°40′，东经 115°55′。目前该地点只残留少许堆积物。（见图 2－17，照片 2－18）

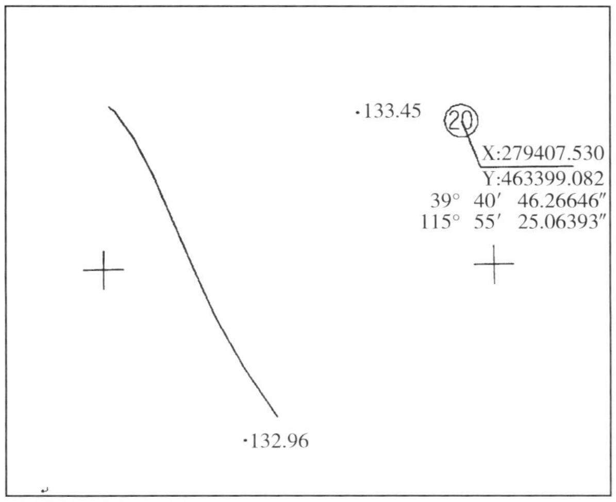

图 2－17　第 20 地点位置

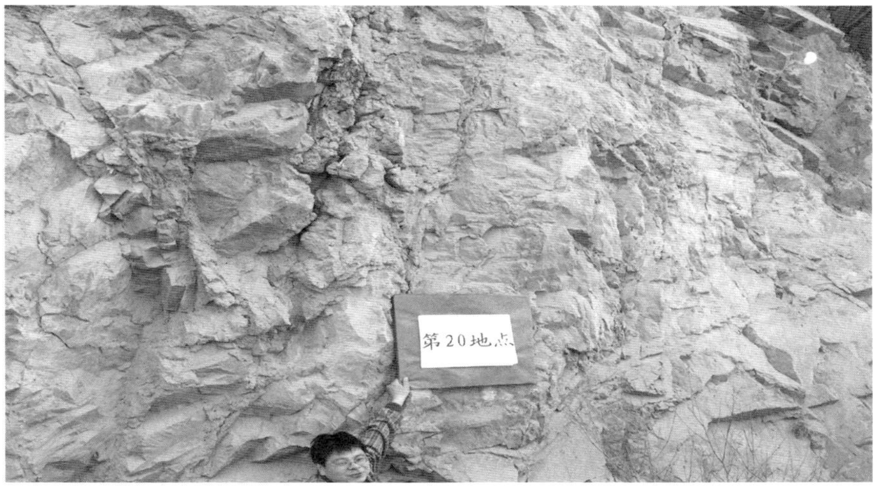

照片 2－18　第 20 地点外景

20. 第 21 地点

第 21 地点位于第 1 地点东北方向的太平山西南脚下，距第 1 地点约 900 米，高出周口店河 20 余米。地理坐标北纬 39°41′，东经 115°16′。该地点为一石灰岩裂隙堆积，目前所见者非原生之物，而是开山采石者新暴露出来的相邻裂缝之次生堆积。（见图 2－18，照片 2－19）

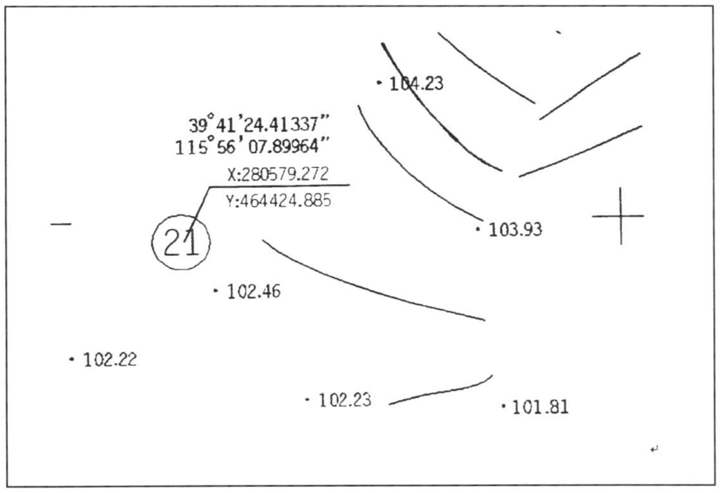

图 2－18　第 21 地点地形

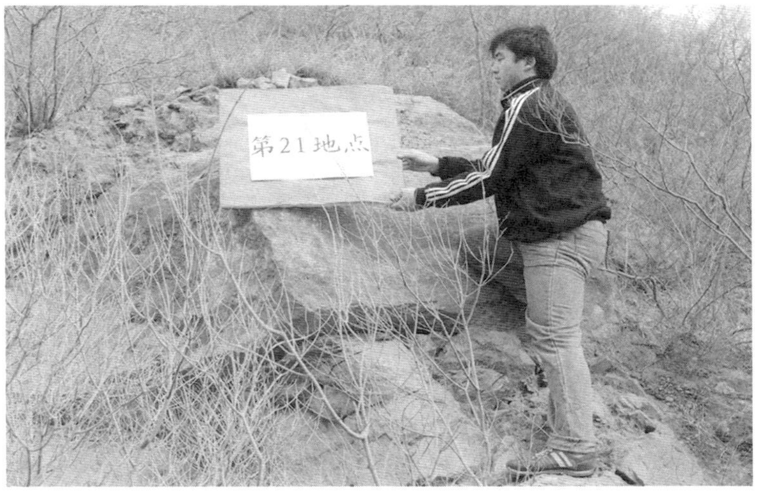

照片 2－19　第 21 地点外景

21. 第 22 地点

第 22 地点位于第 1 地点东北，太平山西南脚下，距第 21 地点约 30 米，地理坐标北纬 39°41′，东经 115°56′。调查组在此进行了仔细地查寻，情况与第 21 地点相同，裂隙及其堆积均被开山采石者损坏。（见图 2－19，照片 2－20）

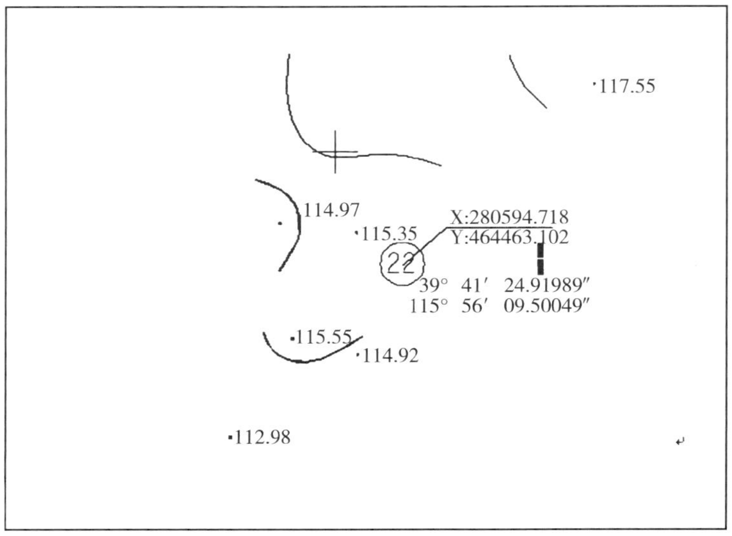

图 2－19　第 22 地点位置

照片 2－20　第 22 地点外景

22. 第 23 地点

第 23 地点位于第 14 地点以南 500 米，地理坐标北纬 39°40′，东经 115°55′。当地叫鱼眼坡或南鱼岭，也在鸡骨山上，为奥陶纪石灰岩裂隙堆积，高出河水面 70 米，分为上、下两部分：上部为红色土，下部为黄红色的砂质土，经过几十年的开山采石，原来的裂隙堆积已不复存在。（见图 2－20，照片 2－21）

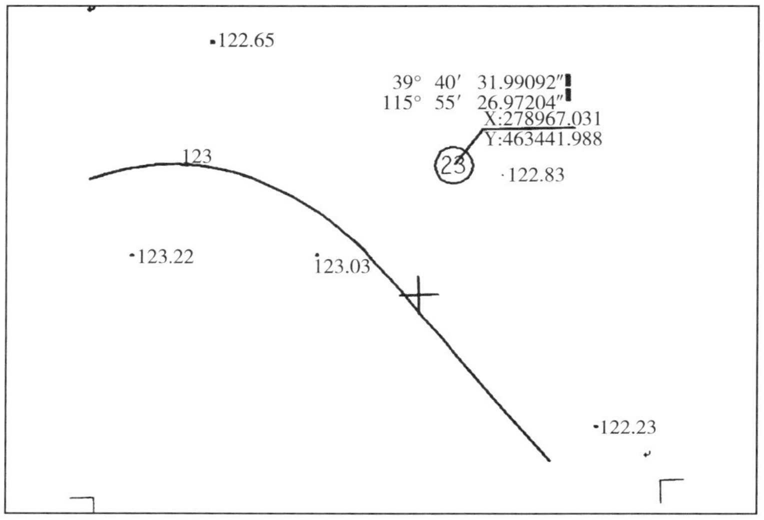

图 2－20　第 23 地点位置

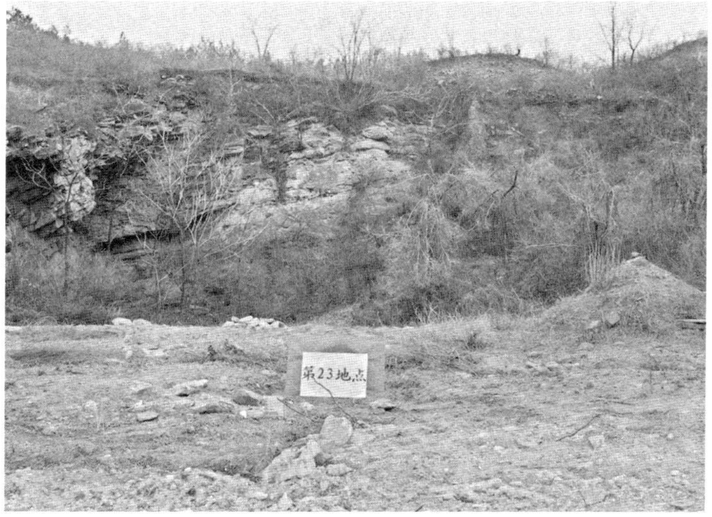

照片 2－21　第 23 地点外景

23. 第 24 地点

周口店第 24 地点位于第 23 地点之南 2. 5 公里的南坡上。属于石灰岩裂隙，堆积地层为黏土夹角砾。该地点的损坏相当严重，现已荡然无存。

24. 第 25 地点

第 25 地点在天仙背，也叫天仙背洞口，在周口店西北约 50 余公里。属石灰岩洞穴，堆积地层为松散沙质土。

25. 第 26 地点（山顶洞）

周口店第 26 地点即山顶洞，在周口店第 1 地点的上部，地理坐标北纬 39°41′，东经 115°55′。这个地点是 1930 年核查第 1 地点的边界时，由裴文中先生发现的。原来洞口为浮土所掩盖，原洞口向北，为防止洞顶坍塌伤人将东部洞顶与洞口炸掉。（见图 2－21，照片 2－22）

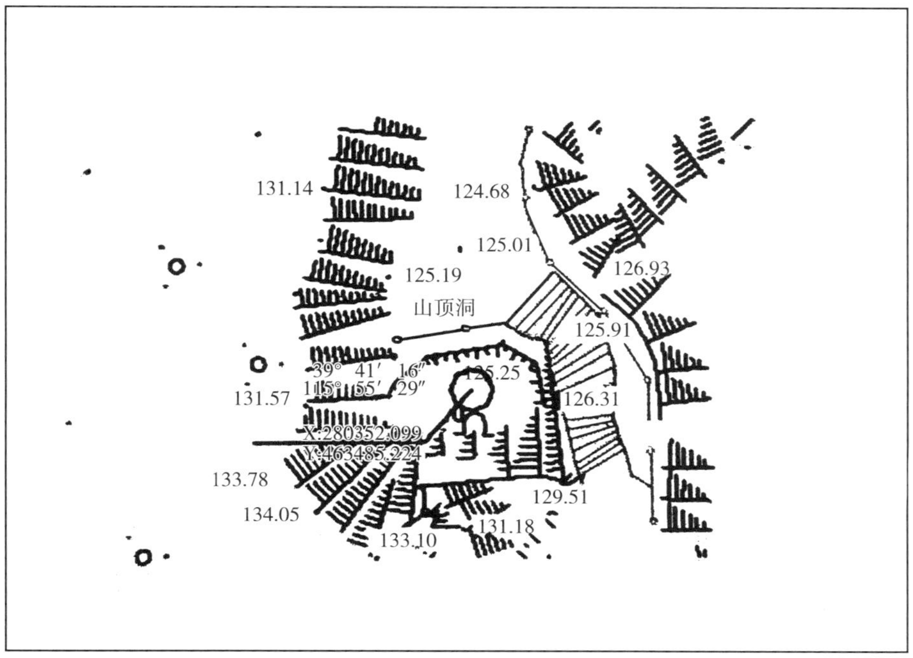

图 2－21　第 26 地点位置

照片 2－22　山顶洞外景

26. 第 27 地点（田园洞）

周口店第 27 地点位于周口店镇黄山店村东南的田园林场内，在北京猿人遗址西南 6 公里处，地理坐标北纬 39°39′，东经 115°52′。目前洞内尚保存有部分原生堆积。（见图 2－22，照片 2－23）

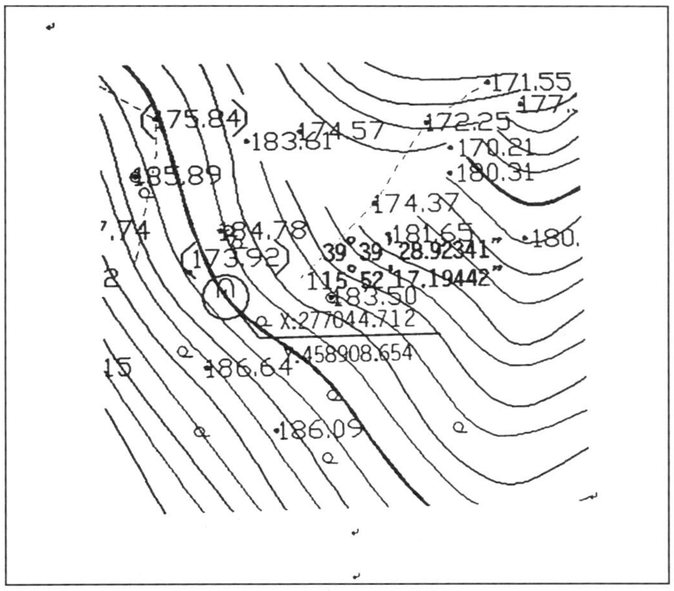

图 2－22　第 27 地点位置

照片 2－23　第 27 地点标志

三、遗址保护现状评估

1. 龙骨山遗址片

新中国成立后，在龙骨山上建立了“中国猿人陈列馆”，有专门的工作人员，除发掘研究外还进行遗址保护、展示和宣传工作。以第1地点为核心划定了核心保护区，面积约0.24平方公里，并修筑了石围墙，成立了“周口店北京人遗址管理处”（以下简称“遗址管理处”）。其范围内的核心保护区得到较有效地控制，减少了人为破坏。该遗址片整体保护较好，基本保持了考古遗留时的状态。但西部第10地点和第11地点相距较远，没有划入其内，遭受了人为的破坏。

2. 鱼岭遗址片

该遗址片在考古发掘后，处于缺乏控制、无人管理的状态。由于没有划入遗址管理处管理范围，遭受了严重的自然和人为破坏（以人为破坏为主），过度开山采石、烧石灰和遗弃堆积的乱石，使自然地形地貌遭到了严重破坏，致使部分化石遗址地点难以准确认定，保护状态较差。

3. 鸡骨山遗址片

考古发掘后没有进行保护，致使遗址地点的准确位置已难以辨认。遗址地点所在山体东侧、北侧开山修建铁路货场，自然地形地貌破坏严重，遗址片内部分地形地貌改变较大。环境污染严重，保护状态较差。

4. 太平山遗址片

遗址地点在考古发掘后管理权限不明，无保护措施，原遗址地点的准确位置已难以辨认，遗址地点所在山体因开山采石和水泥厂建设使遗址片地形地貌改变较大，环境污染严重，保护状态极差。

四、遗址区域生态环境现状评估

1. 生态承载力不足，部分地区存在水土流失问题。规划区域除部分面积植被状况较好外，主要为荒山荒地，植被稀疏，部分区域或开山采石地貌破坏严重，或为乱石堆积的坡体，近年来经过植树绿化，生态条件有所改善。

2. 环境污染主要表现为遗址周边区域的工矿企业和村镇居民点的生产、生活活动所产生的大气、水体、噪声污染及交通噪声污染。

3. 长期的工业污染所造成的环境污染累积效应，加剧了自然环境对遗址点的损毁速度。

4. 长期的生产、生活活动，严重地改变了该区域的植被、水质和自然地形地貌，遗留的大面积裸露地表和工矿企业废弃地，进一步的削弱了该区域的生态基础，恶化了该区域动植物的生存环境。

第三章　地质病害调查

为全面系统地掌握周口店遗址各化石地点的现状和地质病害情况，为周口店遗址的加固保护提供科学的基础数据，使之永续传承利用，从 2004 年开始，周口店遗址博物馆成立了 27 个化石地点地质病害调查工作小组，聘请中国科学院地质与地球物理研究所牟会宠教授为顾问，开始对周口店遗址各化石地点现状和病害情况进行了全面、系统的调查，并于 2006 年完成《周口店遗址群地质病害调查报告》。

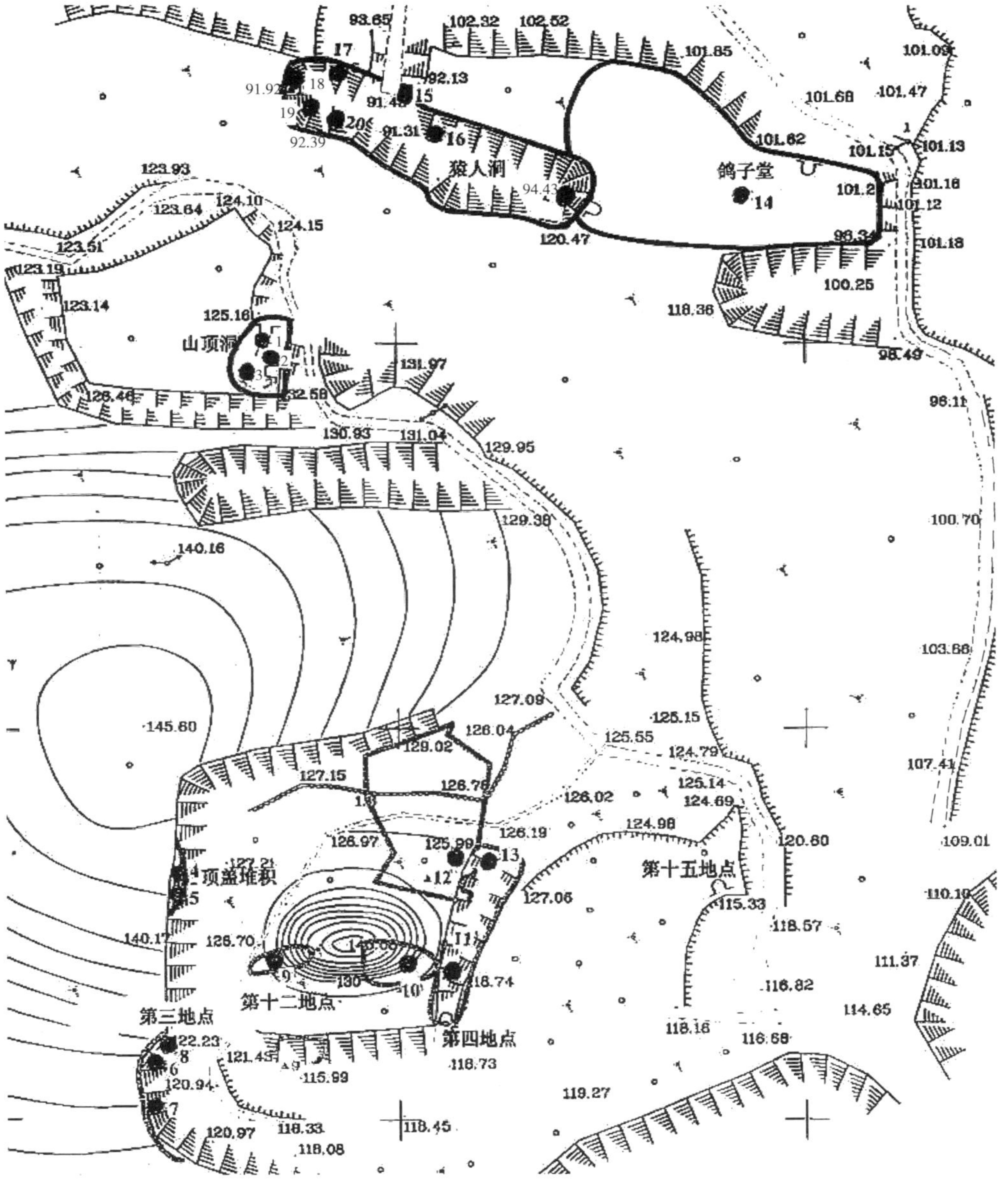

图 3－1　周口店遗址地质病害分布图

一、地质病害调查的意义

周口店遗址群内有些化石地点存在着严重的风化问题、雨水冲刷问题、斜坡危岩掉块和滑坡的危险、洞顶掉块及局部塌落的危险等。这些病害一方面是由于地质原因如节理、裂隙的切割和堆积物松散所造成，另一方面是过去遗址不合理发掘如形成“倒”坡所致，此外还有环境和人为的影响，如遗址附近地下采煤、地表石灰岩采石场的采空和放炮震动的影响、火车振动及周围水泥厂采石场粉尘的影响，在这样的环境下特别是遗址从1927年开始大规模发掘到现在将近80年的时间从未进行过维修和加固，致使周口店遗址某些化石地点的病害越来越严重，如果不及时地进行抢险加固，有可能使遗址产生局部破坏和造成人员的安全问题。鉴于周口店遗址的重要性，因此对其病害进行调查，并提出相应的治理对策是非常紧迫和必要的。

二、地质病害调查的任务及内容

1. 对遗址群内目前还保留堆积物的遗址点进行工程地质调查和大比例尺的测绘；
2. 通过查阅文献和现场调查对遗址群内全部的遗址点的现状、位置、堆积体的物质组成、物理力学和水理性质、地质病害进行调查；
3. 查清各遗址点地质病害类型、大小、分布及病害产生原因；
4. 调查遗址点周围环境对遗址群的影响；
5. 对有关遗址点的危险病害地段提出相应的保护对策。

三、地质病害调查及分析

（一）第1地点（猿人洞）

1. 猿人洞

第1地点俗称为猿人洞。原为一个天然石灰岩溶洞，洞顶在最初考古挖掘时就已不复存在，现为人工考古挖掘后形成的四壁陡倾的长方形深坑，坑底东西长约35米，南北宽5～8米，深约30米。坑内南北两侧壁由强钙质胶结角砾岩和石灰岩组成，文化层已基本发掘完毕，东侧是鸽子堂洞口，西侧壁是标准剖面，向西延伸部分（延伸长度大约还有10米）还有大量原生堆积保留，有进一步发掘的潜力和价值。

猿人洞中发现了近200件人类化石（代表40个猿人个体）、近10万件石器、数层灰烬和近百种哺

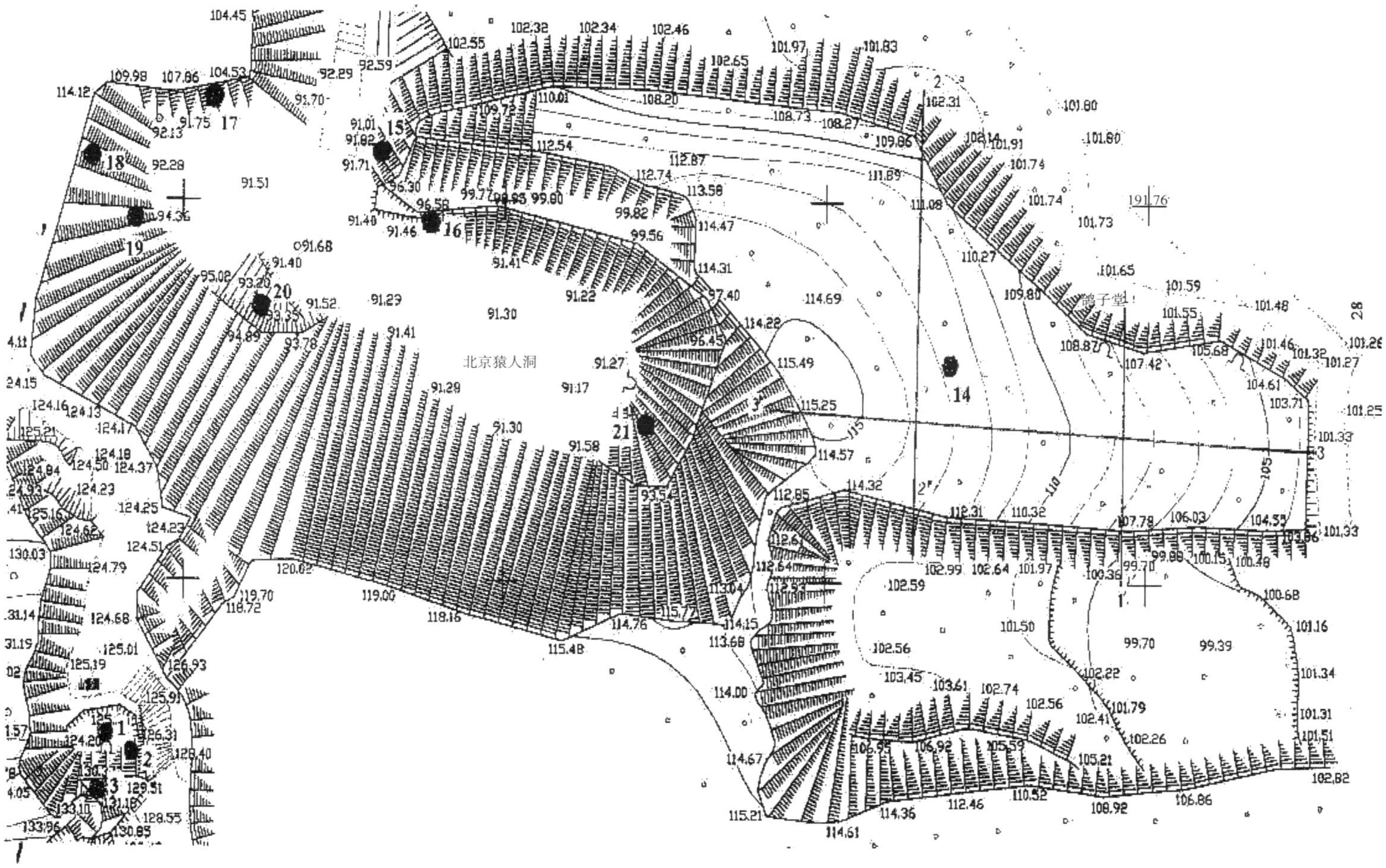

图 3－2　猿人洞、鸽子堂地质病害平面位置图

乳动物化石，是迄今世界上同时期古人类遗址中材料最丰富、最全面、最具代表性的地点之一。而西侧壁上标准剖面的完好保存，对进一步了解遗址的沉积过程和物质组成与结构，分析遗址不同层位的年代、环境特点和用火遗存等具有重要的科学研究价值。同时，猿人洞也是周口店遗址向世人展示的最重要的精华所在。

通过现场实地调查，猿人洞内的主要地质病害分述如下：

（1）西侧壁（标准剖面）的风化剥落及危岩体

①表面风化剥落

猿人洞西壁标准剖面的 13 个层位按其组成特征可归结为以弱胶结的角砾堆积为主，间夹砂质黏土、红黏土及灰烬层等软弱夹层，抗风化能力相对较差，而剖面又处于自然裸露状态，受长期日晒、雨淋、冻融、植物根劈等风化剥蚀作用，以及地表径流的冲刷侵蚀作用，在其表层造成岩土体的坍塌掉块及层层脱落破坏，特别是暴雨的冲刷更为强烈。

②危岩体

标准剖面上的危岩体主要分布在第 4 层标识牌的上下及第 5～6 层标识牌的南侧，见照片 3－1、3－2、图 3－3 所示。

照片 3－1　猿人洞西侧壁第 4 层危岩体

照片 3－2　猿人洞第 4 层及上部岩体特征

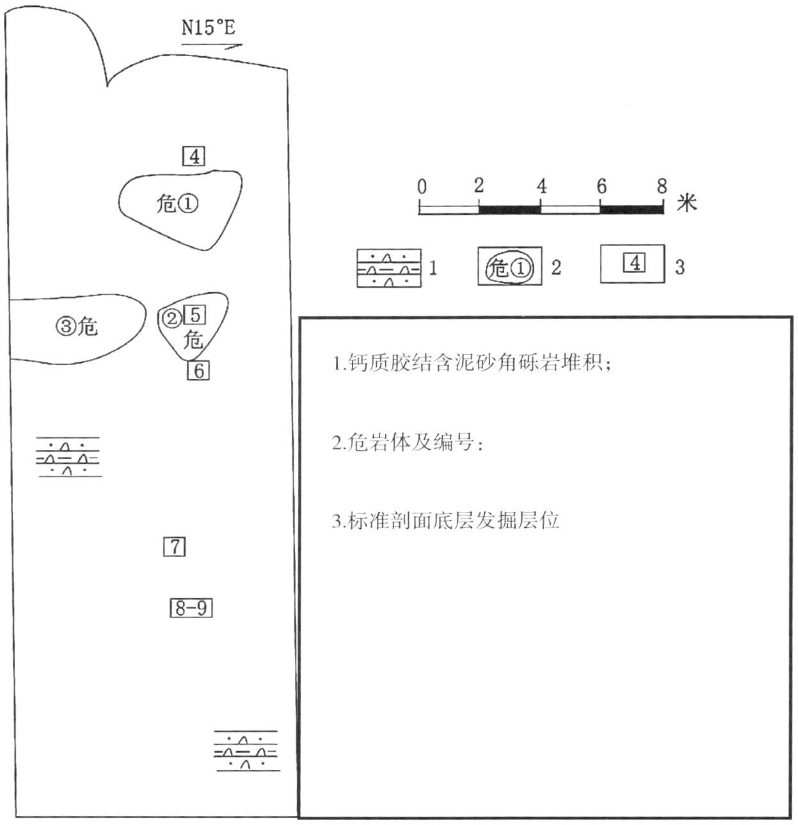

图 3－3　猿人洞西侧壁地质素描图

1 号危岩体位于第 4 层标识牌上方的南侧，长 5 米，高 3 米，由粗灰岩角砾组成（第 3 层），胶结程度较低，底部是上文化层（灰烬层），抗风化能力低，形成风化凹槽，造成上部岩体成凸出的悬空探头状，最宽处水平挑出约 2 米，北侧发育有不规则竖向卸荷裂隙沿走向切割岩体。

根据危岩的组成特征及所处的环境条件分析，土体中有粗大的灰岩角砾，抗剪强度较高，危岩体的抗剪切力远大于自重所产生的剪切力，悬空部分在自身重力作用下沿临空面的剪切破坏是不可能的，最可能的破坏方式有两种：一是危岩自身碎裂后崩塌；二是在自身重力或水平地震力的作用下，悬空部分被拉裂沿临空面底边线的倾倒破坏。因此，取土体天然容重 $\nu = 23KN/m^3$ ，因土体中具有一定的砂质黏土成分，抗拉强度按一般性粉质黏土的黏聚力计取，即 $\delta t = 20KPa$ 。按均质体内拉裂倾倒破坏进行计算，计算简图如图 3－4 所示，计算公式为：

$$Mz = G \cdot L1 = 64.8KN \cdot m/m \tag{4-10}$$

$$Md = Gh \cdot h1 = \alpha G \cdot h1 = 16.2KN \cdot m/m \tag{4-11}$$

$$MK = \delta \cdot h1 = \delta t \cdot h \cdot h1 = 66.1KN \cdot m/m \tag{4-11}$$

照片 3－3　1 号危岩体

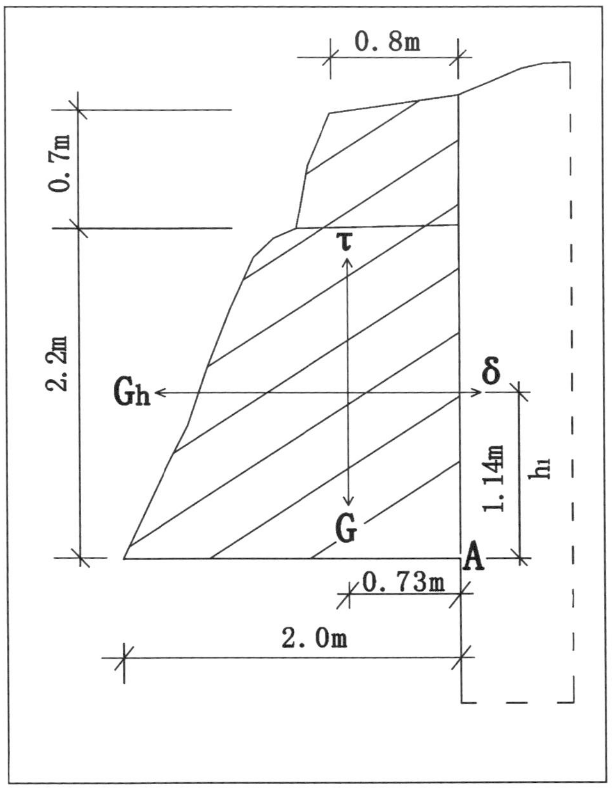

图 3－4　1 号危岩体计算简图

式中：

Mz —单位宽度危岩体自重产生的倾覆力矩（KN・m / m）；

G —单位宽度危岩体重力（KN / m）；

$L1$ —重力作用中心到转动支点的距离（m）；

Md —单位宽度危岩体水平地震效应产生的倾覆力矩（KN・m / m）；

Gh —单位宽度危岩体水平地震力（KN / m）；

$h1$ —水平地震力作用中心到转动支点的距离（m）；

α —水平地震影响系数，取 $\alpha = 0.16$ ；

MK —单位宽度岩体产生的抗倾覆力矩（KN・m / m）；

h —危岩体计算高度（m）；

δt —岩体抗拉强度（KPa）；

正常情况下稳定性系数 $Ks = \dfrac{MK}{Mz} = 1.02$ ；

8 度地震时稳定性系数 $Ks = \dfrac{MK}{Mz + Md} = 0.82$ 。

经计算，正常情况下危岩体处于极限平衡状态，为欠稳定，拉裂崩塌的危险性随底部灰烬层风化凹槽的加深而增大。当遭遇8度地震时稳定系数小于1，处于危险状态，随时都有倾倒崩塌的可能。

2号危岩体位于第4层标志牌上方的北侧，见照片3-4，长约6米，高约1.5米，由泥质胶结粗灰岩角砾（第3层）及干硬的黏土块组成，胶结程度较低，不规则风化裂隙发育，尤以标志牌上方处最为强烈，基本呈散体状，如照片3-3所示。主要破坏形式是在自然状态下，随底部文化层的不断凹进，而产生掉块直至坍塌。

照片3-4　2号危岩体

照片3-5　3号危石及内部的竖向裂隙

3号危岩体位于第4层标识牌的正下方，长约3米，高约2米，由巨大的灰岩块体组成，块体受竖向卸荷裂隙的切割被分成多个零散部分，且中间突出部分已与母体脱开，由于其分布在软弱的上文化层（灰烬层）之中，随着上、下层的不断风化凹进，块体会不断的凸出，最终从层内脱出滚落，且一旦脱落后极有可能引发上部土体的大规模塌方。如照片3-5所示。

4号危岩体位于第6层标志牌的南侧，长约3米，高约2米，由泥质胶结溶蚀灰岩角砾组成，胶结程度较低，因土体中有粗大的灰岩角砾，抗剪强度较高，不可能产生剪切破坏，主要破坏是散落掉块和碎裂崩塌，特别是在雨水的淋漓和冻融作用下，极易形成崩塌，如照片3-6所示。

照片3-6　4号危岩体

主要危害：

上述4处危岩（土）体，位于标准剖面上文化层（灰烬层）的上下，随着灰烬层风化的加剧，危岩体便不断地凸出于立壁面而失稳，形成掉块、脱落或崩塌破坏。除对遗址本体产生破坏外，对到猿人洞内参观的游客和工作人员的安全构成了严重的威胁。特别是3号危石，一旦脱落后极有可能引发上部土体的大规模塌方。

对存在的上述危险，现采用在猿人洞底部设立隔离带的方式对人身安全进行防护，但对大块危岩体崩塌形成的飞溅碎块，难以发挥有效的保护作用。

（2）猿人洞南侧壁底部危岩体

主要危害：

猿人洞南侧壁在郭沫若题写的“猿人洞”三个大字的西侧，距洞底2米高处分布有一平面呈楔形的危岩体，危岩体以猿人洞主构造南断裂为后壁，并受次级东西向裂隙和北倾高陡人工坡面的控制，危岩体中部及底部发育有风化凹槽，底部风化凹槽与后壁裂隙相通，上部受一组近南北向裂隙和水平向层理的切割，危岩体宽13米，平均高6米，厚度1～5米，如照片3－7所示。因岩体后壁由强胶结角砾岩和弱胶结角砾堆积混杂组成，后壁裂隙局部张开而局部有一定的胶结，因此，稳定性计算中岩体的工程特性指标参照强钙质胶结角砾岩岩块的试验数据，即岩体天然容重 $\nu = 23KN/m^3$，滑面摩擦角 $\varphi = 40^0$，而滑面的抗拉强度和黏聚力均按 $\delta t = C = 40KPa$，考虑到裂隙已有局部张开，拉力和黏聚力均按60%计取，采用平面滑动法进行稳定性计算，选取较有代表性的剖面作为计算简图，如图3－5所示，危岩体单位宽度岩体重 $G = 212KN/m$，计算公式为：

照片3－7　猿人洞南侧壁危岩

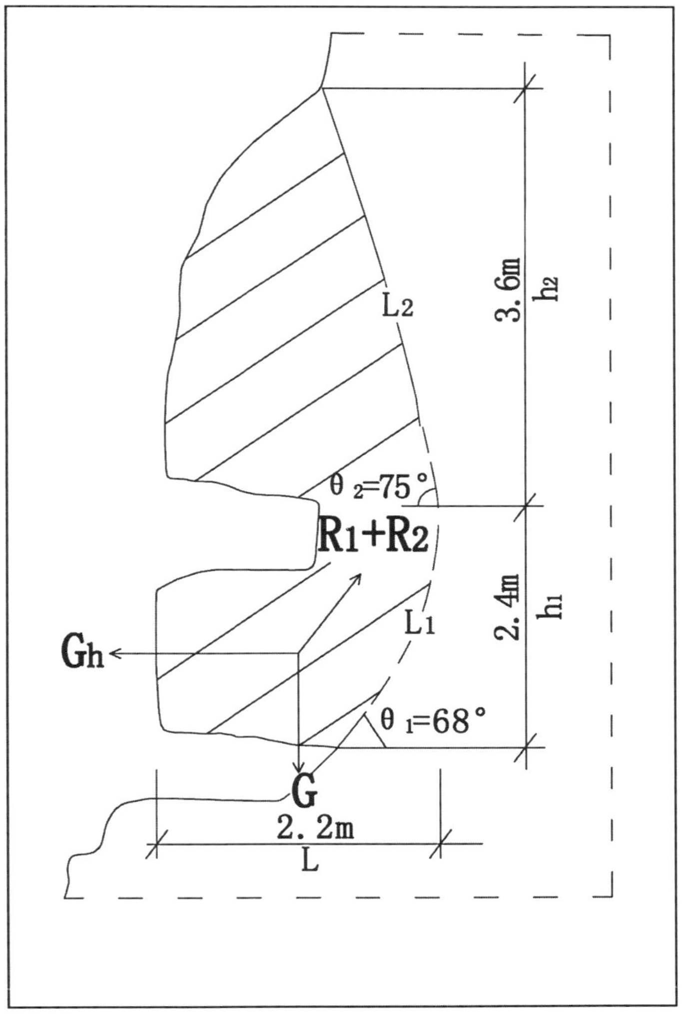

图3－5　猿人洞南侧壁危岩计算简图

正常情况下：

$$T = G \cdot \sin\theta 1 = 196.6KN/m \quad (4-12)$$

$$R1 = L2 \cdot \delta t \times 60\% = \frac{h2}{\sin 75^0} \times \delta t \times 60\% = 89.4KN/m \quad (4-13)$$

$$R2 = L1 \cdot C \times 60\% + G \cdot \cos\theta 1 \cdot \tan\varphi \quad (4-14)$$

$$= \frac{h1}{\sin 68^0} \times C \times 60\% + G \times \cos 68^0 \times \tan 40^0 = 128.7KN/m$$

稳定性系数：$Ks = \dfrac{R1 + R2}{T} = 1.11$

发生 8 度地震时：$Gh = \alpha G = 33.9KN/m$

$$T' = Gh \cdot \cos\theta 1 = 12.7KN/m \quad (4-15)$$

$$R'2 = Gh \cdot \sin\theta 1 \cdot \tan\varphi = 26.4KN/m \quad (4-16)$$

稳定性系数：$Ks = \dfrac{R1 + R2 - R'2}{T + T'} = 0.916$ (4－17)

式中：

T —危岩体下滑力（KN / m）；

$R1$ —危岩体在上部 3.6 米高反倾裂面产生的拉力（KN / m）；

$R2$ —危岩体在下部 2.4 米高滑面上的剪切抗滑力（KN / m）；

T' —水平地震力产生的下滑力（KN / m）；

$R'2$ —水平地震力产生的反向剪切抗滑力（KN / m）；

其他符号同前。

经计算，正常情况下危岩体略欠稳定，当遭遇 8 度地震时稳定系数小于 1，处于危险状态，有滑塌脱落的可能。

通过分析计算可知，危岩体处于欠稳定状态，存在着整体错落破坏的危险。而此处恰是到猿人洞观光旅游者拍照留念最多的一处景点，且大部分游人攀爬至危岩体底部风化凹槽处，一旦发生危险，将会造成致命的伤害。

（3） 猿人洞北侧壁危岩体

主要危害：

猿人洞西侧的北侧壁是一反倾坡面，是由于早期考古挖掘而形成。坡面向北倾斜，平均坡角 75°，坡高在 8.5 米左右，坡体是由钙质胶结的灰岩角砾组成，胶结强度较高，其后侧是灰岩岩体，角砾与岩体呈断裂接触，断裂带产状为走向 NW75°，NE 倾，倾角 75°～80°，与反倾坡面基本一致，从而使裂隙外侧的岩体（厚 1～2 米）形成具有坠落破坏特征的板状危岩体，如照片 3－8 所示。

因岩体由强胶结角砾岩组成，后壁裂隙也是胶结的，因此，稳定性计算中岩体的天然容重按灰岩计取，即 $\nu = 27KN/m^3$，破裂面的抗剪强度参照强钙质胶结角砾岩岩块的试验数据，即摩擦角 $\varphi = 40°$，抗拉强度和黏聚力均按 $[\delta] = C = 40KPa$，采用平面滑动法进行稳定性计算，计算简图如图 3－6 所示。

对于上部滑体，单位宽度岩体重 $G = 142.8KN/m$，采用公式（4－12）～（4－16）进行计算，正常情况下稳定性系数 $Ks = 1.6$，发生 8 度地震时 $Ks = 1.42$，两种情况下上部岩体均处于稳定状态。

对于坡面整体而言，以其后的构造裂隙为开裂面，沿 B 点滑动剪出破坏，此时，单位宽度岩体重 $G = 320.6KN/m$，仍采用上述公式进行计算，正常情况下稳定性系数 $Ks = 1.52$，发生 8 度地震时 $Ks = 1.45$，两种情况下岩体均处于稳定状态。

照片 3－8　猿人洞北侧壁危岩

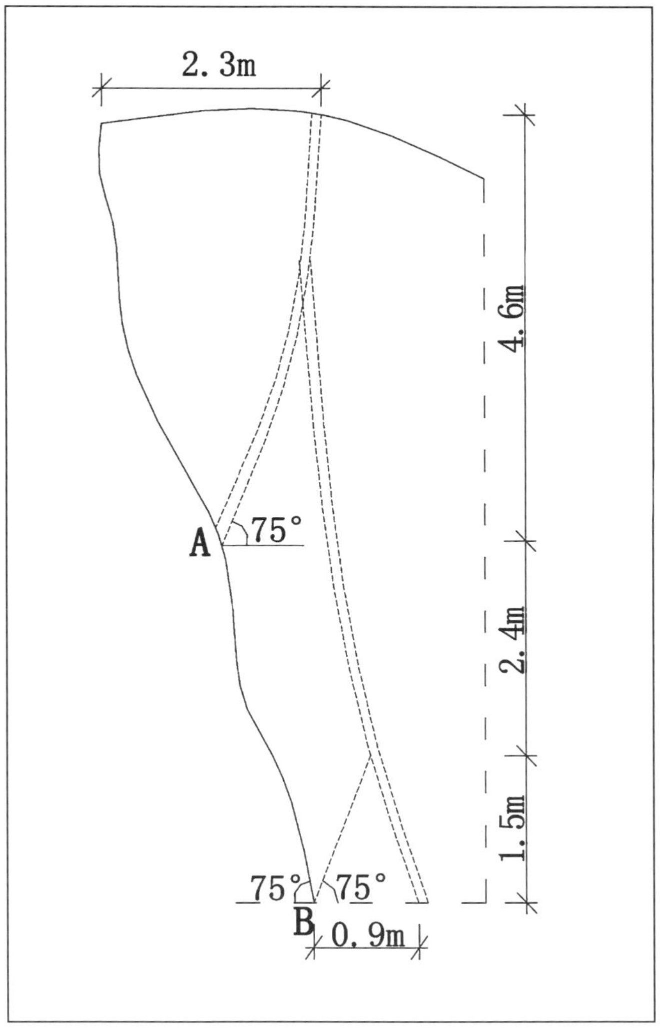

图 3－6　猿人洞北侧壁危岩计算简图

从总体上看，组成边坡的岩体是稳定的，但坡面上岩体中的节理裂隙发育，特别是与坡面平行的一组反倾节理最发育，在坡面上形成一些小的薄板状危岩块，因坡面反倾，极易产生崩塌、脱落，对参观游客和工作人员构成严重的威胁。

（4）灰烬层

灰烬层分布在猿人洞内的西南角上，厚度 1～2 米，位于猿人洞坑内距坑底 4 米高的东、南两侧壁上，东侧壁即鸽子洞底部，出露长度 8 米，南侧壁上出露长度 5.5 米，层位的上部是厚度巨大的弱胶结角砾堆积（8～9 层），被称作“下文化层”，见照片 3－8。其下部是胶结强度较高的角砾岩层，北京猿人第一个头盖骨就发现于此层。

主要危害：

灰烬层主要由红土夹灰烬组成，本身无胶结，呈松散状，抗风化能力极低，经考古挖掘后使其在立壁面上形成一个风化凹槽。上部的角砾堆积中泥砂含量多，胶结强度低，以砾石为主，大小不一，在表生风化，特别是雨水作用下，极易掉块脱落。随着灰烬层的不断风化凹进，不但被保留的灰烬层会逐渐减少直至消失，也会引起上部层位的坍塌，如照片 3－9 所示。

灰烬层是周口店遗址中古人类用火历史的有力证据，最具考古和科研价值，既是北京人在猿人洞内居住和生活的最有力证明，也是一处最重要的参观景点，一旦消失将永不复存。

2. 鸽子堂

鸽子堂位于龙骨山北坡，紧靠猿人洞，是现今遗址区内保存相对完好的洞室之一，也是古人类穴居洞室的唯一标志和象征，通过鸽子堂可以考证猿人洞的原始状态，一旦塌毁将永不复存。现存的洞室是经人工考古挖掘而形成的，洞室东西长 30 米，东窄（宽 2.5 ~ 4 米），西宽（宽 7 ~ 10 米），洞高也是东低（2 米）西高（12 米），鸽子堂南侧是经人工考古挖掘后形成的宽阔沟槽，洞室的南侧壁外部形成一个高陡的土质边坡，使鸽子堂成为几乎与龙骨山隔离的独立体。见照片 3 – 10 所示。

照片 3 – 9　灰烬层

照片 3 – 10　鸽子堂西侧及南侧面

主要地质病害：

（1）南侧壁上部的溃屈破坏

鸽子堂的北侧壁大部由石灰岩组成，仅在靠近洞内处附着一薄层钙质胶结角砾岩，北侧壁的岩体完整性好，强度高，厚度大，因此，较为稳固。南侧壁是经洞内外考古挖掘后预留而形成的，在纵向上是中下部厚而上部薄，洞室西半部的南侧壁与拱顶接合的最薄处仅有 2.5 米厚。而侧壁大部由未成岩的弱胶结角砾堆积所组成，仅最东侧洞高较低部分由钙质胶结角砾岩组成。弱胶结角砾堆积的工程特性及强度与碎石土相似，抗风化能力低，且其间夹有灰烬层和砂质红黏土等软弱夹层，南侧壁外侧作为考古挖掘后形成的高陡边坡，长期遭受地表风化作用的侵蚀破坏。因此，认为北侧壁的岩体组成强度低，完整性差，厚度小，极易产生溃屈破坏，稳固性极差。（见照片 3 – 11 所示）

（2）顶板的脱落及冒顶

鸽子堂的顶板由强胶结角砾岩和弱胶结角砾堆积混合组成，其厚薄不均，最薄处仅有 2.2 米厚，洞内见有多处已形成水平张拉裂缝的危岩体，且小的散落掉块随处可见，见照片 3 – 12 所示。

照片 3－11　鸽子堂南侧壁弱胶结的角砾堆积

由于洞顶跨度大，一般为 8～10 米，最大可达 11 米，而顶板的岩土体组成强弱不均，总体上强度不高，完整性差，且各处薄厚不均，因此，具有产生冒顶的可能性。

照片 3－12　鸽子堂北侧壁弱胶结的角砾堆积

根据鸽子堂的现状，在下列 4 个边界条件下进行稳定性分析计算：

①整体承受均布荷载、局部加点荷载；

②长度（洞跨）取 $L = 9m$，顶板平均厚度取 $h = 3.5m$，岩体容重取 $\nu = 23KN/m^3$，局部点荷载按 1.5ν 计取；

③根据经验，岩体允许抗拉强度为岩石的 $\frac{1}{8} \sim \frac{1}{12}$，岩石抗拉强度按强胶结钙质角砾岩的 3.7MPa 计，故取 $[\delta] = 370KPa$；

④对局部较薄部位，不考虑应力集中的影响，仍按最大内力进行核定。

根据相关规范及岩土工程手册或工程地质手册的有关规定，常规洞室顶板稳定性按简支梁计算，如按简支梁计算，顶板承受的最大弯矩为：

在单一均布荷载作用下所受弯矩：$M\text{max1} = \frac{1}{8}ql^2 = 810KN \cdot m$ （4－1）

在单一点荷载作用下所受弯矩：$M\text{max2} = \frac{qab}{L} = 60KN \cdot m$ （4－2）

式中：$L = a + b$，取 $a = 4m$，$b = 5m$；

在两者共同作用下：$M\text{max3} = M\text{max1} + \frac{a}{b}M\text{max2} = 860KN \cdot m$ （4－3）

岩体承受的拉力：$\delta = \frac{M\text{max3}}{W} = 430KPa/m$ （4－4）

则稳定性系数：$Ks = \frac{[\delta]}{\delta} = 0.8$ （4－5）

若按梁板结构计算，其顶板早已塌落，之所以现今没塌，其原因是洞顶呈不规则拱形，而不是板状。现其他条件不变，取拱高 $f = 1.8m$，按拱形校核。

拱的水平推力：$H = \frac{M\text{max3}}{f} = 470KN$ （4－6）

而拱体内力可表示为：$Mk = Mk^0 - HYf$ （4－7）

并有相关公式：

$$Qk = Qk^0\cos\varphi k - H\sin\varphi k \quad (4-8)$$

$$Nk = Qk^0\sin\varphi k - H\cos\varphi k \quad (4-9)$$

式中：

$M\text{max3}$ —与拱等跨度且受同样荷载简支梁的最大弯矩（KN·m）；Mk、Qk、Nk —拱任意截面上的弯矩、剪力和轴向力（正压力）；

Yf —任意截面上的拱高（m）。

根据上述公式，可推算出拱形任意截面上的弯矩、剪力和正压力。经验算，任意截面上的最大弯矩约在拱高的 $\frac{1}{4}$ 处，此处 $M\frac{1}{4} = 216KN \cdot m$。

在顶厚大于 2.7m 处，$\delta = 105KPa$，稳定性系数 $Ks = \frac{[\delta]}{\delta} \geq 2$，顶板稳定；

在顶厚小于、等于 2.5m 处，$\delta = 208KPa$，稳定性系数 $Ks = \frac{[\delta]}{\delta} \leq 1.5$，考虑地震作用时 $Ks \leq 1.37$，顶板欠稳定。

由此可知，在现状条件下，随着顶板岩土体的不断脱落和地震力的作用，鸽子堂洞易在最薄处（2.2m 处）首先断裂、坍落，从而致整体失稳 。

鸽子堂侧壁顶部一般为 3～6 米，底部约 6～10 米，由于洞顶趋于拱形的岩体在荷载作用下，产生很大的水平推力，使侧壁在洞顶以下 2.5 米范围内，且厚度小于 5 米处出现“塑性铰”，这一范围内的稳定性系数 Ks 介于 1.2～1.7 之间，易造成溃屈破坏。

需要说明的是，在上述分析计算中，岩体的允许抗拉强度是按强钙质胶结角砾岩考虑的，但在顶板的岩体组成中还含有弱胶结的角砾堆积，因此，若对其强度进行适当的折减后，实际的稳定系数要远小于计算值。

（二）第 2 地点

该遗址点在第 1 地点西面，龙骨山山体的西坡上，高约 10 米，宽约 11 米，为斜依龙骨山山体的斜坡，为石灰岩裂隙，堆积地层为棕红色含砾石红土及浅红色含结核红土。堆积层两侧为较完整的石灰岩，层理较明显，产状为 NW40°/NE∠20°～25°，岩体中发育有与层面近垂直的陡倾角节理（NE45°/SE∠87°）。由于堆积层顶部没有遮拦，加上堆积层主要剖面又面向西，因此物理风化作用，如日晒、雨淋、风蚀、冻融等作用产生的风化作用及水流冲刷是主要的病害，其次由于裂隙切割作用产生了危岩体。该遗址点内，在风化溶蚀灰岩中因为裂隙的切割形成了两块危岩体，在其北侧堆积体中由于卸荷裂隙的切割也产生了一块危岩体，如照片 3－13、图 3－7 所示。

照片 3－13　第 2 地点堆积层现状

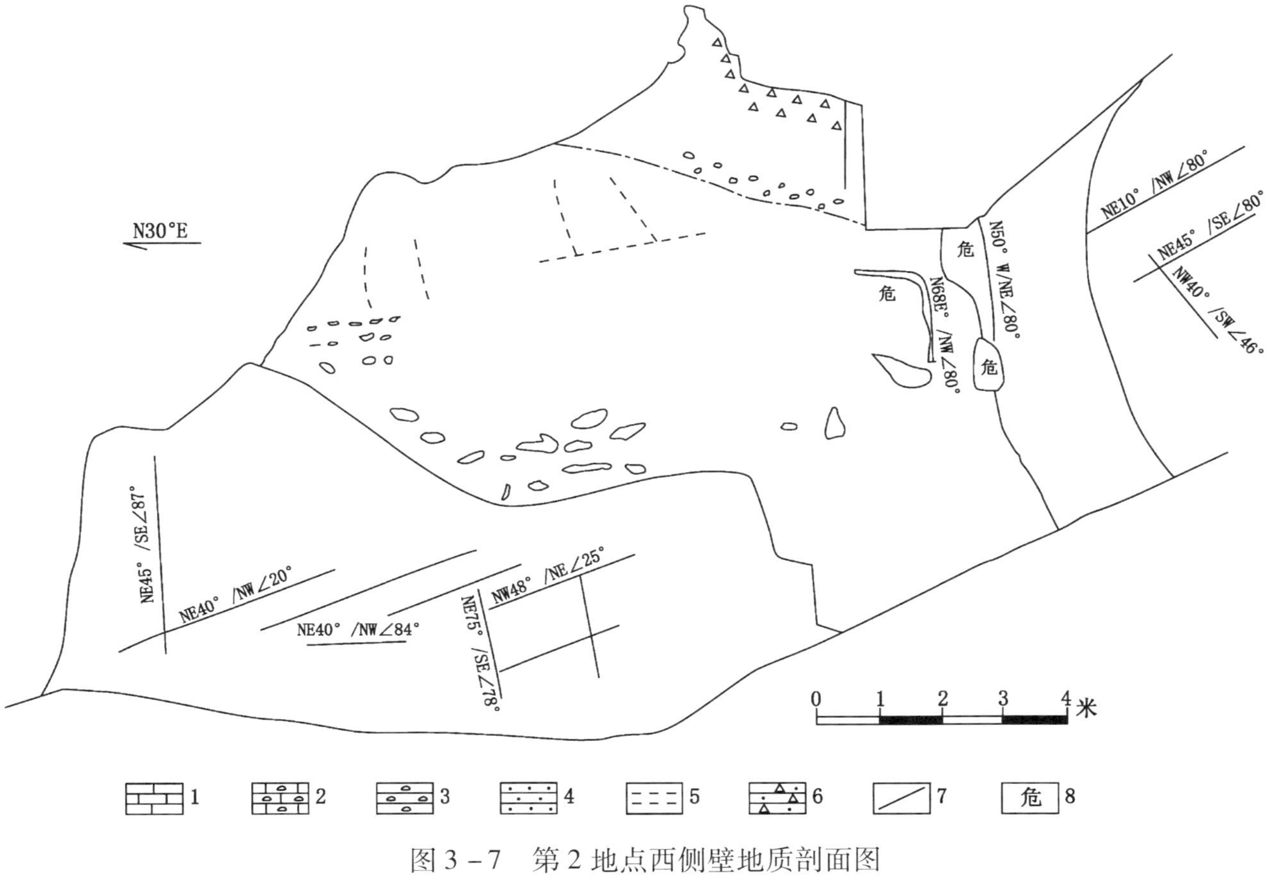

图 3－7　第 2 地点西侧壁地质剖面图

1. 石灰岩；2. 风化溶蚀灰岩；3. 棕红色含砾石红土；4. 浅红色含结核红土；5. 钙质条带状结核；6. 坡积层；7. 节理及产状；8. 危岩体

（三）第 3 地点

第 3 地点位于顶盖堆积的南侧，是核心区内的一处重要化石点和遗存展示点。该地点是 1927 年由步林和李捷发现，1933 年进行系统发掘，为一南北向灰岩裂隙堆积，南北向裂隙长约 8 米，宽不足 4 米，时代为中更新世晚期。经考古挖掘后，目前与顶盖堆积处于同一边坡上，相对比高约为 15 米，边坡的下部直立，局部反倾，上部陡倾，倾角约75°左右。

边坡的北侧由石灰岩组成，与顶盖堆积的南侧相接，中部与南侧的裂隙堆积，自上而下可划分为三个层位，最上部是第四纪残坡积物。其下是中更新世晚期的砂质黏土，含少量碎石。下部是厚层的弱胶结角砾堆积，主要由灰岩角砾和砂土组成，最南端由石灰岩组成，见照片3－14。

照片3－14　第3地点堆积层现状

主要地质病害及原因调查：

1. 北侧岩质边坡上表层岩块（体）的滑移脱落

北侧岩质边坡与顶盖堆积南侧相接，岩体中倾向145°、角60°的一组顺坡节理和倾向30°、角80°的一组斜交节理极为发育，特别是顺坡节理，其倾向与坡向同向，倾角小于坡角，节理面光滑平直，构成表层岩块（体）的主滑面，而斜交节理反向切割岩体，使之与坡体脱离，两组节理加之层面的共同作用，使其形成具有浅层滑移破坏特征的薄板状危险岩块（体）。参照前述顶盖堆积南侧岩质边坡上岩块体滑动破坏的计算参数及计算方法进行稳定性计算，正常情况下稳定性系数Ks＝1.2左右，考虑地震作用时Ks＝1.0左右，欠稳定，说明表层岩块（体）有沿节理面滑脱的危险。

由于边坡下面就是参观的人行道，一旦产生滑移或块体的局部脱落，将对从此经过的游人造成致命的伤害。

2. 中部弱胶结角砾堆积的坍塌

在中部顶盖堆积的砂质黏土层之下，有一剖面上呈扇形分布的角砾堆积具弱钙质胶结，以石灰岩角砾成分为主，角砾集中处含量大于90%，且大小不一，大者可达50厘米，小者仅2～5厘米，是一典型的古倒石堆，在表生风化的作用下，特别是雨水的冲刷和地震作用下，极易产生掉块、崩塌。一旦崩塌后，除对游客的人身安全构成极大的威胁外，将直接导致其上部顶盖堆积的失稳，从而产生整体滑塌（见照片3－15）。

照片 3－15　第 3 地点中部角砾堆积

3. 南侧裂隙堆积层的崩塌及端部岩体的滑移脱落

南侧是考古挖掘后在裂隙宽度方向形成的一段近东西向短边坡，边坡北立面上见有挖掘后残留的中更新世晚期砂质黏土和厚层弱胶结角砾堆积，因其处于灰岩裂隙的最南端，残留的裂隙堆积在坡体中的水平厚度不大，一般在 0.4～1 米之间，使其呈现出裂隙堆积为薄层披挂式依附于石灰岩表面的特征，见照片 3－16 所示。

照片 3－16　第 3 地点南侧东立面及北立面

根据现场实际调查，顶部砂质黏土层中已形成近于平行分布的三条竖向卸荷裂隙，现正在发展扩大中，其崩塌趋势已明显可见。其下是厚层的角砾堆积，为弱钙质胶结，胶结强度低，抗风化能力差，而边坡的立面又较陡，平均坡角在 80°左右，极易形成角砾的脱落、掉块。因此，认为残留在坡体上的原始裂隙堆积，在表生风化的作用下，特别是雨水的冲刷和振动作用影响下，极易形成崩塌破坏，甚或是沿后壁岩体表面的整体脱落。

南侧岩体中沿顺坡节理（倾向0°、倾角78°）形成的卸荷裂隙将岩体的表层（0.6～1.0米厚）切割成脱离母体的危岩体，在自身重力的作用下极具浅层滑移破坏特征，危岩体受横向软弱夹层（层理）切割形成块石状。

以卸荷裂隙为主滑面，滑面接触面积为按50%估算，单位宽度重为 $G = 140.4KN/m$，参照顶盖堆积南侧岩质边坡上岩块体滑动破坏的计算参数及计算方法进行稳定性计算，计算简图如图3－8所示。正常情况下稳定性系数Ks＝1.09，处于极限平衡状态，欠稳定，考虑地震作用时Ks＝0.96，处于危险平衡状态，说明表层岩块（体）有沿卸荷裂隙滑脱的危险。

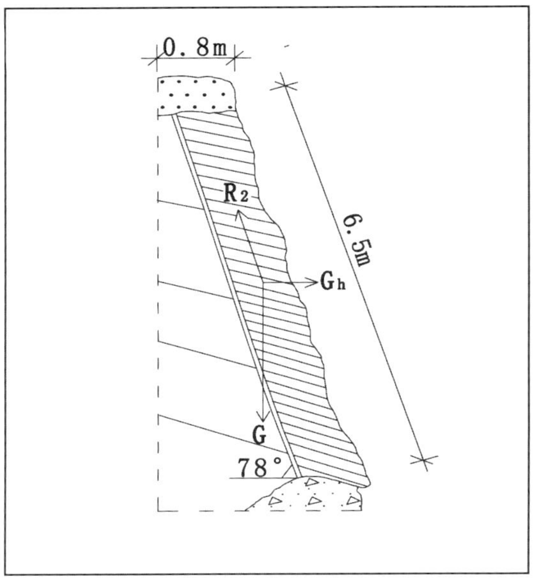

图3－8　第3地点危岩体计算简图

由于第3地点的南侧位于参观道路的转弯处，无论是裂隙堆积层的崩塌，还是南部岩体的滑脱，将对从此经过的游人造成致命的伤害，若发生堆积层沿后壁岩体的整体脱落，第3地点的原生堆积物将不复存在。

（四）第4地点

第4地点位于第3地点的东侧，1967年红卫兵串联到此，见有裂隙并钻了进去，发现里边还有一个宽敞的空洞，被称为“新洞”。1973年，在“新洞”洞口外的第4地点堆积物中获得一枚智人牙齿，被称为“新洞人”。

第4地点是南北向的洞穴堆积，其原始地质构造是一沿南北向石灰岩裂隙（断裂）形成的溶蚀洞穴，南半部已冒顶塌落，仅在入口处上部尚残留部分角砾岩，见照片3－17，经人工采石和考古挖掘后形成目前的状态。本范围内有四个危险地段。

照片3－17　第4地点上部的角砾岩

主要病害及原因调查：

1. 洞内顶板的脱落

洞内顶板由石灰岩组成，岩层产状为倾向30°，倾角15°～20°，中、厚层状，层间多有泥化夹层，黏聚力显著降低，岩体中倾向100°～140°、倾角60°和倾向245°左右、倾角65°～85°的两组节理极为发育。顶板岩体受两组节理的竖向切割，形成沿近水平向层理面的板状脱落破坏（冒顶），现今的洞顶面基本上是经板状脱落后高低错落的水平层面，洞内多处见有沿层面脱落的顶板块石，经实地调查，洞内具板状脱落破坏的危险地段共有5处，占洞顶总面积的50%以上。据在洞顶所施工的探井探查到的岩层顶面标高，经与洞内顶面标高相比较，作为洞内顶板的岩体最薄处仅有2米厚。因此，认为洞内顶板岩体的完整性较差，在沿层理面板状脱落的破坏下，存在冒顶塌毁的危险，且一旦塌毁将永不复存。

2. 洞口处原生堆积的风化剥落及危岩体

洞口处下部由尚未挖掘的原生灰岩角砾和黏性土组成（含有灰烬），松散状态，主要靠黏性土的黏聚力和灰岩角砾的间架支撑来保持稳定，受风化剥蚀和雨水冲刷后易产生剥落、掉块及垮坍。上部有原洞顶坍塌的巨大岩块，现已于母体脱离，坍塌岩块的缝隙与洞内相通。洞口东侧为原始南北向断裂构造的上盘，岩体中与主构造平行的一组节理（小断层）发育，节理向东倾斜，倾角在65°~80°之间，节理面平直光滑，水平延长及垂向延伸较大，局部地段裂面呈张开状，第4地点考古挖掘后的东西立壁面即沿此组节理面而形成。因受这组裂面的切割，在新洞洞口的东部，形成两块楔形厚板状危岩体，现受底部原生堆积层的支撑和裂面黏聚力的拉扯而处于不稳定状态，如照片3-18所示。洞口处的原生堆积层有进一步发掘的潜力和价值，且有进行再次挖掘的可能。因此，按照中科院古脊椎与古人类研究所提出的要求，以对底部残留文化层的挖掘为前提，对板状楔形体沿层面和裂隙拉裂及倾倒破坏进行稳定性计算，计算简图见图3-9。

照片3-18　新洞洞口处

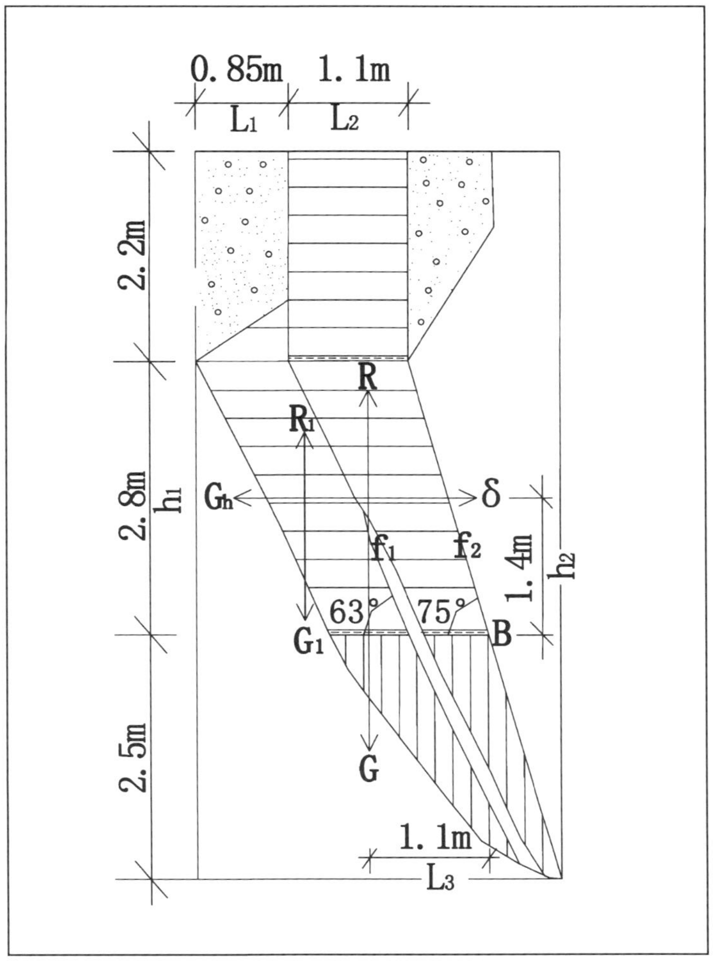

图3-9　新洞门外危岩计算简图

因危岩体的下半部现已沿层面和节理面开裂，当西侧文化层被清除后将脱落，仅剩上半部，取岩体天然容重 $\nu = 27KN/m^3$，泥化软弱层面和裂面的抗拉强度 $\delta t = 40KPa$。此时，裂面 f_1 外岩体单位宽度重为 $G1 = 114.7KN/m$，裂面 f_2 外岩体单位宽度重为 $G = 212.8KN/m$，采用计算公式为：

$$R1 = \frac{h1}{\sin 63^0} \cdot \delta t + L1 \cdot \delta t = 159.7KN/m \quad (4-33)$$

$$R = (L1 + L2) \cdot \delta t = 78KN/m \quad (4-34)$$

$$\delta = \frac{h1}{\sin 75^0} \cdot \delta t = 115.9KN/m \quad (4-35)$$

$$M\delta = R \cdot h2 = 162.3KN \cdot m/m \quad (4-36)$$

$$MG = (G - R) \cdot L3 = 148.3KN \cdot m/m \quad (4-37)$$

$$MGh = Gh \cdot h2 = \alpha \cdot G \cdot h2 = 47.7KN \cdot m/m \quad (4-38)$$

式中：

R1 —f_1裂面外侧单位宽度岩体顶部层面及破裂面的抗拉力；

R —f_2裂面外侧单位宽度岩体顶部层面的抗拉力；

δ —f_2裂面外侧单位宽度岩体破裂面的抗拉力；

$M\delta$ —f_2裂面外侧单位宽度岩体对 B 轴的抗倾覆力矩；

MG —f_2裂面外侧单位宽度岩体对 B 轴产生的倾覆力矩；

MGh —f_2裂面外侧单位宽度岩体水平地震力对 B 轴产生的倾覆力矩；

其他符号同前。

沿裂面 f_1拉裂破坏的稳定性系数 $Ks = \frac{R1}{G1} = 1.39$，处于稳定状态；

沿裂面 f_2拉裂破坏的稳定性系数 $Ks = \frac{R + \delta}{G} = 0.91$，处于不稳定状态；

以 B 为支点，转动倾倒破坏的稳定性系数是：

正常情况下 $Ks = \frac{M\delta}{MG} = 1.09$，处于极限平衡状态，欠稳定。

发生 8 度地震时 $Ks = \frac{M\delta - MGh}{MG} = 0.77$，极不稳定。

经计算表明，当底部残留文化层被挖掘后，板状楔形体已沿层面和节理面开裂的最下部将首先脱落，上半部分沿裂面 f_1被拉裂破坏的可能性较小，危岩体的破坏主要是整体沿裂面 f_2和上部软弱层面被拉裂，即有坠落又有倾倒的可能，危险性极大。

新洞是遗址重点保护区内目前发现有古人类生活过的仅存的三处残留洞穴之一，洞口处的松散堆积物（文化层），有进一步发掘的潜力和价值，其延伸部分的新洞尚有一些静水沉积物的保留，具有考古和科研价值。根据现场实地调查和稳定性计算可知，如不进行挖掘，洞外危险性不大，如进行挖掘，东侧危岩体会发生倾倒或坠落破坏，必须预先加固。

（五）第 8 地点

第 8 地点位于第 1 地点东侧（东偏北 13°）太平山南坡坡脚，两者相距 2 公里。距地面约 10 米高，属石灰岩洞穴，洞穴堆积物为棕红色含砾砂质黏土，其中，砾石浑圆度好，扁平居多，大者 $8 \times 5cm^2$，小者 $0.2 \times 0.2cm^2$，以河床堆积为主。东侧石灰岩较完整，块度较大，西侧灰岩体节理发育，岩体较破碎，堆积体顶部灰岩被节理切割形成危岩体，其大小约 $2 \times 2m^2$，东侧有一块灰岩危石，其大小为 $0.5 \times 1.5m^2$。堆积体西侧灰岩中水平节理和垂直节理发育，张开裂隙较多，形成宽 1.5 米的危岩体。（见照片 3－19、图 3－10 所示）

（六）第 9 地点

第 9 地点位于第 14 地点东北约 300 米，高出周口店河床大约 55 米。属石灰岩裂隙，西部堆积地层为棕红色黏土角砾岩，夹葡萄石及卵石层堆积及细砂岩堆积，剖面的中间部位为土黄色砂质角砾岩局部含风化球，并夹有棕红色钙化黏土岩脉及多处土蜂巢。西侧上部为棕红色粗砂角砾岩，下部为厚层石灰岩，岩层产状为 NE10°/SE∠40°，其中发育两组节理 NE5°/NW∠75°、NW80°/NE∠82°。这里的病害主要是风化问题及雨水冲刷问题。（见照片 3－20、图 3－11 所示）

病害原因：该地点出露岩性为泥岩、砂岩及粗砂岩，并含有角砾，因角砾含量少，钙质胶结又比较弱，因此岩石相对软弱，容易风化，特别是四周石灰岩已被采光，堆积层已完全暴露于自然界中，加上剖面土层直接面对西北方向，因此，日晒、雨淋、雨水冲刷及风蚀等是这里的主要病害。

照片 3－19　第 8 地点堆积层及危岩现状

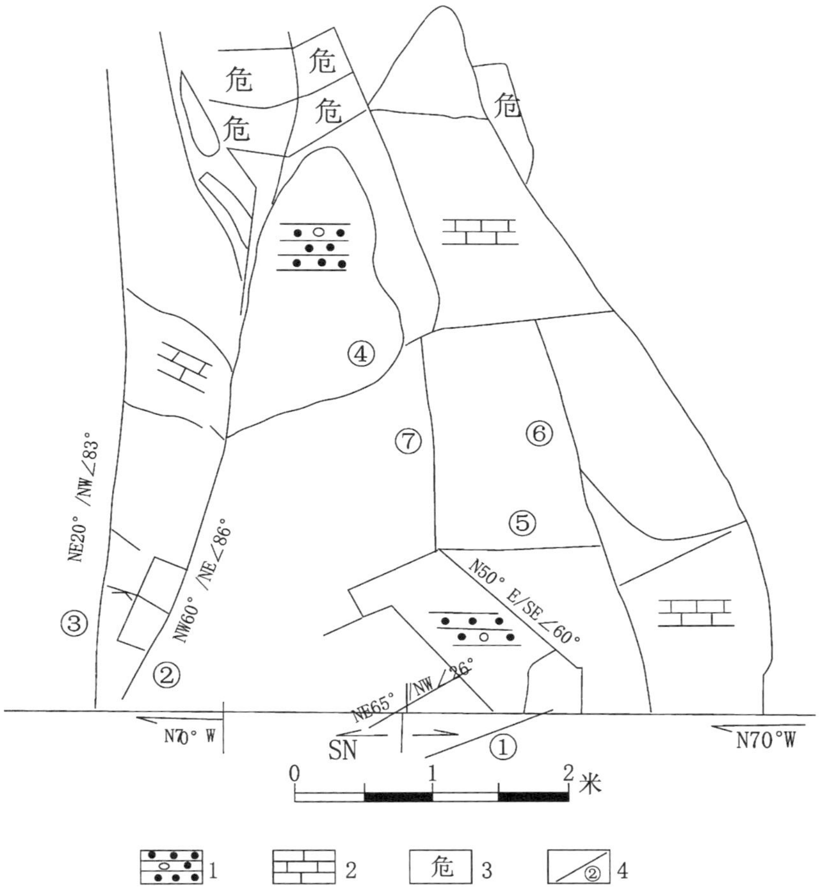

图 3－10　第 8 地点地质剖面图

1. 含砾粗砂岩；2. 石灰岩；3. 石灰岩危石；4. 节理及编号

照片 3－20　第 9 地点堆积层现状

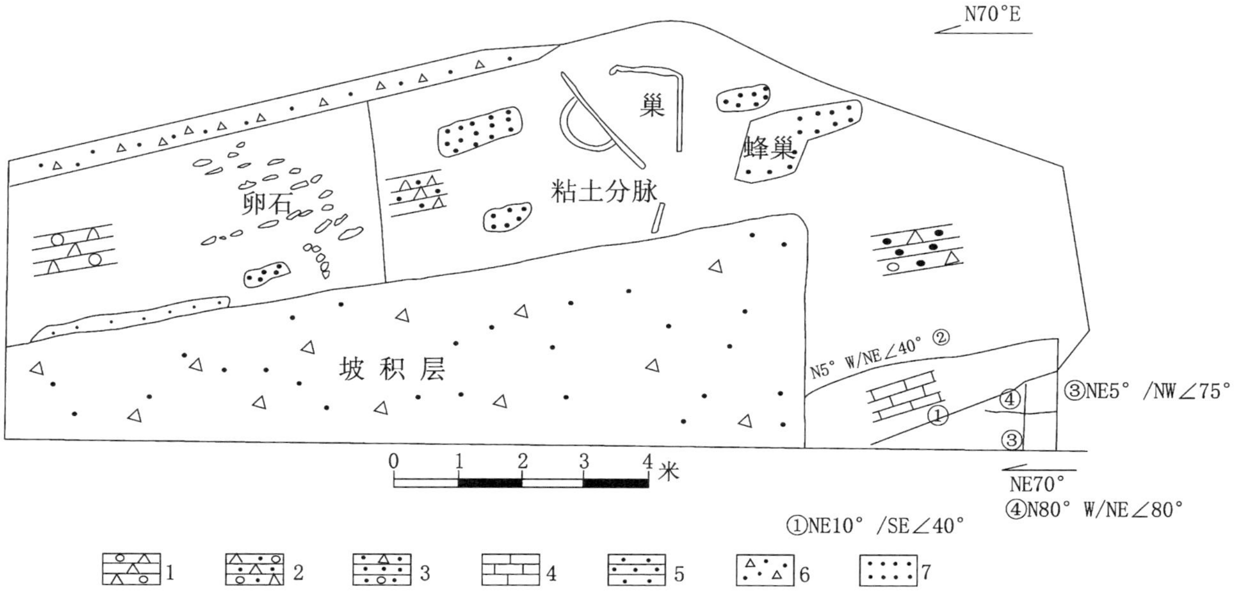

图 3－11　第 9 地点地质剖面图

1. 棕红色泥质角砾堆积夹风化球；2. 土黄色砂质角砾岩局部含风化球；
3. 棕红色粗砂角砾岩；4. 石灰岩；5. 细砂岩；6. 坡积层；7. 蜂巢

（七）第 10 地点

第 10 地点位于第 1 地点西偏南 18°，两者距离约 1 公里。属石灰岩裂隙堆积，堆积地层北部为棕红色含砾黏土岩，中部为黄色泥质角砾堆积，局部出露石灰岩及角砾堆积，局部含松散角砾堆积危岩体，南部区域内有一半为含大块石灰岩角砾的黄色泥质角砾堆积，另一半则为石灰岩，其产状为 NW42°/NE∠32°。该遗址点的地质病害主要为含砾黏土岩的风化问题及松散（微胶结）角砾岩的失稳问题。（见照片 3－21，图 3－12、3－13、3－14）

照片 3－21　第 10 地点堆积层及危岩现状

遗址点为石灰岩裂隙堆积，周围的石灰岩已被采完，致使堆积层直接暴露于自然界中，四周均无遮挡，岩性又相对较弱，因此日晒、雨淋、冻融、风蚀等风化问题是主要问题，其次还有雨水直接冲刷破坏问题，对于堆积层本身来讲中间部分的（微胶结）松散角砾堆积极易坍塌，是急需抢险加固的部分。

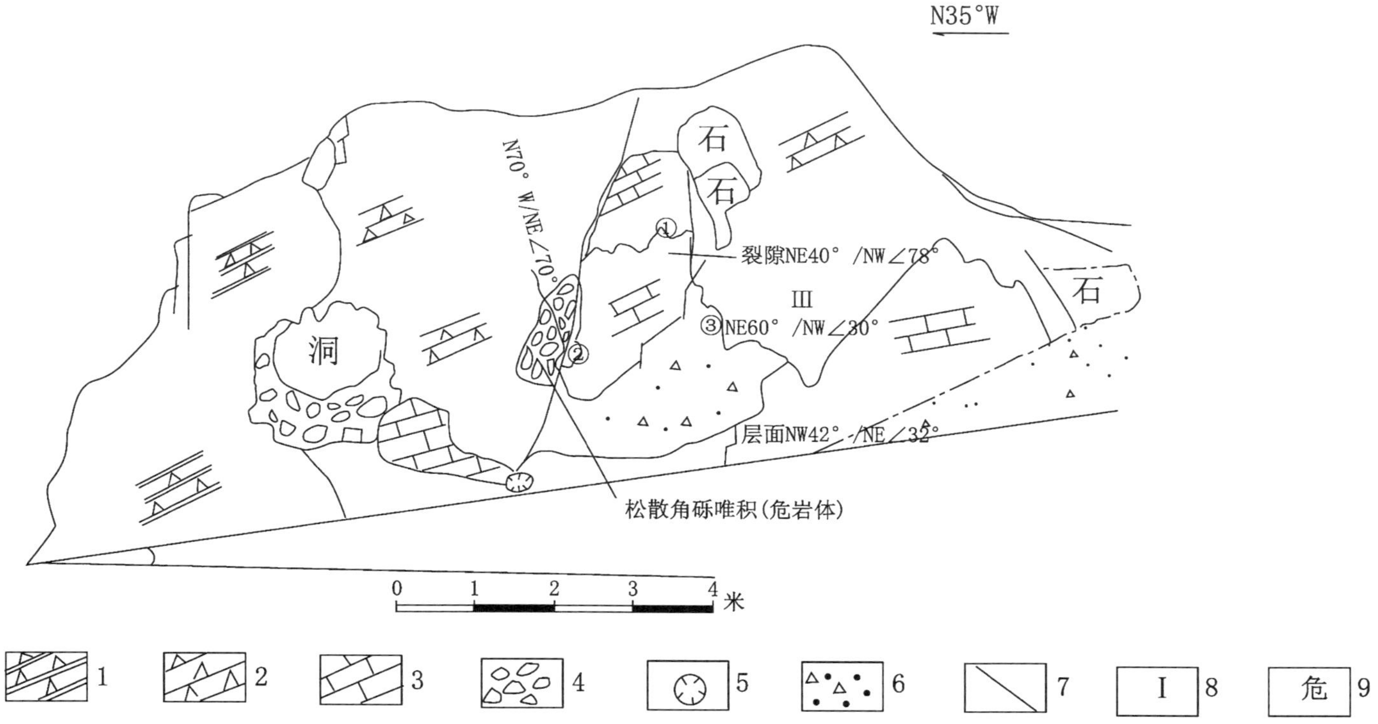

图 3－12　第 10 地点西侧壁地质剖面图

1. 棕红色含砾黏土岩；2. 黄色泥质角砾堆积；3. 石灰岩；4. 角砾堆积；5. 溶洞；
6. 坡积层；7. 节理及编号；8. 分区及编号；9. 危岩体

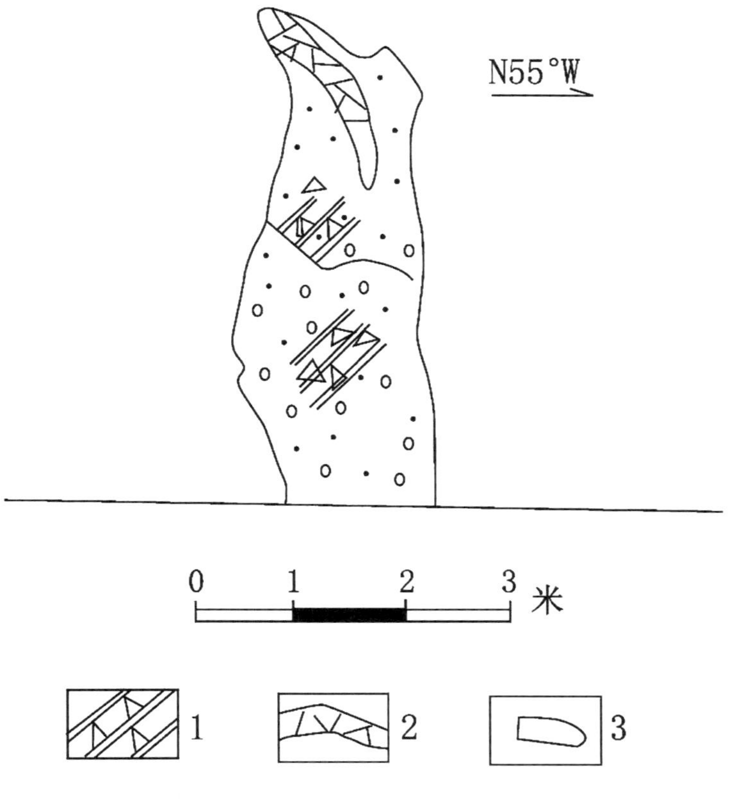

图 3－13　第 10 地点北侧壁地质剖面图

1. 棕红色含砾黏土岩；2. 碎块状灰岩角砾；3. 完整灰岩角砾

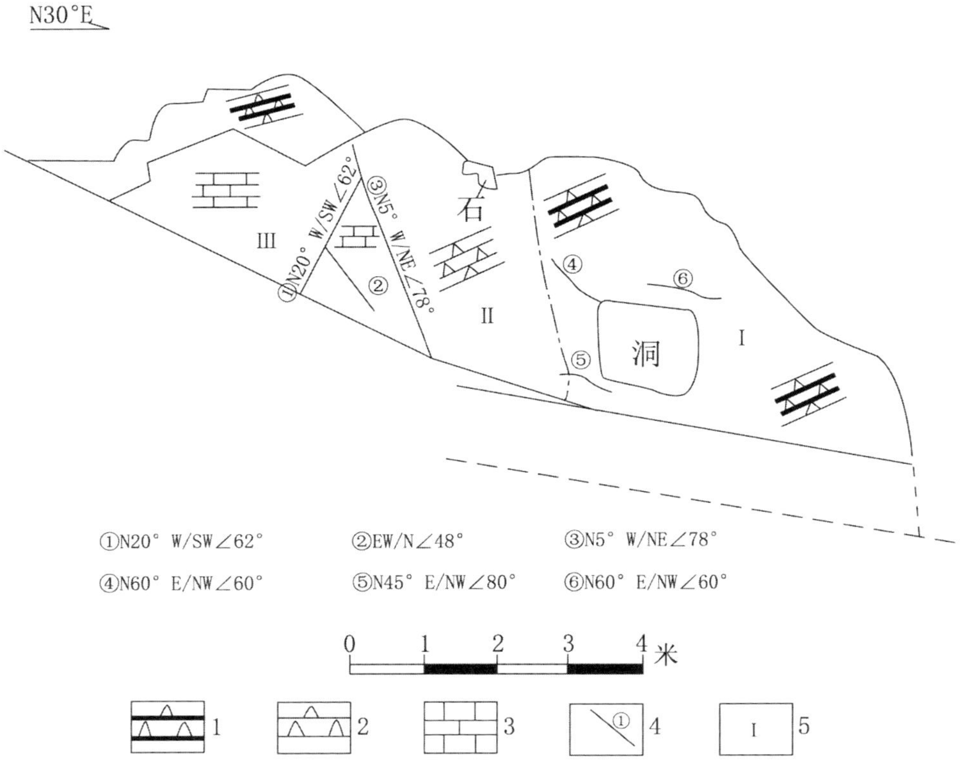

图 3－14 第 10 地点东侧壁地质剖面图

1. 棕红色含砾黏土岩；2. 灰红色泥质角砾堆积；3. 石灰岩；4. 节理及编号；5. 分区及编号

（八）第 11 地点

第 11 地点位于第 1 地点正西略偏南一点，两者相距 1.1 公里（见照片 3－22，图 3－15）。属石灰岩层间裂隙堆积，堆积地层为棕红色含砾黏土岩，堆积层上部为灰黑色含砾黏土岩风化壳，周围的石灰岩为块状较为完整，仅局部薄层灰岩地段裂隙较发育岩石较为破碎。这里的地质病害主要是堆积层的风化问题。

照片 3－22 第 11 地点堆积层现状

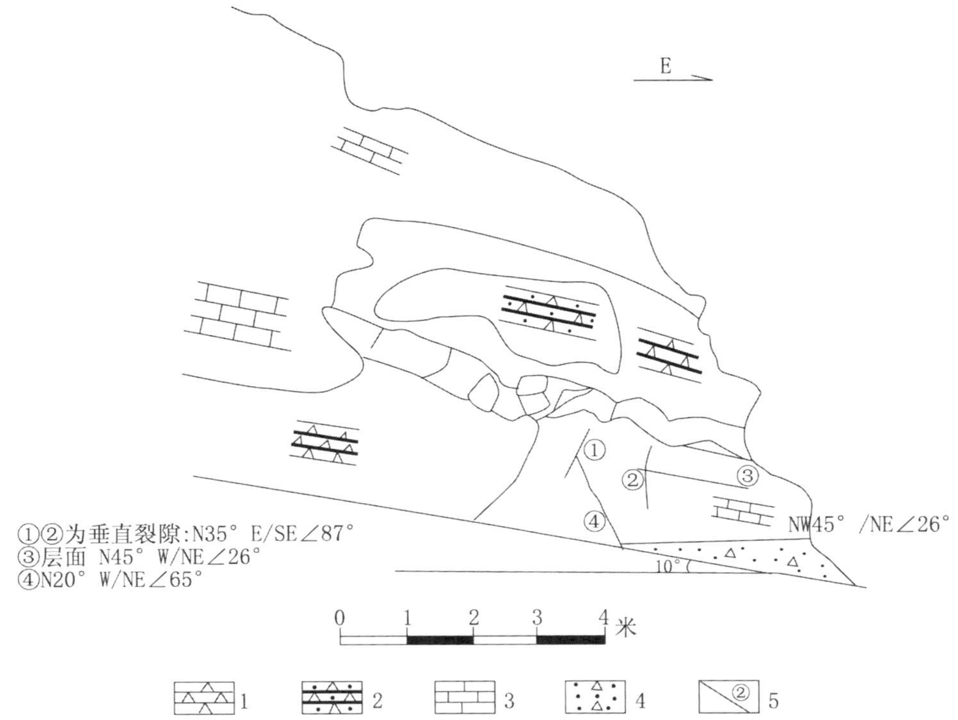

图 3－15　第 11 地点南侧壁地质剖面图

1. 棕红色含砾黏土岩；2. 灰黑色含砾黏土岩风化壳；3. 石灰岩；
4. 残坡积物；5. 节理及编号

（九）第 12 地点

第 12 地点位于顶盖堆积和第 3 地点的东侧，均处于龙骨山的南坡，西北距顶盖堆积 15 米，西南距第 3 地点 20 米。属石灰岩裂隙堆积，堆积层上部是坚硬的深红色黏土，下部是粗砂及砾石，周围均为块状石灰岩，由于地质构造作用和人工采石及发掘的原因，该处的山体已成为一条近东西走向的长条茄形弧峰，峰高 16 米（见照片 3－23）。条形弧峰西侧由于节理的切割使局部山体有失稳的危险（见图 3－16）。

病害原因：第 12 地点上部石灰岩山体由于层理和节理的切割使岩体比较破碎，特别是存在着 NW45°/SW∠50°和 NW25°/SW∠70°结构面，两者组成一条危险的滑面，危岩体高 12 米，长 3 米，宽 3 米。在震动及雨水等外力作用下极有可能形成山体滑坡，并将直接掩埋第 12 地点和波及第 3 地点的安全。

照片 3－23　第 12 地点上部的危岩体现状

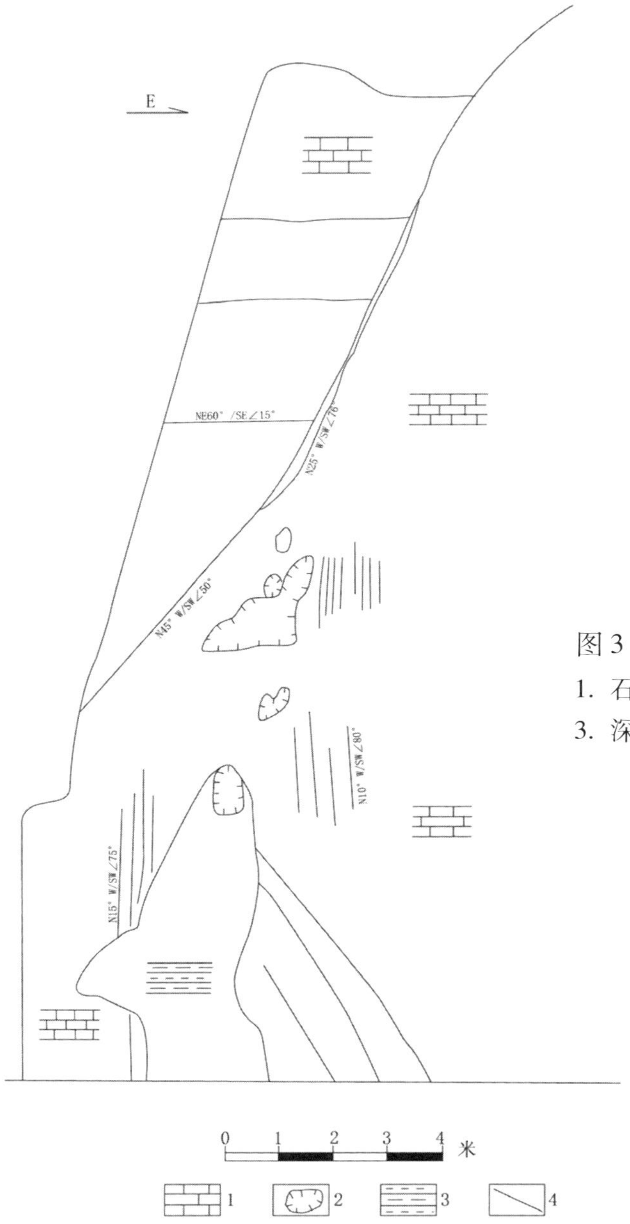

图 3－16　第 12 地点地质剖面图
1. 石灰岩；2. 溶洞；
3. 深红色黏土；4. 裂隙及产状

（十）第 14 地点

第 14 地点位于第 1 地点南约 1.5 公里处，1933 年发现，1933、1951、1953 年的发掘中，共出土 2000 多条鱼化石，由此而得名“鱼岭”，该地点地质时代为上新世。它原来是一个澡盆状的石灰岩洞穴，长 21 米，深 10 米，高出周口店河床大约 65 米。洞穴北部堆积为土黄色砂质角砾岩，中部下面为薄层泥质砂岩，中间为土黄色砂质角砂岩，顶部为棕红色泥质角砾岩，南部下面为石灰岩，堆积层在上部主要为土黄色砂质角砾岩。堆积体四周的石灰岩已被采光，仅剩一个底部为石灰岩上部为堆积层的孤立小山梁。（见照片 3－24，图 3－17、3－18、3－19、3－20）

照片 3－24　第 14 地点堆积层及危岩现状

病害原因主要有以下四种类型：

14－（1）风化病害：由于堆积层为孤立的小山梁，周围石灰岩被开采殆尽，因此堆积层直接暴露于大气层中，年长日久的日晒、雨淋、风蚀、冻融等作用使堆积层经受着风化破坏。

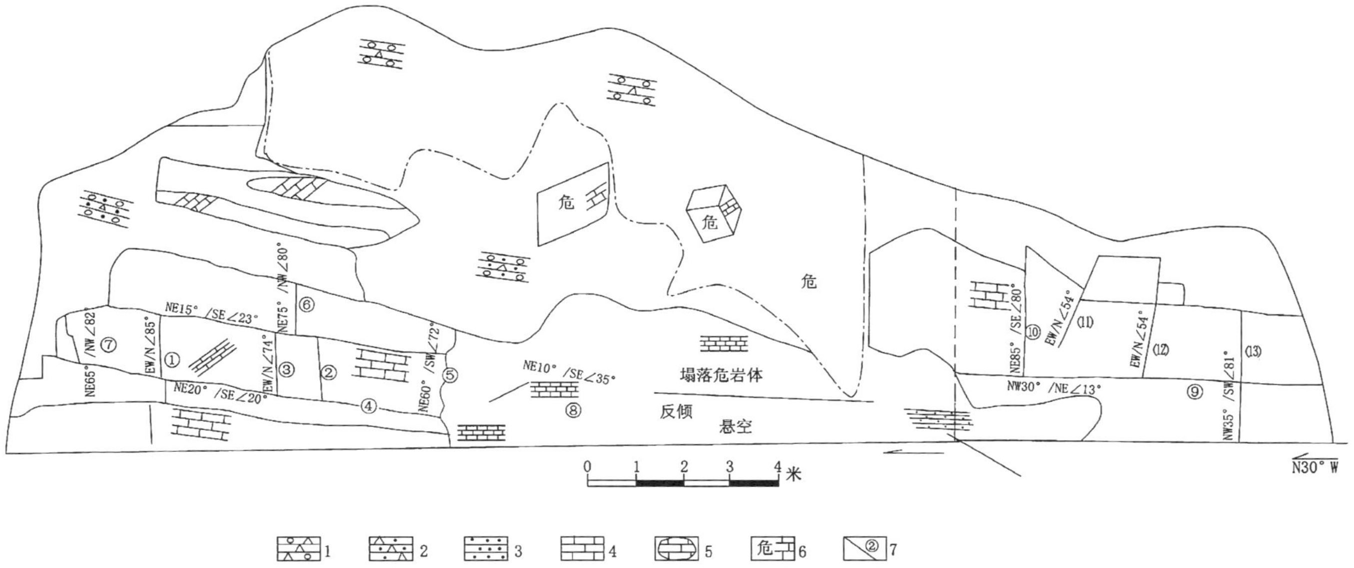

图 3－17　第 14 地点西侧壁地质剖面

1. 棕红色泥质角砾岩；2. 土黄色砂质角砾岩；3. 薄层泥质砂岩；4. 石灰岩；5. 灰岩角砾；6. 危石；7. 节理及编号

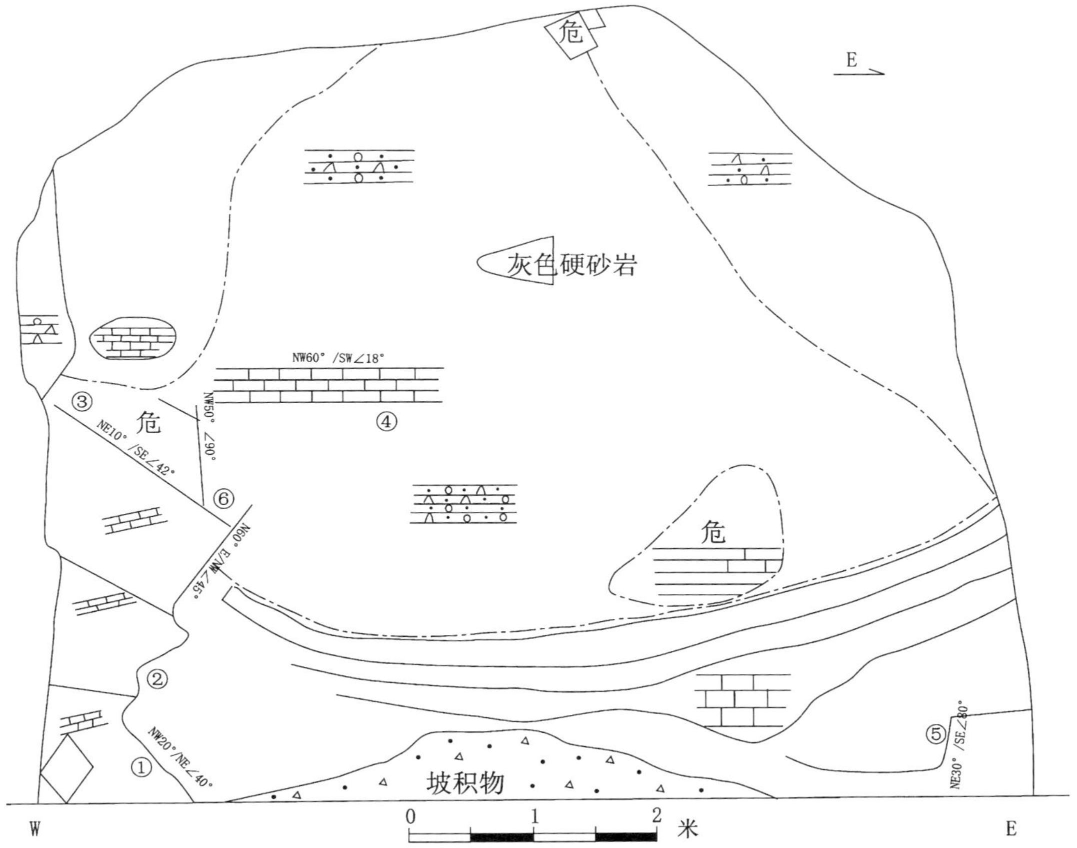

图 3－18　第 14 地点南侧壁地质剖面图

1. 棕红色泥质角砾岩；2. 土黄色砂质角砾岩；3. 灰黑色薄层灰岩角砾岩；4. 石灰岩；5. 坡积物；6. 危岩体

14－（2）冲刷病害：由于遗址点的小山梁为近南北走向（走向北西10°），雨季期间雨水的冲刷，加上西北风或是东南风的作用，对化石地点的东侧面或是西侧面均是严重的破坏。

14－（3）危岩体的破坏：西侧面中间部位有向东倾斜的薄层泥质砂岩（产状为NE10°/SE∠35°），底部已有掏空现象，导致上部薄层砂岩悬空，容易产生塌落。

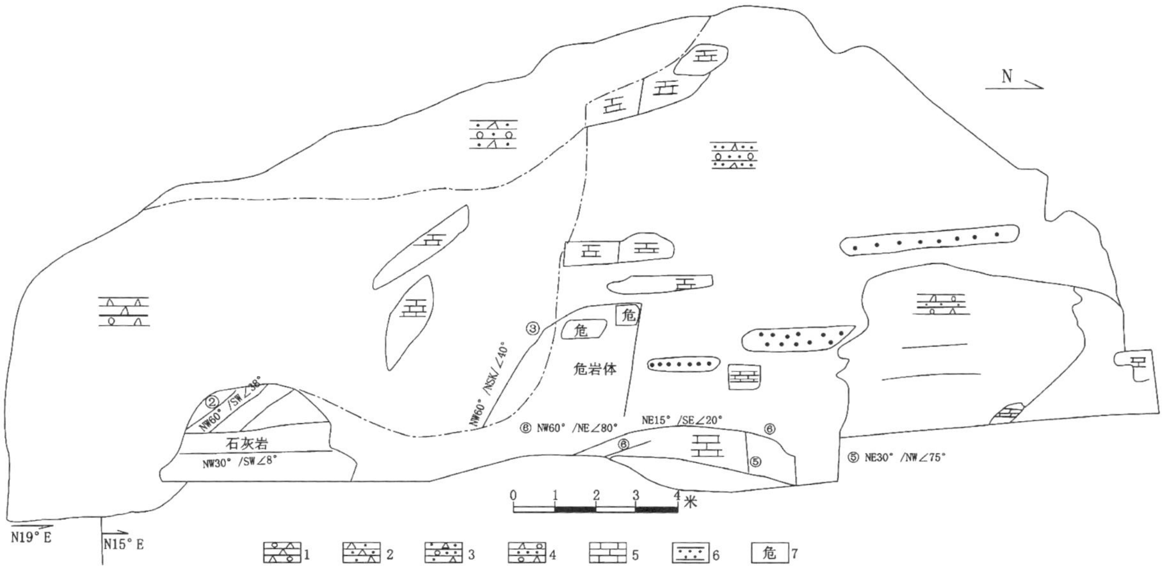

图3－19　第14地点东侧壁地质剖面图

1. 棕红色泥质角砾岩；2. 棕色砂质角砾岩；3. 土黄色砂质角砾岩；4. 薄层细砂岩及角砂岩；5. 石灰岩；6. 土蜂巢；7. 危石

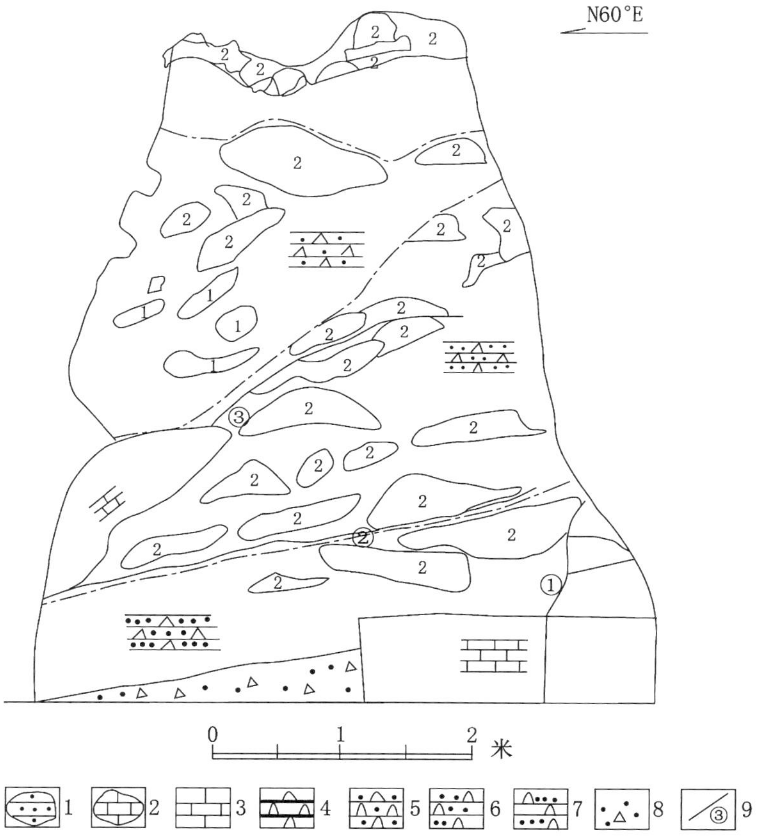

图3－20　第14地点北侧壁地质剖面图

1. 砂岩角砾；2. 灰岩角砾；3. 石灰岩；4. 棕红色黏土质角砾岩；5. 灰白色砂质角砾岩；6. 土黄色砂质角砾岩；7. 黑灰色角砾岩；8. 坡积层；9. 节理及编号

南侧壁西侧土黄色砂质角砾岩由于存在一组缓倾角节理（NE10°/SE∠42°）和一组卸荷裂隙（NW50°∠90°），两者组合极有可能形成危岩体，使石灰岩上部的土黄色砂质角砾岩沿石灰岩的层面下滑。南侧壁东侧土黄色砂质角砾岩底部有一块约 8 m^3的石灰岩孤石，由于其向外倾斜，孤石周围土层风化裂隙发育，故孤石极易塌落，形成危岩体。

东侧壁中间部位土黄色砂质角砾岩中由于卸荷裂隙发育（NW60°/NE∠80°），形成一块 $2\times3m^2$ 面积的危岩体。

14－（4）上部危石病害：西侧壁上面，在堆积层中含有石灰岩的大块角砾，由于角砾四周泥质砂质的风化剥落，致使块石形成危石，西侧壁见有三块危石，已经塌下一块，危石大小约 $1\sim2m^3$。

东侧壁中间部位土黄色砂质角砾岩中含有两块石灰岩砾石，由于块石向外倾，周围的土层容易风化，已经形成危石，极易塌落。

（十一）第 15 地点

第 15 地点位于第 1 地点南面约 250 米，属石灰岩裂隙堆积，发掘区域南北长 16 米，东西宽 13 米，厚 10 米。堆积地层为灰黄色黏土夹角砾岩。该地点只发掘了局部区域，其下地层尚深不可测，未来可发掘潜力很大，目前还未发现地质病害，如照片 3－25 所示。

照片 3－25　第 15 地点堆积层现状

（十二）第 20 地点

第 20 地点位于第 14 地点东北约 10 米处，高出第 14 地点约 15 米，原是石灰岩山体中一个管状的落水洞，随着地表水下冲，带进许多动物骨头及泥砂石块，形成现在状态的堆积层，堆积地层可分为三部分：上部为红色砂质土；中部为浅黄色黏土；下部为砂质黏土。（见照片 3－26，图 3－21）

堆积层两侧为厚层状石灰岩，层面延伸较长，岩层产状为 NE15°/NW∠32°，垂直节理也较为发育，延伸也较长，自北向南共达 6 条之多，其产状（1）NE75°/NW∠68°，堆积层管道裂隙的产状为（2）EW/N∠70°，往南还有（3）NE75°/NW∠75°。其中（3）和（4）两组裂隙在斜坡上部组合成楔形体，可能形成不稳定块体。此处顺（1）号裂隙由下往上因为裂隙切割缘故形成三个危石，其大小约为 $1\sim2m^3$。

照片 3－26　第 20 地点堆积层及危岩现状

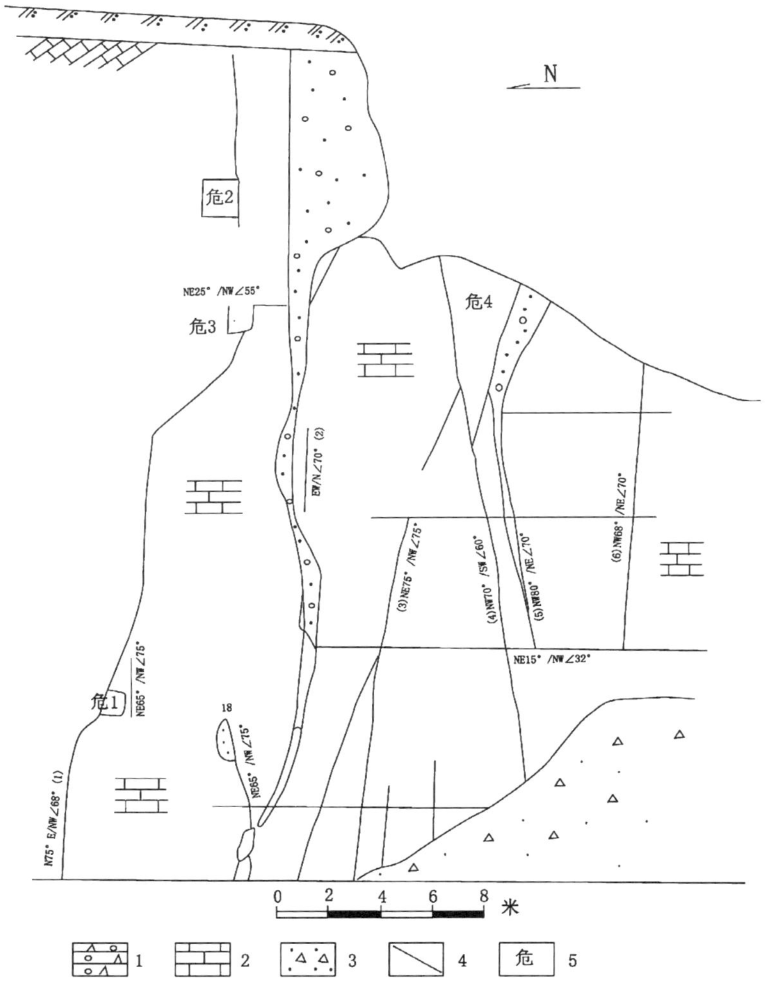

图 3－21　第 20 地点地质剖面图

1. 含砾泥岩堆积；2. 石灰岩；3. 坡积层；4. 节理裂隙及产状；5. 危岩块体及编号

（十三）第 21 地点

第 21 地点位于第 1 地点东北，距第 1 地点约 2 公里，高出周口店河 20 米。（见照片 3－27，图 3－22）该地点为一石灰岩裂隙堆积，是 1951 年至 1957 年间开采石灰发现的。该地点长约 4 米，高 2.5～3.5m，小包下部为石灰岩，上部有不多的堆积层，最厚为 1 米，薄者仅 30 厘米，左下部岩性为灰黄色粗砂角砾岩，右上部岩性为土黄色泥质角砾岩。堆积层节理较少，仅见 2 条，其产状特征如下：①NW10°/SW∠55°，长 50 厘米，宽 0.5～1 厘米，呈波状。②NW70°/SW∠88°，节理宽 0.5～1 厘米，延伸长 1 米，张开，充填粗砂。灰岩中节理较发育，共有 16 条，其产状特征如下：③NE70°/NW∠26°，延长 3.5 米，宽 0.5～2 厘米，贯穿整个岩体。④NW60°/SW∠38°，长 1.2 米，部分张开，无充填。⑤NE30°/NW∠73°，长 1 米，宽 0.2～1 厘米，张开。⑥EW/S∠62°，长 60 厘米，宽 1～3 厘米。⑦EW/N∠43°，长 60 厘米，宽 2 厘米，张开充填泥质角砾和碎块。⑧NE55°/NW∠31°，长 1.2 米，闭合。⑨NE40°/SE∠70°，长 50 厘米，宽 2.5 厘米，张开无充填。⑩NE30°/SE∠75°，长 50 厘米，宽 0.5 厘米，局部张开，泥质充填。⑪NE72°/SE∠71°，节理面光滑。⑫NW85°/NE∠20°面平整，长 1 米。⑬NE25°/SW∠65°，长 1.5 米，宽 2～0.5 厘米，犬牙交错状。⑭NE50°/NW∠40°，长 40 厘米，宽 0.2～0.3 厘米，局部闭合。⑮NE20°/NW∠60°，与③形成长 1.1 米、厚 25 厘米的危岩体。⑯NW15°/NE∠58°，波状起伏，石灰岩有溶蚀现象。⑰NW30°/NE∠73°，节理闭合。⑱圆弧状裂隙，NE70°/SE∠75°，下部石灰岩起皮，裂隙长 35 厘米。

如上所述，在4m²大小范围内发育着18条节理裂隙，可见岩体被节理切割的较为破碎，由于结构面的切割和组合，在该遗址内形成了四个不大的危岩体。其中堆积层中有2个。危岩块是由灰岩与角砾岩接触面及②号卸荷裂隙组成的，危岩块可能向西侧滑下。危2岩块是由①、②两组节理切割成的，①号节理是圆弧形的，上部有卸荷特征，当危1下滑后必然导致危2下滑。在下部灰岩中由于节理的切割也形成了两块危岩，危3岩块是由⒀、⒁两组节理切割的，前者为陡倾角的卸荷裂隙，使岩体裂开，后者是平缓西倾的裂隙面，两者组合可能形成危3岩块向西滑落。危4岩块是由⒂、③两条节理切割形成的，③号节理切割了上部岩体的连接，而⒂节理正好是顺坡走向的张开裂隙，向坡外倾斜，因此两者组合成了危4岩块。

照片3－27　第21地点堆积层及危岩现状

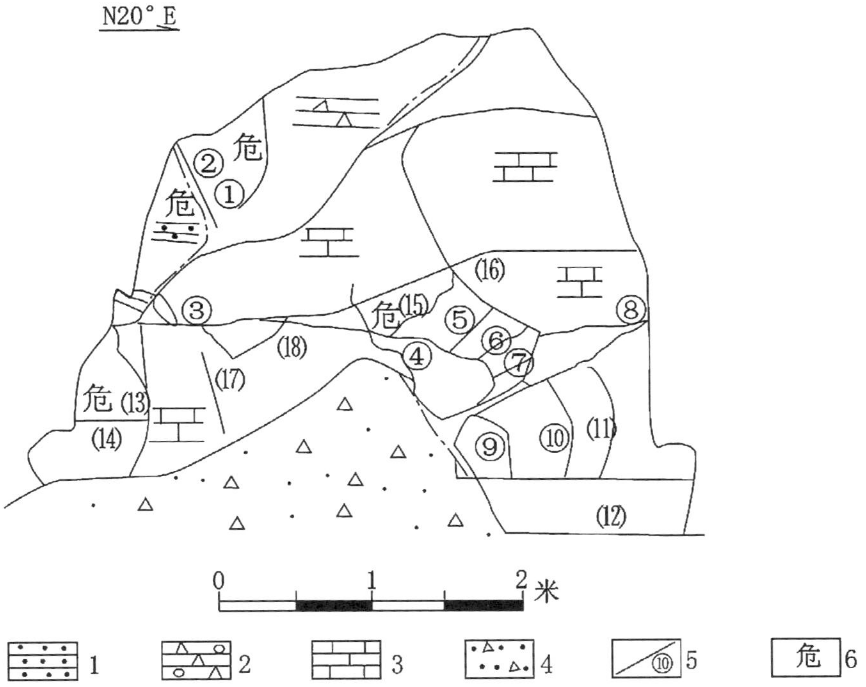

图3－22　第21地点地质剖面图

1. 灰黄色粗砂角砾岩；2. 土黄色泥质角砾岩；3. 石灰岩；
4. 坡积层；5. 节理及编号；6. 危岩体

（十四）第22地点

第22地点位于第1地点东北，太平山西南脚下，在第21地点东北侧40米处，属石灰岩裂隙堆积，堆积层分布在该地点的下层和上层，中间由灰岩隔开，堆积层为棕色含砾中粗砂岩组成，砂粒直径为0.2～1毫米，内有砾石，直径为2～3厘米，大者10～15厘米，砾石多呈扁平状，磨圆度较好，成分为周围的片岩、板岩形成，可见是由河流冲进裂隙内的而非原地崩塌所致。底部堆积层靠西部为片岩，由于岩性软弱加上片岩层薄，从强度上看，此段较弱，易于风化，可划为危岩体。在上层堆积体的下面有一层石灰岩因为其上的堆积层已脱落，灰岩中有两组节理切割，层面裂隙张开，因此可组成三块危石，有可能顺层面向北东方向滑下。（见照片 3－28，图 3－23）

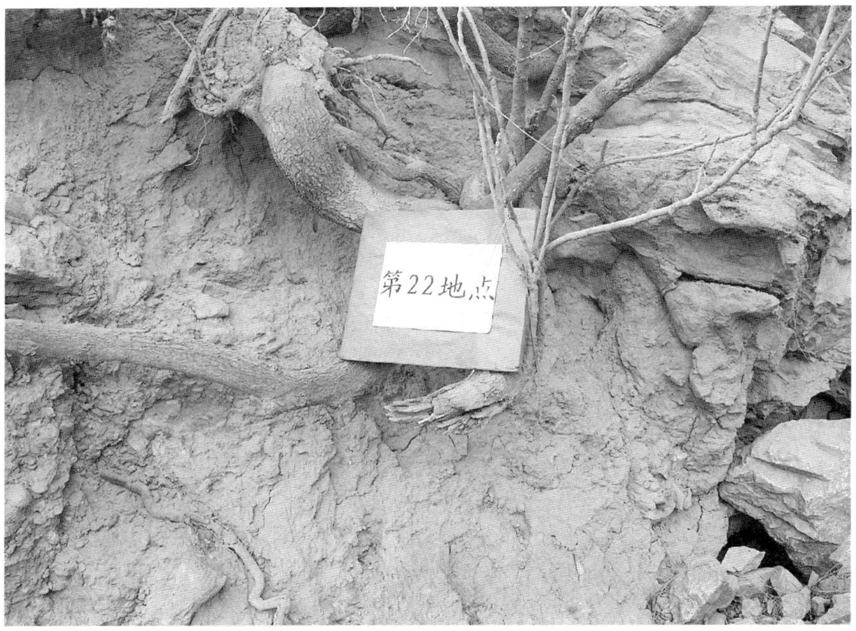

照片 3－28　第 22 地点堆积层及危岩现状

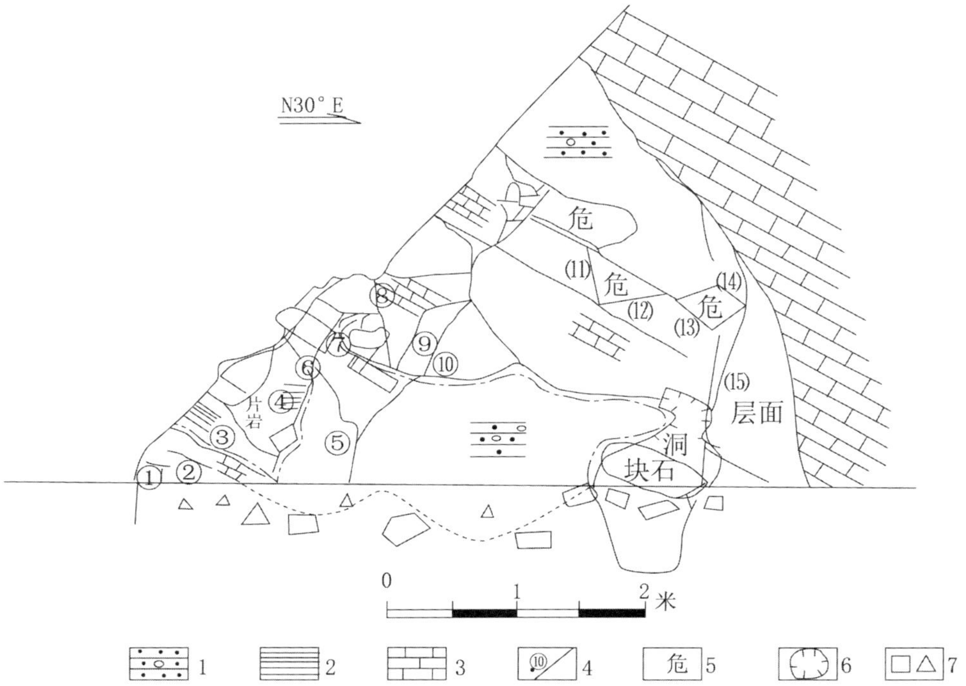

图 3－23　第 22 地点地质剖面图

1. 棕色含砾中砂岩；2. 片岩堆积层；3. 石灰岩；4. 节理及编号；5. 危石；6. 溶洞；7. 碎石堆积

（十五）第 26 地点

第 26 地点又称“山顶洞”，位于龙骨山的山顶，1933～1934 年系统发掘，共出土 3 颗完整的头骨化石和大量的古人类肢骨化石，共代表 8 个个体的化石材料，该洞穴由石灰岩组成，根据洞内的形状和堆积的现象，将其分为四个部分：洞口、上室、下室、下窨。洞内发育有石笋及少量石钟乳。目前，东侧壁残留有钙质胶结的角砾堆积，南侧壁残留有松散角砾堆积。洞体南北长 10 米，东西宽 5~6 米，高 4~6 米。

主要的地质病害有：洞顶可能掉块塌方、东侧壁楔形体塌落、南侧壁松散堆积体滑坡。详述如下：

26－（1）洞顶可能掉块塌方（见照片 3－29，图 3－24、3－25）：

照片 3－29　山顶洞北侧洞口及洞顶景观

由照片和地质素描图中可以看出，石灰岩中近水平的层面极为发育，层面产状为 NW70°/NE∠10°，另外有多条垂直节理切割，其产状为 NE20°/SE∠85°，两者相互切割使岩体较为破碎，特别是这两组结构面都延伸较长，切割洞顶较深，在外力（如地震、暴雨）作用下可使洞顶产生局部掉块或塌方。

26－（2）山顶洞东侧壁楔形体可能塌落（图 3－25）：

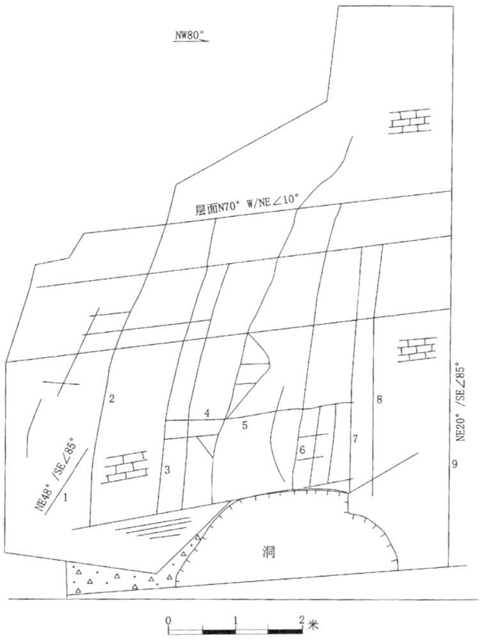

图 3－24　山顶洞北侧壁地质剖面图

1. 石灰岩；2. 角砾岩；3. 节理及编号；4. 洞口

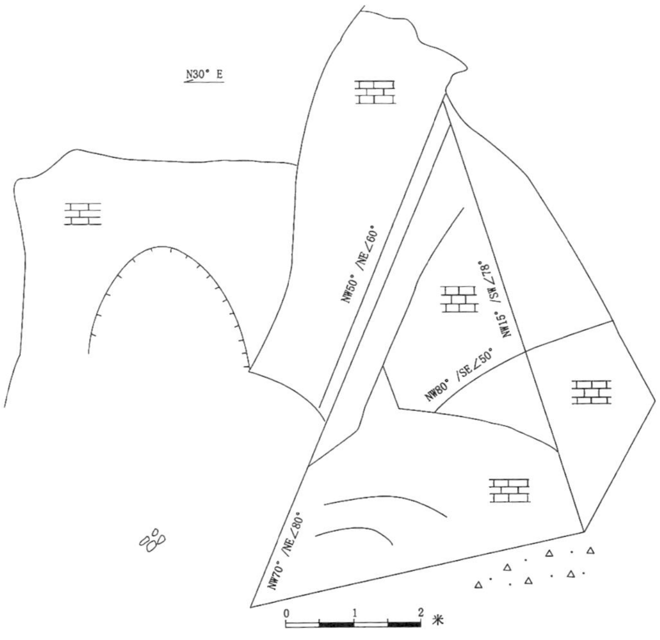

图 3－25　山顶洞东侧壁地质剖面图

1. 石灰岩；2. 溶洞；3. 坡积层；4. 钟乳石；5. 节理及产状

由地质素描图可以看出，东侧壁发育 NE80°/SE∠50°、NW15°/SW∠78°两组节理，两者相交切割成一块底长 4m、高为 2.4 米的三角块体，有可能塌落。

26－（3）山顶洞南侧壁堆积体可能失稳（照片 3－30，图 3－26、3－27）：

由照片和地质素描图可以看出，发掘后的残留堆积体可分为东西两块，东边的一块较小，宽 2.5 米，长 3.7 米；西边的一块稍大，平均宽约 4 米，长亦为 4 米。堆积体主要由 5～10 厘米的灰岩碎块组成，钙质胶结软弱。上部由于流水冲刷顺着灰岩与堆积体的界面已有裂缝产生，加上堆积体的坡角较陡，因此在震动和水流冲刷作用下该堆积体极易失稳。

照片 3－30　山顶洞南侧壁堆积体现状

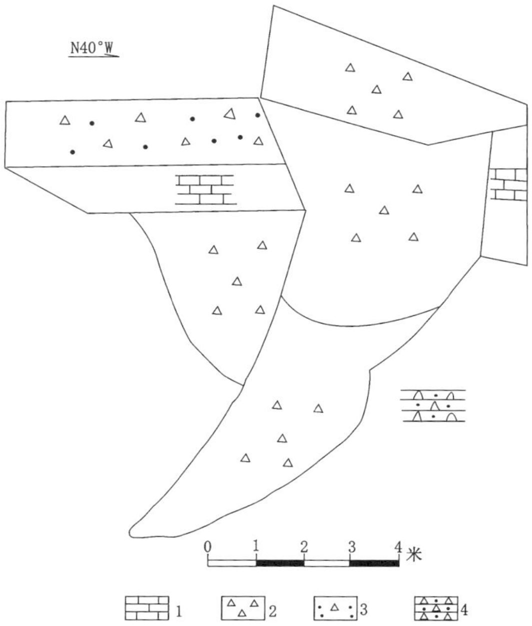

图 3－26　山顶洞南侧壁地质剖面图
1. 石灰岩；2. 角砾堆积体；3. 坡积层；
4. 钙质胶结含泥角砾岩

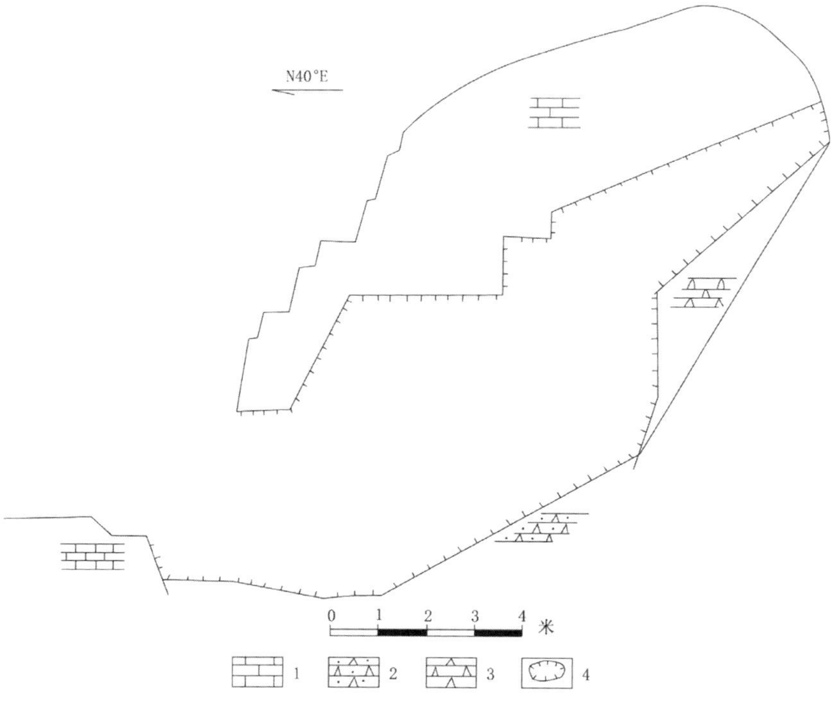

图 3－27　山顶洞北侧壁地质纵剖面图
1. 石灰岩；2. 砂土角砾岩；3. 角砾堆积体；4. 溶洞

（十六）第 27 地点（田园洞）

第 27 地点位于第 1 地点西南 9 公里处，2001 年，田园林场工人在寻水源时发现此洞穴，该地点 2003 年正式发掘，2005 ~ 2006 年，再次进行发掘，发现人类化石和哺乳动物化石，年代距今 3.85 ~ 4.2 万年，该洞穴是中薄层石灰岩溶洞，洞高约 2 米，洞深约 5 米（见照片 3 – 31），洞口面向正北，高出现在河床 150 米，洞中沉积物为灰白色粉砂，其中夹有小块砾石，磨圆度不好，在主洞左侧有两条裂隙，主洞右侧有水流冲刷形成的凹坑，凹坑顶部和底部有钟乳石和石笋。目前，还未发现地质病害。

照片 3 – 31　田园洞发掘现场

（十七）顶盖堆积

顶盖堆积位于第 3 地点的西侧，是由人工开凿而形成的陡倾边坡，相对比高约 17 米，平均坡角 75°，局部地段直立或反倾。

边坡下部由石灰岩组成，上半部由顶盖堆积组成（时代为早上新世），灰岩与顶盖堆积接触处有一巨大的石灰岩角砾，呈探头悬空状。顶盖堆积最上部是一层厚度为 1.5 ~ 3 米的含砾粗砂岩，钙质胶结，强度较高，完整性较好，构成顶盖堆积最上部的坚硬外壳，含砾粗砂岩的下部是 1.5 米厚的粗砂层，胶结程度低，尚未成岩。顶盖堆积与下部灰岩接触之间发育有上下两层洞穴，底部灰岩中发育有一竖向溶洞，见图 3 – 28。

照片 3 – 32　顶盖堆积上部危岩现状

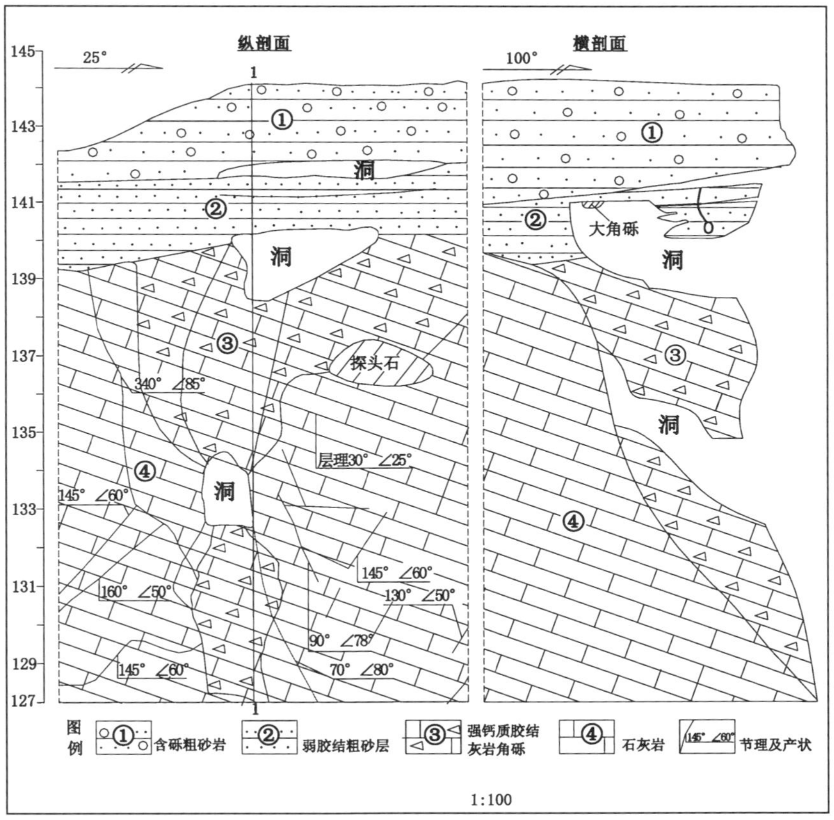

图 3 – 28　顶盖堆积纵、横剖面图

主要地质病害：

1. 上部顶盖堆积的坍塌

顶盖堆积中含砾粗砂岩与粗砂层的层间及粗砂层内，发育有呈水平向展布的宽大裂隙，上部层间裂隙最宽处已张开0.42米，向两侧逐渐尖灭，两侧延长超过下部土洞的顶宽（约6米），裂隙向内部水平延深大于4.2米。下部层内裂隙最宽处张开0.2米，向内部水平延深大于2米。其下为一土洞，洞口高1.6米，宽1.5米，内部高2.0米，最宽处3.4米，进深5米。洞侧壁及顶均由含砾石的红黏土和粗砂组成，风化空洞较多，强度极低，见照片3-32。

照片3-33　顶盖堆积最上部水平裂隙及土洞内壁与顶板

根据上述特征分析，坚硬外壳下部的粗砂层已作为下部土洞的直接顶板被拉裂产生较大的水平裂隙和竖向裂隙，可以认为已被破坏，只因两个侧壁的支撑作用而尚未完全塌落。而最上部含砾粗砂岩组成的坚硬外壳能否塌落，可根据现场实际条件经简化后进行计算分析，取顶部大裂隙的水平延长为顶板计算长度 L=6m，土洞的进深为计算宽度 B=5m，顶板厚度外边取为2m，里侧按3m计，岩体的天然容重按 $\nu = 27KN/m^3$ ，抗拉强度和黏聚力均按岩心的 $\frac{1}{10}$ 计取，即 $\delta t = C = 200KPa$ ，计算简图如图3-29所示。

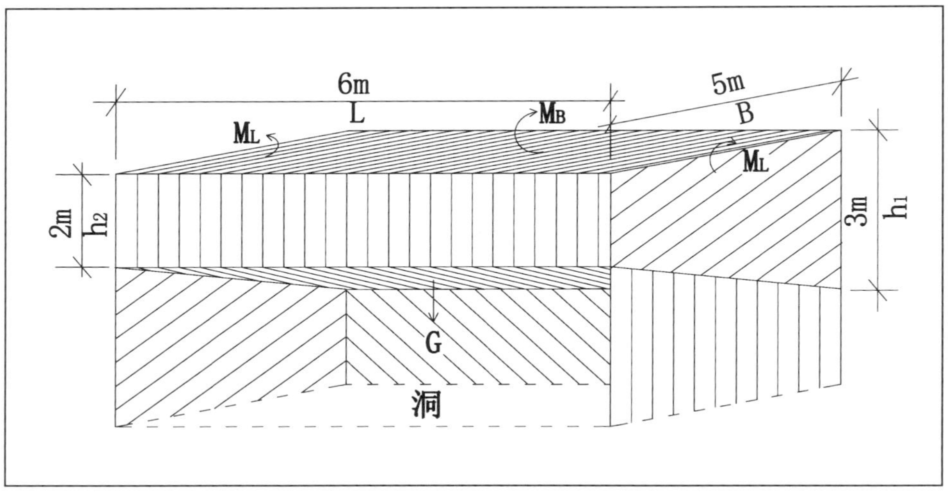

图3-29　顶盖堆积土洞含砾粗砂岩顶板计算简图

当含砾粗砂岩作为顶板而完整时，顶板受自身重力和北、西、南三侧的抗剪切作用，破坏方式为纯剪破坏，顶板自重力为 G＝2025KN，而三侧的抗剪力之和可达 8600KN，发生纯剪破坏是不可能的。顶板破坏需以顶板岩体内部形成竖向裂隙为前提条件，现以顶板中部所见已形成的竖向拉张裂隙为依据，采用梁板法进行稳定性计算，计算公式为：

$$MGB = \frac{G \cdot B}{2} = 5062.5KN \cdot m \tag{4-18}$$

$$MGL = \frac{G \cdot L}{4} = 3037.5KN \cdot m \tag{4-19}$$

$$M\delta L = \frac{(h1 + h2)^2 \cdot B \cdot \delta t}{4} = 6250KN \cdot m \tag{4-20}$$

$$M\delta B = \frac{h1^2 \cdot L \cdot \delta t}{2} = 5400KN \cdot m \tag{4-21}$$

式中：

MGB 、MGL —岩体自重在顶板进深、两侧方向上的倾覆弯矩；

$M\delta L$ 、$M\delta B$ —岩体内部拉力在顶板进深、两侧方向上的抗倾覆弯矩；

对于顶板进深方向的稳定性系数 $Ks = \frac{M\delta B}{MGB} = 1.07$ ，处于极限平衡状态，欠稳定。对于两侧的稳定性系数 $Ks = \frac{M\delta L}{MGL} = 2.06$ ，处于稳定状态。

照片 3－34　探头石及其上土体

2. 中部探头石的滚落

中部探头石呈悬空状，周边已有裂缝产生，在自身重力及外力作用下极易滚落，一旦脱落将引发其上的红黏土夹角砾堆积崩坍，从而在坡体土洞处形成更大的临空面或悬空体，最终将导致上部顶盖堆积的整体性垮塌。

3. 南侧及下部岩质边坡上岩块（体）的浅层滑移

南侧和探头石下部的岩质边坡中，倾向 140°～160°、倾角 50°～60°的一组顺坡节理和倾向 70°、倾角 80°的另一组斜交节理极为发育，在两组节理及层理面的综合作用下，在边坡的表层形成一些具有浅层滑移破坏特征的薄板状岩块（体），而坡面为陡倾或直立状，在表生风化和自身重力作用下，表层岩块（体）极易产生沿节理面的脱落。

以节理面为滑面，取岩体天然容重 $\nu = 27KN/m^3$，滑面摩擦角 $\varphi = 33^0$，黏聚力 $C = 40KPa$，采用平面滑动法按公式（4－12）～（4－17）进行稳定性计算。

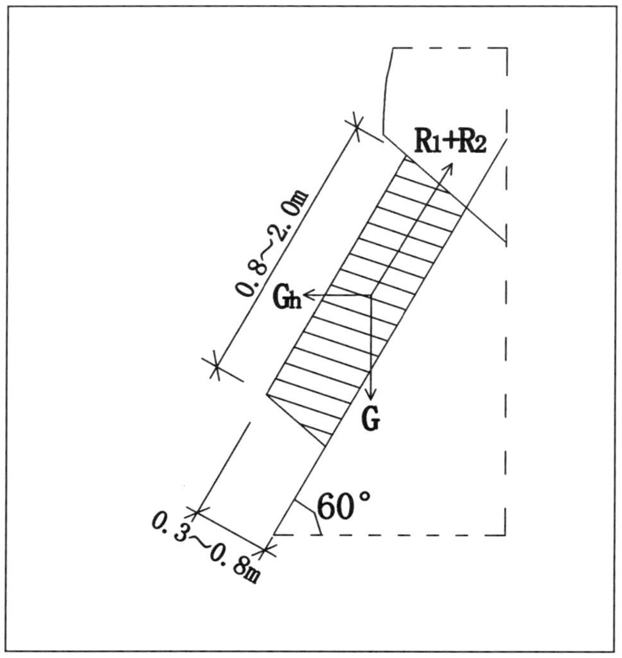

图 3－30　顶盖堆积岩质边坡危岩计算简图

经对几处具有滑塌危险节理面的计算，探头石下部坡体中正常情况下稳定系数在 1.3～1.6 之间，考虑地震作用时在 1.2～1.5 之间，处于稳定状态。而南侧坡体中正常情况下稳定系数在 1.1～1.4 之间，考虑地震作用时在 1.0～1.2 之间，欠稳定，表明南侧坡体表层的局部地段，岩块体存在沿节理面呈板状滑塌破坏的危险，见图 3－30 所示。

四、地质病害评估

（一）周口店遗址核心区地质病害评估

通过周口店遗址核心区前期的地质病害调查，包括第 1 地点、第 3 地点、顶盖堆积地点、第 4 地点、第 12 地点、鸽子堂地点、第 26 地点（山顶洞）共 7 个遗址点的病害调查，查明存在病害隐情如下：

1. 猿人洞走廊东侧壁（第一头盖骨发现标牌处），边坡稳定问题；
2. 猿人洞（走廊东侧）北侧壁边坡稳定问题；
3. 猿人洞（走廊西侧）北侧壁反倾斜坡稳定问题；

4. 猿人洞西侧壁（标准剖面处）风化问题；

5. 猿人洞西侧壁（标准剖面处）上部危岩体稳定问题；

6. 猿人洞南侧壁（西部）楔形体稳定问题；

7. 猿人洞东部南侧壁灰烬层上部破碎岩体稳定问题；

8. 鸽子堂洞室跨度较大，顶板较薄，角砾岩溶蚀坑发育，局部形成架空结构，其强度极不均匀，洞顶可能发生局部塌方；

9. 第 2 地点棕红色含砾石红土的风化问题；

10. 第 2 地点南西侧红土与溶蚀灰岩交界处的危石问题；

11. 第 3 地点含少量泥砂角砾堆积体的坍塌破坏；

12. 第 3 地点钙质胶结含泥、砂角砾岩风化问题；

13. 第 3 地点北侧上部石灰岩小型滑坡问题；

14. 顶盖堆积陡壁上的危岩体稳定问题；

15. 顶盖堆积斜坡岩体可能产生滑坡问题；

16. 第 4 地点走廊西侧上部石灰岩滑坡稳定问题；

17. 第 4 地点走廊南侧门洞部位洞顶角砾岩可能塌方的洞顶稳定问题；

18. 新洞顶板局部可能有塌方的危险；

19. 走廊北侧堆积体的风化问题；

20. 第 12 地点顶部石灰岩山体滑坡稳定问题；

21. 山顶洞洞顶可能掉块塌方；

22. 山顶洞东侧壁楔形体可能塌落；

23. 山顶洞南侧壁堆积体可能失稳。

（二）周口店遗址外围化石地点地质病害评估

通过对周口店外围区遗址点地质病害调查，对下列遗址点包括第 8 地点、第 10 地点、第 11 地点、第 14 地点、第 29 地点、第 21 地点、第 22 地点、第 27 地点（田园洞），共 8 个遗址点的地质病害调查，查明存在病害隐情综述如下：

1. 第 8 地点顶部东侧有一块危石；

2. 第 8 地点顶部西侧有一片危岩体；

3. 第 9 地点泥质及砂质角砾岩的风化问题；

4. 第 10 地点黏土岩和泥质角砾岩的风化问题；

5. 西侧壁中间部位松散角砾堆积危岩体；

6. 第 14 地点南侧壁西段危岩体；

7. 第 14 地点南侧壁东段危岩体；

8. 第 14 地点东侧壁松软地层的风化问题；

9. 第 14 地点东侧壁中部危岩体（含 2 块危石）；

10. 第 14 地点西侧壁中部薄层泥质砂岩塌落危岩区；

11. 第 14 地点西侧壁中部棕红色泥质角砾岩中的危石问题；

12. 第 20 地点南侧上部有一块楔形体；

13. 第 20 地点北侧下部有一块危石；

14. 第 20 地点北侧中上部有一块危石；

15. 第 20 地点北侧上部有一块危石；

16. 第21地点顶部角砾岩西侧有相邻两块危岩体；
17. 第21地点底部灰岩西侧有一块危岩体；
18. 第21地点底部灰岩中间部位有一块危岩体；
19. 第22地点西侧底部片岩危险区；
20. 第22地点上部灰岩危石区。

五、地质病害保护对策

（一）地质病害防治对策的确定原则

1. 根据国家文物法的要求，要修旧如旧，不改变文物的原貌；

2. 根据被加固地点病害的原因采取相应的综合治理措施；

3. 根据中国科学院古脊椎动物与古人类研究所的意见，有些遗址点仍有发掘价值时，对这些点的病害将暂缓加固，或者采取可逆的措施，进行加固，如果需要重新发掘时，则拆除加固措施，不影响继续发掘。

（二）较危险地段的保护对策

1. 山顶洞南侧壁松散堆积体可能产生滑坡

主要是堆积体松散，胶结很弱，可能沿着石灰岩与堆积体的接触面产生滑移，特别是在较强地震和雨水冲刷作用下更易滑动。

建议：采用灌浆先对角砾堆积进行胶结，然后采用锚杆对其锚固，洞顶部设置玻璃钢顶棚、地表设置排水沟，防止日晒、雨淋、冲刷等综合治理方案。

2. 顶盖堆积处陡坡上的危岩体

在大块石灰岩角砾周围砂、土颗粒的风化剥落，致使大块角砾岩成危岩体。

建议：采用锚杆锚固的方法，使危岩体与周围的堆积体连成整体，不能采用清除办法，那样会引起上部岩体失稳。

3. 第3地点的扇形角砾堆积处可能产生坍塌

这部分堆积层胶结很弱，在较强地震和雨水冲刷作用下可能产生坍塌。

建议：可采用水泥砂浆胶结，然后辅以锚杆锚固并在坡上出露地段挂网的综合治理办法。

4. 第12地点上部石灰岩不稳滑体

该石灰岩中缓倾角的层面和陡倾角的节理比较发育，致使上部岩体较破碎，更危险的是发育着走向北西、倾向南西倾角50°和70°的两条结构面已经连通，它们组合后形成上陡下缓的滑坡面，致使该岩体非常危险，在较强地震和雨水（连阴雨）的作用下极易产生滑坡。

建议：可采用锚固方案。

5. 第4地点上部石灰岩和坡积层不稳岩体

第4地点走廊西侧的石灰岩山体，除发育层面外还发育有不同倾角的纵向节理，并组成略带弧状的滑面，总共有四个潜在滑面，可形成四个潜在滑体，其中靠近第4地点门洞的滑面连通最好，所以非常危险。

建议：采用锚杆锚固方案。

6. 第 4 地点门洞洞顶可能产生塌落

第 4 地点门洞和洞顶由角砾堆积组成，但由于是钙质胶结，角砾为灰岩，在地质年代漫长的历史中已局部溶蚀成空洞和蜂窝状的结构，加上近代发掘造成了洞顶大部分已塌方，仅残留了一部分形似门洞，如果不加固保护也可能会塌落。

建议：可采用灌浆和锚固相结合的方案，为了防止雨水冲刷和雨水沿灰岩与角砾岩接触面下渗，建议采用修建玻璃钢顶棚，并修地表排水沟的综合治理方案。

7. 新洞东南角洞顶可能产生塌方

由于节理发育并切割了顶板岩体，致使过去在洞内产生了较大面积的塌方，目前在东南角部位顶板有危岩体存在，幸好由东侧的角砾堆积层在支撑着，为了安全和继续对角砾堆积体的发掘，必须对其进行抢险加固。

建议：可采用对裂缝灌浆和锚固相结合的方法进行抢险加固。

8. 鸽子堂洞顶不稳病害

鸽子堂顶板均为钙质胶结的角砾堆积组成，石灰岩角砾常被溶蚀成孔洞，钙质胶结的泥、砂小角砾由于溶蚀和风化作用常形成一些蜂窝状的溶蚀坑，两者结合可局部形成架空结构，强度比原来的角砾岩降低很多，在地震和暴雨等因素影响下，有可能产生局部的塌方掉块，为此急需进行抢险加固。

建议：可采用灌浆和锚杆锚固的办法进行抢险加固。

第四章 保护工程设计

2003年12月2~3日，中国科学院古脊椎动物与古人类研究所、北京市文物局和房山区人民政府在房山区昊天假日酒店联合主办了“周口店北京人遗址保护与研究专家论坛”。参加此次论坛的有来自中国科学院古脊椎动物与古人类研究所、中国科学院地质与地球物理研究所、北京大学、北京市考古研究所、北京市规划设计研究院等近10家科研院所的30余位专家学者。与会专家分别作了关于周口店北京人遗址未来研究总体构想及最近科学发现、古人类学研究现状及存在问题、地质病害调查和抢险加固方案、周口店遗址公园概念性规划设计等多学科、多领域的学术报告。此外，专家们还围绕世界遗产周口店北京人遗址保护与研究方面的其他问题进行了深入的探讨与交流。依据周口店遗址群地质病害调查中发现的核心区内的8个化石地点共发现20余处地质病害隐患情况，结合论坛会上专家们的意见，为了解决遗址本体安全和参观观众的安全问题，遗址管理处召开了周口店遗址抢险加固对策评审会。工程设计、施工分两期进行，采取先易后难的原则，委托辽宁有色勘察研究院进行遗址加固保护工程的勘察、设计，根据各地点的病害特征设计了不同的保护方法。

一、保护工程设计的目的

周口店遗址加固保护工程设计以抢险为目的，根据病害的危害程度，主要解决与现状维护紧密相关的、对化石点及人身安全构成严重威胁的岩土体失稳、溶洞冒顶等地质病害。

二、保护工程设计的原则

（一）不改变遗址区的现状，严格遵守“修旧如旧”的文物保护原则，所采取的工程措施既要具备有效的保护功能，又要最大限度地减少对文化层考古信息和历史信息的干扰破坏，维护遗址的现状，对工程措施进行隐蔽或做旧处理。

（二）遵循可识别性和可持续性的原则，根据病害特征，采取锚杆支护与灌浆加固（包括化学灌浆）相结合，力的平衡与结构平衡相结合，外力帮扶与补强本体相结合的综合治理措施。

（三）设计的抗震防烈度按 8 度计算，设计基本地震加速度值 0.2g。采取工程措施加固后，场地稳定性安全系数计算值为强震时不小于 1.20。

（四）由于工程的复杂性和特殊性，本工程采用“动态法设计，信息化施工”的总体原则。

三、保护工程设计依据

1.《国际古迹保护与修复宪章》（威尼斯宪章）；

2.《中国文物古迹保护准则》（2001 年）；

3.《中华人民共和国文物保护法》（2002 年）；

4.《文物保护工程管理办法》（中华人民共和国文化部，2003 年）；

5.《设计委托书》（周口店北京人遗址管理处提出）；

6.《周口店遗址保护规划》（2006 年）；

7.《周口店北京人遗址地质病害调查及抢险加固对策》（中国科学院地质与地球物理研究所提供）；

8.《周口店北京人遗址地质病害调查及抢险加固对策评审会议》；

9.《周口店北京人遗址地形图》（1∶200）及《抢险加固点立壁近景摄影等值线图》（1∶50）和辽宁有色勘察研究院提供的实际测量绘制的立面图（1∶100），以及现场人员调查所取得的相关资料和数据；

10.《周口店北京人遗址本体工程性保护措施立项报告的批复》（北京市文物局）。

四、工程设计执行标准

1.《建筑边坡工程技术规范》（GB50330—2002）；

2.《锚杆喷射混凝土支护技术规范》（GB50086—2001）；

3.《土层锚杆设计与施工规范》（CECS22：92）；

4.《建筑地基基础设计规范》（GB50007—2002）；

5.《混凝土结构设计规范》（GB50007—2002）；

6.《建筑抗震设计规范》（GB50011—2001）。

五、设计对施工的总体要求

1. 锚杆施工时，要求在易受震动影响破坏的地段采用无水干钻回转钻进成孔，不得采用冲击成孔或水冷钻进。

2. 施工时所用水泥要求采用普通硅酸水泥。

3. 施工前必须进行施工试验，主要是：

（1）锚杆抗拔力试验，要求土质和岩质中各进行一组，每组三根。

（2）灌浆试验，要求在松散堆积体中进行（包括化学灌浆和表面防风化试验）。

4. 在角砾岩或松散角砾堆积中成孔施工时，易出现塌孔、夹钻等工程质量事故，施工时应根据现场实际情况采取相应的技术保障措施，如单动跟管钻进等。

5. 考虑到对上部植被的破坏，对鸽子堂进行加固要求首选洞内施工。

6. 工程的施工不得对周边环境造成破坏和较大的影响，发现异常应及时与管理处和设计部门沟通联系。

六、加固保护工程设计及说明

（一）危岩（土）体的锚固

对具有滑移、脱落破坏特征的危岩体，主要是猿人洞中南、北侧壁上的危岩体，顶盖堆积和第3地点岩质边坡上的危岩，第12地点东、西侧的危岩，第4地点洞口的危岩等，设计中采用预应力锚杆与非预应力锚杆相结合的方法进行加固防护，以提高危岩体的稳定性。

锚杆锚固技术已在国内外边坡加固防护工程中得到广泛应用，是比较成熟的技术方法，其结构设计按《建筑边坡工程技术规范》（GB50330—2002）中的相关规定计算，主要计算公式为：

锚杆轴向拉力标准值和设计值：

$$Nak = \frac{Htk}{\cos\alpha} \quad (5-1)$$

$$Na = \gamma QNak \quad (5-2)$$

锚杆钢筋截面面积：

$$As \geq \frac{\gamma 0 Na}{\xi 2 fy} \quad (5-3)$$

锚固体与地层的锚固长度：

$$la \geq \frac{Nak}{\xi 1 \pi Dfrb} \quad (5-4)$$

式中：

Nak —锚杆轴向拉力标准值（kN）；

Htk —锚杆所受水平拉力标准值（kN）；

Na —锚杆轴向拉力设计值（kN）；

α —锚杆倾角（°）；

γQ —荷载分项系数，取 $\gamma Q = 1.3$；

As —锚杆钢筋截面面积（m^2）；

$\xi 2$ —锚筋抗拉工作条件系数，永久性取 $\xi 2 = 0.69$；

$\gamma 0$ —边坡重要性系数，重要边坡取 $\gamma 0 = 1.1$；

fy —锚杆钢筋抗拉强度设计值（kPa）；

la —锚固段长度（m）；

$\xi 1$ —锚固体与地层黏结工作条件系数，永久性锚杆取 $\xi 1 = 1.0$；

D —锚固体直径（m）；

frb —锚固体与地层黏结强度特征值（kPa），本区的灰岩取 $frb = 400$kPa。

设计锚杆孔径为90mm，锚杆采用1Φ25 钢筋，采用水灰比为0.45∶1 的水泥浆或水泥砂浆灌注，其强度等级不低于 M30。

经计算得 $Na = 92.3$kN，取为 100kN；锚杆轴向拉力标准值取为 77kN；锚固段长度计算值为 0.7m，按规定取为 3m。

对于完整性比较好的危岩体，采用预应力锚杆，要求锚杆锁定前施加设值 75% 的预应力，对于极破碎的岩块，采用非预应力锚杆，并对具有剪切破坏特征的危岩体和土体，采用 φ48、壁厚 3.2mm 的焊管为锚拉杆，以增加其抗剪强度。

本工程设计中经加固后的危岩体，其稳定系数要求达到 2 以上，所需锚杆数及长度根据危岩体的破坏特征、完整性及强度，潜在滑移面的位置及加固后所要求达到的稳定程度等，通过计算确定。

（二）钙质胶结角砾堆积的加固设计

具有此类破坏特征的主要是顶盖堆积，如第 4 地点门廊上部、灰烬层等处。根据其具有强度不一，孔隙较多，易产生掉块、脱落等，本次设计采用以锚杆加固为主、灌浆加固为辅的综合工程措施。

首先采用非预应力锚杆并通过锚杆注浆的渗透灌浆使岩体达到基本稳定，然后通过在其上进行单独的注浆浅层加固（3～5m 深），使其达到整体稳定，并提高其抗风化能力。

注浆材料可选用水灰比为 0.7∶1 的特细水泥浆，也可根据其前所进行的灌浆试验选用化学灌浆材料。

对于顶盖堆积，由于其上发育有两层洞穴，而其延深不详，本设计提出以下三种方案。

第一方案：也是最佳方案，措施是在底部岩体被加固稳定后，采用当地产红黏土捣实夯填于现存洞穴中，表观仍保持现状。

第二方案：当洞穴的延深大于 3 米时，根据其内部空间的大小，在上下两层洞穴的对应处砌筑块石墩进行顶撑防护。

第三方案：当洞穴的延深小于 3 米时，保持目前现状，分别在两层洞穴之间和顶盖上设置锚杆支护，通过增强现存岩土体的抗剪强度达到自身稳定的目的。本设计的图纸系按此方案提出。

（三）松散角砾堆积的加固设计

主要是指第3地点处的松散角砾堆积，根据其呈散体状，以崩坍破坏为主的特点，设计中采用灌浆加固为主，辅以锚杆锚固的加固措施。

首先清除堆积体表面的污垢后，从上至下采用水灰比为0.7∶1的特细水泥浆进行表面缝隙的灌注，使松散体的表层强度首先得以提高，然后在其上进行灌浆孔的施工，通过深层注浆使原松散体黏结成一个整体而提高其稳定性，并利用已形成的灌浆孔，采用锚杆将其与深度的岩土体进行锚固，达到加固防护的目的。

对于第3地点南侧，以经济实用和有效性为出发点，采取将岩壁外侧松散堆积配合考古挖掘进行清除的方法来消除隐患是最可靠的措施。而以保持历史原貌为出发点，采取表面岩块化学黏结、裂隙灌浆及钢筋锚杆锚固等综合措施较为可行。

（四）鸽子堂的加固设计

对鸽子堂进行抢险加固，极具考古和人类历史研究的深远意义，也是本次抢险加固的重中之重。

根据病害特征，采取最常规、最有效、最经济的方法就是洞内挂网砼锚喷，但会极大地改变外观，这与文物保护的目的和原则相悖。而采用内支撑，能够达到力的平衡，但很难防治洞顶角砾的局部脱落，且也较大地改变外观，因此也并非可行。

经过反复论证，设计以原洞顶呈拱形—微拱形为基础，围绕拱形受力特征采取相应的工程措施，最终确定采用隐蔽的模拟网架结构进行加固。总体思路是，在鸽子堂洞顶及南侧壁中置入不同方向的锚杆，利用强度较高的角砾岩和角砾堆积中大块的灰岩角砾作为不同方向锚杆的结点，使锚杆在岩（土）体内形成网架，提高其完整性和抗剪强度，实现整体加固补强的目的。具体措施是：

1. 在洞顶薄弱部位沿横向上布置90mm径、1Φ25的钢筋锚杆，东西排距为0.7m，南北间距为1.0m，两排间锚杆倾向相反，倾角50°~70°，锚杆穿透顶板。在形成锚杆的同时，对顶板上空隙较大或较多的部位，通过锚孔注浆进行灌浆处理，必要时需进行单独的灌浆加固处理。使洞顶胶结强度不均的角砾岩和角砾堆积得以加固补强，提高其整体性。

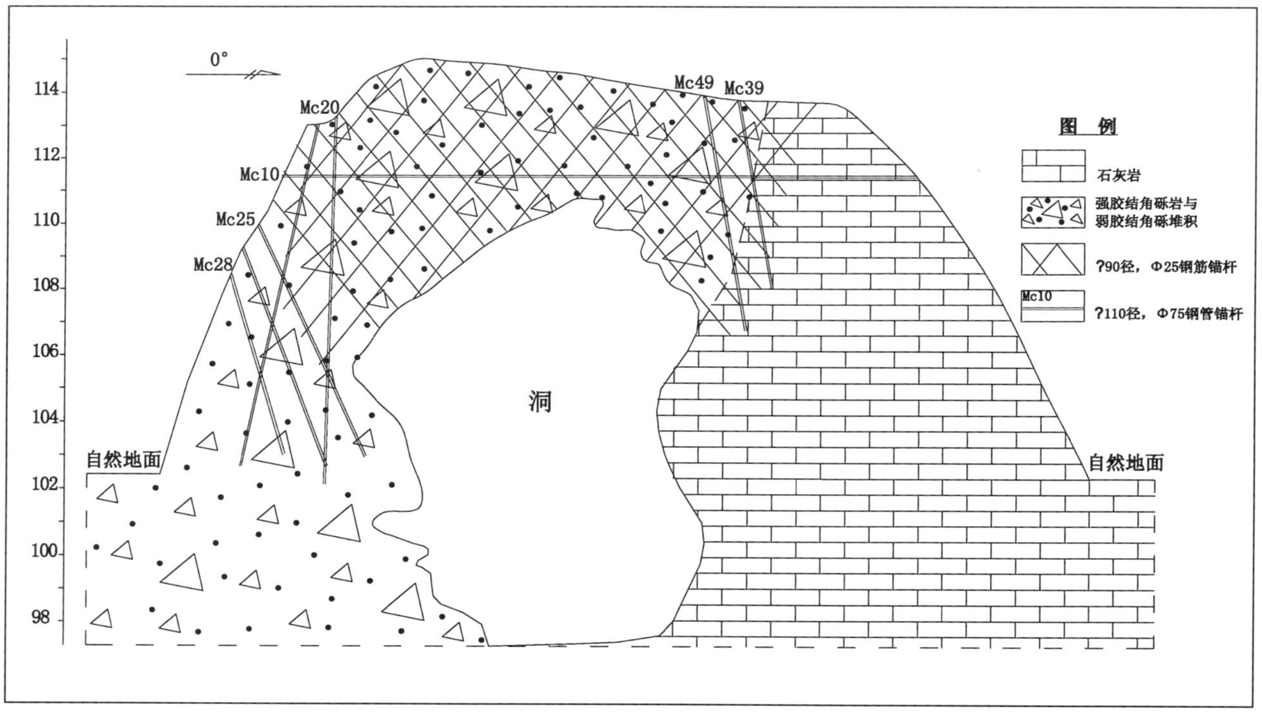

图4-1　鸽子堂10号剖面锚杆布置图

2. 在洞顶薄弱部位布置 110mm 径、ф75mm、壁厚 6mm、间距为 1.2 ~ 1.5m 的水平向钢管锚杆，在使洞顶岩土体的整体性和抗剪强度得到进一步加强的同时，水平锚杆也对洞顶的拱形结构起到了拉杆作用，共同组成了“带有拉结的拱形结构”，将拱形洞顶对两侧壁的水平推力（470kN / m）降低了 35% ~50%，减少了水平推力对两侧壁特别是南侧壁的破坏作用。

3. 虽然水平锚杆的设置降低了拱形洞顶对两侧壁的水平推力，但其余力也足以在洞顶以下 2.5m 范围内、壁厚小于 5 米的侧壁土体中形成“塑性铰”，造成侧壁土体的溃屈破坏。针对这些薄弱部位，如果采用钢筋砼挡墙加固，则工程量较大且影响外部景观。经验算和论证，设计采用 2 ~4 排，110mm 径、Φ75mm、壁厚 6mm 的竖向钢管锚杆重点对南侧壁进行加固，以提高侧壁土体的抗压强度和抗剪强度，参见图 4 -1 。

4. 对于洞内顶板上局部的危岩体和块体较大的危险角砾，设计采用 90mm 径、1Φ25 和 42mm 径、Φ18 的钢筋锚杆进行单体加固处理。

（五）山顶洞的加固保护设计

山顶洞与下侧的猿人洞同处于一个构造带上，山顶洞的南北两侧现为敞口状，大气降水可直接落入洞内，不仅对洞内的文化层进行冲刷，而且进入洞内的水全部沿裂隙渗入到猿人洞中，对猿人洞的南侧壁也造成了一定程度的侵蚀破坏。

为了保存好洞内的残留文化层，根据遗址管理处的要求，以现今残存洞顶为基础，设计在被考古挖掘时炸掉的南半部洞顶加装一个防护棚，设计条件设定为：

采用拱形梁板结构，拱跨 L =8.5m，矢高 H =1.5m。

棚顶永久性荷载（结构自重、上部装饰）按 40kPa；

棚顶可变荷载（积雪、维护人员等）按 15kPa；

偶然荷载为地震力，水平地震影响系数按烈度为 8 度取 $\alpha = 0.16$。

根据上述条件，设计提出三种不同材质的结构形式，一是现浇钢筋混凝土梁板，二是钢管结构铝塑板，三是型钢结构玻璃钢面板。通过对三种不同材质结构形式的对比分析，经国家文物局专家组审查认定，最终选择了型钢结构玻璃钢板作为本次设计和施工使用，但设计者始终认为，钢筋混凝土梁板式防护棚应为最佳首选方案。

型钢结构是以现场焊接制作成型的三道 H 形拱形钢梁为主梁（规格为 H300 ×300 ×25 ×12），钢梁底板与地脚基座用预埋高强螺栓连接，梁间采用规格为∟ 50 ×5 的等边角钢焊接连接作为支撑，上、下翼板上设置 7mm 厚玻璃钢板作为防水面板，参见图 4 -2 。

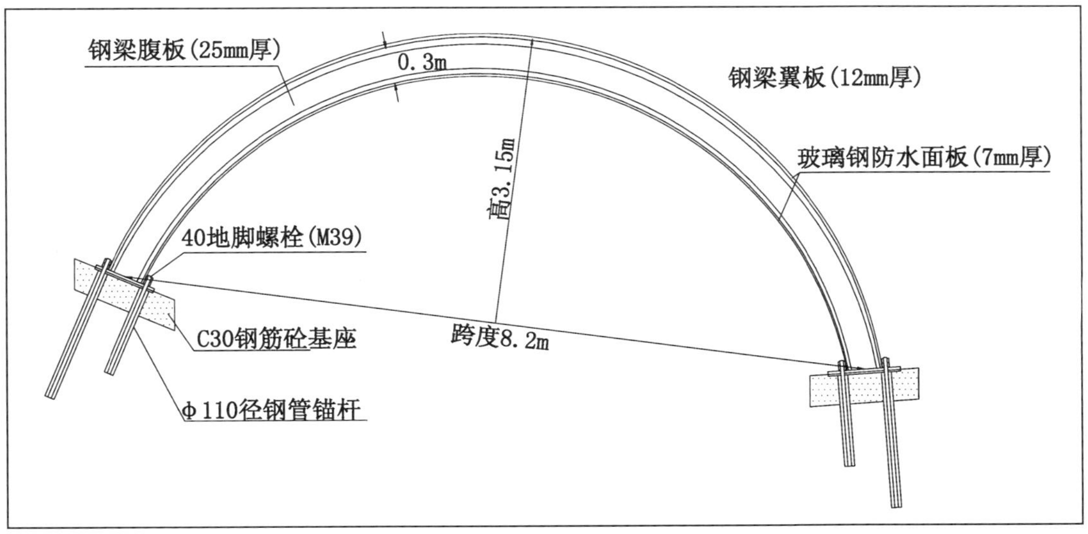

图 4 -2　防护棚 1 号钢梁剖面图

型钢结构主体之外设计外挂支撑体系，最外表采用7mm厚玻璃钢仿石品材料造型处理，要求与原始山体保持协调一致。

由于加装防护棚，设计采用钢筋或钢管锚杆对现今残存的洞顶岩体及侧壁上的薄弱部位进行预先加固，以提高岩体的完整性和强度，确保防护棚的安全性。

（六）顶盖堆积的加固设计

根据其破坏特征及稳定性，顶盖堆积的设计，最初提出三种不同的加固方案，第一方案是在底部岩体被加固稳定后，采用当地红黏土捣实夯填于现存洞穴中，表观仍保持现状；第二方案是在上下两层洞穴的对应处砌筑块石墩进行顶撑防护；第三方案是在现状条件下进行锚杆支护，达到自身稳定的目的。经国家文物局专家组审查认定，选择第三方案进行设计和施工，方案的具体措施是：

对于土洞的上部和两侧，在两层洞穴之间和含砾粗砂岩盖层中设置90mm径、Φ50mm、壁厚4mm的钢管锚杆，通过锚杆注浆及钢管锚杆的作用，提高岩土体的完整性和抗剪强度。对于岩质边坡上的危岩，采用预应力钢筋锚杆进行加固，防止其脱落。

（七）新洞的加固设计

根据新洞的主要破坏特征及危险性，本次抢险加固的重点是解决洞内顶板的层状脱落破坏和门外东侧壁上的危岩体。具体措施是：

1. 对新洞的顶板，虽然在洞内发现有5处具板状脱落的危岩体，但对顶板岩体的厚度还不清楚，首先需对顶板岩体的厚度及裂隙的发育特征进行详细勘察，在查明其厚度和裂隙分布的基础上，采用非预应力钢筋锚杆穿接的方法进行加固，以增强顶板的整体性，预防危岩的脱落。

2. 对洞口处底部的松散堆积体（文化层），根据中科院古脊椎动物与古人类研究所对二期抢险加固工程的意见，从保留科学资源、减少对文化层的干扰破坏以及对洞顶起支撑作用的原则出发，本次不进行清理挖掘，也不采取加固措施。

3. 对洞外门口东侧的危岩，以将来进行清理挖掘为前提条件，设计采用钢筋锚杆及裂隙灌浆的方法进行加固处理。

（八）第14地点的保护

防止牲畜和人为破坏，本设计首先设置围栏对遗址点进行整体保护，其本体保护需要根据防风试验研究成果而具体确定。

（九）防风化试验

由于第1地点西侧壁文化层、第2地点和鱼岭常年处于日晒、雨淋、冻融的风化作用，特别是暴雨和地表水流的直接冲刷，致使岩（土）体强度不断降低，其堆积体表面的泥砂颗粒和角砾不断脱落。解决本体保护的关键是提高文化层表层的抗风化能力问题，本设计拟针对第2地点含角砾红黏土堆积，开展防风化试验的研究工作。

（十）排水及环境整治设计

1. 排水设计

区内遗址点受雨水和地表水的冲刷侵蚀破坏，目前尚无根治措施，针对猿人洞标准剖面和南侧壁、山顶洞南侧、新洞洞口顶部四处受地表水破坏危害较大的遗址点，设计采取了简单的防排水措施，其目的是在不破坏现有自然景观的基础上，最大限度地减少或降低地表径流对化石点的冲刷破坏，采取的主要工程措施是截挡和引流。

（1）对于猿人洞的西剖面（标准剖面），沿山顶洞参观道路的外侧设置毛石混凝土挡水墙，迫使上部山体的地表径流沿山顶洞参观道路流至山下，阻断其对标准剖面的冲刷破坏。根据降雨量及地形条件，设计挡水墙的规格为 400×400mm，核心采用 C25 素混凝土，外部采用浑圆状灰岩角砾粘贴做旧。

（2）对于猿人洞的南侧壁，在山顶洞到猿人洞之间立壁上的天然平台上修建排水槽，利用其自然坡度，将平台以上的地表径流引排至鸽子堂南侧的洼地中。

（3）对于山顶洞的南侧，以上部的天然缓步台为平面，在灰岩坡体中开凿排水槽，将上部山坡径流引排至山顶洞西侧的山沟中。

（4）对于新洞洞口顶部，沿洞顶立壁的边缘设计一道环形钢筋混凝土防水墙，阻断水体沿洞壁向新洞下部的流淌。墙宽 0.4 米，混凝土强度等级为 C25，墙体底部浇筑于洞顶板的岩体上，上部高出现自然地面 0.4 米，外露墙表面采用浑圆状灰岩角砾粘贴做旧。

2. 环境整治设计

周口店遗址既是世界文化遗产，又是全国爱国主义教育基地；既要发挥科研基地的功能，又要起到向世人展示的重要作用。虽然自市院共建以来，遗址区的参观环境得到了极大的改善，但尚有一些地段存在着不协调或安全隐患，有待于进行整治。两期抢险加固工程中对急需解决的环境安全隐患和参观道路的开拓与改造进行了设计，主要是：

（1）沿山顶洞至第 3 地点一线安全防护栏的更换和设置。即将原有已腐烂的铁栅栏拆除后重新设置，新设计的防护栏立柱及横栏均采用 48mm 径、壁厚 4mm 的钢管现场焊接而成，立柱下部深置于岩土层中达 0.5～1.0 米以上，其外表采取仿木结构处理，与自然景观协调一致。更换后的防护栏强度高，稳定性好，防护功能强。

（2）鸽子堂至猿人洞和新洞顶经顶盖堆积、第 3 地点至第 4 地点参观道路的开通与铺垫。

新洞顶经顶盖堆积、第 3 地点至第 4 地点的参观道路是原景区道路改造整治时剩余的一段道宽不足半米，且坑洼不平，尤以顶盖堆积到第 3 地点的一段，更为崎岖难行。一期工程中设计进行了拓宽、平整、铺垫灰岩块石路面，在陡坡段的岩体上开凿步行台阶、修砌护坡墙等整治工程。

对鸽子堂进行加固后，内部的安全性得到了改善，在鸽子堂内部通往猿人洞铺设参观步道，设计中需考虑对步道下方文化层的保护，基底采用混合砂石铺垫，上覆步道砖，使其具有可逆性。

（3）第 4 地点前参观景点场地的拓宽、平整及铺垫。一期工程中对第 4 地点前杂草丛生、高低不平的空地进行了改造设计，经拓宽、整平和铺垫灰岩块石地面等工程措施的整治，形成一处宽敞明亮的休闲场地。

七、保护设计方案的综合评价

为了对周口店遗址抢险加固设计方案进行充分论证，确保设计方案的合理、可行，周口店遗址管理处组织中国科学院古脊椎动物与古人类研究所、中国科学院地质与地球物理研究所、水利部北京勘察设计研究院、中国文化遗产研究院、辽宁有色勘察研究院等单位的相关专家召开多次论证会，对要进行的抢险加固地点进行实地勘察、测绘，并对加固保护工程设计方案进行多次修改和完善，最终，设计方案得到国家文物局、北京市文物局的批准（详见附录一：（京文物【2004】495 号）北京市文物局关于周口店遗址抢险加固保护方案及保护经费的批复；（文物保函【2005】767 号）国家文物局关于周口店遗址二期抢险加固工程设计方案的批复）。

第五章　施工管理

周口店遗址加固保护工程属于石质性文物保护范畴，由于工程的特殊性和复杂性，必须选择具有丰富石质性文物保护经验的甲级资质单位进行施工。2004 年，具有此类文物保护工程的甲级资质的单位仅有 5 家，为符合文物保护施工要求，选用了辽宁有色基础工程公司作为施工单位，为确保工程质量，施工过程中在接受北京市文物局文物监督站监督的同时，遗址管理处还聘请了北京中建监理部为工程的监理单位，对施工全部过程采取监督、工序质量验收、项目经理负责的管理措施，确保了各检验批、各分项、各分部工程质量的合格。同时，遗址管理处还在施工过程中，聘请国家文物局石质文物保护专家黄克忠、牟会宠、兰立志、冯水滨到现场进行指导，以保障工程质量符合国家标准。

一、施工单位组织机构

为保证工程顺利实施，本工程专门成立项目经理部，对工程实施项目监理制，并严格施工管理，施工组织机构如下：

项目经理：负责工程的全面管理，对工程负责，对公司负责，下设：

1. 技术组：负责工程技术、质量的管理工作；
2. 材料组：负责工程财务管理、材料供应、生活服务等，对所供材料的质量负责；
3. 安全组：负责施工安全、环境保护、文明施工措施的监督检查以及安全保卫的日常管理工作；
4. 施工队：负责具体工程项目的施工，对所承担施工项目的质量负责，对施工安全负责。

二、施工单位管理措施

（一）施工质量管理流程

1. 百年大计，质量为本。强化对全体施工人员的质量教育，提高其质量意识，是保证工程质量的先决条件。因此，在工程开工前，对全体施工人员进行质量培训，对各分项工程进行质量交底，明确责任；

2. 严格按照颁布实施的 ISO9001－2000 标准进行施工质量管理；

3. 认真执行技艺评定准则，对特殊岗位的人员一定做到持证上岗；

4. 强化对施工原材料的管理，各种原材料必须有出厂合格证，使用前必须经检验合格，做到不合格的材料不进场、不使用；

5. 实行严格的工序管理制度，质检员要做好各工序的检查工作，上道工序不合格，严禁进入下道工序的施工；

6. 做好各分项工程的检查验收及质量评定工作，单项工程完工后，应配合监理工程师按有关规定做好已完工程和有关资料的检查验收工作。

（二）施工安全管理流程

1. 安全第一、预防为主。首先要对全体施工人员进行安全施工及文物保护知识的培训，提高其安全施工的思想认识；

2. 严格按照 GB / T28001－2001 标准进行安全施工管理；

3. 施工场区附近做好警示标语、警示牌，做好游客的安全工作。非施工人员严禁进入施工场地内，禁止游客围观，并令其快速通过施工地段；

4. 加强对遗址区内设施的保护工作，施工时附近化石点安排专人进行监测，发现问题及时停工处理；

5. 加强施工用火、用电管理，安全员应对电缆、开关箱、施工用火进行定期的检查，发现问题及时处理；

6. 进入施工场地必须配戴安全帽，施工操作时必须按有关规程进行，严禁违章作业，野蛮施工；

7. 安全员应认真负责，认真做好机械设备安全性、坡体及洞内安全的日常检查工作，发现隐患及时解决。

（三）环境保护、文明施工管理流程

1. 严格按照 ISO14001－1996 标准进行施工环境管理；

2. 对噪音较大的空压机、发电机，灰尘较大的搅拌现场，施工时进行围挡，降低噪音和减少灰尘对周围环境的污染；

3. 锚杆注浆前，应用水泥砂浆将较大的裂隙封堵，以免跑浆时污染山体或洞体；

4. 对施工现场的树木应予以重点保护，确实影响施工的，首先向周口店北京人遗址管理处请示，待同意后按其要求进行处理；

5. 施工中产生的固废物要按要求和指定地点外运排放；

6. 生活区污水及固废物及时排放到下水道和专用垃圾箱内；

7. 施工所用的工作器具要摆放整齐，原材料要堆放有序，施工现场要及时清理，保持清洁工程，结束时做到场清料净；

8. 遵守建设单位的各项要求和规定。

（四）施工监理管理流程

1. 负责审批施工方的工程施工组织设计和技术方案；

2. 负责主持工程建设单位有关协作单位的组织协调；

3. 负责工程使用的材料和施工质量的验收；

4. 负责工程施工进度的检查、监督。

（五）北京市建设工程质量文物监督站管理流程

1. 对建设、监理、施工单位的工程项目管理人员资格和质量进行监督；

2. 对工程主要设备使用功能进行监督检查；
3. 对工程主要材料、构配件和设备质量进行监督；
4. 对工程资料进行监督；
5. 对工程主要部位的施工质量（主要包括：锚杆、制浆、灌浆孔、内业资料）进行检查；
6. 对工程竣工验收进行监督。

第六章　工程施工

一、工程概况

周口店遗址抢险加固工程既是一项岩土工程，又是一项文物保护工程，鉴于工程的复杂性和特殊性，经请示北京市文物局和北京市审计局同意，工程的施工采取议标的形式委托辽宁有色基础工程公司承担，采取设计施工一体化的管理模式，采用“动态法设计，信息化施工”的总体原则。针对性强、结合性好。

二、施工执行标准

施工时除严格按设计要求执行外，参照以下标准执行：

1. 《文物保护工程管理办法》；
2. 《混凝土结构施工及验收规范》（GB50204—2002）；
3. 《锚杆喷射混凝土支护技术规范》（GB50086—2001）；
4. 《建筑边坡工程技术规范》（GB50330—2002）；
5. 《土层锚杆设计与施工规范》（CECS22：92）。

三、施工中采取的关键技术

（一）脚手架的搭设

周口店遗址各抢险加固地点的施工均需搭设脚手架，施工中脚手架的搭设是根据拟采用的施工机械和加固岩体处的地形地貌条件而确定的。一般情况下，要求锚杆施工处的作业平台宽度应大于4.0m，承重大于600kg/m^2，通常在立壁岩体处按两个双排钢管外脚手架的形式搭设即可满足施工要求。脚手架须一次性搭设到顶部，以保证加固施工按从上到下的次序进行，其端部或中部搭设人行爬梯和上料坡道。

照片 6－1　工人们正在鸽子堂顶部搭建脚手架

（二）锚杆的施工

采用预应力锚杆与非预应力锚杆相结合的方法进行危险岩（土）体的加固防护，是两期抢险加固工程施工中的主要工程措施，施工工艺如下：

1. 钻机定位：根据设计图纸，结合拟加固地点的裂隙分布情况，由技术员用手罗盘、分度器、钢尺在现场实测定位，钻机定位误差小于 20 毫米，倾角及方位误差均小于 2°。定位后将钻机稳牢、固定，经质检员复测合格后方钻进成孔。

2. 成孔：根据设计孔径，对于较破碎岩体、松散角砾层等受振动敏感部位，施工中使用合金或金刚石钻头，采用慢速风冷回转钻进技术成孔，以确保加固岩（土）体不受钻进施工振动的破坏；对于完整岩体使用风动潜孔锤，采用冲击钻进成孔。钻孔的孔深、孔径及孔内残渣等均应符合设计要求，一般情况下孔深大于设计值的 100 毫米，孔径不小于设计值，终孔后采用高压风大风量对孔内残渣进行清理。

当成孔遇有宽大裂隙或空洞（小溶洞）时，一般情况下采用二次成孔技术，即钻进至裂隙后停钻，采用参入早强剂和速凝剂的水泥砂浆进行封孔灌浆，一次灌注充满全孔，待浆液固化后重新钻进。如遇特大裂隙或大溶洞，则采取套管穿越法，即在特大裂隙或大溶洞的外侧采用比设计孔径大一个级次的成孔孔径，当其穿过裂隙或溶洞 0.5～1.0 米时，下入与钻进孔径相同的套管，然后按设计孔径重新钻进成孔。

为避免无水干钻钻进施工时产生的粉尘对周边环境造成污染，施工中在孔口处加装“孔口封闭装置”，并配合使用大功率吸尘器进行消尘处理。

成孔质量由质检员进行现场实地检查，检查合格并且经监理工程师验证确认后，填写成孔施工原始记录。

照片 6－2　锚杆成孔过程

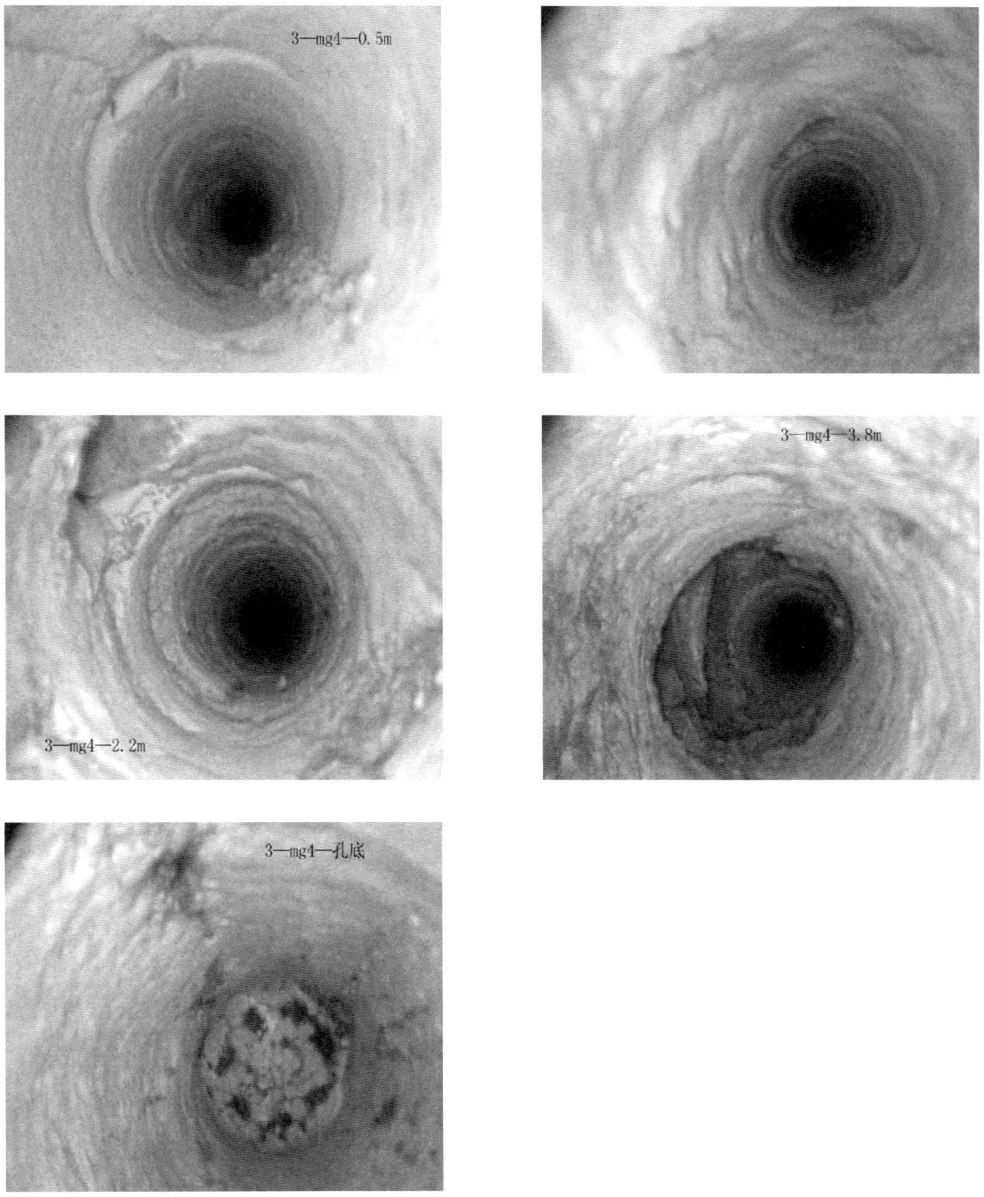

照片 6－3　第 3 地点孔内摄影

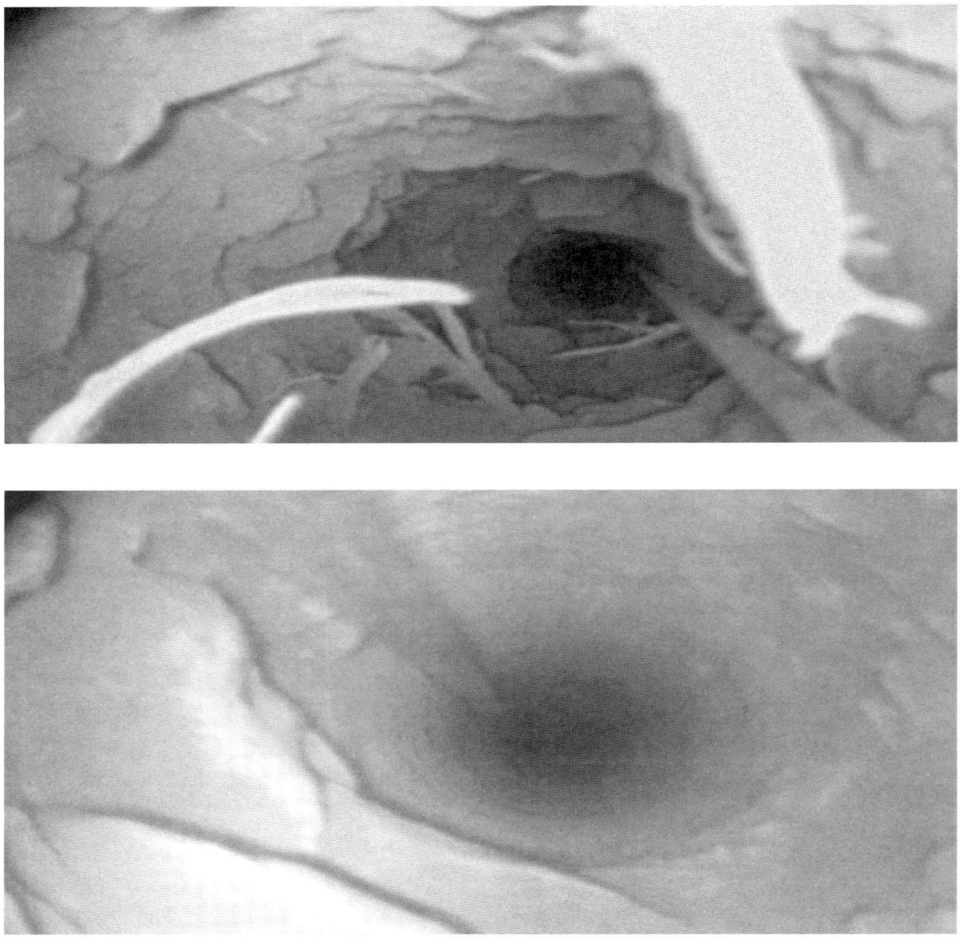

照片6－4　第4地点孔内摄影

3. 锚杆制作、安装：锚杆采用符合设计要求的钢筋或钢管现场制作，每间隔1.5米设置一道隔离支架，杆长与孔深误差小于±50毫米。杆体安装时注浆管随锚杆一并下到孔底，要求锚杆体制成后，在运输和安装过程中严禁产生严重的扭曲、变形，并不得破坏隔离架、注浆管等，安放后应居中。

照片6－5　工人们正在安装锚杆

4. 锚孔灌浆：锚孔采用水灰比为 0. 45∶1 的纯水泥浆灌注，为增加浆液的流动性和可灌性，浆夜搅拌时加入 3% 的三聚氰胺高效减水剂。灌注时从孔底灌起，边灌边提升注浆管，一般情况下采用低压或无压灌注，灌至孔口溢浆时停灌（内锚固段灌满），必要时进行二次补灌。

照片 6 – 6　工人们正在进行锚杆灌浆

5. 预应力的施加：对于预应力锚杆，采用内、外锚固段二次灌浆的方法进行预应力的施加。首先，灌注内锚固段，待其强度达到设计强度的 75% 以上时，在预先凿好的岩槽内加装 200 × 200 × 20mm 钢垫板后，施加预应力（不大于设计值的 75%），然后灌注外锚固段。

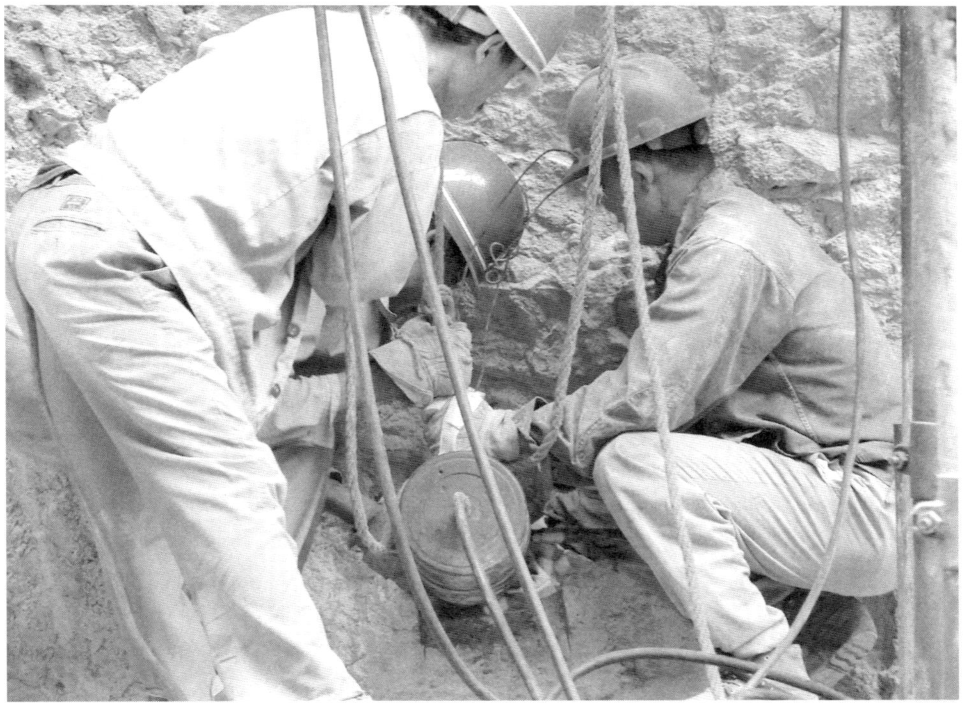

照片 6 – 7　施加预应力

6. 封锚：外锚固段强度达到设计强度的75%以上时，先用灰砂比为1∶1的水泥砂浆封闭锚头，然后用与周边相同的岩（土）体进行做旧处理。

照片6－8　工人们正在封堵锚孔

（三）松散堆积角砾的加固施工

主要是指第3地点处呈松散状的角砾堆积，施工时，采用了简单实用的加固措施。首先从上至下对表面外露的角砾逐一进行检查，对于浮于表面的角砾，其自身不稳定，但是对整体稳定性影响不大，由人工清除；对于已松动的角砾，对整体稳定性影响较大而不能清除的，使用高标号水泥砂浆对角砾周边进行人工黏结，宽大空隙处塞入碎石充填，使表层牢靠稳固。

待表层黏结具有一定强度时，对角砾堆积的整体采取系统的顶撑措施，并按照从下至上的顺序，在其上进行灌浆孔的施工。对于单孔，因角砾堆积的孔隙较大，采用了边成孔边灌浆由浅入深分段逐批进行的方法，灌浆材料选用水灰比为0.7∶1～0.5∶1纯水泥浆，孔隙较大时采用水泥砂浆，灌浆压力多为无压或低压（不大于0.2MPa），经自下而上的灌浆加固，松散堆积的整体性得以提高。

在此基础上，利用已形成的灌浆孔，置入Φ25钢筋形成锚杆，外锚头加装200×200×20mm的钢板，将角砾堆积锚固定于后部的稳定岩体上，提高其稳定性，经表面做旧处理后，即可实现设计加固防护之目的。

（四）顶盖堆积的加固施工

施工前，在脚手架的搭设过程中，已经对现场的实际情况进行了详细的勘查，根据现场实际情况，对原设计进行了相应的补充和调整，经国家文物局专家组审查批准后，按调整后的施工设计进行了施工，主要技术措施是：

1. 最上部的含砾粗砂岩盖层，在其洞顶及两侧均发现有竖向裂隙的形成，认为此盖层已处于极不稳定状态，为确保遗址点的安全和加固施工的安全，首先在土洞门口附近设置梁柱支撑结构，作为施工临时性防护体系，这一防护结构施工完成后即可拆除，也可保留。

2. 上部横梁采用C25钢筋混凝土，规格为300×300mm，两侧支撑立柱采用毛石砌筑，规格为300×400mm。

3. 土洞北侧与探头石之间的砂质红黏土上出现了明显的卸荷裂隙，崩塌的危险性极大，采用钢管锚杆进行加固，外锚头加装了规格为200×200×20mm的托板。

4. 原设计中在洞底砂层中的钢管锚杆已失去加固作用，予以取消。

5. 加固措施完成后，根据遗址博物馆的要求，土洞内的临时性施工支护结构暂不拆除，进行表面做旧处理后予以保留。

（五）鸽子堂的加固

鸽子堂的加固施工，是一期抢险加固工程的重点，也是施工中的难点。为确保洞体的安全性，施工中采用先洞内、后洞外，先局部、后整体的施工顺序，主要采取了以下技术措施：

1. 洞内顶撑防护措施

首先在洞内搭设满堂钢管脚手架对洞顶进行整体性支撑防护，因洞内顶板高低不同且各处凸凹不平，现场采取在架管顶端加装40mm厚木板的单点支顶方法。

2. 洞内顶板的排险及局部加固措施

洞内顶撑的同时，由人工对顶板进行逐一排查，对于已松动欲坠落的较小砾石，采用人工方法将其清除。对于有一定危险且规模相对较大的部位，采用φ42径、Φ18mm筋的树根锚杆配合周边灌浆进行局部加固处理后，再进行认真的支顶。

3. 南侧壁的局部加固措施

鸽子堂西半部的南侧壁为弱胶结角砾堆积，主要由黏性土夹角砾组成，此结构虽具有一定的胶结和黏聚力，但总体上是未成岩的松散状态。特别是在洞顶与洞壁间的软层中，现已形成明显的凹槽，使洞壁变薄，西南角最薄处已不到1.5m，且内壁上出现多处卸荷裂隙，极易产生脱落，施工中对其进行了预加固处理，主要措施是：

（1）在洞内侧壁的危险地段上施工90mm径、φ50mm、壁厚4mm的水平向钢管锚杆，间距为1.2～1.5m，并在外锚头处加装200×200×20mm的钢板，期望通过锚杆注浆和置入的钢管提高侧壁薄弱部位的抗剪强度，预防其进一步的剥落破坏。

（2）在洞内西南角最薄处，加砌一道贴壁的毛石墙，以保证侧壁具有足够厚度（最小2.0m）预防壁肩可能产生的溃屈破坏，如图6－1所示。

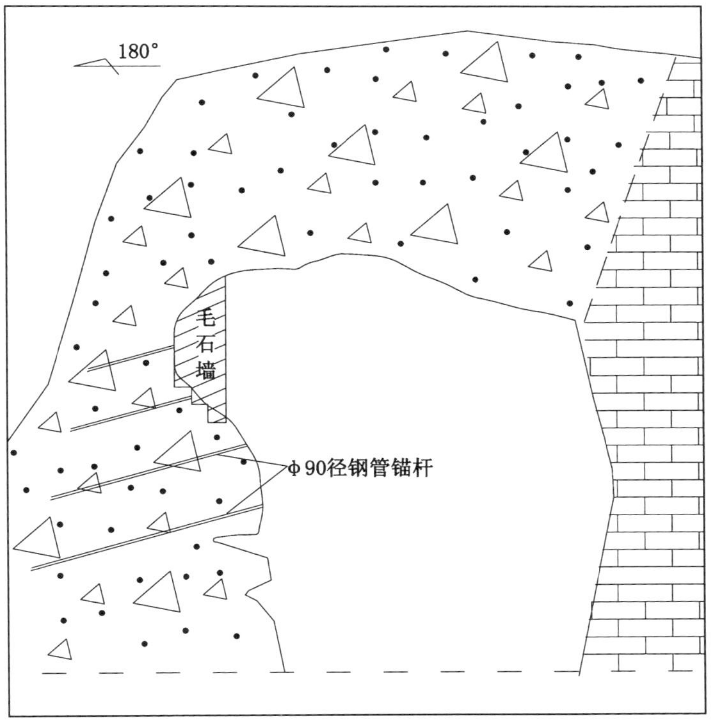

图6－1　鸽子堂内部南侧壁局部加固示意图

4. 洞顶水平钢管锚杆和斜向钢筋锚杆的施工措施

根据设计要求，洞顶的主要加固措施是在其中置入反向交叉的钢筋锚杆和水平向钢管锚杆，在洞顶形成一个类似桁架的结构。锚杆的密集程度高，方向复杂，因此要求精度高，所以施工难度大，稍有不慎就会造成相互间的碰撞，而锚杆的定位、定向及施工精度成为施工中的关键问题。

针对本工程中设计锚杆的特殊性和复杂性的问题，施工技术人员首先用全站仪按纵向 1.0m 间隔测制出 1∶50 比例尺的洞内外横向断面图，通过各断面绘制出洞体的高精度三维图形，并将洞内顶板上的危险部位和危岩角砾标置于洞体三维图中。然后将设计的斜向钢筋锚杆和水平向钢管锚杆，按其所在部位的岩土体特征、要达到的设计目的以及各锚杆相互间的关系，经综合考虑后确定出各锚杆的起点和终止位置，根据其在洞体三维图中的位置逐一计算出起点的三维坐标，以及在施工剖面上的倾角、方位角和长度。最后采用全站仪将孔位投放到实地定位，按所在剖面上的倾角、方位角进行施工。

施工中首先选择洞宽小、顶板和侧壁厚度大、稳定程度高的东侧作为起点，按照由东向西，先施工水平向钢管锚杆、后施工斜向钢筋锚杆的次序依次进行。对于水平向钢管锚杆，采取低锤轻击、加长导正管等钻进措施，达到了成孔的精度要求；对于斜向钢筋锚杆，采取钻机沿架设轨道行进、间隔跳打、二次成孔等施工技术措施，确保了施工的顺利进行。

通过采取精确定位和有效的钻进技术措施，保证了工程的施工质量。经验证，所施工的水平向钢管锚杆的终点误差不大于400mm，斜向钢筋锚杆的终点误差不大于200mm。

5. 锚杆及裂隙的灌浆措施

通过对鸽子堂洞体的外观检查和孔内探查，发现顶板上孔隙较大或较多的部位多为强胶结的角砾岩，本身强度相对较高，完整性较好，不需要进行特别的灌浆加固。然而，在锚杆及裂隙灌浆时，它们吸收了大量的浆液，无形中增加了顶板的重量。在施工中充分考虑到这一不利因素，本次锚杆及裂隙灌浆中采用了可控性灌浆技术。

照片 6－9　工人们正在对鸽子堂顶部进行灌浆

对于水平向钢管锚杆的灌注，因其位于顶板的下部，考虑到形成后要充分发挥横梁及其抗剪作用，灌浆时采用终端封闭（完整灰岩中）。从开孔处在钢管内进行压力灌浆，通过钢管上按等间距开设的注浆孔使浆液渗透到周围的岩土层中，灌浆材料为纯水泥浆，水灰比为0.5∶1，灌浆压力一般控制在0.5～1.0MPa之间。

对于斜向钢筋锚杆和钢管锚杆的灌注，因其多穿透顶板，考虑到形成后以发挥拉结和支撑作用为主，灌浆时在底部加焊200×200×20mm的钢托板并用水泥砂浆封死后，采用纯水泥浆或水泥砂浆及其与硅酸钠的双液无压灌浆，以限制浆液向强胶结角砾岩孔隙中的大量扩散。经现场试验，采用双液注浆泵时，一般情况下硅酸钠溶液的配比为20%～30%。

（六）山顶洞的加固保护施工

山顶洞的加固保护，是二期抢险加固工程的重点，其防护棚的设置是施工中的难点，施工中主要采取了以下施工措施：

1. 原始残存洞体的加固

对原始残存洞体采取的加固措施与鸽子堂洞顶的加固措施基本相同，主要是在洞体上施工垂直层里或裂隙的φ90mm径、Φ25mm钢筋锚杆和部分φ42径、Φ18mm筋的小锚杆，因岩体中节理裂隙多为闭合或微张开状，因此，锚杆及裂隙灌浆时采用了山东胜利油田生产的450目超细油井水泥，该水泥的有效粒径（D=10%）仅为1.88μm，平均粒径（D=50%）为7.48μm，最大粒径（D=90%）为24.3μm，所配制的浆液流动性好，渗透性强，对微细裂隙的灌注极为有效。通过锚杆的拉结和超细水泥灌浆，极大地提高了残存洞体的完整性和抗剪强度，确保了加载防护棚后的安全。

2. 防护棚骨架钢梁的基础

防护棚钢结构基础位置的选择是防护棚能否安全稳定的重要环节，基础定位即要避开南侧所保留的原始文化层，又要考虑北侧残洞要有一定的厚度（大于1.0m），同时应兼顾三道骨架钢梁间的协调性和一致性。根据实际情况，施工设计人员采用现场制作样板的方法，经多次反复的实地投放，最终确定出最佳的基础位置和骨架钢梁结构大样图。

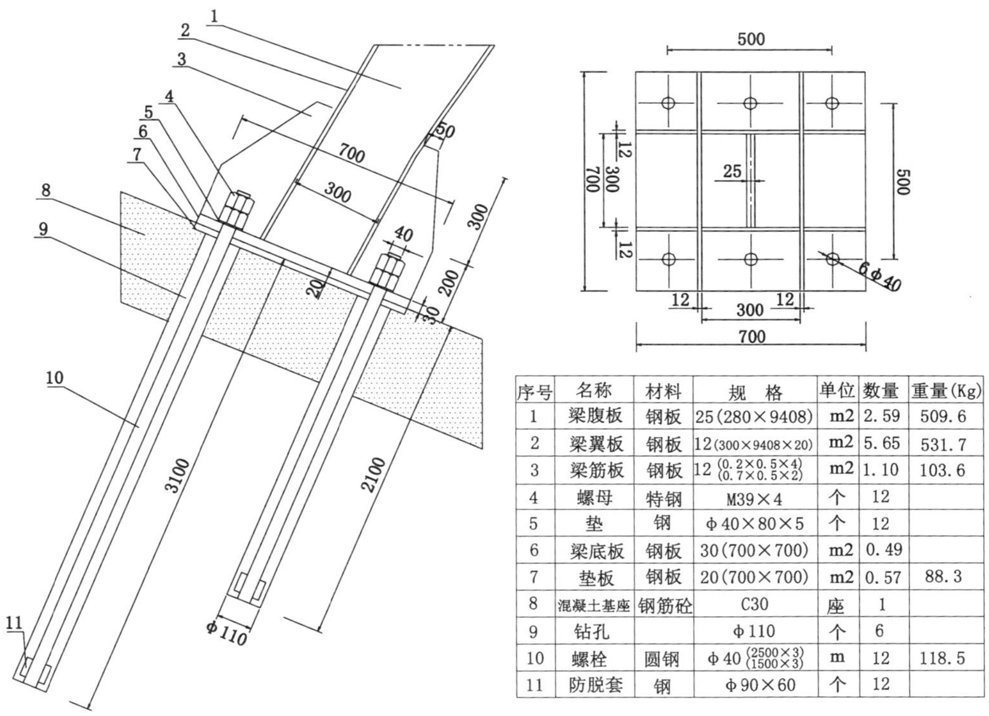

序号	名称	材料	规格	单位	数量	重量(Kg)
1	梁腹板	钢板	25(280×9408)	m2	2.59	509.6
2	梁翼板	钢板	12(300×9408×20)	m2	5.65	531.7
3	梁筋板	钢板	12 (0.2×0.5×4)(0.7×0.5×2)	m2	1.10	103.6
4	螺母	特钢	M39×4	个	12	
5	垫	钢	φ40×80×5	个	12	
6	梁底板	钢板	30(700×700)	m2	0.49	
7	垫板	钢板	20(700×700)	m2	0.57	88.3
8	混凝土基座	钢筋砼	C30	座	1	
9	钻孔		φ110	个	6	
10	螺栓	圆钢	φ40 (2500×3)(1500×3)	m	12	118.5
11	防脱套	钢	φ90×60	个	12	

图6-2　山顶洞防护棚骨架钢梁南侧基础剖面图（1∶10）

对于南侧，为主要受力端，设计采用以原始文化层外侧的石灰岩体为持力层的方形独立基础，尺寸为1.2×1.2m。施工时先将岩体风化表层凿除，现浇350mm厚C30钢筋混凝土作为基座，每一基座中预埋6根φ40mm径地脚螺栓与钢结构相连，为使基础受力能传于岩体的深部，地脚螺栓通过φ110mm径锚孔深入到岩体之中，受拉端锚入岩体3.1m，受压端锚深为2.1m，如图6－2所示。

对于北侧，基础选择在厚度大于1.2m的原洞顶上，以保持原始洞顶不变。用现浇C30钢筋混凝土凿平为基座。根据骨架钢梁的跨距、基础上受力特征以及基础处岩体条件的不同，分别采用不同的基础尺寸。最西侧的3号梁，跨距仅为5.6m，北侧高于南侧，北侧相当于搭附于原洞体上，受力较小，因此采用了1.0×0.8m的长方形基础，设置4根地脚螺栓；中间的2号梁，跨距为7.5m，南北两侧高度基本相同，因其位于中间，基座受力较大，因此采用了1.2×1.2m的方形基础，设置5根地脚螺栓；东侧的1号梁，跨距为8.2m，北侧高而南侧低，北侧以受压为主，虽然受力较大，但基座位于原洞壁上，因此采用了1.2×0.8m的长方形基础，设置5根地脚螺栓。

3. 防护棚钢结构的施工

防护棚钢结构及外部玻璃钢仿石材料造型均委托具有钢结构施工资质的“北京房建建筑股份有限公司第二十四分公司”完成，总体工艺及主要技术措施如下：

（1）构件的加工及现场预制：结构构件由工厂加工制造，完成后将散件运至工地山下进行焊接拼装。为便于运输和安装，每道钢梁分两侧和中间三段拼装，预留接口搭接。第一道钢梁总重770Kg，每节重约285Kg；第二道总重1064Kg，每节重约355Kg；第三道总重1248Kg，每节重约416Kg。

（2）预制钢梁的搬运、吊装及校正：每节钢梁由人工抬运至吊装现场，因无法使用重型起重设备，在现场搭设牢固安全的吊装架体后，由人工配合使用倒链、滑轮等起重工具进行吊装。吊装时每道钢梁按照从南到北的顺序依次安装，首先将南侧的第一节钢梁吊放至预定位置并临时固定在天梁与架体上，用同样的方法将第二节吊放在天梁上，通过拉升与第一段钢梁的接口对齐，同时校正两段梁的标高及梁身垂直度，校正无误后用架管临时固定，将两段焊接拼装在一起。用同样的方法拼装好第三节。最后进行一次全梁的校正，两侧端点要定位准确，标高及梁身垂直度要符合设计要求，校正无误后将端部与基座连接板焊牢，并焊接加筋肋板。三道骨架钢梁吊装完成后，进行统一检查调整，当高差控制在不大于±5mm时，将两端地脚螺栓拧紧固定，拆除安装架体，加焊梁间支撑并预埋外部玻璃钢仿石材料造型的支撑点。经超声波无损检测，钢结构的焊接等级达到Ⅱ级。

4. 钢结构的防腐及防水

钢结构完成后，首先进行人工除锈处理，其等级达到st2。然后刷环氧富锌底漆一遍，刷防水防腐专用沥青清漆两遍进行防腐处理。钢结构外的主防水层采用7mm厚玻璃钢板，自下而上沿钢结构表面呈叠瓦状铺设，靠岩体处采用了在岩体中开槽后将玻璃钢板深入岩体中50～100mm的处理措施，搭接处、固定点及预埋支撑点处均采用液态树脂（玻璃钢水）现场浇灌。主防水层完成后经淋水试验和多次雨期观察，钢结构均不漏不渗，且排水畅通，达到了预期目的。

5. 外部玻璃钢仿石材料造型处理

设置玻璃钢仿石材料造型的主要目的，是为了在充分发挥“防护棚”主体功能的同时，使“防护棚”的外形与原始山体保持协调一致。因此，其总体造型、细部纹理特征、外表颜色等能否与原始洞体保持协调成为施工的关键和难点，施工中主要采取了以下几项技术措施：

照片 6－10　工人们正在对山顶洞的钢结构进行吊装

（1）按现场实际出露的岩体表观取模制作。即在现场和附近出露的几处天然岩体上制取模具，严格按模具预制成 7mm 厚玻璃钢仿石造型安装块，使制成的预制安装块外观特征与天然岩体表面基本一致。

（2）由地质专业技术人员现场指导拼装。即由地质专业技术人员根据原有岩体的岩层产状、层理特征、裂隙特征等，挑选外表特征与其向外延伸能匹配的玻璃钢预制块进行现场比对试验，合适后焊接拼装。

（3）外表颜色是经多次调色试验与现场岩体颜色比对后而确定的，涂刷后与原天然洞体表面色调基本一致。

照片 6－11　工人们正在对山顶洞防护棚的钢结构进行焊接

照片 6 - 12　玻璃钢防水处理

照片 6 - 13　制作山顶洞防护棚模型

照片 6 - 14　工人们正在对山顶洞防护棚进行做旧处理

四、第 2 地点防风化实验工程报告

（一）遗址的形态结构

周口店遗址第 2 地点原来是一个高 15 米、厚 2 米的堆积，为烧石灰开采矿物所残留，发掘时将堆积的一部分挖掉，残留的部分形成了一个陡立的立壁结构。立壁的最高处离地面约 10 米，角度垂直，甚至形成空悬状态，比较危险。

立壁结构的底部是青色的岩石，而上部是红色的泥质胶结物，结构复杂，有些部位结合紧密，本体坚硬，类似于料礓石，而有些部位较疏松，出现了脱落和垮塌现象。两类物质没有明显的边界，互相混杂。在岩石脱落处，可见有碳酸盐沉积形成的钙华痕迹。

（二）遗址的病害情况

立壁遗址由于开挖形成的垂直边坡，结构不稳定，加上各种自然的原因，出现了多种破坏现象（见照片 6－15）。

1. 悬空：红土立壁的顶部，多为红土的堆积物，由于发掘形成陡壁，经长时间的雨水冲刷和风化，目前立壁的顶部已经失去发掘时的平滑侧面，侧面多向内洼陷，而且由于下部红土的损失，导致上部的红土处于悬空状态，非常危险。

2. 开裂崩塌：由于垂直边坡的原因，处于悬空状态的岩石和土体，在重力、震动和雨水的作用下，形成裂缝，脱离立壁本体，目前可见多处危石。由于立壁陡峭，发生多次岩石和土体崩塌脱落现象。在立壁的垂直侧面下方，有很多的红土堆积，以及碎石滚落，导致立壁高度不断减小。

3. 雨水冲刷：在立壁的上部，可见有明显的雨水形成的冲沟。雨水的冲刷使较软弱的部位受到破坏，形成冲沟，冲沟切割了整体，使结构更不稳定。

4. 植物生长：在立壁的侧面，由于潮湿的原因，有不少植物生长，这些植物的根系对遗址产生了破坏。

5. 本体风化：某些部位的土出现酥松和脱落现象，而岩石也有类似的情况。

第 2 地点顶部的冲沟

第 2 地点的危石

脱落的立壁堆积

滚落的岩石

照片 6－15　立壁遗址的破坏现象

（三）岩石成分和结构分析

1. 样品

在立壁的岩石上取样品 4 个，包括岩石样品和土样品，分别为 1 号、2 号、3 号和 4 号。1 号样品为青灰色的坚硬岩石；2 号样品为青色的坚硬岩石；3 号样品外观上是红土，内部是坚硬的岩石；4 号样品为疏松的黄土。在某些岩石的表面有点状颗粒规则排列，为了解其组成也进行取样，编为 5 号；6 号为层状的红土（见照片 6－16）。

1 号样品——青灰色岩石

2 号样品——青色岩石

3 号样品——坚硬的红土

4 号样品——疏松的黄土

5 号样品——岩石表面排列整齐的颗粒

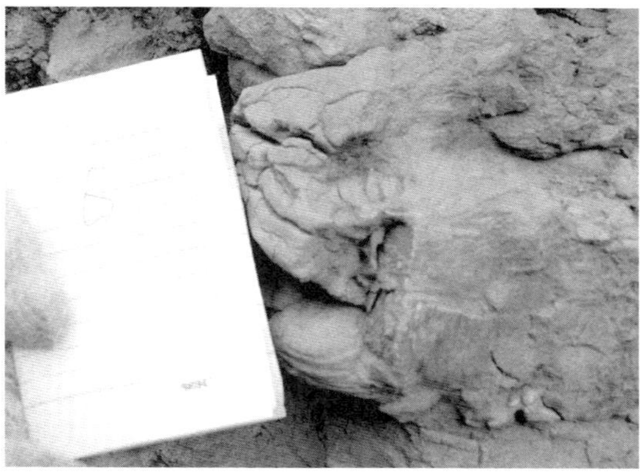

6 号样品——层状的红土

照片 6－16　所取样品的位置及状态

2. 分析方法

对样品进行了成分分析、显微结构分析。

（1）成分分析

主要的分析方法是 X－射线衍射分析。X－射线衍射分析的特点是对无机物质具有好的定性分析，在采用标样的情况下还可以确定混合物中各种物相的百分比。分析使用的仪器：日本理学的 DMX－Ⅱ/2000 型 X－射线衍射仪。

（2）结构分析

①矿相分析：将样品用树脂处理，然后磨成薄片，采用矿相显微镜对薄片进行观察，使用的设备为 OLYMPUS TH4－200 矿相显微镜。

②扫描电镜：扫描电镜分析可以观察样品的显微结构，放大倍率高。配合能谱可以对样品局部进行元素分析，确定成分。分析仪器：荷兰 FEI 公司的 FEI Quanta 200 FEG 环境电子扫描显微镜。

3. 分析结果

通过对样品的分析可得如下数据（见图 6－3，照片 6－17、6－18）。

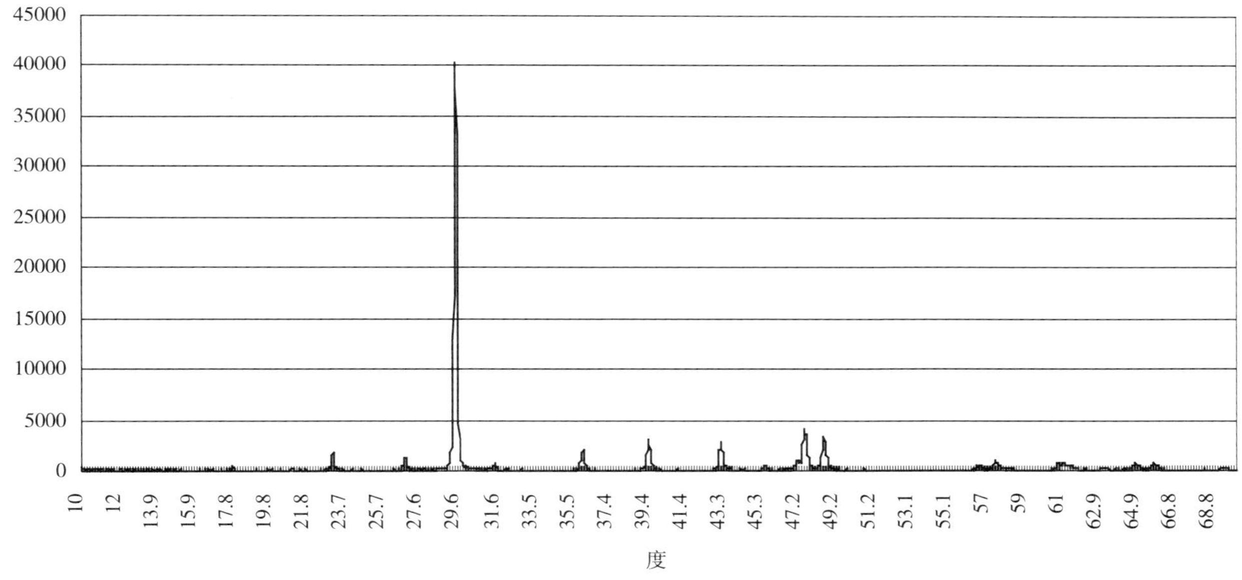

1 号样品衍射图：岩石，成分——方解石、云母

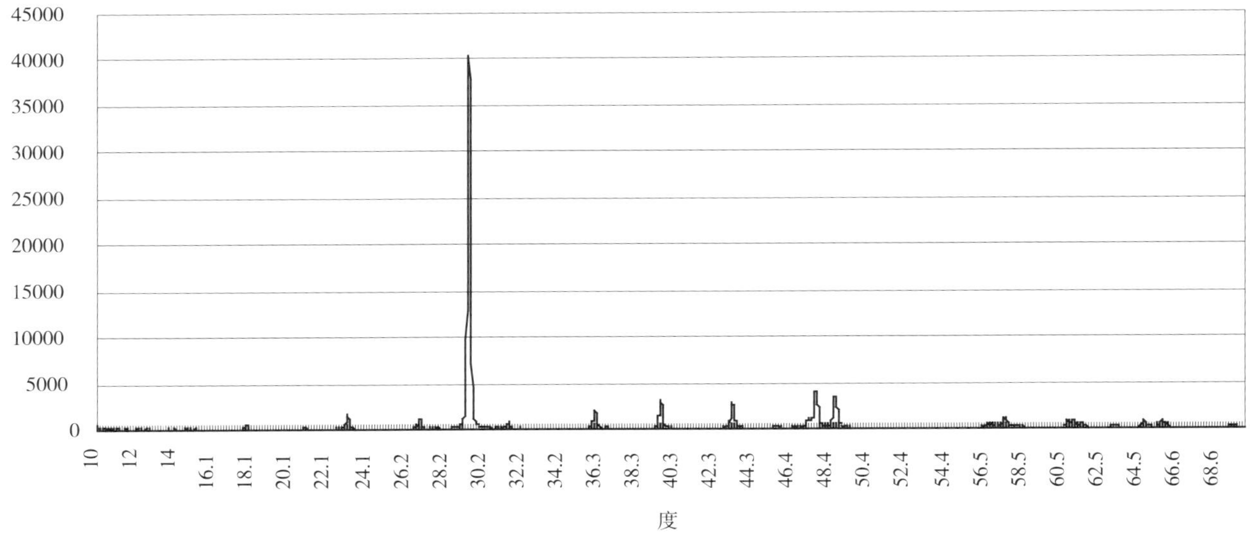

2 号样品衍射图：岩石，成分——方解石、云母、石英

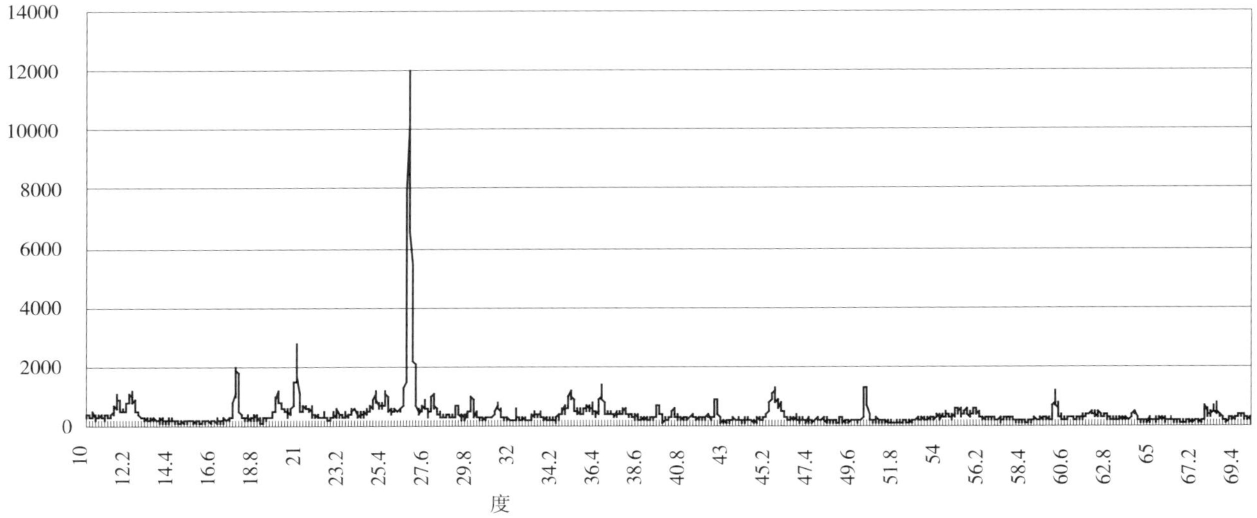

4 号样品衍射图：红土，成分——石英、云母、高岭石、绿泥石、石膏、钾长石

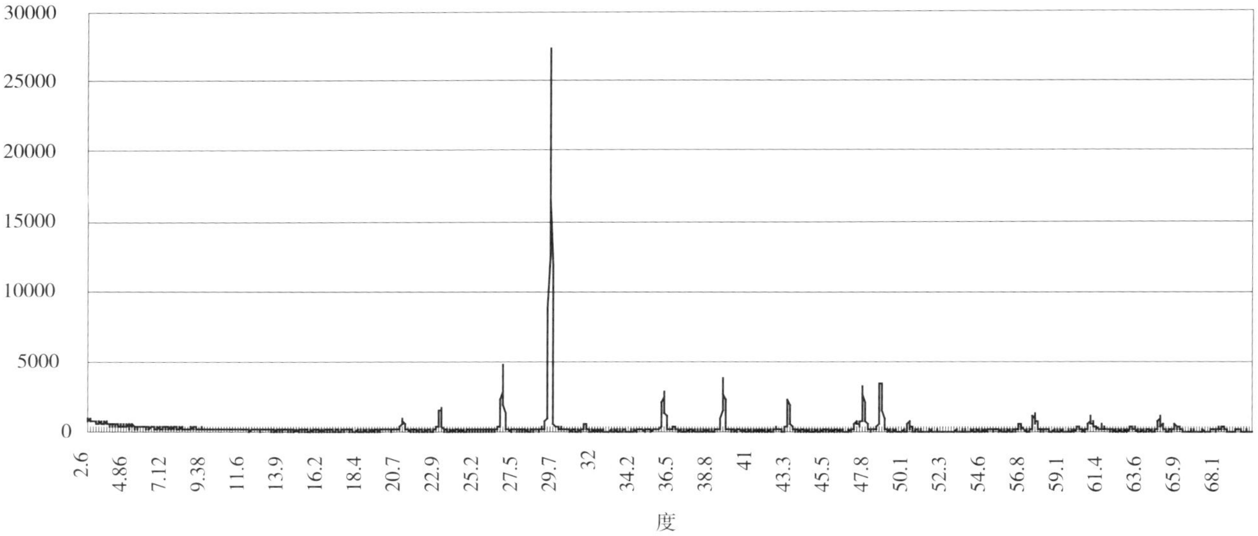

6 号样品衍射图：红土，成分——方解石、石英、斜长石、伊利石

图 6－3　X－射线衍射分析结果

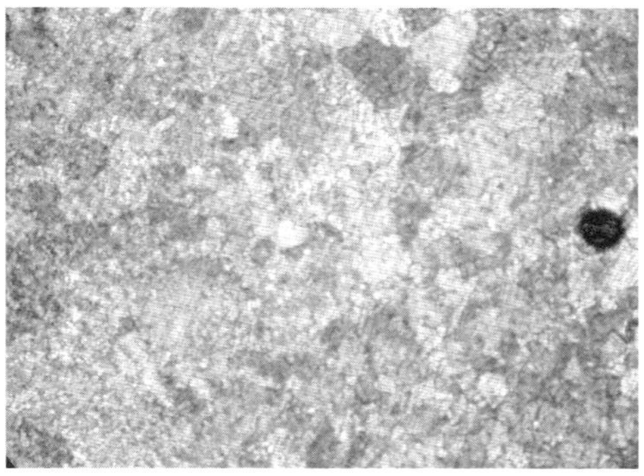

1 号样品

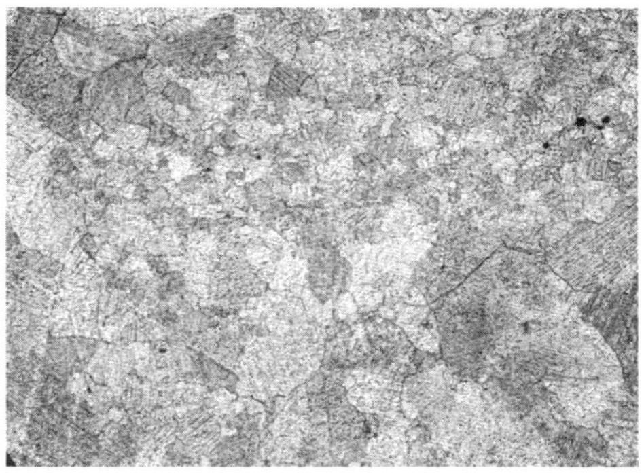

2 号样品

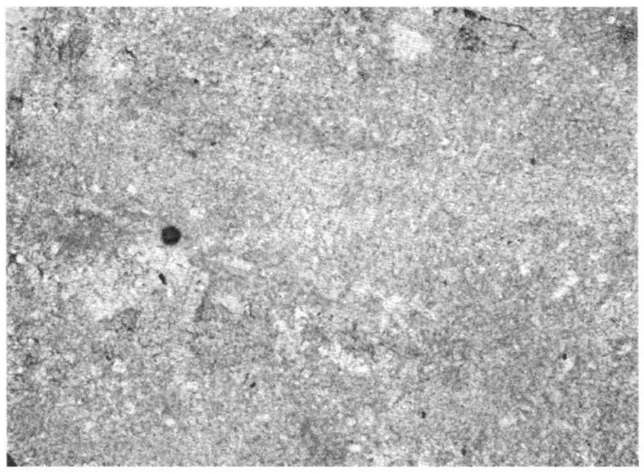

3 号样品

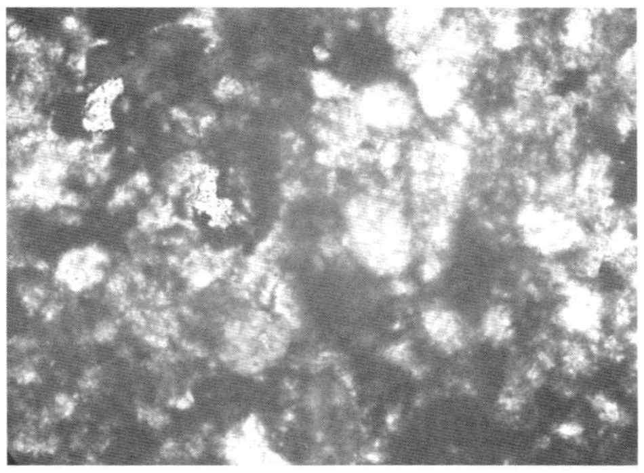

4 号样品

照片 6－17　矿相分析结果

1 号样品显微结构

2 号样品显微结构

3 号样品显微结构

4 号样品显微结构

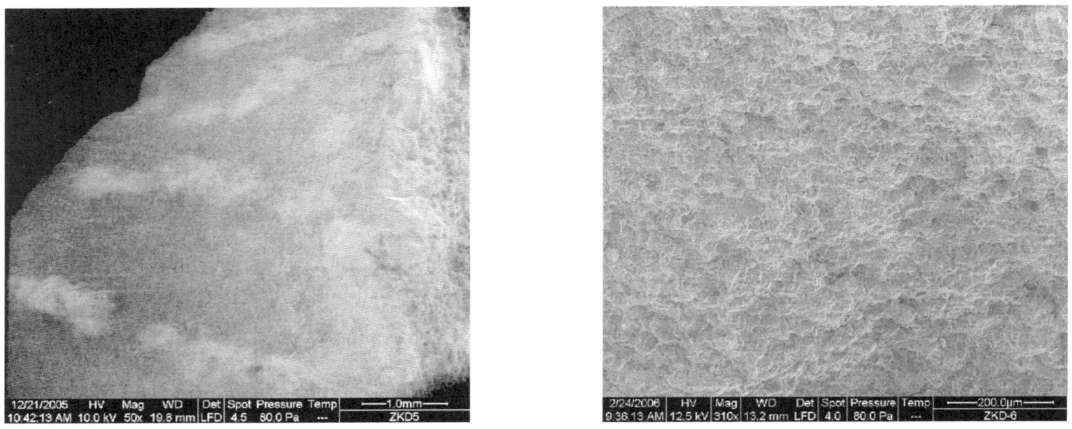

5 号样品显微结构　　　　6 号样品显微结构

照片 6－18　扫描电镜分析结果

（1）岩石成分

根据 X－射线衍射分析，两种岩石的成分分别是：1 号样品——成分为方解石、云母；2 号样品——方解石、云母、石英。

（2）结构

①矿相显微镜：1、2 号样品可见粗大和细小的方解石晶体，以及夹杂的其他矿物。在岩石的表面部分，晶体之间有细小的边界。3 号样品的特点是，矿物颗粒的分布不均匀，呈条带分布，某些区域的一些矿物比较集中，而且颗粒大小也不一致。

②通过扫描电镜观察，1 号和 2 号样品在低倍率下可见岩石致密，没有孔隙，放大后发现岩石的表面有细微的条纹，晶体边缘有被腐蚀的痕迹。3 号样品的结构致密，整体性强，在整体结构中，有细微的裂隙。5 号样品石灰石表面的成排点状沉积物，主要是碳酸盐类物质，可能与生物活动有关。

（四）土体成分和结构分析

1. 样品

在立壁的红土上取样品 2 个，4 号和 6 号样品。4 号样品疏松，很容易粉碎；6 号红土样品，土呈层状，比较坚硬（见照片 6－16）。

2. 分析方法

对样品进行了成分分析、显微结构分析，所使用的方法和设备为：

（1）成分分析

采用 X－射线衍射分析方法：X－射线衍射分析的特点是对无机物质进行好的定性分析，在采用标样的情况下还可以确定混合物中各种物相的百分比。分析使用的仪器：日本理学的 DMX－Ⅱ/2000 型 X－射线衍射仪。

（2）结构分析

①矿相分析：将样品用树脂处理，然后磨成薄片，采用矿相显微镜对薄片进行观察，使用的设备为 OLYMPUS TH4－200 矿相显微镜。

②扫描电镜：扫描电镜分析可以观察样品的显微结构，放大倍率高。配合能谱可以对样品局部进行元素分析，确定成分。设备：荷兰 FEI 公司的 FEI Quanta 200 FEG 环境电子扫描显微镜。

（3）分析结果

对样品的分析数据见图 6－4，照片 6－17、6－18。

①成分

根据分析，4 号样品的组成为：石英、云母、高岭石、绿泥石、石膏、钾长石；6 号样品的组成为：方解石、石英、斜长石、伊利。

②结构

矿相显微镜：可见弥散细小的矿物中夹杂有大的矿物颗粒，土壤特征明显。

在扫描电镜下观察到的红土的显微结构，与岩石样品 1－3 号有较大的差异。4 号样品，明显由不同形状的矿物颗粒堆积而成，具有土壤结构的多空隙特征。

（五）生物分析

1. 微生物的鉴定

（1）样品：在靠近立壁的山颇顶部，有同样的红土堆积，在上面找到微生物样品 2 个，分别编号为 7 号和 8 号样品。

（2）分析方法：采用扫描电镜对样品的形貌进行了观察。设备：荷兰 FEI 公司的 FEI Quanta 200 FEG 环境电子扫描显微镜。

（3）结论：7 号样品是藓类，8 号样品为霉菌（见照片 6－19）。

7 号样品

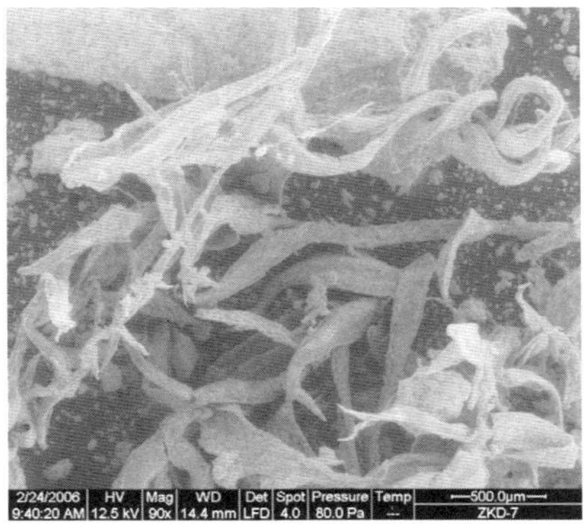

7 号样品的电镜照片

8 号样品

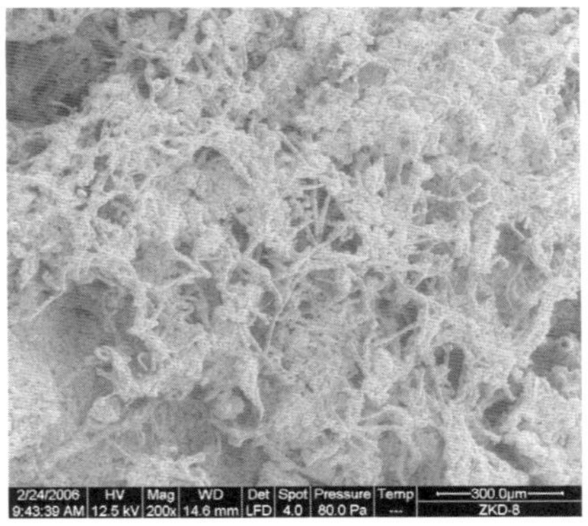

8 号样品的电镜照片

照片 6－19　微生物

2. 树木的种类

第 2 地点附近生长的树木，有松树、酸枣、核桃等树木，还有一些灌木和草类。

（六）保护策略探讨

1. 土体和岩石的病害分析

影响石结构和土结构风化的因素包括内因与外因。内因是它们本身的组成与性质，外因是指环境因素，现分述如下：

（1）石结构和土结构的组成与性质：岩石的结构特点是致密，孔隙率低，不同的岩石耐受自然风化的能力不一样。岩石的破坏主要取决于岩石的成分、结构以及孔隙率等因素，它容易受温度、水、盐的破坏而产生物理的、化学的破坏。土是比较疏松的风化产物，土的成分有各种矿物如石英、高岭石、长石、蒙脱石、绿泥石以及有机质等。由于土是松散的集合体，整体性是由各种胶结物的作用形成的，而多数胶结物容易被水破坏，所以土最容易受水的破坏。

（2）环境因素：

A. 温度变化：地表的温度通常都要经历日变化与年变化等周期。常规下物体热胀冷缩，这种变化随着温度的周期变化而变化。对于土遗址，这些变化产生的土体的张缩应力，必然导致稳定性的下降，具体表现为开裂、脱落等。另外，由于温度传导的梯度，产生内外张力，破坏也很大。这种现象在土遗址暴露于自然环境中时非常强烈，即使遮盖建筑也只能缓解这种破坏，温度低于冰点时还导致水分结晶。

B. 湿度变化：空气中湿度的变化是土壤表面风化的重要影响因素。通常情况下，白天湿度低，晚上湿度高，温度低于露点时，水分会在土壤表面冷凝，低于0℃时冷凝水在土表面结晶，由于表面张力和结晶压力，造成土体表面风化破坏；湿度的循环变化可使迁到表面的可溶盐反复溶解结晶，产生破坏作用；高的空气湿度还可以促进霉菌的生长繁殖。

C. 水分：水分的作用有以下几个方面。

a. 水在土壤毛细管内的迁移运动，产生毛细压力，对管壁产生破坏；低温下在土壤毛细孔中结晶，体积膨胀，对孔壁产生很高的压力，造成土体的破坏；

b. 地下水的毛细上升造成可溶盐向表面的迁移与富集；

c. 水可以造成黏土颗粒的膨胀以及机械强度的降低；

d. 水分可以溶解对土壤微粒有黏结作用的物质，从而导致土壤崩解；

e. 霉菌在含水高的土遗址上容易生长等。

D. 可溶盐：可溶盐在水的作用下，在土体内迁移，根据条件的不同，可迁移到土体表面结晶，造成土表面结构的破坏及表面外观的改变；也可在土体内部富集结晶，造成空鼓、开裂、表层脱落（但均匀分布的可溶盐也有一定固结土体的能力）。

E. 气体污染物：气体污染物包括二氧化硫、二氧化碳、氮氧化物等，可以被吸附能力强的土微粒所吸附，并与水作用形成酸、碱或盐；或者直接在空气中变为酸碱盐溶液的微粒，再吸附到土体表面，破坏矿物及胶结物，并产生膨胀能力较大的结晶，导致土体的风化。

F. 降尘：降尘包括矿物微粒、工业粉尘、孢粉、霉菌等。

G. 霉菌：霉菌的生长改变遗址的面貌，对土体表面产生机械破坏，霉菌在生长过程中产生一些有破坏作用的酸碱分泌物，破坏土壤的结合物。

H. 动植物：动物如蝼蛄、白蚁、蚂蚁等，在土遗址内营穴生存，草类在土遗址表面的生长都有破坏作用。

I. 震动：来自地震、工程施工、交通等方面的震动对土遗址有危害。表现在使表层颗粒脱落、土体开裂坍塌、结构不稳。

通常情况下，各种对土结构有破坏作用的因素是协同作用的，在这些因素中，水的作用很大，没有水以上许多因素都难以起作用。

2. 常用的保护方法

岩石和土的破坏，表现为物理破坏、化学破坏和机械破坏，对暴露于自然环境中的石结构和土结构，保护的措施包括各种手段：

（1）化学加固：对象为风化严重、破坏呈立体形态的结构体，采用化学材料渗透并固化形成新的胶结物，恢复内部连接。

（2）化学防水：对于受湿度变化和水影响较大的结构体，采用化学材料进行处理，达到不吸水、并对水有排斥作用的目的，减缓或消除水导致的体积（吸水、结冰、冻融）膨胀、材料溶解等不利影响。

（3）控制地下水：与大地接触的土体和石结构，都容易在地下水毛细作用下吸收水分、盐分而导致各种破坏，而且促进污染物的破坏和微生物的破坏。因此控制地下水是重要的，具体的措施是排水、隔水。

（4）控制生物因素：对于各种微生物、草类、灌木和乔木的破坏，采用人工、物理以及化学的措施，进行杀灭或抑制。

（5）改善环境：控制温度的变化、湿度的变化，隔绝雨水的作用，可缓解石结构和土结构组成材料的破坏。

3. 保护策略研究

周口店遗址2号地点由于处于露天环境中，各种自然因素对遗址的保护都有影响。

从遗址组成材料看，岩石属于碳酸岩，结构紧密，在没有酸性污染的环境中，是比较耐风化的，而目前2号地点的岩石，破坏现象也不是很严重。相比之下，红土的情况就比较差，它本身结构复杂，某些部位紧密，某些部位疏松。土本身是风化的产物，颗粒之间连接较弱，容易受到破坏。

从结构上看，立壁陡峭伴有危石，容易因为重力和地震等出现垮塌，垂直的侧面，也容易在雨水的流淌作用下破坏。

对第2地点立壁有影响的自然因素，包括温度变化、湿度变化、各种水的作用（雨水、降雪、霜冻），生物因素以及空气污染。由于周口店地区的空气污染得到治理，因此对遗址破坏最大的自然因素是温度变化、水分作用，生物因素，其中水分作用破坏最为严重。

对第2地点的保护，需要做的就是采取措施抵抗温度变化和水分作用的影响，治理生物因素，同时对本身结构问题进行治理，防止重力和其他因素导致的破坏。

根据以上分析，可采取如下保护措施：

化学保护：采取措施提高土体的强度。具体的做法：就是使用化学材料对土体进行加固；采用化学措施使土体和岩石进行防水处理，使具有拒水能力，抵抗雨水导致的土体软化流动、低温气候下的冻融现象等，并减小水分造成的化学腐蚀。

机械加固：对危石和不稳定的结构进行机械稳固措施。一般采用机械的方法，如锚固或支撑。

生物治理：主要是灌木和草类在立壁靠近地面部位的生长。可采用人工措施和化学措施治理。

（七）保护材料初步选择试验

1. 常用的加固材料

周口店遗址第2地点需要加固的是红土，因此在选择加固材料时，主要考虑土的加固。根据对国内外土建筑和土遗址保护研究和工程的资料调查和总结，使用的保护材料主要有以下几种。

石灰水制备方法为生石灰加水搅拌，然后滤去不溶物，溶液可用来对土结构进行加固。所制得的溶液浓度一般很低，为0.022mol/L（碳酸钙的溶解度为6.5 ×10 –4mol/l，溶度积Ksp = 2.9 ×10 –9/18 –25℃），必须多次喷涂施工，才能有效。在国外主要用于石质文物保护，也用于土坯建筑的保护。

钾水玻璃　　水玻璃是一种碱性金属（钠或钾）的硅酸盐。一般分子式为Me2O · nSiO2，式中Me代表碱金属。水玻璃类材料广泛用于建筑工程中的地基灌浆处理。文物保护工作者根据文物保护的要求对它进行改造，并用于文物工作中。如李最雄采用模数为4.0的硅酸钾，配合氟硅酸钙对西北地区干燥土体的加固。

丙烯酸树脂　　丙烯酸树脂是丙烯酸酸类单体在引发剂作用下形成的聚合物。这种材料因其优良的耐候性使用广泛，在文物保护方面被用做加固剂、黏接剂和表面涂层，用于多种文物的保护。在土遗址保护中，有美国Getty研究所对美国新墨西哥州印第安人居住遗址的保护和中国社会科学院考古研究所对安阳殷墟车马坑的保护和陕西化工研究所对西安老牛坡遗址的保护。国外使用的丙烯酸树脂的牌号有：Paraloid B－72（甲基丙烯酸乙酯－甲基丙烯酸共聚物）、Acryloid F－10（甲基丙烯酸丁酯的聚合物）、Acryliod A－21等。国内使用的丙烯酸树脂主要是三甲树脂，这种树脂是各种丙烯酸和丙烯酸酯的单体的聚合物。丙烯酸树脂的溶剂有多种，如苯类、酮类、酯类、氯代烃等。丙烯酸树脂材料在土结构上使用，容易出现的问题是颜色改变大，材料在表面积聚多，加固主要在表面部分。

甲基丙烯酸甲酯类灌浆材料采用甲基丙烯酸酯类单体，加入引发剂、促进剂、除氧剂、阻聚剂等，注入土体内，使其在土体内聚合，起到加固作用。这种方法主要用在工程上，在国内石窟加固上也有使用。

聚氨酯　　聚氨酯类材料是一种广泛用做涂料、胶粘剂、化学灌浆材料的有机材料。它是由异氰酸酯和多元醇类物质进行缩聚反应形成的。目前所用的异氰酸酯种类很多，如甲苯二异氰酸酯（TDI）、二苯甲烷二异氰酸酯（MDI）、多亚甲基多苯基多异氰酸酯（PAPI）等。所用的多元醇类材料包括聚酯类、聚醚类、丙烯酸树脂类等。聚氨酯类品种较多，各个品种的性能也有差异。聚氨酯类材料在文物保护方面也有多方面应用。

有机硅材料　　有机硅类材料在文物保护中的应用很多，包括正硅酸乙酯（TEOS）和甲基三乙氧基硅烷（MTEOS）、有机硅低聚物和高聚物、有机硅乳液等。国外使用的材料及牌号有：

Conservare H和Conservare OH：主成分为正硅酸乙酯（TEOS），溶剂为丙酮－丁酮。

Conservare Stone Strengthener HTM（SS－H）：TEOS＋MTEOS

Conservare Stone Strengthener OHTM（SS－OH）：TEOS

Wacker Strengthener OH：主成分为正硅酸乙酯，溶剂为甲苯，加有催化剂。生产厂家为Wacker－chemie GmbH.

SILESTER ZNS：部分聚合的正硅酸乙酯，n＝10，生产厂家为美国孟山都公司。

有机树脂乳液有聚醋酸乙烯酯乳液、聚丙烯酸树脂乳液等，制造方法为乳液聚合法。聚合物乳液的品种牌号很多，其性能差别也很大。在文物保护方面使用过的有：

UCAR 365（R）：乙烯－丙烯酸的共聚物乳液。

Acrysol WS－24：一种具有极细颗粒的高分子量的丙烯酸聚合物，分散于水中。具有优良的物理化学性能，黏度极低，有利于渗透，固化后具有可逆性。使用时采用4%的浓度，使用于风化非常厉害的部分，渗透快。

Primal AC33：甲基丙烯酸甲酯与丙烯酸乙酯（60:40）的共聚物。Rohm & Haas公司生产。

Airflex 510（R）：乙二醇二乙酸酯－醋酸乙烯酯的共聚物乳液。

目前丙烯酸树脂乳液的品种与产量逐步增加，国外如Rohm & Haas等公司生产的品种很多。国内如东方化工厂的乳液性能也比较好。

非水分散体加固剂是以聚合物乳液为原料制备的非水分散体，通常采用丙烯酸树脂乳液作为原料，形成的是丙烯酸树脂的非水分散体，也有用有机硅改性的丙烯酸树脂乳液为原料制备的非水分散体。这类加固剂的特点是采用低的浓度就可以使松散的土体强度提高，耐水、耐冻性能大幅度提高，并具有一定的耐盐能力。同时被加固的土体颜色变化小，孔隙率变化小。这种材料经过试验对多种土质都有好的加固效果。

加固剂的复合使用在很多情况下，不同种类加固剂可以混合使用，目的在于发挥二者的优点，提高加固效果。例如丙烯酸树脂 B－72 和有机硅单体 TEOS 的复合使用，PS 材料与有机硅材料的混合使用。

在以上的材料中，根据在其他遗址的试验，一些材料分别有一些缺点：石灰水需要多次加固，而且强度增加很小；PS 材料容易出现泛白现象；丙烯酸类材料、聚氨酯类材料容易出现颜色变深；而丙烯酸类灌浆材料现场操作困难。这些不足之处，在我们选择材料时需要考虑。

2. 常用的防水材料

对周口店遗址第 2 地点的防水处理，包括岩石的防水以及土的防水处理，根据国内外资料的调查，使用的防水材料有如下种类。

有机硅材料　　包括单体和聚合物。单体材料主要是甲基三乙氧基硅烷：甲基三乙氧基硅烷与乙醇以一定比例混合后，在催化剂的作用下水解，形成带甲基的加固材料，在加固的同时具有防水作用。这种材料在国外根据生产厂家的不同有很多代号。另外，长链的有机硅单体材料也有应用，如 WD－10。有机硅聚合物类防水材料，经常使用的材料是防水 3 号，这种聚硅氧烷呈中性，溶解于乙醇，使用后溶剂挥发，在水的作用下发生水解形成硅醇，硅醇与被保护材料表面上的羟基结合，在被保护材料的表面形成一层有拒水作用的保护膜。

有机氟材料　　其中最早使用的是全氟聚醚（Perfluoropolyethers）。这是一种非常稳定的液体，仅溶于含氟溶剂，黏度适中，耐氧化，耐水解，可做石质的防水剂，应用时用溶液喷涂或浸泡。后来使用的有机氟材料还有有机氟改性的聚氨酯材料、丙烯酸树脂材料。

3. 检验方法

在第 2 地点塌落的红土堆积中找到一些碎土块和石块，作为材料检验的样品。用配置好的材料滴注土块，使渗透饱和，然后在室内条件下固化；用配置好的防水材料润湿所选石块，使其在室内条件下溶剂挥发。

4. 保护效果

各种加固剂和防水剂的使用效果如下：

（1）加固剂的效果

正硅酸乙酯：处理的土块在水中浸泡稳定，但是土块浸泡 3 天后略变软。

Remmers 300：土块初遇水时坚硬，浸泡 3 天后稍变软。

甲基三乙氧基硅烷：处理的土块初进入水中具有拒水作用，浸泡 3 天后土块表面湿水，但是土块强度好。

KH550：土块遇水后吸水，但是强度无变化，浸泡 3 天后强度仍然很好。

TOP SEAL：土块遇水无变化，浸泡 3 天强度仍好。

GSH98A：土块遇水稳定，没有变化，不吸水，3 天后表面湿水，但土块强度好。

F601：土块遇水稳定，不吸水，3 天后表面湿水，但土块强度好。

硅溶胶：土块在处理时软化，彻底干燥后浸水试验，遇水软化，然后崩解。

31J：土块初遇水有拒水作用，3 天后表面湿水，但强度好。

TD：土块初遇水有拒水作用，3 天后表面湿水，但强度好。

（2）防水剂效果

F3：石块浸泡在水中，拒水效果好，3 天后表面被水润湿。

WD10：石块浸泡在水中，拒水效果好，3 天后表面拒水效果仍好。

F8261：石块浸泡在水中，拒水效果好，3 天后表面拒水效果仍好。

5. 总结

通过以上各种材料对土块和石块的处理效果可见，各种所选的加固剂和防水剂的情况总结如下：

加固剂中硅溶胶没有效果，而正硅酸乙酯、Remmers 300 效果略差，其他材料的效果很好。这些材料在后续的加固处理中都可使用，效果差的材料，可以做其他材料的参比。各种防水剂都有效果，而 F3 略差。在加固剂中也有一些材料除具有加固作用外，也具有防水作用，如甲基三乙氧基硅烷、F601，这些材料也有好的拒水能力。

（八）保护材料现场试验

1. 保护材料

（1）选择的加固剂

根据国内外使用的材料的情况，初步选择了如下的加固剂，并按照常用的配比使用。

正硅酸乙酯：$(C_2H_5O)_4Si$，北京益利精细化学品有限公司生产。使用时将正硅酸乙酯与 95% 的乙醇溶液以 3∶7 的体积比混合。

甲基三乙氧基硅烷：甲基三乙氧基硅烷，化学纯，定做。使用时与 95% 乙醇按 3∶7 混合使用。

Remmers 300：德国 Remmers 公司生产，主要成分为正硅酸乙酯，无色液体，通常使用的溶剂为乙醇，按 3∶7 混合使用。

KH550：γ－氨丙基三乙氧基硅烷，H2N－CH2－CH2－CH2－Si－（OC2H5）3，偶联剂，无色透明液体，溶于多种溶剂，易水解，聚合形成硅氧烷。分子量：221.4，沸点：217 ℃。由于具有水解固化的特点，选择做加固材料。使用时溶剂为乙醇，按 3∶7 混合使用。

TOP SEAL：固土防尘环保路液，美国 BASE－TECH 公司产品，道路土壤固化材料。固体含量为 9.4%，用水稀释到 5% 备用。

GHS98A：丙烯酸树脂弹性乳液，江阴国联化工生产。固体含量为 44.8%，用水稀释到 5% 使用。

F601：氟硅树脂乳液，哈尔滨雪佳公司生产。使用时将 A601 原液与水以 1∶9 的体积比混合。

BC4431 乳液：北京东方化工厂生产，丙烯酸树脂乳液，稀释到固体含量 5% 使用。

硅溶胶：CH83－1 硅溶胶，江阴国联化工生产。固体含量为 28.4%，用水稀释到 5% 备用。

31J：采用北京东方化工厂的 BC4431 乳液制备的丙烯酸树脂非水分散体加固剂，将固体含量高的材料用丁酮稀释到 2%。

TDJ：采用天津大学化工学院的 3504 乳液制备的丙烯酸树脂的非水分散体加固剂，将固体含量高的材料用丁酮稀释到 2%。

（2）选择的防水剂

根据国内外使用的材料的情况，初步选择了如下的防水剂：

F3：防水 3 号，聚合有机硅树脂防水剂，北京化工二厂生产。使用时与 95% 乙醇按 3∶7 混合使用。

WD10：十三烷基三乙氧基硅烷，武汉大学绿科化工有限公司生产。使用时用乙醇稀释，为了选择浓度，使用了 5% 和 10% 的浓度。

F8261：十三氟辛基三乙氧基硅烷，德国德固赛公司生产的有机硅烷系列 YNASYLAN 为注册商标中的一个产品。它是一种无色无味的液体，溶于乙醇、丙酮等有机溶剂，可以作为羟基、羧基和含氧基团的表面改性剂，也可被用作为无机材料和氟聚合物之间的黏结促进剂。使用的浓度为 1%，乙醇稀释，盐酸做催化剂。

2. 试验地点和方法

（1） 试验地点

加固试验选择在第 2 地点附近的山坡上，在山坡的陡立部分，有许多比较疏松的红土堆积并且风化现象比较明显的区域，适合加固试验。防水试验选择在 2 号地点下部的岩石上，多数的岩石表面附着有红土，可以观察材料处理后岩石和红土的拒水效果。

（2） 试验方法

现场试验前，将各种材料配制好，然后带到现场，选择好试验块之后，将材料喷洒在试验块上，在自然条件下固化干燥。试验在 1 月进行，气温较低，在 5℃左右。由于有些材料即有加固作用，又有防水作用，因此在红土和岩石上做多个试验块。

3. 现场试验效果检验

（1） 检验方法

试验块经过 5 个月后进行了效果检验。对于加固剂的检验，检验项目包括颜色和外观变化、强度提高情况、对水冲刷的抵抗能力。对防水效果的检验，包括颜色变化、拒水能力。拒水能力的检验是将水喷淋在试验的位置，观察水是否可润湿试验块。

（2） 保护效果

各种加固剂和防水剂的使用效果如下：

①加固剂的加固效果

在现场对各加固的试验块进行观察检验，各项性能的情况见表 6－1。

表 6－1　　现场试验加固效果总结

加固材料	使用	效果			评价
		颜色	强度	水冲击	
正硅酸乙酯	渗透迅速，土体稳定	不变	不明显	吸水，稳定	一般
Remmers 300	渗透迅速，土体稳定	不变	不明显	吸水，稳定	一般
甲基三乙氧基硅烷	渗透迅速，土体稳定	不变	不明显	有拒水能力	可防水
KH550	渗透迅速，土体稳定	略深	提高	好吸水，稳定	不好
TOP SEAL	土体软化 表面变形	表面颜色变白	提高	略拒水	不好
F601	土体软化 表面变形	不变	提高	有拒水能力	可选择用
BC4431	土体软化 表面变形	不变	提高	有拒水能力	可选择用
硅溶胶	土体软化 表面变形	不变	无变化	吸水，粉化	不好
31J	渗透迅速，土体稳定	不变	提高	有拒水能力	可用
TDJ	渗透迅速，土体稳定	不变	提高	好	可用

②防水剂的防水效果

在现场对各加固的试验块进行观察检验，各项性能的情况见表6－2。

表6－2　　现场试验防水效果总结

材料		效果		评价
		颜色	拒水	
F3		颜色略深	水润湿表面	不好
甲基三乙氧基硅烷		无变化	水不润湿，滚落	可用
WD10	5%	无变化	水不润湿，滚落	可用
	10%	颜色略深	水不润湿，滚落	不好
F8261		无变化	水不润湿，滚落	可用

根据现场试验，可得对各材料的评价：

（1）加固剂

根据现象试验，可以排除掉的材料有：硅溶胶、TOP－SEAL、KH－550。其中硅溶胶没有加固作用，TOP－SEAL导致表面变白，可能是含有大的乳液颗粒，KH－550颜色有变化，另外价格较高。

其他材料有3类，各有优缺点。

有机硅材料中，几种材料虽都有一定效果，但是要考虑一些材料的使用特点，如正硅酸乙酯的固化，需要较好的控制条件，这就不如REMMERS300好。甲基三乙氧基硅烷同时具有加固和防水效果，可以使保护操作简化。

非水分散体材料，如31J和TDJ，效果也好，可以作为选择材料，它们的固化只是溶剂挥发，环境条件的影响很小，也是重要的优点。

水乳液，如F601和BC4431虽然对土体有软化的缺点，但是固结效果好，价格低，大面积处理，占有很大的优势，而且F601作为氟硅材料，除加固外，还具有良好的防水作用，在对水不敏感或本身结构好的部位的处理，是可以考虑的。

因此，以上三类材料，根据现场试验的结果，都可以考虑使用，但是有机硅材料的固化受环境条件的影响较大。从价格考虑，使用水稀释的材料最好，从效果考虑，使用非水分散体材料最好。

（2）防水剂

防水3号使用后颜色变深，而且对水的排斥能力不好，水可润湿表面，因此效果不好。

甲基三乙氧基硅烷处理后的试验块颜色没有变化，拒水效果好，可以使用。

WD－10采用5%浓度处理的试验块颜色没有变化，拒水效果好，可以使用。而采用10%浓度处理的试验块颜色变化明显，虽然拒水效果好，但是由于影响外观，不能使用，所以这种材料采用5%的浓度就可以了。F8261处理后的试验块颜色没有变化，拒水效果好，可以使用。

（九）土体加固研究

1. 样品制备

（1）土样制备

在周口店遗址2号地点红土立壁下方取土30公斤，这些土是从立壁上脱落下来的红土堆积，故土质与立壁上的较为相似。在试验室将土样粉碎，用分样筛（孔径0.25cm^2）去掉大颗粒以及夹杂物。为了使土便于成型，喷少量水调匀后密封存放两天，使水分分布均匀。然后采用北京工具厂生产的抗压试模将土压成直径为50毫米，高度为100毫米的圆柱状土样，每290克湿土压成一个土样，土样干燥后平均质量为266.40克。

（2）保护材料

根据材料筛选和现场试验，选取以下几种材料做土体加固保护的材料：

正硅酸乙酯（TEOS）：与乙醇按3∶7的体积比混合。

甲基三乙氧基硅烷（MTES）：与乙醇按3∶7的体积比混合。

R300E：与乙醇按3∶7的体积比混合。

硅溶胶：配置成5%的水溶胶使用。

F601：配置成固体含量为5%的乳胶使用。

31J：浓度为2%，溶剂为丁酮。

（3）土样加固

加固的对象为制备的干燥土样。将加固剂用滴管从土样上部滴注，直至渗透土柱为止，材料不可在表面积聚太多，渗透进去后再补充。采用含水材料的加固剂，要注意滴加速度，避免样品垮塌。然后将土样放在较密闭的环境下保存，使其溶剂挥发固化，一个月左右进行加固效果检验。

2. 渗透能力

用每种加固剂同时加固8个样品，渗透过程中对每种加固剂各选择一个样品，记录其对该样品的渗透速度和完全渗透该样品所需要的加固剂量。渗透速度每5分钟测量一次，直到样品被全部润湿，如果一个小时之内无法全部润湿，则取前一个小时的数据。其余7个样品一起加固，记录一共消耗的体积并计算平均每个样品消耗的体积。

（1）各样品的渗透速度

各加固剂加固的数据如下：

①TEOS

时间（min）	0	5	10	15	20	25	30
深度（mm）	0	22	32	41	49	56	62
时间（min）	35	40	45	50	55	60	
深度（mm）	68	73	78	82	87	92	

7个样品一共消耗加固剂体积为571ml，平均每个消耗的体积为81.6ml。

②MTES

时间（min）	0	5	10	15	20	25	30
深度（mm）	0	17	21	25	32	35	39
时间（min）	35	40	45	50	55	60	
深度（mm）	44	46	50	54	55	59	

7个样品一共消耗加固剂体积为579ml，平均每个消耗的体积为82.7ml。

③R300E

时间（min）	0	5	10	15	20	25	30
深度（mm）	0	38	68	98	—	—	—

7 个样品一共消耗加固剂体积为 562ml，平均每个消耗的体积为 80. 3ml。

④31J

先用 2% 浓度的溶液加固，渗透速度非常慢，后又用丁酮稀释至 1% 进行加固。以下是用 1% 的 31J 加固样品的数据：

时间（min）	0	5	10	15	20	25	30
深度（mm）	0	12	22	30	35	39	44
时间（min）	35	40	45	50	55	60	
深度（mm）	50	53	59	63	66	68	

剩余的 7 个样品一共消耗加固剂体积为 644ml，平均每个消耗的体积为 92. 0ml。

⑤硅溶胶

时间（min）	0	5	10	15	20	25	30
深度（mm）	0	30	42	50	59	68	78
时间（min）	35	40	45	50	55	60	
深度（mm）	88	98	—	—	—	—	

7 个样品一共消耗加固剂体积为 550ml，平均每个消耗的体积为 78. 6ml。

⑥F601

时间（min）	0	5	10	15	20	25	30
深度（mm）	0	12	21	27	32	37	42
时间（min）	35	40	45	50	55	60	
深度（mm）	44	47	49	52	55	57	

7 个样品一共消耗加固剂体积为 598ml，平均每个消耗的体积为 85. 4ml。

（2）渗透速度比较

综合以上加固剂的渗透速度，如图 6 -4。

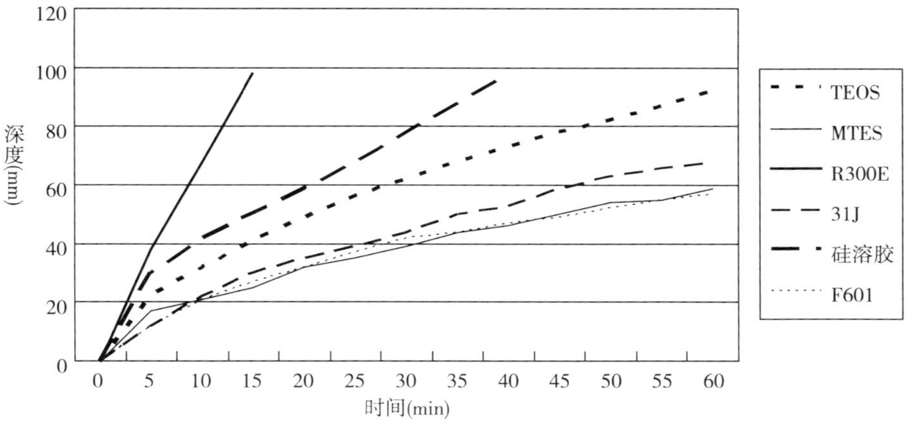

图 6－4　加固材料渗透速度图

从上图可以看出，各种加固剂在半小时内都可以渗透 4 厘米深度，说明渗透能力很好。R300E 的渗透速度非常快，在 15 分钟左右即可完全渗透一个样品；而硅溶胶要慢一些，需要 40 分钟左右才能完全渗透一个样品；31J、MTES、F601 更慢，完全渗透一个样品均需要 1 个小时以上。在对材料进行初步选择时，材料对原始的红土块的渗透也很迅速，说明这些材料都可用。

3. 效果检验

样品经加固剂处理后一个月左右即可进行加固效果检验，检验包括以下指标：色差变化、抗压强度变化、耐水能力、耐冻融能力、耐盐析能力等。

（1）外观变化

本项试验的目的是比较样品经各加固剂处理后外观的变化程度。文物的外观是文物原状的主要因素，加固剂不能对文物的外观造成显著的改变，这是文物保护的基本要求。不符合这一要求的加固剂不能使用。

要比较加固前后样品外观的变化，最直接的方法就是肉眼观察。从样品在经加固剂处理前后的对比照片中可以看出，这几种加固剂对样品的外观均未有较大影响。各加固剂处理样品的外观变化情况如下：

TEOS：无明显变化；

R300E：颜色略加深，不是很明显；

MTES：无明显变化；

F601：颜色变化不大；

硅溶胶：颜色变化不大，出现不明显的光泽，表面出现少量白色析出物；

31J：颜色略加深，不明显。

（2）抗压强度

为了定量检验加固剂的加固效果，测量土样加固前后抗压强度的变化。使用的仪器为 IOSTRON 公司的无限压缩仪。每种加固剂测三个样品，并与未经处理的空白样品作对比，以三次的平均值为准。测量结果如下图 6－5 所示。

从实验结果可以看出，31J 和 F601 均对样品有一定的加固作用。硅溶胶处理的样品，强度也高于空白。而 TEOS、MTES、R300E 处理过的样品抗压强度均低于空白样品，现象比较异常。

推测三种有机硅出现强度降低的原因，可能有两种：材料的固化受到土中某些因素的影响；或者这三种加固剂都是以乙醇作溶剂，乙醇在进入土体后会对土体的结构造成破坏，从而使其强度降低。

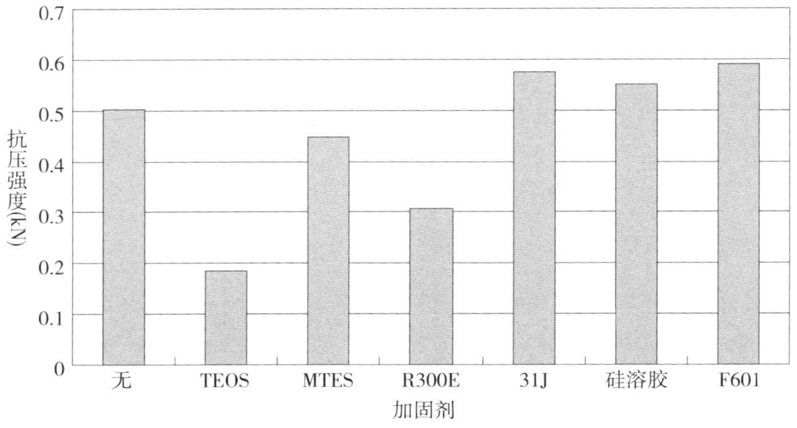

图 6－5　加固土样的抗压强度变化

（3）耐水能力

土的水稳定性很差，加固剂处理就是提高土的内部连接，加固后是否有效果，与土的耐水能力相关。同一种土加固前后对水的稳定性变化能很好地反映加固材料的加固效果。加固剂处理的土的耐水能力强，那么用在立壁上，抵抗雨水冲击的能力就强。

耐水能力检验的方法是：准备一个水槽，充水使水深大于 10 厘米，把空白样品和经加固剂处理后的样品竖直放入水槽中浸泡，观察记录试样在水中的变化，如脱落、开裂、崩解等情况。下面是经各种加固剂处理后的样品以及空白样品在放入水中后发生的变化情况：

空白：入水后立即全部崩塌成粉状，没有耐水能力；

TEOS：入水后迅速冒出大量气泡，10 秒后上半部分断裂，24 小时后观察已全部崩塌；

MTES：24 小时后仍保持完好；

R300E：刚入水时冒出大量气泡，10 分钟后中间出现数条较大的裂缝，24 小时后观察裂缝变大，中部膨胀，但没有崩塌现象；

31J：入水没有变化，略拒水，在 24 小时后仍保持完好；

硅溶胶：入水后立即大块崩塌，1 分钟之内即完全崩解成粉状；

F601：在 24 小时后仍基本保持完好，顶端表面有少量开裂现象。

从上面的现象可以看出，经 MTES、31J 和 F601 加固过的样品的耐水能力都非常好，能在水中浸泡 24 小时以上而保持基本完好；经 R300E 加固过的样品有一定的耐水作用；而经 TEOS 和硅溶胶加固后的样品基本没有耐水能力。

（4）耐冻融能力

在北方地区，土体的破坏，冻融是重要原因，尤其是表面部分。因此材料处理后土样的耐冻能力，也是很重要的指标。耐冻融能力的检验方法是：将在耐水试验中证明有较强耐水能力土样，在水中浸泡，饱和后进行冷冻，然后使融化，循环进行，检验破坏情况。

将 MTES、31J、F601 处理的三个样品在做完耐水实验后从水中取出，平放在容器里，于每日下午 4 时前后放入温度为 －25℃ 的低温冰箱中冷冻，次日 9 时前后从冰箱中取出，往容器中加水至完全浸没样品使之解冻，下午 4 时前后抽出容器中的水，再次放入冰箱冷冻，以此类推，循环往复。每次循环中发生的现象见表 6－3 以及照片 6－20。

表 6 - 3　　加固土样的冻融试验效果

冻融循环	各加固剂处理土样的情况		
	MTES	31J	F601
初始状况	下端有较大裂纹	完好	完好
第一次循环	下端裂纹增大	仅上端有一处细微的裂纹	底部有一处胀裂
第二次循环	下端裂纹继续增大，解冻时下端膨胀，完全解冻后底部出现大块崩塌	基本无变化，解冻后顶端出现少量掉土现象	底部的裂纹加大，解冻后两端均有少量掉土现象
第三次循环	崩塌现象略增大	上端的细微裂纹略增大	两端均有较多细小裂纹，解冻后顶部呈层状脱落
第四次循环	裂纹和崩塌略增大	基本不变，解冻后顶端与容器底部接触的部分有少量粉状崩塌现象	顶端与容器底接触的部分出现少量粉状脱落，解冻后脱落现象加重，中间和底端也出现少量脱落
第五次循环	下端崩塌达 30% 左右，上端仍保持基本完好	顶端表层脱落严重，下端明显膨胀，解冻后下端严重粉状崩塌	顶端表层已完全脱落，中间和底端表层大量脱落，解冻后脱落更为严重
第六次循环	没有明显变化	没有明显变化	表层已基本完全脱落
第七次循环	下端崩塌现象加重	顶端表层脱落现象和下端崩塌现象均加重	表层继续脱落
最后残留情况	下端 40% 左右完全崩塌，上端仍基本完好	下端 20% 左右完全崩塌，顶端表层以及样品与容器底部接触的部分脱落严重	表层完全脱落，使得土柱变短变细

经 MTES 处理的样品

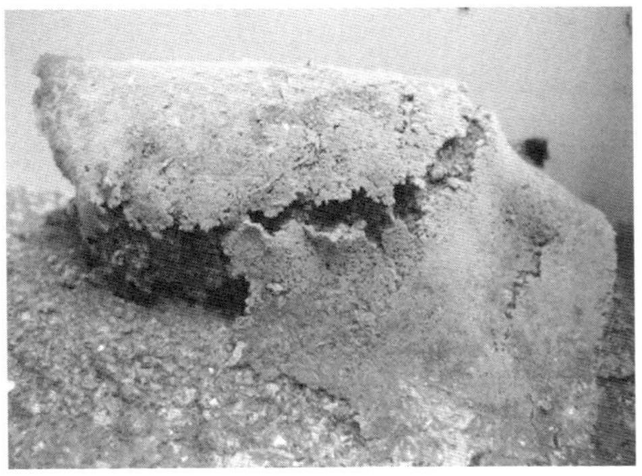

经 31J 处理的样品

经 F601 处理的样品

照片 6－20　冻融实验后样品残留情况（从不同角度看）

从上面耐冻融能力实验的结果可以看出，三种保护材料处理的土样，在经历 7 个冻融循环后，还有部分残留，表现都很好。

经 MTES 处理后的样品耐冻融的能力最强，经过数次冻融的循环之后样品上端仍保存基本完好，至于下端的崩塌，是由于样品在压制的过程中，上端受压力较大，因此强度也较高，做完耐水试验之后较为疏松的下端就已形成大量裂纹，再用来做冻融实验必然会出现严重的崩塌现象。这种材料效果好的重要原因是，处理的土样具有耐水作用，因此破坏受到抑制。

经 31J 和 F601 处理后的样品在初始状况完好的情况下，均出现严重的脱落和崩塌现象，其中经 F601 处理后的样品脱落崩塌现象出现的更早并且更严重，故 31J 的效果较 F601 好，F601 的效果最差。

（5）耐喷淋能力

在露天的环境中，土体经常会受到雨水等的冲刷，这就要求加固后的土体有一定的耐喷淋能力。在国外的土体加固中，喷淋试验也是常用的一个检验指标。

检验经各种加固剂处理后的样品耐水冲击的能力，按以下方法进行试验：

将水龙头打开，使之保持一定的流速，然后将经各种加固剂处理后的样品以及用作比较的空白样品竖直放在水流正下方一定距离，让水流冲击样品的顶部，记录样品受水流冲击后发生的变化。结果如下，详见照片 6－21。

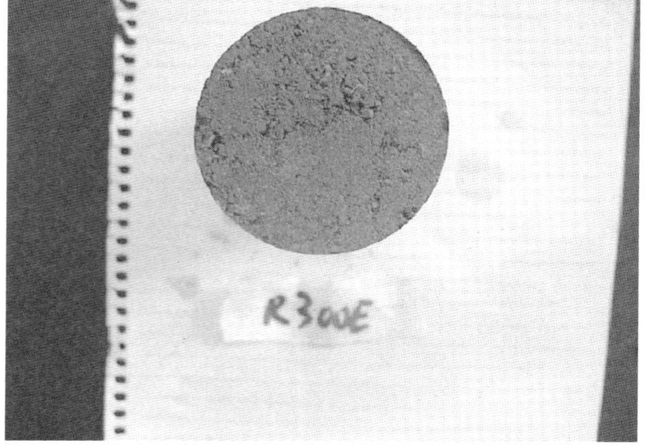

R300E

MTES

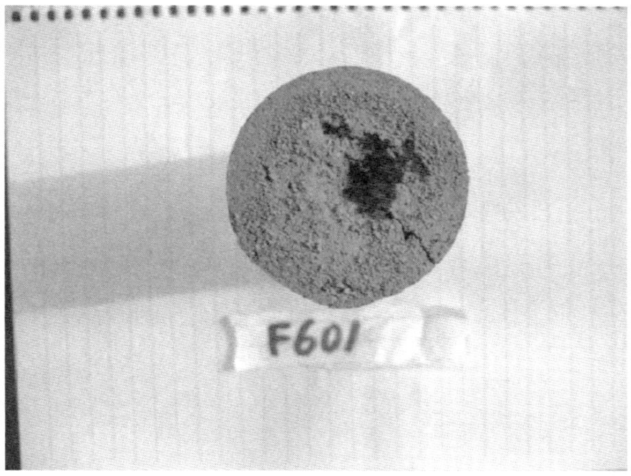

F601

硅溶胶

31J

TEOS

照片 6－21　经过喷淋实验后经各加固剂处理样品的残留情况

空白：迅速被水流从顶部穿透至底部并崩塌；

TEOS：6 秒后顶端表面被冲开，10 秒后被水流穿透并崩塌；

MTES：3 分钟后仍保持完好；

R300E：3 分钟后仍保持完好；

31J：8 秒后顶端被冲出小坑，随着水流冲刷小坑变大变深，3 分钟后被冲出直径约 1.5 厘米、深约 1 厘米的小坑；

硅溶胶：5 秒后顶端表面被冲开，10 秒后被水流穿透并崩塌；

F601：5 秒后顶端被冲出小坑，随着水流冲刷小坑变大变深，3 分钟后被冲出直径约 1.5 厘米、深约 0.5 厘米的小坑。

从上面的结果可以看出，经 MTES 和 R300E 加固后的样品耐水流冲击的能力最强，31J 和 F601 的效果也很好，经 TEOS 和硅溶胶加固后的样品基本没有耐水流冲击的能力。

4. 结论和讨论

（1）结论

根据以上对各种加固材料的试验，总结出各种材料的评价表 6－4。

表 6－4　　加固材料室内检验效果表

材　料	性能指标					评价	备注
	颜色变化	抗压	耐水	耐冻	喷淋		
TEOS	无变化	不好	不好	不好	不好	不可用	
R300	略加深	不好	中等	不好	好	不可用	
MTES	无变化	不好	好	好	好	可选择	有防水能力
F601	无变化	好	好	好	好	可用	有防水能力
硅溶胶	白颗粒	好	不好	不好	不好	不可用	
31J	变化小	好	好	好	好	可用	

各种材料中，效果最好的是31J和F601，可选择做加固材料，F601还具有一定的拒水能力，处理完毕后，可不做防水处理。MTES（甲基三乙氧基硅烷）可以考虑做加固材料，但是要注意材料的施工工艺要求比较严格。

（2）讨论

正硅酸乙酯和R300E在其他的保护工程中，使用很多，但是在本研究中，保护效果很不好，强度降低，耐水试验中出崩解，现垮塌可能是材料的固化，受土壤内某些成分的影响。

（十）石质和土的防水研究

1. 样品制备

（1）石样制备

从周口店遗址第2地点红土立壁下方取一脱落的石块，做防水材料的筛选用。石块断面呈青白色，属石灰岩，质地十分致密。将石块切割成$5\times5\times1cm^3$的薄片，用水洗去上面的灰尘等杂物，常温下放通风处晾干待用。

（2）材料选择

防水材料的选择，参考材料初步试验的结果，并增加了一些新的材料，选用的材料和配比为：

防水3号：文中简称F3，成分为甲基三乙氧基硅烷的低聚物，无色透明液体，将原液与乙醇按3∶7的体积比混合使用；

MTES：甲基三乙氧基硅烷，无色透明液体，将原液与乙醇按3∶7的体积比混合使用；

WD10：成分为十二烷基三乙氧基硅烷，无色透明液体，实验中为了检验何种浓度更适合作为防水剂，采用两种不同浓度的WD10溶液分别进行实验，浓度分别为5%和10%，溶剂为乙醇。

F8261：十三氟辛基三乙氧基硅烷，德国德固赛公司生产的有机硅烷系列产品。它是一种无色无味的液体，溶于乙醇、丙酮等有机溶剂，主要做防水材料。

S 012：武汉大学有机硅中心研制的材料，用水稀释。

（3）样品处理

将配制好的各种防水材料溶液分别倒入培养皿中，然后将石试样分别浸泡到溶液中，浸泡一个小时后取出，擦拭掉表面多余的溶液，然后再放在常温密闭的环境下自然干燥一个月，使进行效果检验。

2. 效果检验

（1）外观变化

本项试验的目的是比较样品经各防水剂处理后外观的变化程度。文物的外观是文物原状的主要因素，防水剂不能对文物的外观造成显著的改变，这是文物保护的基本要求。不符合这一要求的防水剂不能使用。

要比较经防水剂处理前后样品外观的变化，最直接的方法就是肉眼观察。从样品在经防水剂处理前后的对比照片中可以看出，这几种防水剂对样品的外观均未有较大影响，在颜色、质感和光泽上均基本看不出变化（照片6－22）。

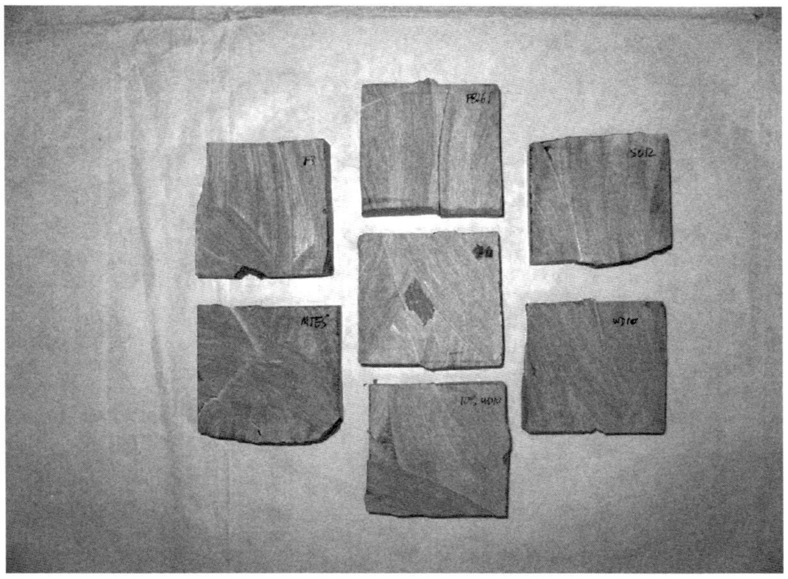

照片6－22　经各防水剂处理后的石样与空白石样的颜色对比

左上：F2　　　左下：MTES

中上：F8261　　中下：WD10～10%

右上：S012　　右下：WD10～5%

（2）接触角的变化

接触角就是液体在固体表面自然形成液滴并达到平衡时，在气、液、固三相交界处，气－液界面和固－液界面之间的夹角。接触角的大小是由在气、液、固三相交界处，三种界面张力的相对大小所决定的。从接触角的数值可看出液体对固体润湿的程度。当接触角大于90°时，即认为液体不润湿固体。

为了检验经不同防水剂处理后的石样的接触角的变化，每个防水剂选一个样品，从上面选9～10个不同的位置测量其接触角，并与未经防水剂处理的空白样品作比较。

测量的设备是：北京哈科公司的HARKE－CP接触角测定仪。

测量方法：将仪器开启，然后将石样品平放在测量台上，滴水，使水珠落在样品上，调节光线使穿过水珠，测量水珠与样品的接触角。每个样品测量多次，计算平均值。测量的结果如图6－6所示。

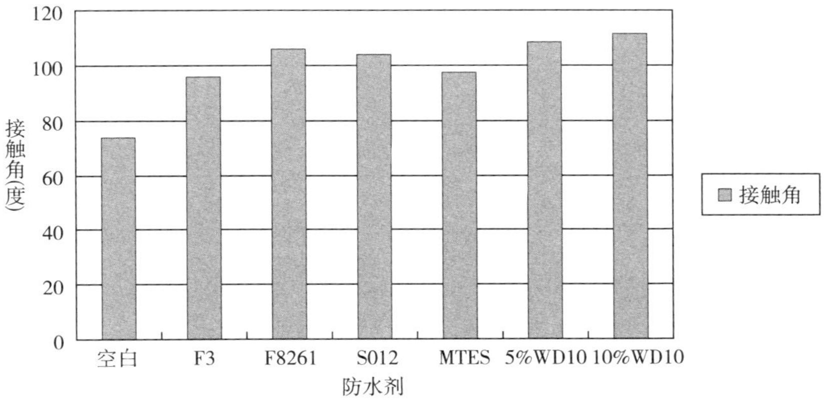

图6－6　防水剂处理样品接触角变化

从上面的数据可以看出，这六种不同的防水剂都可以使水对处理过的石样不润湿，明显提高了石样的防水性能。其中以10%的WD10的效果最好，防水3号的效果最差。

（3）毛细吸水量的变化

本项实验的目的在于比较各防水剂处理后石质毛细吸水量的变化。自然状态下石质中的水分主要是通过石质内部以及表面的毛细孔进入石质内部的。有效的防水处理应能使石质中的毛细吸水量减少。

本项试验采取的方法是：将毛巾用水充分润湿，平铺在容器底部，然后将各种防水剂处理的石样和空白石样平放在毛巾上，使其与毛巾充分接触，试验前测量记录每一块样品的质量，测量开始后记录第一个小时内每10分钟的质量变化，24小时后再测量一次每一块的质量，得到24小时内增加的水分的质量。测量结果如图6－7所示（由于第一小时内每10分钟的质量变化数值非常微小，没有显示，只显示了24小时后的质量变化）。

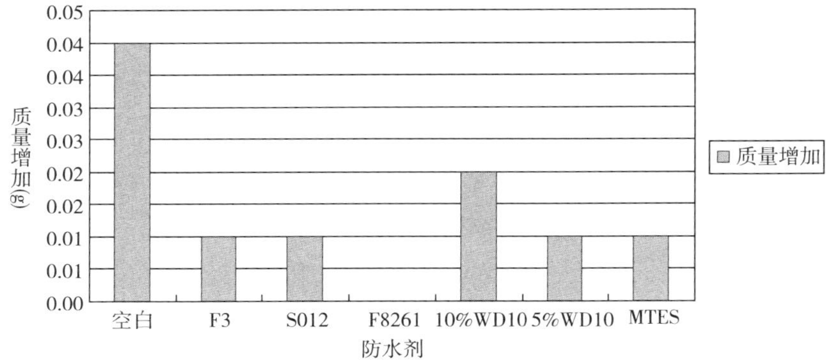

图6－7　各防水材料处理样品的毛细吸水量

从上面的测量结果可以看出，每种防水剂均能够起到一定减少石样的毛细吸水量的作用。由于石灰岩的结构十分的致密，每块样品的毛细吸水量均十分微小，加上仪器、操作、上面附着的水分等各种因素必然会对结果造成一定的误差，故本项试验仅能证明每种防水剂都有减少石样毛细吸水量的能力，不能明显看出哪一种防水剂的效果更好。

（4）全浸吸水量的变化

本项试验的目的在于比较各防水剂处理后石质饱和吸水量的变化。有效的防水处理应该能使石质中的饱和吸水量减少，通过检验石质的饱和吸水量的变化能反映出材料的防水性能的优劣。

本项试验采取的方法是：将被各种防水剂处理过的石样和空白石样平放在盛有刚好能浸没石样的水的容器中，试验前记录每一块的质量，试验开始后记录第一个小时内每10分钟的每一块的质量变化，24小时后再测量一次每一块的质量，得到24小时内增加的水分的质量。测量结果如图6－8所示（第一小时内每10分钟的质量变化数值非常微小，故仅显示24小时后的质量变化）。

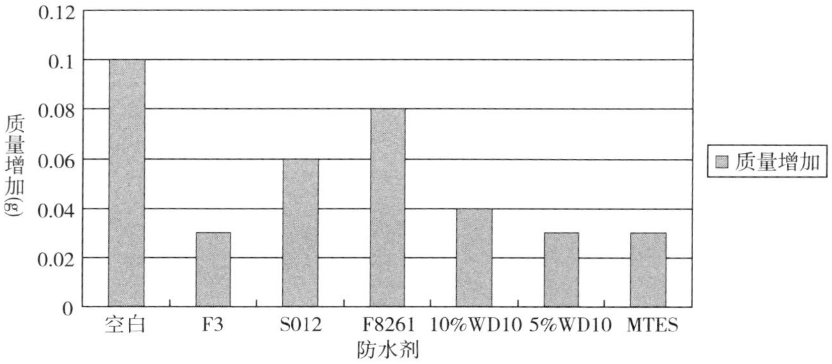

图6－8　各防水材料处理样品的全浸吸水量

从上面的测量结果可以看出，每种防水剂均能够起到一定减少石样的饱和吸水量的作用，其中 F3、5% 和 10% 的 WD10、MTES 都能够显著地减少石样的饱和吸水量，而相比较之下 S012 和 F8261 的效果就要差一些。

3. 结论和讨论

（1）结论

根据以上对各种防水材料的试验，总结出各种材料的评价表 6 – 5。

表 6 – 5 防水材料室内检验效果评价表

材料	性能指标				评价
	颜色变化	接触角	毛细吸水	全浸吸水	
F3	无	95.68	好	好	不可用
MTES	无	97.52	好	好	可用
WD10 – 5%	无	108.22	好	好	可用
WD10 – 10%	无	111.26	好	好	可用
F8261	无	106.15	好	好	可用
S012	无	104.16	好	好	可用

各种材料中，除了 F3 和 MTES 的接触角较低外，其他材料的接触角都高于 100°，并且其他指标都好，所以在选择材料时，可不考虑 F3，其他材料都可做防水材料用。但是考虑到现场试验的情况，WD10 在浓度为 10% 时，颜色变化较大，而且这个浓度也浪费材料，所以不可选用这个浓度。

（2）讨论

防水材料的选用，还要考虑材料使用的有效期，根据现场试验检验的情况，选择的几种材料，在 6 个月内效果仍然很好，所以以上选择的材料，在技术上都可用，至于选择什么材料，还要考虑所匹配的加固剂，以及费用情况。在这些材料中，S012 有它的优点，就是可用水稀释，这样费用就会降低，同时不会有环境污染的问题。

4. 土的防水研究

土的防水，也是非常重要的一个方面。在现场试验和材料初选中都试验了一些防水材料，也有一些具有好的效果。在防水材料选择中，制备样品时，使样品一个带红土的原始表面保留，进行防水处理，当试验完成，进行效果检验时，检查这个表面与水的接触情况，发现水滴在各种材料处理样品的表面，都形成水珠，可见对岩石具有拒水作用的材料，对红土也具有同样的拒水作用，而且处理的红土，颜色没有变化。所以对岩石进行处理的材料，可以同时对红土进行保护处理。

（十一）遗址保护展示的工程技术措施研究

1. 危岩的稳定治理措施

（1）治理的工程技术措施

由于第 2 地点的红土立壁高度大（15 米），侧面近似垂直，甚至有些部位出现悬空状态，非常不稳定，立壁上还有许多细小的裂缝危害立壁安全，一些大石块已经与立壁脱离，出现大的裂缝，非常容易脱落。为了控制这些现象的出现，可采用相应的加固和支护措施，如支撑、锚固等。

（2）治理的化学保护措施

对岩体开裂的治理，除了采用工程技术措施外，还可以采用化学措施，如化学灌浆，可用的灌浆材料根据对象情况而定。对于石结构的灌浆，需要高强度材料，一般可采用环氧树脂或聚酯树脂，而土体的灌浆，可采用非水分散体材料。

2. 雨水的破坏与防护

（1）雨水破坏

由于遗址处于露天环境中，雨水的冲刷对遗址的破坏是强烈的，雨水对遗址的破坏，包括直接的冲击、对土体的软化、对土和石质材料的组分的溶解，以及促进生物的破坏。为了防止雨水的破坏，需要采取一些保护措施。

对土体采取化学加固和防水处理，就可提高土体抵抗雨水破坏的能力。除此之外，采取工程技术措施，也是非常有效的方法。

（2）治理措施

①遮挡：雨水对遗址的破坏是很大的，防止雨水破坏的最有效的措施，就是采取遮挡措施。遮挡的措施不可能针对整个遗址，但是对关键的部位采取这种保护措施，还是非常有必要的。另外，化学保护处理的部位，如果有遮挡措施，将能延长有效期。

②排水：工程技术措施中，减小雨水破坏最有效的方法，是排水措施。如果遗址在保护中不允许采取遮挡措施，那么在不妨碍文物外观、隐蔽的情况下，在顶部和合适的部位设置排水的沟槽，可减小雨水的冲击力，加速排水可以缩短雨水的积聚时间，避免土体软化。对于立壁的地面部分，也要注意排水设置的构筑，可采取排水沟的措施。上部排水和下部的排水沟，可连通形成一个体系。

3. 生物的破坏与控制

对遗址有破坏作用的生物，主要是一些乔灌木。采取化学防水处理和排水，都可以控制树木的生长。要清除树木，比较困难。国内有不少文物保护单位曾进行研究，也有不少方法，但是要彻底根除，比较困难。为清除树木，可试验国外常用的方法，具体操作是：将树木从靠近地面20厘米处锯断，揭掉表皮，然后在断面上连续注射除草剂。

4. 遗址展示的技术措施

目前第2地点除有遗址点的说明牌外，还缺少对遗址内涵详细说明的其他设置。为了使观众对遗址有更好的了解，可对立壁上的一些现象进行详细的说明，设置说明牌并配置图片。第2地点可展示的现象有：岩石表面的规则点状颗粒，红土的层状堆积，岩石剥落处的碳酸盐流水状沉积地质现象，还有在第2地点发现的化石等。

5. 参观廊道的设计

第2地点目前参观的道路比较简单，从博物馆展室到2号地点有道路和指示牌，但是只可远观遗址，到达遗址跟前，只有小道，而且附近树木茂密，难以靠近，如果要到斜坡的顶部，更加困难，参观不便。

在对遗址进行保护处理和展示设计后，设计舒适合理的参观道路，使游客能够顺利到达遗址，并方便地看到遗址的细节，显得非常重要。

为了开辟参观道路，建议将靠近遗址2～3米的树木进行移栽，形成空地，然后修筑道路，与已经形成的参观道路连通。为了到达斜坡的顶部，在坡度较大的部位修筑坡道或步梯，使游客行走方便。修筑道路的材料，可采用砖石材料，使风格古朴，与遗址相协调。

（十二）遗址保护展示的施工

1. 保护施工程序

作为遗址保护的综合工程，需要统筹安排，避免不必要的工作。根据各项保护工作的情况，保护处理工作可做如下安排：

（1）修整第2地点附近的场地：清理靠近立壁3米以内的杂草，移植树木，平整地面，连通道路；

（2）搭建脚手架，以便进行保护操作；

（3）调查记录上部的病害情况；

（4）清理表面的杂草和树木；

（5）机械加固危险的部位和危石；

（6）需要加固的红土部位进行化学处理；

（7）设置排水设施；

（8）拆除脚手架，清理工作面；

（9）修建参观道路；

（10）设置展览设施。

2. 化学材料的使用

在采用化学保护材料对立壁进行保护处理时，应注意以下问题：材料的运输、储存；施工条件的选择；安全问题等。

材料的处理程序：先使用加固剂，然后使用防水剂。原因是加固剂一般是提高土体强度的，需要尽量渗透到内部，从渗透深度考虑，应该渗透风化层，从提高抵抗破坏的能力讲，最好能达到10厘米左右。而防水剂的深度，可考虑降水的渗透深度，一般在2到3厘米就可以了。

加固剂和防水剂的匹配也是要考虑的，如后面的防水剂是水性的，那么前面的加固剂处理完成后，尽量不要有拒水性。如果前面的加固剂处理完成后土体有拒水性，那么后面只能采用有机的防水剂了。

材料的应用：根据材料的使用条件，选择合适的施工时间。如要使用有机溶剂，就要避开炎热的夏季，这样可以减小溶剂的挥发速度，避免造成颜色的改变。如果选择含水的材料，就要避开冬季，这个季节水容易结冰，施工不能顺利进行。

由于化学材料及溶剂多有毒，易燃，所以材料的运输和在施工地点的存放，都要注意。

化学材料使用期间，更要考虑安全问题，在施工期间，要注意操作人员的安全，以及游客的安全。

3. 维护措施

考古遗址的保护，主要的是维护，在遗址保护工程完成后，需要经常对遗址的状况进行检查，如遗址进行保护处理的效果，遗址新出现的病害现象等，按时记录和统计。另外遗址周围的草木，不会因为保护处理完成而停止生长，要经常采取措施控制。遗址中设置的排水设施，也要经常维护。

4. 辅助施工的技术措施

（1）施工用水用电措施

因工程用水量不大，施工中采用生活区饮用水为施工用水，对处于地势较高处的施工地点，采取多级泵站的供水措施将水从生活区送达施工现场，即用塑料管将自来水从山下引至合适地段设置的临时蓄水箱，再用水泵将水供达各施工地段。

施工用电采用遗址博物馆提供的动力电，施工时架设临时用电线路（约700米），主电缆为$35mm^2$三相四线胶质电缆，终端处设置总配电箱，通过配电箱分送至各施工地段。

（2）施工设备、原材料搬运措施

由于通往施工地点处仅有人行参观步道（1～2米宽），且大部分是台阶状，施工机械设备及原材料运抵施工地点极其困难。为了不破坏原有路基、路面，施工时采用在边侧架设钢管上铺踏板的加宽措施作为施工机械设备临时通道，而施工原材料全部采用人力进行二次倒运。

（3）岩土体内部探查措施

施工中采用孔内摄影仪通过超深锚孔对施工地点处岩土体内部情况进行探查。孔内摄影仪是类似于医疗检查中内窥镜的装置，通过深入孔内的探头和与其相连的成像系统进行全孔成像，可准确地观察孔内特征。孔内摄影仪的应用，有效地弥补了勘察设计中对岩土体内部情况掌握不清这一欠缺，也为确定锚杆孔深、是否需要加装抗剪钢管及抗剪钢管的位置、应采用的灌注浆液类型、需要采取的灌浆方法等施工技术措施的选择，提供了可靠的依据，在指导施工、保证施工质量上发挥了重要作用。一般情况下，每一施工地段，至少设置3个检测孔，特殊情况下可随时使用。

（4）施工中粉尘污染的预防措施

工程施工中锚杆成孔采用无水干钻技术，按常规施工粉尘量极大，而施工又处在遗址的核心区内，多为重要的旅游景点，粉尘污染对周边环境及游客的影响极大。为解决粉尘污染问题，一期工程施工中采用孔口遮围配合使用大功率强力吸尘机的措施进行集中排尘，虽然极大地减少了施工中的粉尘污染，但未能彻底解决。

二期工程中，为彻底解决施工中的粉尘污染问题，公司拨付专项资金组织工程技术人员进行专项研究和试验，经三个多月的努力，根据风动钻孔的工艺特点，发明制造了由“孔口密封装置”、“ 管路”、“ 加水环及给水系统”、“ 射流器” 及“残渣收集桶” 等共同组成的完整的风动钻孔除尘装置。使用后，彻底解决了锚杆成孔中无水干钻的粉尘污染问题，也为今后类似工程的施工创造了有利条件。目前这一创新成果已申请为国家实用新型专利技术，专利号为20620092604.4，并获得辽宁省国土资源厅科学技术成果2007年度一等奖。

5. 主要施工机械设备的投入

根据施工设计内容及设计对施工的总体要求，结合施工现场的具体施工条件和以往类似工程的施工经验，抢险加固施工中采用的主要机械设备是：

（1）锚杆成孔：采用MD-50型油动和MD-30型电动锚杆机，本机是我公司自制的设备，具有体积小，重量轻，适宜本场地施工条件的优点。最小成孔直径42mm，最大成孔直径300mm，最大成孔深度为50m，钻进中即可采用风冷清孔，又可采用水冷排渣。本机通过更换钻杆和钻具，可实现风动反循环钻进，以达到无振动、无粉尘污染的施工目地。

（2）锚杆成孔附属设备：采用WL-25/6型移动式空压机，该机正常工作压力0.4-1.2MPa，风量$25m^3/min$。

（3）锚杆及裂隙注浆：低压注浆时采用100/15-B砂浆泵，最大注浆压为1.5MPa，注浆量为100L/min。高压注浆时采用BW-320型泥浆泵，注浆压力可达7.0MPa。

（4）锚杆预应力施加：采用YDK—60型千斤顶配合使用B2×2/500型电动油泵，最小拉力33.65KN，最大拉力600KN，锚杆位移采用百分表计量。

（5）锚孔检测：采用孔内摄影仪自动成像系统，全孔检测。

第七章　工程验收评估

周口店遗址加固保护工程的施工分两期完成，一期工程于2004年7月22日开工，到2004年10月20日竣工；二期工程于2005年9月1日开工，到2006年9月26日竣工。两期工程设计均由辽宁有色勘察研究院完成，工程施工由辽宁有色基础公司完成。为了确保工程质量，管理处多次组织召开专家论证会，并聘请北京中建工程公司作为监理单位，全程监督工程的设计和施工，工程结束后，组织文物保护专家现场验收，监理单位验收，同时将全部工程资料交由北京文物监督站备案。

一、工程质量验收

（一）周口店遗址加固保护一、二期工程专家验收意见

周口店北京人遗址两期抢险加固保护工程在得到国家文物局和北京市文物局的批准后，于2004至2006年全部完成，2007年1月17日，国家文物局与北京市文物局联合组织相关专家对两期工程进行验收，参加验收的专家就两期工程的工程质量提出了意见和建议。

1. 冯水滨工程师提出：

（1）一期和二期工程从施工质量上看，效果很好，工程施工符合文物保护原则，施工质量满足文物保护要求。

（2）施工中遗址管理处对工程运行程序中的各个环节都进行了监控，是很好的管理经验，应该予以推广。

（3）山顶洞“保护棚”的外部玻璃钢做旧，使用寿命较短，应想办法从防晒等方面加以保护，以延长其使用寿命。

（4）从今后的管理上看，建议加强工程后的日常观测和维护工作。

（5）工程资料很完整、很详尽。

2. 黄克忠工程师提出：

（1）施工队伍的选择很好，做过很多文物保护工程，很有经验，从对一期、二期工程的两个重点山顶洞“保护棚”和鸽子堂加固保护的完成情况看效果很好。

（2）施工中也不断进行总结和改进，一期工程中锚杆使用较多，二期工程中就相对较少了，这样很好。

（3）一期、二期工程中聘请的监理很好，有老工程师能在现场对施工全程进行监督，发现问题及

时提出，这是很难得的。

（4）工程档案整理的很好，符合世界文化遗产的要求。

（5）建议山顶洞“保护棚”上做一些土和植物，以延长玻璃钢的使用寿命。鸽子堂步道上的一些碎石应注意防护。

（6）今后应加强日常监测，建立完整的监测体系。

3. 付清远总工程师提出：

（1）同意以上两位专家提出的意见。

（2）这两期工程完全符合《周口店遗址保护规划》中的工程性保护措施的要求。

（3）工程质量符合《周口店遗址保护规划》和设计的总体要求。

（4）工程中的科技保护内容符合《周口店遗址保护规划》中关于专门试验的要求。

（5）两期工程都做到文明施工和安全施工，从人员到遗址本体没有造成损伤和破坏，也是工程的一大成绩。

参加验收的专家：

国家文物局石质性文物保护专家　黄克忠工程师

水利部北京勘察设计研究院　冯水滨工程师

中国文物研究所　付清远总工程师

4. 保护工程专家验收意见：

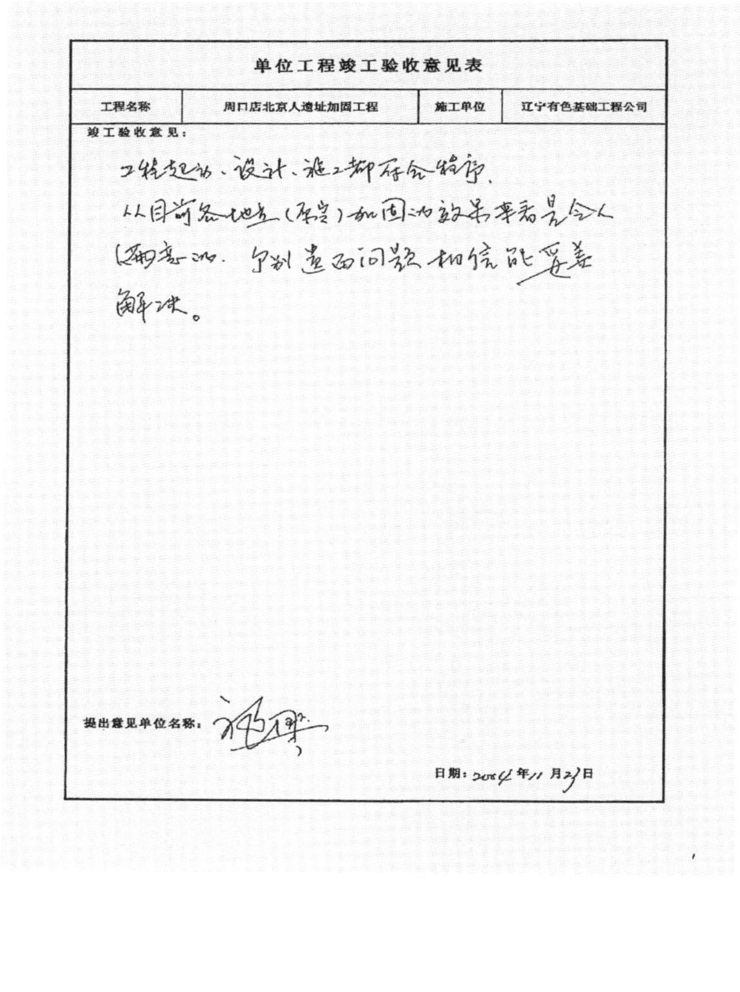

单位工程竣工验收意见表

工程名称	周口店北京人遗址加固工程	施工单位	辽宁有色基础工程公司

竣工验收意见：

工程起动、设计、施工都符合程序。从目前各地点（库区）加固的效果来看是令人满意的。个别表面问题相信能妥善解决。

提出意见单位名称：

日期：2004年11月23日

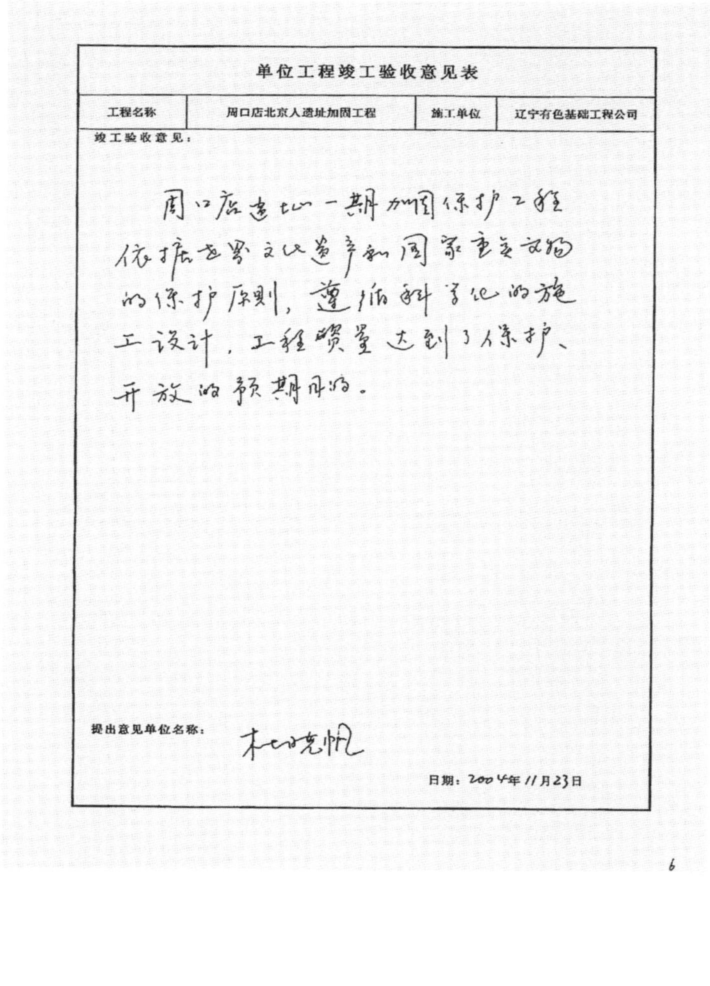

单位工程竣工验收意见表

工程名称	周口店北京人遗址加固工程	施工单位	辽宁有色基础工程公司

竣工验收意见：

周口店遗址一期加固保护工程依据世界文化遗产和国家重点文物的保护原则，遵循科学化的施工设计，工程质量达到了保护、开放的预期目的。

提出意见单位名称：

日期：2004年11月23日

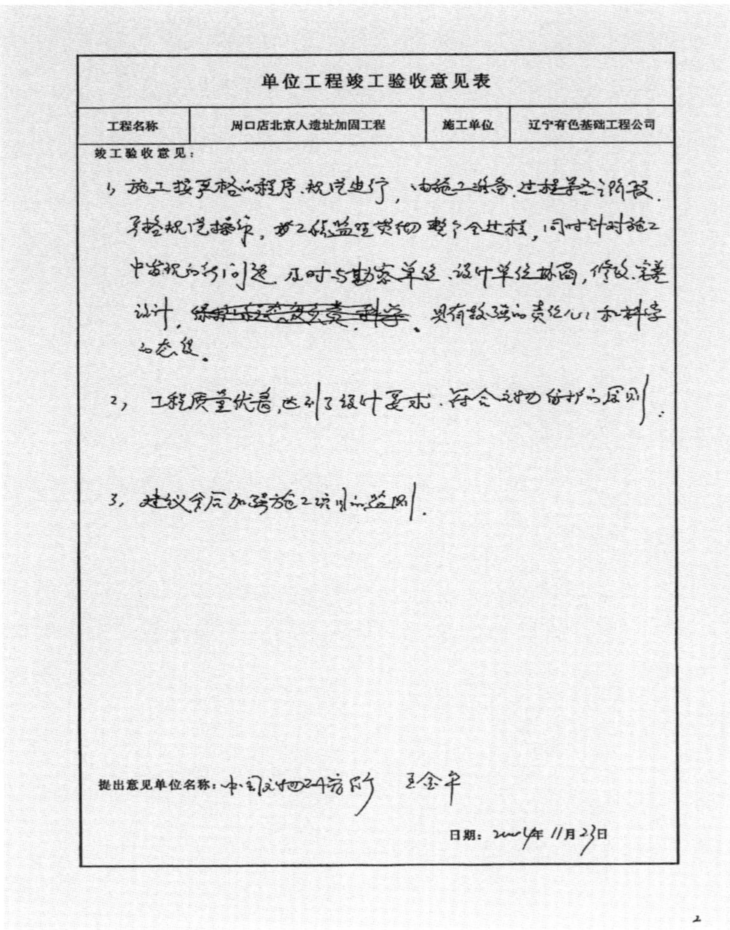

单位工程竣工验收意见表

工程名称	周口店北京人遗址加固工程	施工单位	辽宁有色基础工程公司

竣工验收意见：

1、施工按严格的程序、规定进行，由施工准备、过程等各个阶段，严格规定操作，施工后监理资料整个全过程，同时针对施工中出现的新问题，及时与勘察单位、设计单位协商，修改、完善设计，~~[illegible]~~、具有较强的责任心和科学的态度。

2、工程质量优良，达到了设计要求，符合文物保护的原则。

3、建议今后加强施工前的监测。

提出意见单位名称：中国文物研究所　王金华

日期：2004年11月23日

2

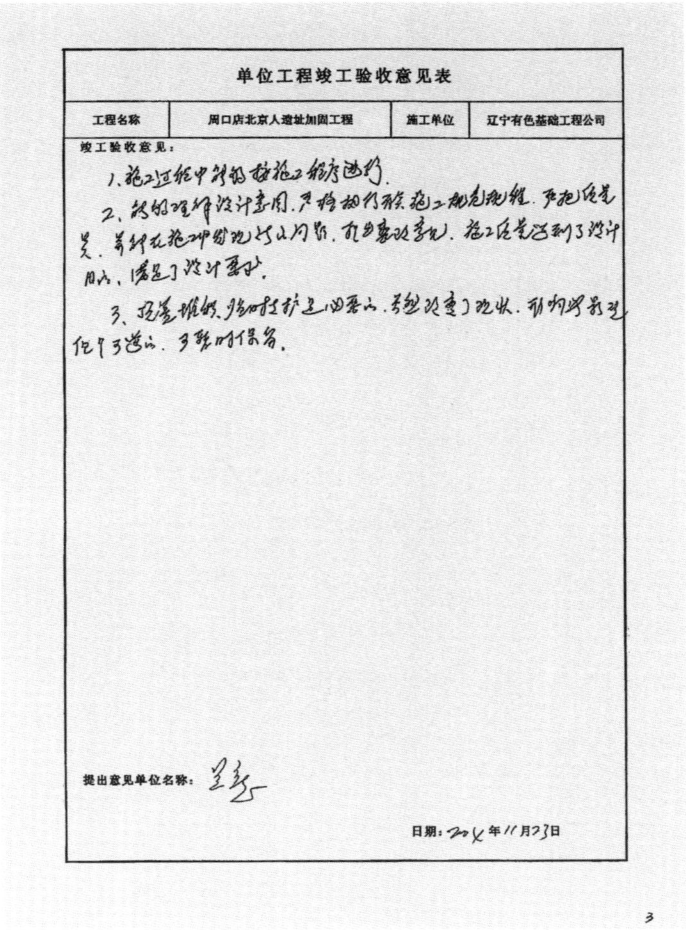

单位工程竣工验收意见表

工程名称	周口店北京人遗址加固工程	施工单位	辽宁有色基础工程公司

竣工验收意见：

1、施工过程中能够按施工程序进行。

2、能够理解设计意图，严格执行有关施工规范规程，严把质量关，并针对施工中出现的问题，及时提出建议，施工质量达到了设计目的，满足了设计要求。

3、注意堆积、胶结物保护之必要性，考虑改变了现状，而对于若干个小遗迹，予以暂时保留。

提出意见单位名称：王[illegible]

日期：2004年11月23日

3

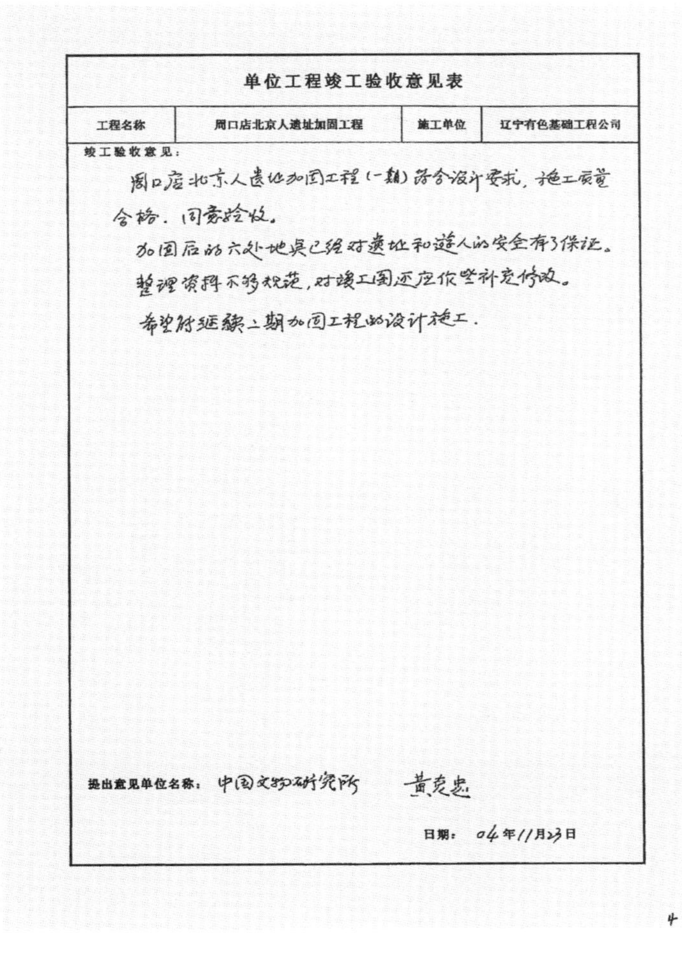

单位工程竣工验收意见表

工程名称	周口店北京人遗址加固工程	施工单位	辽宁有色基础工程公司

竣工验收意见：

周口店北京人遗址加固工程（一期）符合设计要求，施工质量合格，同意验收。

加固后的六处地点已经对遗址和游人的安全有了保证。

整理资料不够规范，对竣工图还应作些补充修改。

希望能延续二期加固工程的设计施工。

提出意见单位名称：中国文物研究所　黄克忠

日期：04年11月23日

4

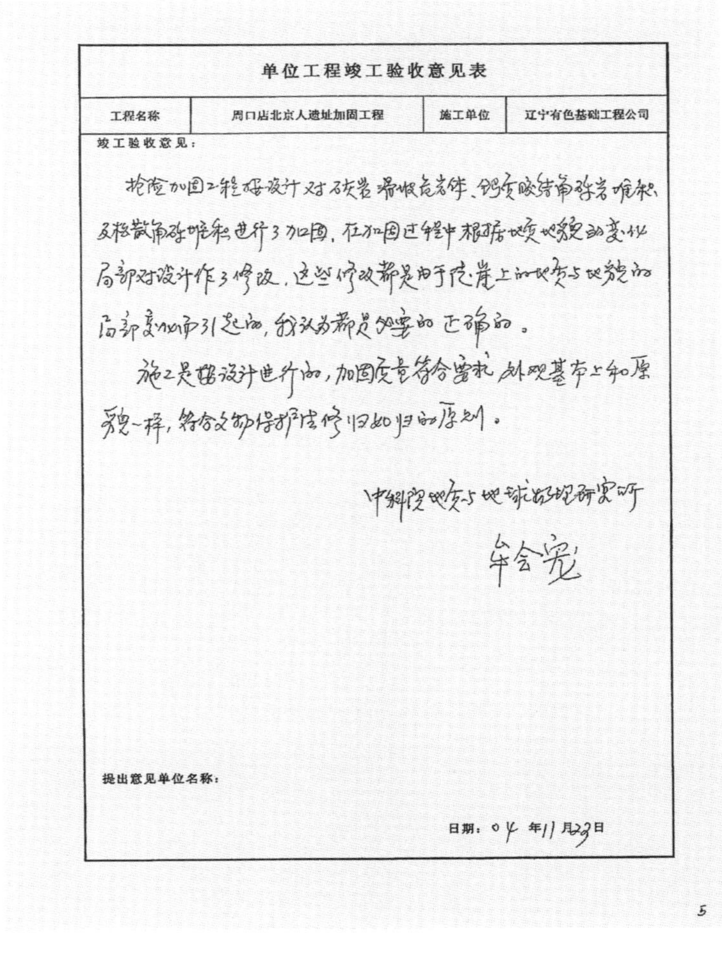

单位工程竣工验收意见表

工程名称	周口店北京人遗址加固工程	施工单位	辽宁有色基础工程公司

竣工验收意见：

抢险加固工程按设计对石灰岩滑塌危岩体、钙质胶结角砾岩堆积、及松散角砾堆积进行了加固，在加固过程中根据地质地貌的变化局部对设计作了修改，这些修改都是由于危崖上的地质与地貌的局部变化而引起的，我认为都是必要的正确的。

施工是按设计进行的，加固质量符合要求，外观基本上和原貌一样，符合文物保护法修旧如旧的原则。

中科院地质与地球物理研究所

牟会宠

提出意见单位名称：

日期：04年11月23日

5

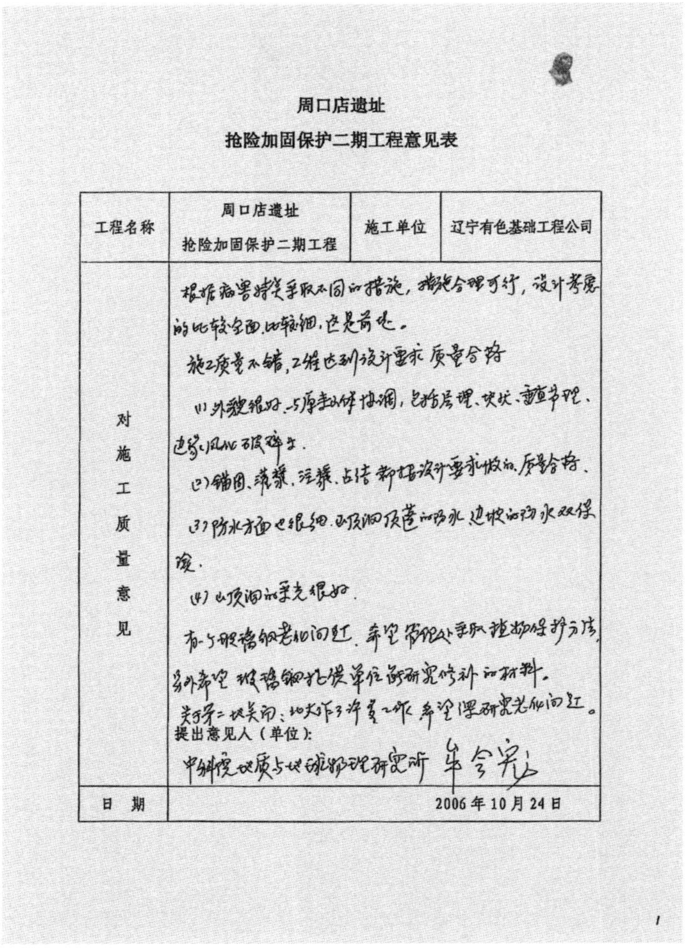

周口店遗址

抢险加固保护二期工程意见表

工程名称	周口店遗址 抢险加固保护二期工程	施工单位	辽宁有色基础工程公司
对施工质量意见	根据病害特点采取不同的措施，措施合理可行，设计考虑的比较全面、比较细，还是可行的。 施工质量不错，工程达到设计要求，质量合格。 (1) 外观很好，与原来山体协调，包括层理、块状、垂直节理、边缘风化破碎等。 (2) 锚固、灌浆、注浆、支护都按设计要求做的，质量合格。 (3) 防水方面也很细，山顶洞顶盖的防水、边坡的防水双保险。 (4) 山顶洞的采光很好。 有一个玻璃钢老化问题，希望管理处采取措施保护方法，另外希望玻璃钢提供单位能研究修补的材料。 关于第二块关门：地大作了许多工作，希望深研究老化问题。 提出意见人（单位）： 中科院地质与地球物理研究所 [illegible]		
日　期	2006年10月24日		

1

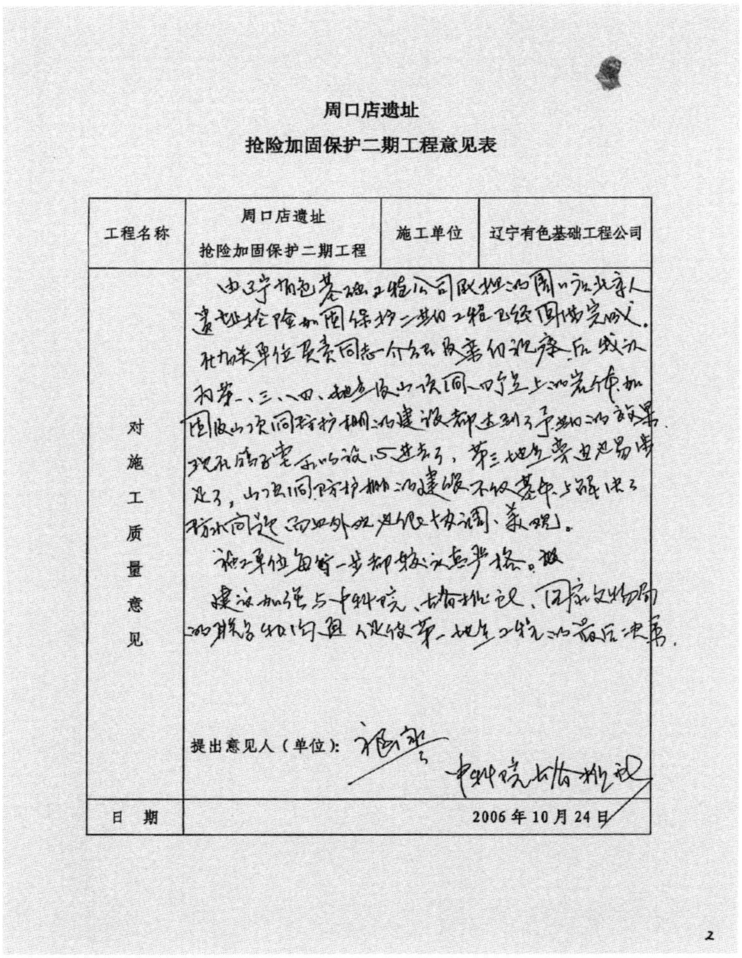

周口店遗址

抢险加固保护二期工程意见表

工程名称	周口店遗址 抢险加固保护二期工程	施工单位	辽宁有色基础工程公司
对施工质量意见	由辽宁有色基础工程公司承担的周口店北京人遗址抢险加固保护二期工程已经圆满完成。在施工单位负责同志介绍及实地视察后我认为第一、三、四、地点及山顶洞、田园洞上的岩体加固及山顶洞防护棚的建设都达到了预期的设计要求，效果是好的，第三地点基本也达到要求了，山顶洞防护棚的建设不仅基本上解决了防水问题（而且外观也很协调、美观）。 施工单位每一步都较认真严格。 建议加强与中科院、古脊椎所、国家文物局的联合组织专家人员做第一地点工程的前后决策。 提出意见人（单位）：祁国琴 中科院古脊椎所		
日　期	2006年10月24日		

2

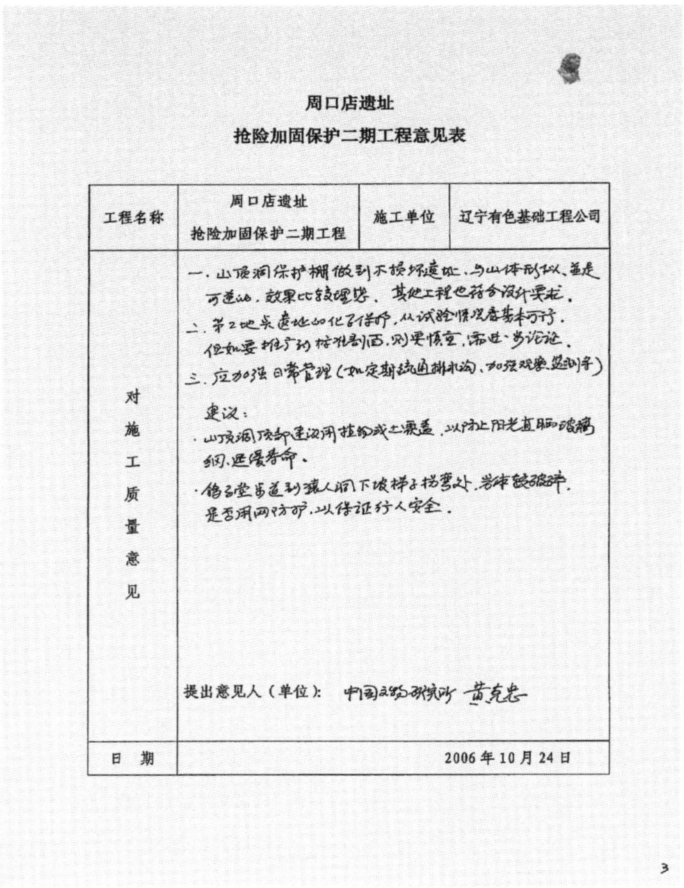

周口店遗址

抢险加固保护二期工程意见表

工程名称	周口店遗址 抢险加固保护二期工程	施工单位	辽宁有色基础工程公司
对施工质量意见	一、山顶洞保护棚做到不损坏遗址、与山体形似、并是可逆的，效果比较理想。其他工程也符合设计要求。 二、第2地点遗址的化学保护，从试验情况看基本可行，但如要推广到整体剖面，则要慎重，需进一步论证。 三、应加强日常管理（如定期疏通排水沟、加强观察、监测等） 建议： ·山顶洞顶部建议用植物或土覆盖，以防止阳光直晒玻璃钢，延缓寿命。 ·鸽子堂步道到猿人洞下坡梯子拐弯处，岩体较破碎，是否用网防护，以保证行人安全。 提出意见人（单位）：中国文物研究所 黄克忠		
日　期	2006年10月24日		

3

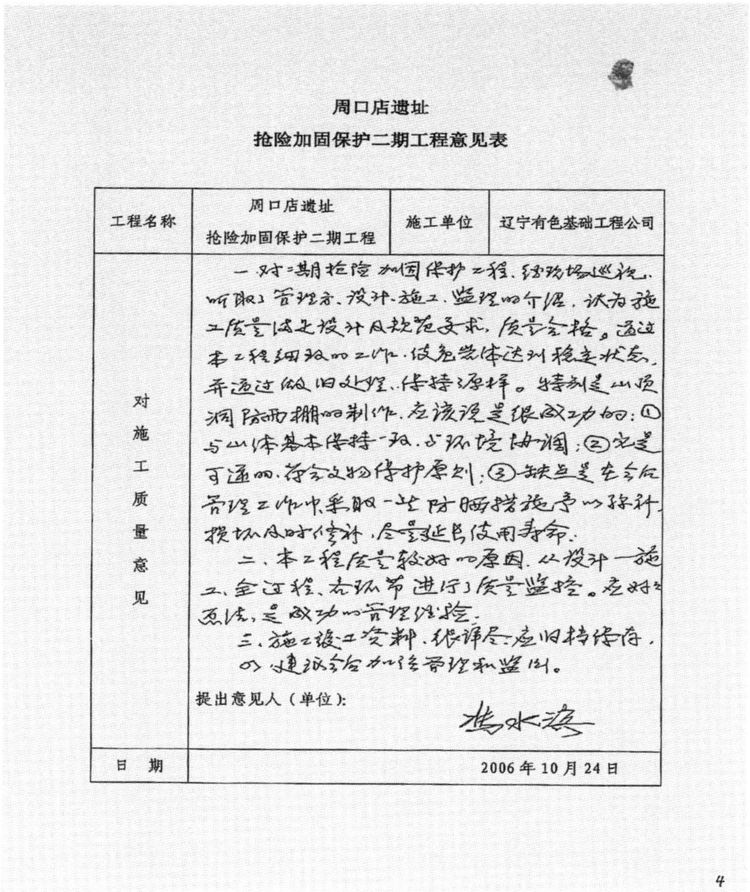

周口店遗址

抢险加固保护二期工程意见表

工程名称	周口店遗址 抢险加固保护二期工程	施工单位	辽宁有色基础工程公司
对施工质量意见	一、对二期抢险加固保护工程，经现场巡视、听取了管理方、设计、施工、监理的介绍，认为施工质量满足设计及规范要求，质量合格。通过本工程细致的工作，使危岩体达到稳定状态，并通过做旧处理，保持了原样。特别是山顶洞防雨棚的制作，应该说是很成功的：①与山体基本保持一致，与环境协调；②它是可逆的，符合文物保护原则；③缺点是在今后管理工作中采取一些防晒措施，予以保护，损坏及时修补，尽量延长使用寿命。 二、本工程质量较好的原因，从设计—施工、全过程、各环节进行了质量监控。这好的做法，是成功的管理经验。 三、施工竣工资料，很详尽，应很好保存，以建议今后加强管理和监测。 提出意见人（单位）： 杨水源		
日　期	2006年10月24日		

4

（二）工程竣工报告

1. 周口店北京人遗址抢险加固工程竣工报告（见附录八）
2. 周口店北京人遗址抢险加固工程质量检查报告（见附录九）
3. 周口店北京人遗址抢险加固工程质量评估报告（见附录十）
4. 周口店北京人遗址抢险加固二期工程竣工报告（见附录十一）
5. 周口店北京人遗址抢险加固二期工程竣工报告（见附录十二）
6. 周口店北京人遗址抢险加固二期工程质量评估报告（见附录十三）
7. 周口店北京人遗址抢险加固二期工程竣工验收报告（见附录十四）
8. 周口店北京人遗址抢险加固二期工程质量检查报告（见附录十五）

二、加固工程后的现状（含遗留问题）以及后续的保护措施

周口店遗址加固保护工程重点是对遗址核心区存在隐患的 8 处化石地点进行了抢险加固，通过加固缓解了因雨水冲刷、冻融等引起的岩体失稳现象，但由于遗址本身岩体的复杂性，内在环境和周边自然环境的复杂性，遗址本身仍存在潜在的威胁。为做好周口店遗址的保护工作，我们将以《周口店遗址保护规划》为依据，加大遗址保护的工作力度，目前，周口店遗址正在进行《周口店国家考古遗址公园规划》的编制工作，同时设计猿人洞保护方案，力争从整体保护角度出发，推进猿人洞和周边化石地点的保护工作，推进《周口店遗址动态信息及监测预警系统设计方案》的落实，加快遗址监测中心平台的建设，利用先进的监测技术对遗址加固前后和未加固的地点进行数据分析，为今后遗址的加固保护工作提供更为有利详尽科学的基础数据。

参考文献：

《周口店遗址保护规划》
《周口店遗址 27 个化石地点—系统调查与资料整理报告》
《周口店遗址群地质病害调查报告》
《周口店遗址保护工程（一、二期）工程档案》

附录

附录一

关于周口店遗址抢险加固方案的批复

北京市文物局：

你局《关于周口店北京人遗址抢险加固方案的请示》（京文物［2004］158号）收悉。经研究，我局批复如下：

一、原则同意周口店遗址抢险加固方案。

二、该方案尚需做以下必要的补充和完善：

（一）应补充水泥灌浆与超细水泥灌浆的范围，详细说明超细水泥的型号、灌注深度、施工工艺，并应补充防止在破碎岩层内灌浆时出现流浆污染的措施。

（二）应补充锚固成孔钻进工作中防止坍塌的措施，并标明锚杆的长度。

（三）应注明化学粘结的处理范围和深度。

（四）排水设计中应补充防渗堵漏措施，保证排水效果。

三、请你局组织方案设计单位按照上述意见对方案进行必要补充修改后实施。对鸽子堂进行加固时，应特别慎重，可考虑在第四地点进行局部试验，取得经验后再逐步展开。

四、由你局负责该工程的组织和监督工作，切实保证工程质量和施工安全，并请及时将工程进展情况报我局。

五、请你局会同原方案设计单位在完成该项保护工程后，根据工作经验，拟定一个长期的监测维护技术方案，以指导遗址的日常维护工作。

六、请你局抓紧时间制订周口店遗址保护规划，并按程序报批。

此复。

国家文物局

二〇〇四年四月二十九日

附录二

关于周口店遗址抢险加固方案及保护经费的批复

房山区文化委员会：

你委《关于周口店北京人遗址抢险加固工作所需资金的请示》（房文字【2003】160号）及保护方案收悉。经国家文物局批准，现将有关意见，函复如下：

一、原则同意周口店遗址抢险加固方案。

二、请你委按照以下要求对方案进行补充和完善：

（一）补充水泥灌浆与超细水泥灌浆的范围，详细说明超细水泥的型号、灌浆深度、施工工艺，并补充防止在破碎岩层内灌浆时出现流浆污染的措施。

（二）补充锚固成孔钻进工作中防止坍塌的措施，并标明锚杆的长度。

（三）注明化学粘结的处理范围和深度。

（四）排水设计中补充防渗堵漏措施，保证排水效果。

三、施工中你委应负责该工程的组织和监督工作，确保工程质量和施工安全，特别是对鸽子堂进行加固时，应十分慎重。可考虑在第四地点进行局部试验取得经验后再逐步展开保护措施，你单位尽快制定详细的施工组织措施和安全措施报我局，同时及时将工程进展情况报我局，由我局上报国家文物局。

四、该项目已列入人文奥运文物保护计划项目，现拨付保护经费190万元，须专款专用并按人文奥运专项经费管理有关规定执行，接受市审计部门的审计，以审计结果作为工程决算依据，工程完工后请一个月内将竣工资料和决算报我局。

五、该保护工程实施后，由周口店遗址管理使用单位会同方案设计单位共同制定一个长期监测维护技术方案，并建立、做好观测记录及档案保存等工作，以指导遗址的日常维护。

请据以上意见尽快完善方案，抓紧各项工作的落实。开工前及时办理开工、经费划拨等手续。同时抓紧进行周口店遗址保护规划的制定工作。

特此批复。

北京市文物局

二〇〇四年五月三十一日

附录三

关于周口店遗址抢险加固补充方案的批复

北京市文物局：

你局《关于周口店遗址抢险加固方案补充、修改设计的紧急请示》（京文物［2004］1009号）收悉。经研究，我局批复如下：

一、原则同意周口店遗址抢险加固补充方案和设计。

二、顶盖堆积上部土洞的临时性防护措施应尽量拆除，如因安全因素暂不能拆除，应在设计中考虑与环境协调问题。

三、在对土洞北侧底部与悬空状石灰岩大孤石之间的土体进行锚杆加固时，应制订防止土体破碎的措施。

四、猿人洞西、南两侧地表挡水墙应坚固并考虑与环境相协调。

五、十二地点上部岩体滑坡处理后应将滑面裂缝填平，以防止雨水冲刷和渗入。

六、由你局负责该工程的组织和监督工作，切实保证工程质量和施工安全，并请及时将工程进展情况报我局。

此复。

国家文物局

二〇〇四年十一月十七日

附录四

关于周口店遗址（一期）抢险加固补充方案的复函

周口店北京人遗址管理处：

你处《关于加固保护工程设计补充、修改说明的请示》（周人字［2004］41 号）收悉。该补充方案经国家文物局审批同意，我局意见如下：

一、请你处严格按照国家文物局批复的意见实施该遗址的补充方案设计和施工（见附件），所需经费我局予以补助。

二、请你处在今年底前将今年已完工的周口店遗址一期保护工程的竣工报告、竣工资料和竣工决算经区文委上报我局。我局将根据审计结果，将未拨经费一并拨付。

特此复函。

附件：《关于周口店遗址抢险加固补充方案的批复》文物保函［2004］1536 号

北京市文物局

二〇〇四年十二月十日

附录五

关于周口店北京猿人遗址本体保护工程（二期）立项事宜的复函

房山区文化委员会：

你委《关于周口店北京人遗址本体保护工程立项的请示》（房文字［2004］115 号）及立项报告收悉。我局意见如下：

一、我局同意对周口店北京猿人遗址进行第二期抢险加固立项。

二、请你委及周口店北京人遗址管理处按照《中华人民共和国文物保护法》的有关规定，委托具有国家文物局颁发的文物保护工程资质证书的单位，请在年底前制定遗址保护方案，并征求有关专家意见后，经我局报国家文物局审批。

三、有关保护工程经费，待保护方案制定完成并经国家文物局批准后，根据实际需要予以确定。

四、请你委在一个月内，尽快将今年已完工的周口店遗址保护一期工程的竣工资料和决算报我局。

特此复函。

北京市文物局

二〇〇四年十一月三十日

附录六

关于周口店遗址二期抢险加固保护工程近景测量制图经费的批复

房山区文化委员会：

你委《关于周口店北京人遗址二期抢险加固保护工程近景摄影测量制图资金的请示》（房文字［2004］131 号）及方案、预算收悉。现批复如下：

一、对周口店北京人遗址抢险加固地点进行测绘制图是加固工程不可缺少的基础工作，我局同意拨付周口店北京猿人遗址二期抢险加固保护工程近景测量制图经费 16 万元。

二、该经费为人文奥运文物抢险专项经费，须专款专用，并接受审计部门的审计。

三、该测绘制图工作完成后，请将测绘成果资料报我局备案。

四、请你委抓紧制定遗址二期抢险加固方案，并征求有关专家意见后，经我局报国家文物局审批。

特此批复。

北京市文物局

二〇〇四年十二月二十七日

附录七

关于对周口店遗址二期抢险加固工程设计方案的批复

北京市文物局：

你局《关于周口店遗址二期抢险加固方案的请示》（京文物f2005］374号）收悉。经研究，我局批复如下：

一、原则同意周口店遗址第三、四（新洞）、十四、二十六（山顶洞）地点抢险加固方案和补充设计以及对第二地点开展防风化实验和对鸽子堂参观道路进行改造。

二、周口店遗址第1地点的保护方案应充分考虑未发掘遗存的保护问题。目前的方案对未发掘遗存干扰过大，建议将第1地点的保护纳入《周口店遗址保护规划》统一考虑，请组织有关专业单位在做好监测工作的基础上另行编制保护方案。

三、建议山顶洞保护棚顶部改用与山体相协调的玻璃钢代替钢板铺铝塑板，具体设计方案由你局审核并报我局备案。

四、做好从山顶洞至猿人洞的排水系统设计。

五、第三、四地点进行加固时，灌浆材料可以使用超细水泥，灌浆深度应通过实验确定，表面封堵材料不宜使用环氧树脂。

六、第二地点的防风化实验应邀请从事化学保护材料研究的专业人员参加。

七、由你局负责该工程的组织和监督工作，切实保证工程质量和文物安全，并请及时将工程进展情况报我局。

八、请你局会同原方案设计单位在完成该项保护工程后，根据工作经验，拟定长期的监测维护技术方案，以指导遗址的日常维护工作。

此复。

国家文物局

二〇〇五年七月十八日

附录八

关于周口店遗址二期抢险加固方案及保护经费的复函

房山区文化委员会：

你委《关于周口店北京人遗址二期加固保护工程设计方案的请示》（房文字［2005］29 号）及方案收悉。该方案已经国家文物局审批，现将我局意见函复如下：

一、请你委严格按照国家文物局批复（文物保函［2005］767 号）中批准实施加固保护的遗址地点和内容。未经批准实施的遗址地点和内容不得实施。

二、请你委按照国家文物局批复的要求对加固抢险方案进行补充和完善：

（一）山顶洞保护棚改用与山体相协调的玻璃钢。

（二）完善山顶洞至猿人洞的排水系统设计。

（三）第三、四地点加固灌浆材料可使用超细水泥，灌浆深度应通过实验确定，表面封堵材料不宜使用环氧树脂。

（四）防风化实验应邀请从事化学保护材料研究的专业人员参加。

三、施工中你委应负责该工程的组织和监督工作，确保工程质量和施工安全，并及时将工程进展情况定期报我局，由我局上报国家文物局。

四、该项目已列入人文奥运文物保护工程，现拨付保护经费 200 万元，须专款专用并按人文奥运专项经费管理有关规定执行，接受市审计部门的审计，以审计结果作为工程决算依据。工程完工后请在一个月内将竣工资料和决算报我局。

五、该保护工程实施后，由周口店遗址管理使用单位会同方案设计单位共同制定一个长期监测维护技术方案，并建立、做好观测记录及档案保存等工作，以指导遗址的日常维护。

请据以上意见尽快完善方案，抓紧各项工作的落实，通知周口店北京猿人遗址管理处上报合同，并于开工前及时办理开工、经费划拨等手续。

特此复函。

附件：文物保函［2005］767 号

北京市文物局

二〇〇五年七月二十六日

附录九

周口店北京人遗址抢险加固工程竣工报告

致监理工程师并建设单位：

周口店北京人遗址抢险加固工程现已施工结束，现将施工完成情况呈报，请审查：

一、工程概况：

依据2003年12月23日“对遗址地质病害调查及抢险加固对策评审会会议纪要”的要求，本次抢险加固的重点是核心区内对化石点和游客的人身安全构成严重威胁的顶盖堆积、鸽子堂、灰烬层、第12地点、第4地点门口、第3地点六个地点，并对猿人洞、鸽子堂、第4地点、山顶洞四处做排水处理。

奉工程的设计是由辽宁有色勘察研究院完成的，监理工作由北京中建工程监理部承担。

二、工程实际完成情况

我公司周口店项目部的施工人员和施工机械从7月20日开始进入施工现场，并立即进行施工准备工作（施工暂设的搭建、临时施工道路的开通、临时施工用水、用电线路的架设）. 同时对全体施工人员进行了施工技术、质量、安全交底和文物保护相关知识的宣教工作。

从7月25日正式开始施工，依次施工了顶盖堆积、第12地点、第3地点、第4地点、鸽子堂及灰烬层。到10月19日在建设单位的大力支持下，在监理单位的正确指导和监督下，圆满完成了全部野外施工任务。

三、加固施工中所采取的几项关键技术

1. 松散角砾堆积的加固措施

由于第3地点处松散角砾堆积的胶结强度极低，且以角砾为主。加固施工时极易造成整体坍塌破坏。施工时，首先采用低压小风景配合人工将表面污垢清理干净，用水泥砂浆（环氧树脂）对表面孔隙进行隐形封堵，提高表层的整体性和稳定性，确保不因打孔而形成破坏。角砾堆积内部孔隙及锚孔采用水泥－水玻璃浆液灌注，采用低压灌注或人工无压灌注（压力不大于0.2MPa），直到锚孔灌满不渗浆为止，最后置入φ25钢筋形成锚杆，通过灌浆提高角砾堆积的整体性，通过锚杆使其与深部的岩体相连提高其稳定性，直至达到加固保护的目的。当浆液的渗透性较差（单孔注浆量小于0.05m^3）时，改用“改性环氧树脂”化学浆液。

2. 第4地点门廊上部钙质胶结角砾岩的加固措施

第4地点门廊上部钙质胶结角砾岩体，本次采用黏结与锚固相结合的方法进行加固。首先采用环氧树脂沿灰岩立壁与角砾岩接触处的表面裂隙灌注黏结，然后进行φ42径锚杆钻孔，并通过锚孔灌入水泥浆（环氧树脂）对深部的裂隙和孔隙灌注黏结，最后置入φ18钢筋形成小锚杆。

3. 鸽子堂的加固措施

鸽子堂是本次加固的重点地段，洞顶由钙质胶结角砾岩组成，厚度仅有3～5米，其角砾大小不一，大者可达1～2米，而次生钙质多在角砾间呈点状胶结，岩体中空隙较大。加固施工时，大角砾极易产生脱落，从而引起洞体冒顶。为确保洞体的安全性，本次施工中采用了先洞内、后洞外，先局部、后整体的施工顺序。即首先在洞内搭设脚手架，对易产生脱落危险的块体周边顶撑后，采用锚杆（或环氧树脂黏结）将其与其它块体相连，提高洞顶内部的整体性和稳定性。然后在洞外进行加固。依次进行钢筋锚杆、钢管斜锚杆及施工。

为增强洞顶岩（土）体的抗剪强度．将原设计的洞顶对穿式水平铡管锚杆，改为采用一次成孔技术的直通式，并在原设计的基础上，又向西增加两排，极大地提高了加固效果。

由于设计中加固锚杆施工后在洞顶形成个类似桁架的结构体系。因此，锚杆的定位、施工误差及灌浆质量成为加固效果的关键所在。本次施工中采用T6经纬仪进行锚杆定位，其倾角和方位误差均控制在小于1范围内。

4. 岩体内部裂隙的探矗措施

为弥补本工程勘察设计中对岩体内部裂隙了解不清这一缺欠，也为确定危岩体锚固施工中是否需要加装抗剪钢管、抗剪钢管的位置。施工中采用孔内摄影仪借助超深锚孔对孔内岩质及裂隙情况进行探查，准确掌握岩体内部的裂隙特征，以便采取相应的浆液和灌浆措施，确保了每根锚杆的施工质量都能满足设计要求。每一施工地段至少检测两孔。

5. 表面裂隙的处理措施

为保持原有景观，并在危岩体加固过程中的浆液不污染山（洞）体，施工中预先对表面裂隙进行隐形封堵。表面进行做旧处理，使其保持原始状态。

6. 降低施工中粉尘污染的措施

按设计对施工的总体要求，锚杆成孔施工只能采用风冷钻进工艺。本次施工中对锚杆机加装吸尘器，有效地降低了施工中粉尘污染，但尚有待进一步改进。

四、施工质量评述

本工程所用钢筋、水泥、钢管等原材料均有出厂合格证，进场后均择房山区建设工程质量检测所（一级）检（试）验合格后方才使用。

在施工过程中会同监理、建设单位代表做好现场检查工作，发现问题及时进行了整改，有效地预防了质量事故的发生。

本工程的每一施工地点均配合馆内专业人员对文化层进行了界定，对施工所涉及的重点地段，配合施工进行了考古挖掘，并对所挖掘到的化石进行了妥善的保护。

本工程施工中，采用孔内摄影仪自动成像系统进行对锚杆成孔的详细的检测，有效地查明了加固段岩体内隐伏裂隙的分布，确保了锚杆铺固深度能够满足设计要求。同时，其孔径、孔深、锚拉杆的制作和安装，经监理工程师和建设单位代表的现场实测，均符合设计要求。

为保证锚杆的强度，经设计同意后，灌浆的水泥标号由原设计的32.5级改用42.5级，水灰比由0.7∶1调整为0.5∶1，水泥浆的试块强度经房山区建设工程质量检测所试验合格，合格率达100%。而通过9根锚杆的现场抗拉试验检测表明，锚杆的抗拔力符合设计要求。

本工程严格按设计要求进行施工，施工中按相关规范、标准的规定执行，并实行监理工程师现场监督、工序质量验收、项目经理负责的管理措施。确保了各检验批、各分项、各分部工程质量的合格。

综上所述，认为本工程的施工质量，符合有关规范和标准的规定，满足设计要求，可以进行竣工验收。

施工单位：辽宁有色基础工程公司

2004年11月15日

陆清友

附录十

周口店北京人遗址
抢险加固工程质量检查报告

一、抢险加固工程按照设计对潜在滑坡危岩体采取了预应力锚杆和非预应力相结合的方法进行了加固。对钙质胶结角砾岩堆积所形成的危岩地段采取了锚杆和灌浆相结合的加固方法。其中根据不同的情况而采取了四种不同的锚固方法，包括：预应力钢筋锚杆、非预应力钢筋锚杆、非预应力钢管锚杆、化学黏结剂（环氧树脂）与短锚杆相结合的方法。

二、施工过程中根据地质地貌的变化局部对设计作了如下修改：

1. 顶盖堆积部位上面土洞之下的8根锚杆移到土洞北侧石灰岩危险孤石之上。
2. 顶盖堆积处因为土洞上部泥质弱胶结粗砂岩较不稳定，故洞内设置梁柱支撑。
3. 鸽子堂顶部的24根短锚杆换成12根长锚杆。
4. 猿人洞西侧陡崖涵洞排水设计改为上部地表排水。

上述这些修改都是由于陡崖上的地质和地貌的局部变化而引起的，我认为都是正确的，必要的。

符合竣工条件，同意竣工验收。

周口店北京人遗址地质病害勘察单位
中国科学院地质与地球物理研究所
车会宠
2004－11－23

附录十一

周口店北京人遗址抢险加固工程
工程质量评估报告

一、工程概况

工程名称	周口店北京人遗址抢险加固工程
工程地点	北京市房山区周口店镇
工程性质	岩体加固
建设单位	周口店北京人遗址博物馆
设计单位	辽宁有色勘察研究院
承包单位	辽宁有色基础工程公司
工程内容	
对鸽子堂、猿人洞、灰烬层、顶盖堆积、第3地点、第12地点、第4地点的危险岩土体实施抢险加固，并在猿人洞顶部及第4地点洞顶上部修筑挡水墙及排水沟。	

二、施工单位基本情况

本工程的施工承包方为辽宁有色基础工程公司。承包方在现场设项目经理部，项目经理及技术负责人为陆清友，该项目经理部的质量保证体系基本符合要求。

三、主要采取的施工方法

本工程针对不同的岩土体情况，采用了土钉、锚杆、预应力锚杆以及化学灌浆的方法，对危险岩土体实施了加固。

四、施工情况

本工程所用的各种材料及构配件均经验收合格，所有的隐蔽工程均经现场监理工程师验收合格，并办理了相关的验收手续。

五、工程质量的综合评估意见

周口店北京人遗址抢险加固工程施工符合设计及变更洽商的内容，各分部验收达到了国家相关规范的标准及设计要求，符合竣工条件，同意竣工验收。

监理单位技术负责人（签字）：邵中民
总监理工程师（签字）：王强
监理单位（盖章）：
2004年11月23日

附录十二

周口店北京人遗址抢险加固二期工程竣工报告

一、工程概况

周口店遗址是全国重点文物保护单位，世界文化遗产，“市院共建”以来在市区两级政府的高度重视下，在诸多专家的支持和帮助下，遗址的保护工作得到了加强，特别是在2004年，遗址管理处在中国科学院地质与地球物理研究专家对遗址核心区内8个化石地点进行的地质病害调查的基础上，完成了周口店遗址抢险加固保护一期工程，工程得到了国家文物局、北京市文物局以及相关专家的充分肯定。

在一期工程的基础上，遗址管理处于2005年组织进行了周口店遗址抢险加固保护二期工程，二期工程方案由辽宁有色勘察设计院设计完成，并于2005年7月得到国家文物局和北京市文物局的批准。2005年8月1日遗址管理处与辽宁有色基础工程公司签订了施工合同，9月1日二期工程正式开工。此次保护工程内容有：1）对猿人洞西侧南、北侧壁，山顶洞，第3地点、第4地点洞口及洞内顶板的岩体加固保护。2）为防止雨水冲刷，设计了山顶洞“保护棚”。3）第2地点防风化试验。4）鸽子堂参观道路改造。

二、工程实际施工情况

为确保工程质量，施工过程中在接受北京市文物局文物监督站监督的同时，遗址管理处还聘请了北京中建监理部为工程的监理单位，对施工全部过程进行监督。

1）岩体加固主要采用锚杆锚固和裂隙注浆的方法，本次工程岩体加固部分于2005年10月28日完成。

2）山顶洞“保护棚”主体采用钢结构形式，外部用玻璃钢材质，依山势进行做旧处理，工程于2006年9月26日完成。

3）2005年10月遗址管理处委托北京大学考古文博学院对第2地点进行防风化试验，试验选用了多种化学试剂，并取得了一定成效，2006年9月完成试验报告。

4）2005年11月完成鸽子堂参观步道工程。为了保护遗址本体及周边地形地貌不受破坏，遗址管理处在争得设计单位的同意后，遵循可逆性原则，将原设计中的“混合砂铺垫，上覆步道砖”改为“架空式的钢结构参观步道。”

2006年9月26日周口店北京人遗址抢险加固二期工程全部工程顺利完成。

符合竣工条件，同意竣工验收。

周口店北京人遗址管理处

附录十三

周口店北京人遗址抢险加固二期工程竣工报告（施工单位）

一、工程概况

受周口店北京人遗址管理处的委托，辽宁有色基础工程公司承担了周口店北京人遗址抢险加固一期工程的施工任务。本次抢险加固重点是：猿人洞西侧南、北壁危岩体的加固；山顶洞岩体加同；第3地点危岩（土）体加固；第4地点洞口危岩体及洞内顶扳的加固；山顶洞防护棚工程。

我公司于2005年9月1日正式开工，2006年9月26日竣工。完成主要工作量如下：

1. 累计锚杆孔数：233根：
2. 累计孔深：1411.7m；
3. 杆体制作安装：1411.7m；
4. 锚杆及裂隙灌浆：46354.7L；
5. 岩面外裂隙封堵：441.0m^2；
6. 坡面碎石人工黏结：200.0m^2；
7. 锚杆施加预应力：24个点次。
8. 钢结构承载梁制作安装：26.7m。
9. 现场制作安装玻璃钢防水层：75.5m^2；
10. 现场制作安装玻璃钢仿石品：366.5m^2。

二、施工执行标准

施工时除严格按设计要求执行外，参照以下标准执行：

1.《文物保护工程管理办法》
2.《混凝土结构施工质量及验收规范》（GB50204—2002）；
3.《锚杆喷射混凝土支护技术规范》（GB50086—2001）；
4.《建筑边坡工程技术规范》（GB50330—2002）；
5.《土层锚杆设计与施工规范》（CECS22∶92）；
6.《钢结构工程施工质量验收规范》（GB50205—2001）；
7.《建筑防腐蚀工程施工验收规范》（GB50212—2002）；
8.《地下防水工程质量验收规范》（GB50205—2001）。

三、施工工艺及质量监控

1. 钻机定位；根据设计图纸，结合拟加固地点的内部特征及裂隙分布情况，由质检员用手罗盘、分度器、钢尺在现场实测定位，要求钻机定位误差小于20mm，倾角及方位误差均小于2°。定位后将钻机稳牢、固定，经质检员复测合格后方可钻进成孔。

2. 成孔：根据设计孔径，对于较破碎岩体、松散角砾层、对振动敏感部位采用风冷回转钻进成孔，对于完整岩体采用冲击钻进成孔，深度应满足设计要求。成孔质量由质检员负责，进行现场实地检查。关键是孔径、孔深及孔内残渣等。检查合格经监理工程师验证确认后，填写成孔施工原始记录。

3. 锚杆制作、安装：锚杆采用符合设计要求的钢筋现场制作。电焊工对制作质量负责，质检员检查锚杆制作质量。关键是杆长、导正架的设置及牢固性。要求杆长与孔深误差小十 ±50mm。导正架间隔 2. 0m。安装过程中，锚杆未见严重变形，安放后居中，注浆管随锚杆一并下入孔底。

对于以滑移、脱落破坏为主的危岩体锚固，宽大裂隙处需扩孔后加装抗剪钢管，抗剪钢管的位置及规格应通过孔内摄影仪检测后确定。

4. 锚杆（孔）及裂隙灌浆。采用水灰比为 0. 5∶1 的纯水泥浆，水泥采用 P. 042. 5 级及 450 目超细水泥。灌注时尽可能采用低压灌注或人工无压灌注，并从孔底灌起，边灌边提升注浆管，孔内注浆管不得离开浆液面。灌至孔口溢浆时停灌（内锚固段灌满）。必要时进行了二次补灌。浆液制备及灌浆质量均由灌浆班长负责，质检员现场指导。关键是投料配比、浆液均匀程度、停放时间、灌浆量与提管速度、浆液在孔内漏失情况等。

5. 预应力锚杆：采用内、外锚固段二次灌浆的方法进行预应力的施加。首先，灌注内锚固段，待其强度达到设汁强度的 75% 以上时，施加预应力（预应力值不大于设计值的 75%）。

6. 封孔：外锚固段强度达到设计强度的 75% 以上时，采用灰砂比为 1∶1 的水泥砂浆封孔，并进行做旧处理。

7. 钢结构焊接采用Ⅲ级焊接，对焊接进行了抗拔和抗弯试验。钢结构翼板最多分三段制作，腹板分五段制作。翼板连接、腹板连接以及翼、腹板与埋铁连接处均开 45 度 V 形坡口，翼板之间及腹板之间的拼缝宽 2mm。翼板和腹板接缝错开在 20mm 以上。钢结构要做防锈处理，防锈等级为 st2，刷一遍底漆二遍防锈漆。

8. 防水采用玻璃钢叠瓦状铺设。自然防水，其底座处依据地形做好地表排水。防水材料为液态树脂（玻璃钢）。

9. 协调做旧原则：与山体一致，协调做旧。防护棚玻璃钢厚度为 7mm。施工顺序是：岩体涂刷脱离剂/涂防水涂料/粘玻璃纤维丝布/取模/在模板后涂刷树脂/粘玻璃纤维丝布/安装预埋件/涂刷树脂/粘玻璃纤维丝布/脱模/组装/接缝处理/涂颜色/清理验收。模具制作方法：首先将岩体部位四周进行环境保护，涂刷脱离剂，在岩体范围内涂刷聚胺脂防水涂料，粘玻璃丝布并反复涂刷，每刷一层涂料，应粘一层玻璃丝布，在日均温度≥20℃时，每天涂刷不得多于两次，模具涂刷至 20mm 厚，外侧再涂二次树脂及玻璃丝布，使模具产生一定的刚度后再取下模具，防止模具变形。当模具制作完工后，验查模具内侧是否出现水疱、麻点。验查合格后进行下道工序。仿石品材料制作方法：在模具的内侧首先涂刷树脂材料、粘玻璃丝布，并反复做两道，安装 40×4 的带铁埋件，埋件与埋件之间由 ϕ6 或 ϕ8 钢筋相连接，再涂树脂和玻璃丝布，材料成品的厚度达到设计要求为止。仿石品材料安装施工方法：组装时，均由有关人员在现场指导性施工。首先由北侧向上进行焊接安装，做旧材料的埋件与钢次梁进行焊连接，角钢支架与埋件要求单面满焊。仿石品的纹理要与岩体基本一致。因施工空间狭小，每焊完一个接点要及时做防腐处理。当仿石品组装完工后，并对板与板之间的缝隙进行处理，处理方式细部修理。仿石品涂颜色时要根据岩体的颜色进行涂色，仿石品颜色与接近岩体的颜色基本一致。

四、新工艺、新技术的应用

1. 岩体内部裂隙探查措施

为弥补工程勘察设计中对岩体内部裂隙了解不清这一缺欠，也为确定危岩体锚固施工中是否需要加装抗剪钢管、抗剪钢管的位置，施工中采用孔内摄影仪借助超深锚孔对孔内岩质及裂隙情况进行探查，准确掌握岩体内部的裂隙特征，以便采取相应的浆液和灌浆措施，确保每根锚杆的施工质量都能满足设计要求。每一施工地段，至少检测两孔。

2. 降低施工粉尘污染措施

按设计对施工的总体要求，锚杆成孔施工只能采用风冷钻进工艺。因此，常规施工中粉尘极大，而施工又处在遗址的核心区内，多为旅游的重要景点。粉尘污染对周边环境及游客的影响极大。本次施工中对锚杆机加装消尘器，进行无粉尘作业。

五、工程质量评述

1. 本工程所用钢筋、钢管、水泥、钢板等均有出厂合格证，并经北京房山区建设工程质量检测所、冶金工业工程质量监督总站检测中心及国家钢铁产品质量监督检验中心检测合格之后方可使用。

2. 锚孔深度、锚杆体制作等自检合格，满足设计要求。

3. 本工程施工实行工程监理质量监督、分部质量验收、项目经理负责的管理制度，工程质量达到合格。

六、结论

本工程在建设、施工和监理单位的共同努力下，各项指标均满足施工设计及规范要求，工程质量达到合格，圆满结束。

项目经理：陆清友

总监：王强

附录十四

周口店北京人遗址抢险加固二期工程
工程质量评估报告

1. 工程概况：

工程名称	周口店北京人遗址抢险加固二期工程
工程地点	北京市房山区周口店镇
工程类型	岩土加固及钢结构

2. 参与工程建设的单位/机构情况：

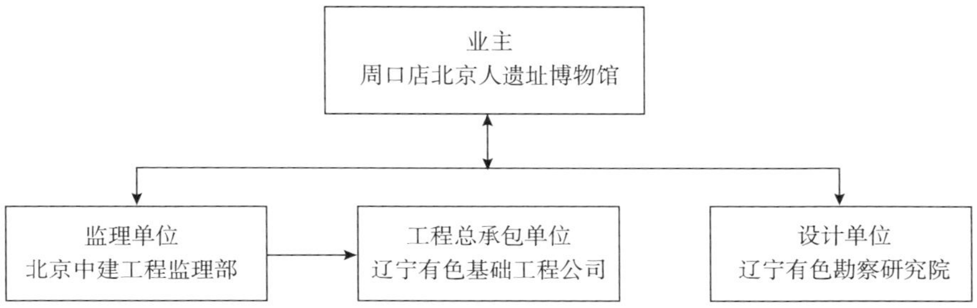

3. 工程大事记：

3.1　工程开工：2005 年 8 月 24 日开工。

3.2　2005 年 8 月 24 日北京中建工程监理部开始对本工程进行监理。

3.3　2006 年 4 月 24 日完成山顶洞防护棚工程基础部分。

3.4　2006 年 6 月 10 日钢结构焊接完毕。

3.5　2006 年 9 月 25 日完工。

4. 对主要分部分项工程的施工质量后评估：

4.1　加固与基础工程：

4.1.1　锚孔：锚孔的位置、深度、直径符合设计要求。

4.1.2　本工程使用的混凝土及灌注用水泥浆为现场搅拌，使用的水泥、砂、石及掺合料等均符合国家/北京市的有关规定，各项试验指标符合相应规范要求。

4.1.3　本工程所用锚杆进场手续和试验均符合国家/北京市有关规定的操作程序，各项试验指标符合相应规范要求。

4.2 主体结构工程：

4.2.1 钢结构骨架所用钢材进场手续和试验均符合国家/北京市有关规定的操作程序，各项试验指标符合相应规范要求。焊口部位探伤合格。防腐材料质量证明文件符合规范要求。

4.3 防水工程：

4.3.1 本工程防水采用玻璃钢板为防水材料，其工艺按照施工方案进行。

4.4 做旧部分：

4.4.1 本工程做旧部分符合设计作出的“与山体一致，协调做旧”的原则。

5. 结论：

依据委托监理合同，我单位对该工程从地基基础工程开始至竣工实施全过程监理，监理过程中形成的监理资料完整。

我单位，总监理工程师组织项目监理部人员与承包单位根据有关规定共同对本工程进行了竣工预验收，该工程质量符合我国现行法律、法规和工程建设标准的要求，符合设计文件、施工合同要求，该工程预验收结论合格，可组织正式竣工验收。

总监理工程师（签字）：王强

公司总工程师（签宁）：邵中民

北京中建工程监理部

附录十五

周口店北京人遗址抢险加固二期工程竣工验收报告

周口店北京人遗址抢险加固二期工程总体包含两部分，一是岩体的加固，二是山顶洞防护棚岩体加固工程通过到现场检查和查验资料，认为工艺得当，措施合理，严格按有关规范规程和设计要求施工，满足了设计要求。防护棚根据国家文物局的批复，采用了钢骨架，棚顶采用玻璃钢，并经做旧处理后与山体协调一致。其骨架钢梁采用了动态法进行施工，对遗址采取了最小的干扰，虽然在对接中有一处偏差达到了4.0mm，但经过补救，达到了设计强度要求。玻璃钢棚顶的施工是本次施工的一大难点，但施工单位无论是在采模方面还是在拼接方面，都做到了反复对比，精心施工，基本达到了修旧如旧，无论是在山体形态上还是岩体产状上与山体协调一致，达到了设计要求。综上所述，同意验收。

辽宁有色勘察研究院　兰立春

2006年11月30日

附录十六

周口店北京人遗址抢险加固二期工程质量检查报告

周口店北京人遗址抢险加固/二期工程已经完工，通过到现场检查和查验资料，认为工程根据病害特点采取不同的措施，措施合理可行，设计考虑的比较全面，比较细致，工程达到设计要求，质量合格。

1. 体现修旧如旧原则，与原山体相协调，包括：层理、块状、垂直节理、边缘风化破碎等。
2. 锚固、灌浆、注浆、黏接都能按照设计要求进行，质量合格。
3. 防水工作很细致，包括：山顶洞顶篷的防水，边坡的防水。
4. 山顶洞“保护棚”的采光很好。

工程符合竣工条件，同意竣工验收。

牟会宠
周口店北京人遗址地质病害勘察单位
中国科学院地质与地球物理研究所

大事记

大事记

1. 2003 年 8 月 13 日，北京市文物局主持召开周口店北京人遗址抢险专家座谈会。

2. 2003 年 8 月 20 日，周口店遗址组织召开周口店北京人遗址第二次抢险专家座谈会。

3. 2003 年 10 月 27 日，周口店遗址组织召开周口店北京人遗址第三次抢险专家座谈会。

4. 2003 年 12 月 2－3 日，由中国科学院古脊椎动物与古人类研究所、北京市文物局和房山区人民政府联合主办的“周口店北京人遗址保护与研究专家论坛”在北京市房山区的昊天假日酒店隆重举行。参加此次论坛的有来自中国科学院古脊椎动物与古人类研究所、中国科学院地质与地球物理研究所、北京大学、北京市考古研究所、北京市规划设计研究院等近 1 0 家科研院所的 30 余位专家学者。国家文物局单霁翔局长、北京市文物局梅宁华局长、中国科学院古脊椎动物与古人类研究所朱敏所长以及房山区区委书记、区长等领导也参加了此次论坛 ，中科院和北京大学的几位专家分别作了关于周口店北京人遗址未来研究总体构想及最近科学发现、古人类学研究现状及存在问题、地质病害调查和抢险加固方案、周口店遗址公园概念性规划设计等多学科、多领域的学术报告。此外 ，专家们还围绕世界遗产周口店北京人遗址保护与研究方面的其他问题进行了深入的探讨与交流。

5. 2003 年 12 月 23 日，周口店北京人遗址博物馆组织召开地质病害调查、抢险加固对策报告评审会。

6. 2004 年 3 月 11 日，周口店北京人遗址博物馆开始对遗址核心区及周边 27 个化石地点进行系统调查工作，计划工期一周。此次调查得到了中国科学院古脊椎动物与古人类研究所的大力支持。为更好地保护周口店北京人遗址，使遗址保护、规划更加合理、科学，遗址博物馆邀请中国科学院古脊椎动物与古人类研究所黄万波研究员指导，由博物馆工作人员全力配合进行 27 个化石地点系统调查，调查工作包括化石地点坐标、海拔、高程、地质背景、文字说明和图片录相等一系列准确资料，归纳总结后存入档案。调查工作可以说具有历史性的意义，填补了 27 个化石地点没有一套系统完整资料的空白。

7. 2004 年 9 月 6 日，周口店遗址组织召开周口店北京人遗址加固保护工程专家评议会。

8. 2004 年 11 月 23 日上午，周口店北京人遗址一期加固保护工程竣工会在周口店北京人遗址召开。联合国教科文组织驻京办事处遗产保护专员杜晓帆、北京市文物局局长梅宁华、房山区委副书记崔国民、区政府副区长李惠英、房山区文化委员会主任刘亚军、副主任邢景旺出席了会议，国家文物局石质性保护专家黄克忠、中国科学院古脊椎动物与古人类研究所研究员祁国琴等有关专家及建设、勘察、设计、施工、监理单位参加了会议。

9. 2004 年 11 月 29 日，周口店遗址召开周口店北京人遗址一期加固保护工程竣工会。

10. 2005 年 1 月 23 日上午 10:00，在周口店遗址召开了“周口店遗址抢险加固二期方案专家评议会”，国家文物局石质文物保护专家黄克忠、国家文物局信息中心主任王立平、中国科学院古脊椎动物与古人类研究所研究员祁国琴、副研究员张双权、中国科学院地质与地球物理研究所教授牟会宠、水利部北京勘察设计研究院工程师冯水滨、中国文物研究所高级工程师王金华、辽宁有色勘察研究院副总工程师兰立志、辽宁有色基础工程公司副总工程师陆清友、北京中建工程监理部总监王强等专家参加了会议。此外，北京市文物局文保处副处长王玉伟、王有泉、房山区文化委员会主任刘亚军、周口店北京人遗址管理处主任杨海峰等领导出席会议，会议由刘亚军主任主持，参会专家就遗址的加固工程分别提出了自己的意见和建议。

11. 2005 年 9 月 1 日上午 9:00，在周口店遗址举行遗址二期加固保护工程开工仪式，北京市文物局副局长孔繁峙、房山区委副书记崔国民、副区长李惠英、联合国教科文组织驻京办事处专员杜晓帆、中科院地质与地球物理研究所专家牟会宠及建设、施工、监理单位的代表参加了开工仪式。开工仪式由副区长李惠英主持。

12. 2006 年 3 月 27 日，山顶洞“保护棚”工程正式开工。山顶洞保护工程是遗址二期加固保护工程的重点，根据山顶洞的地质条件和实际情况，山顶洞“保护棚”采取边测量边施工的方法进行施工，预计钻 32 个锚杆孔，“保护棚”采用钢结构，选用材质待有关专家进一步论证。

13. 2006 年 10 月 24 日上午 9:30，遗址二期加固保护工程竣工会在遗址管理处召开。参加会议的有北京市文物局、房山区文化委员会、国家文物局、中国科学院古脊椎动物与古人类研究所等相关单位领导及工程设计、施工、监理等单位和相关专家。会议由房山区文化委员会主任李立新主持。

附图

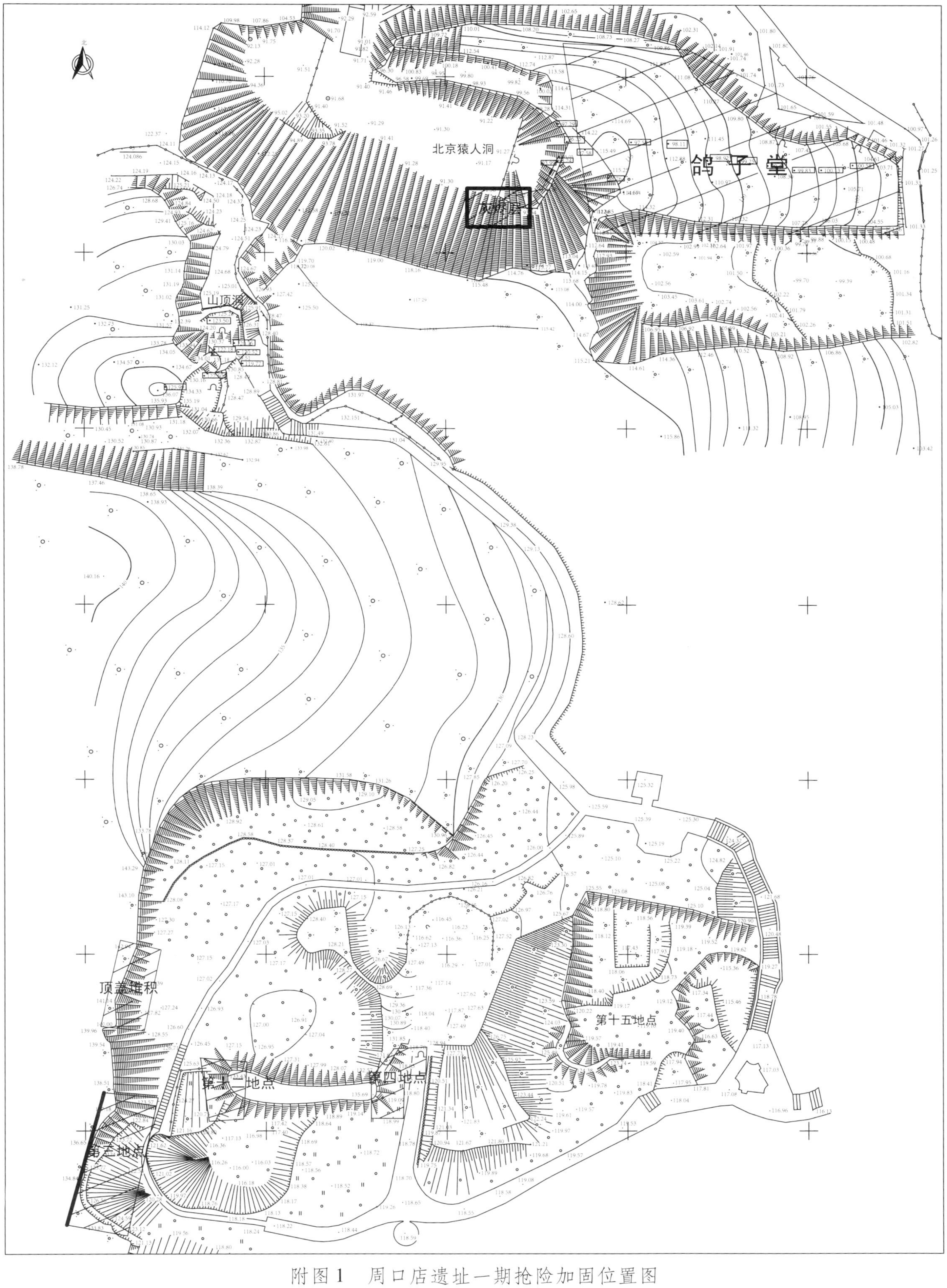

附图1　周口店遗址一期抢险加固位置图
（注：本书附图均经缩放，附图中所标比例均为原图比例）

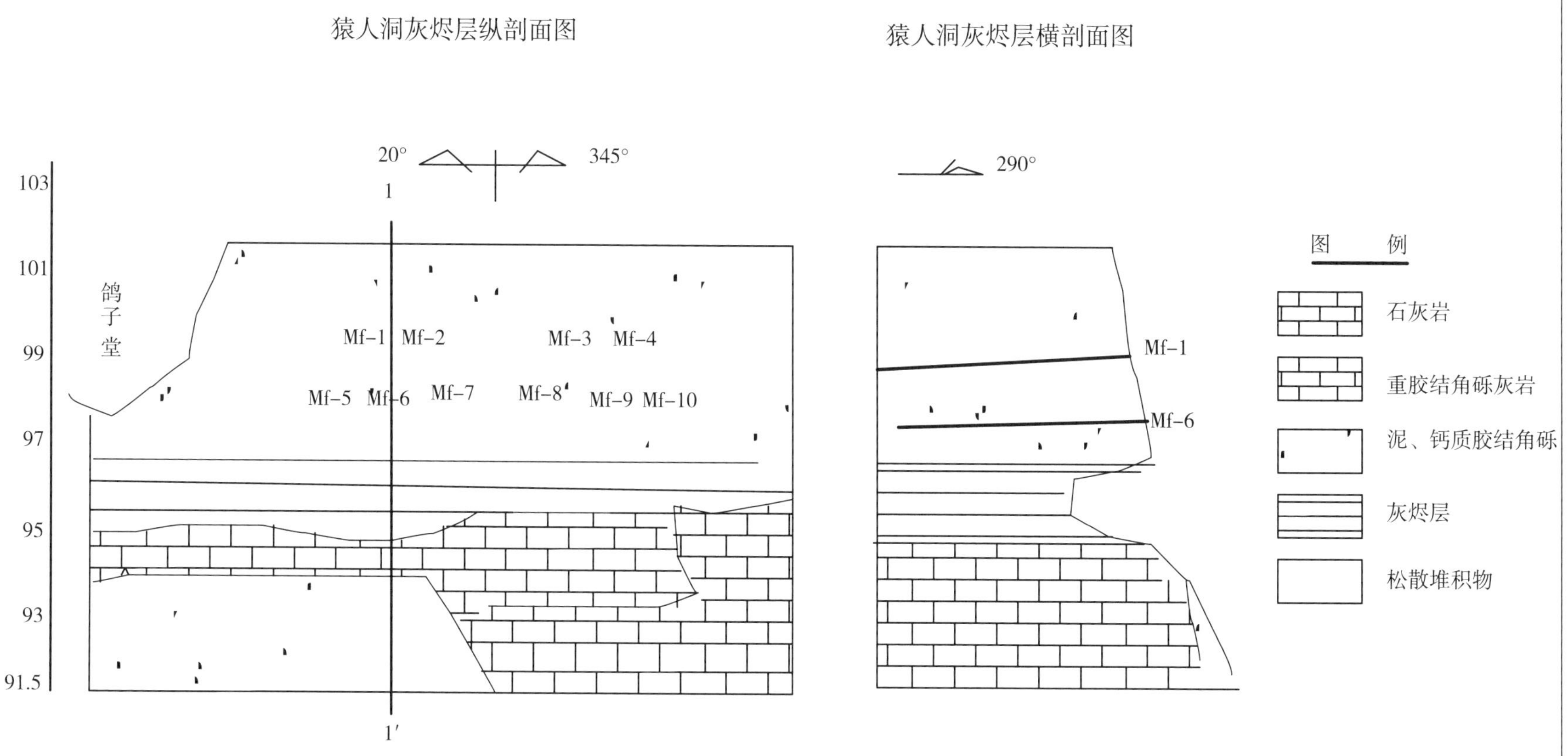

说明

1.以灰烬层拐角处为准，向两侧各保护4.0m。
2.首先通过锚孔采用水灰比为0.7:1的特细水泥浆进行渗透注浆加固(也可采用化学灌浆)。
3.将灌浆孔设置为非预应力钢筋锚杆。共布设10根，约50m。
4.根据前期试验，对上部2m范围内的角砾岩进行表面防风化处理。

辽宁有色勘察研究院				设计项目	周口店北京人遗址抢险加固	
设 计		审 定		施工图	工程编号	
校 核		制 图			图 号	5-1
审 核		日 期			比 例	1:100

附图2-1　周口店遗址一期抢险加固设计图

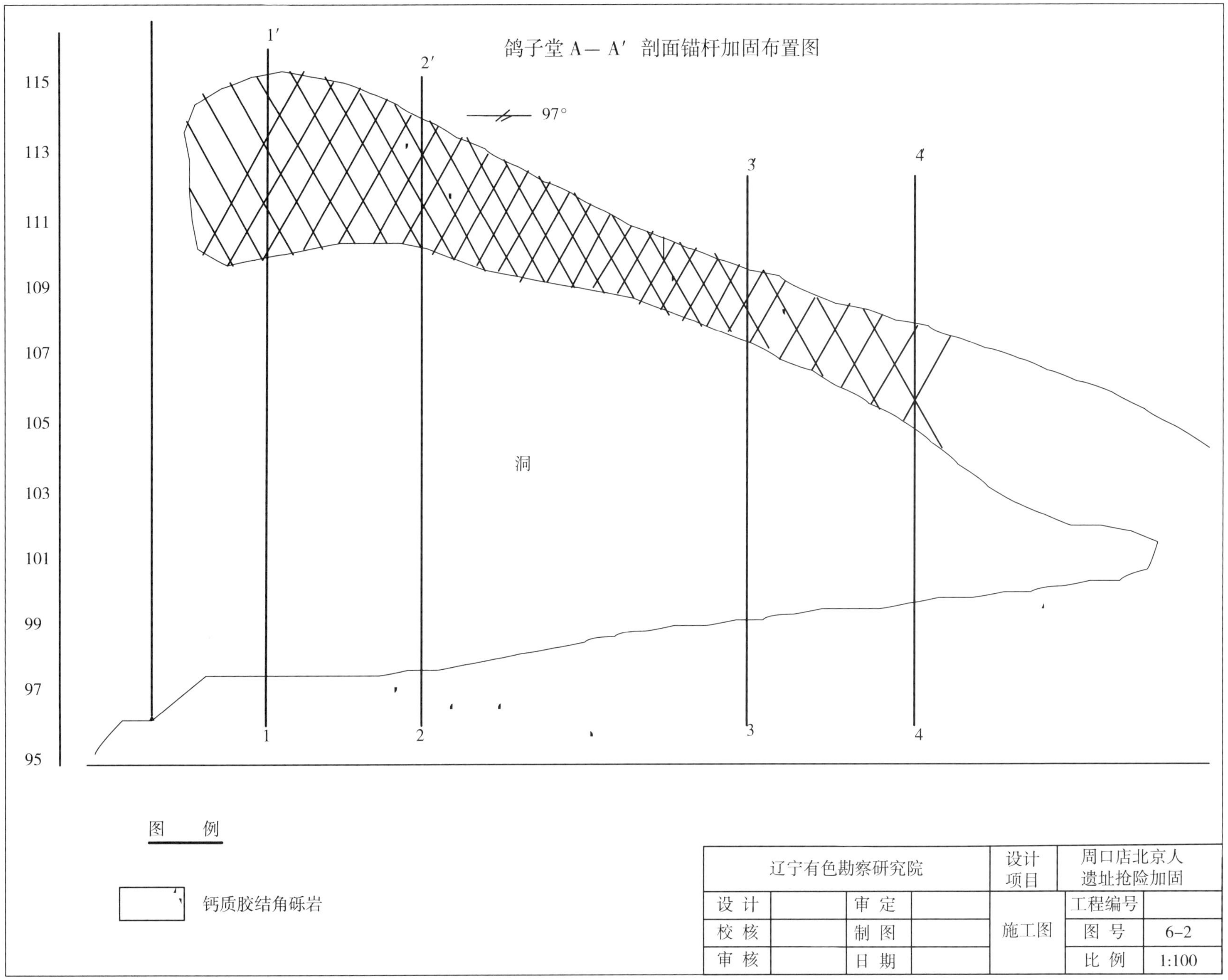

附图2–2 周口店遗址一期抢险加固设计图

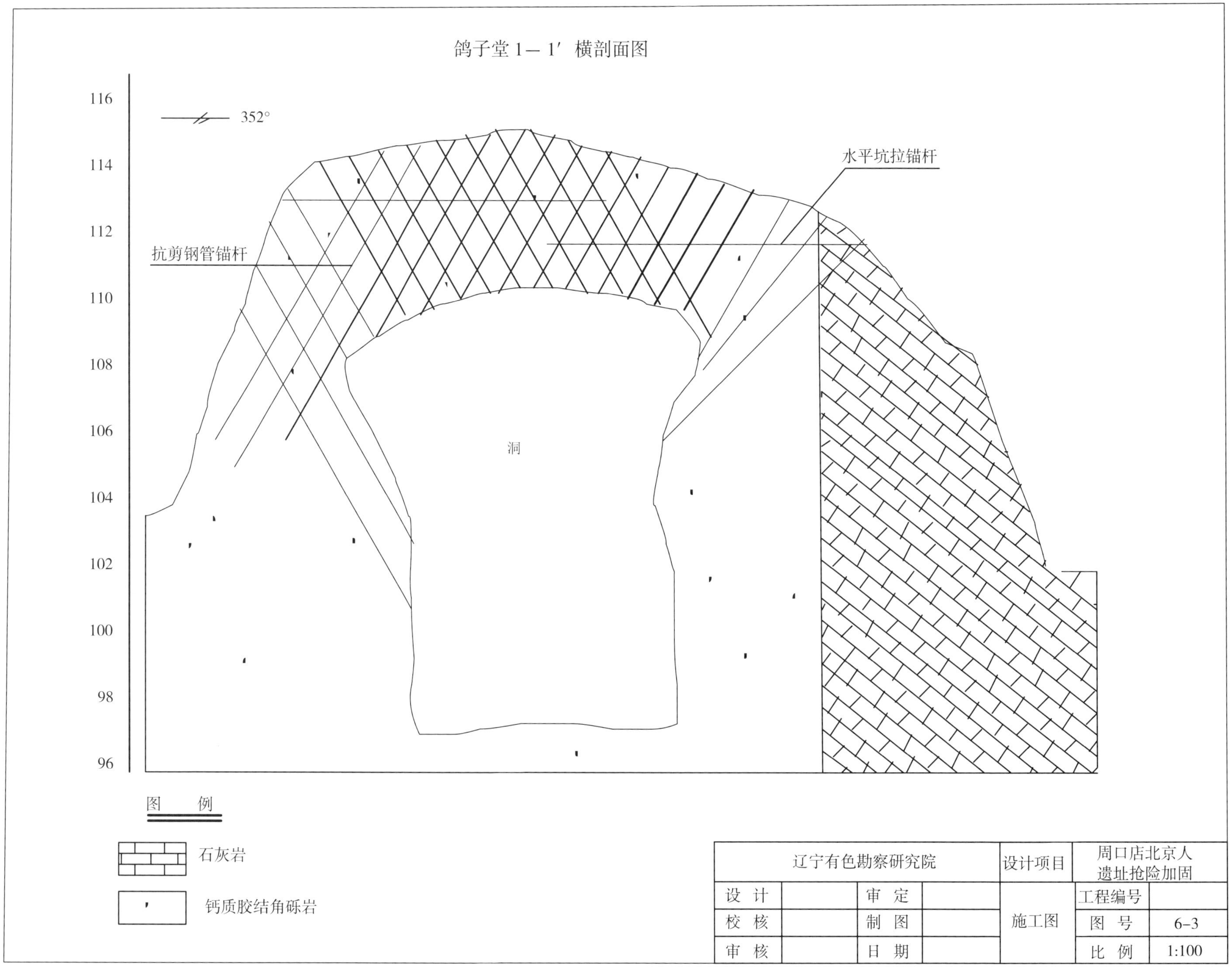

附图2-3 周口店遗址一期抢险加固设计图

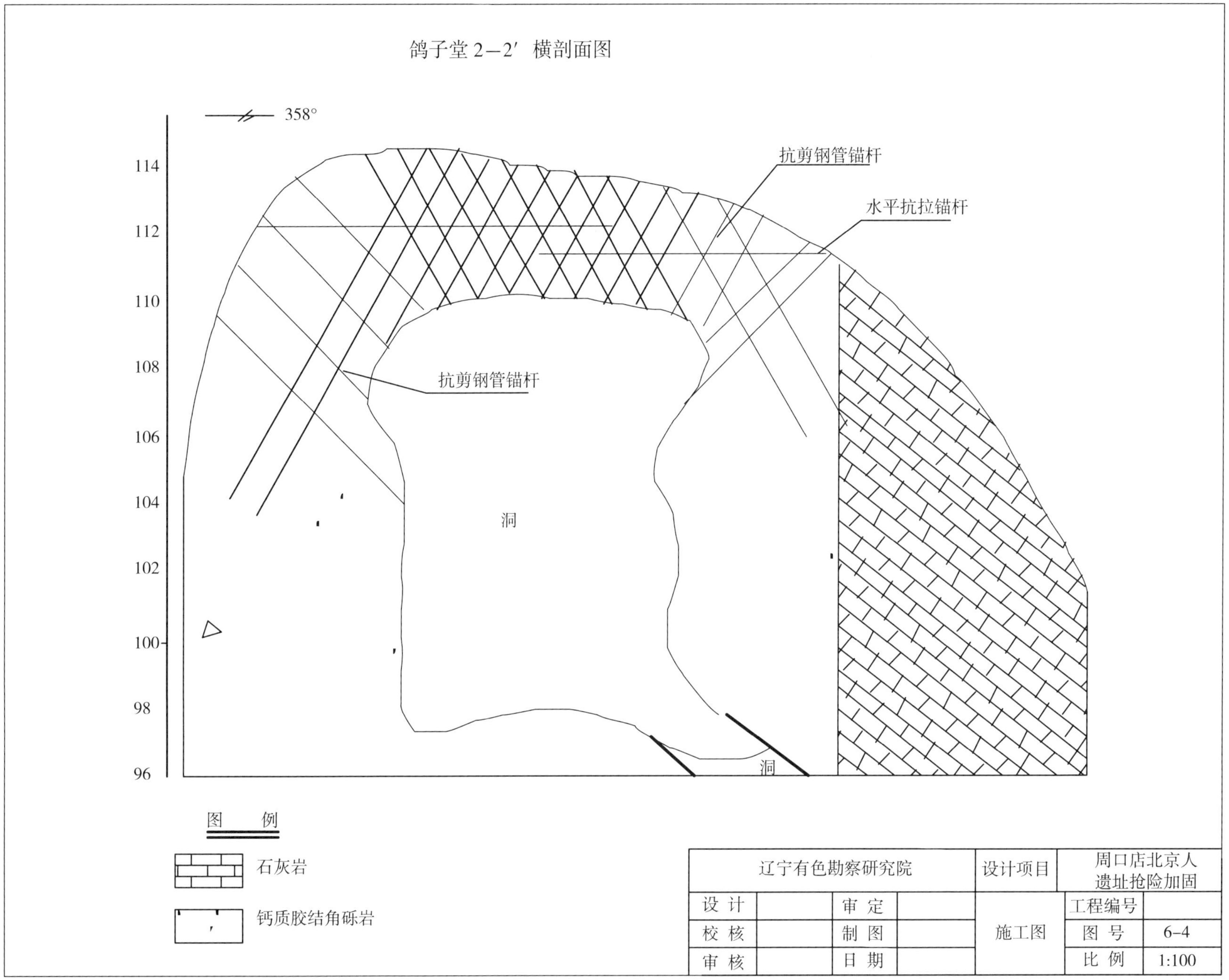

附图2-4 周口店遗址一期抢险加固设计图

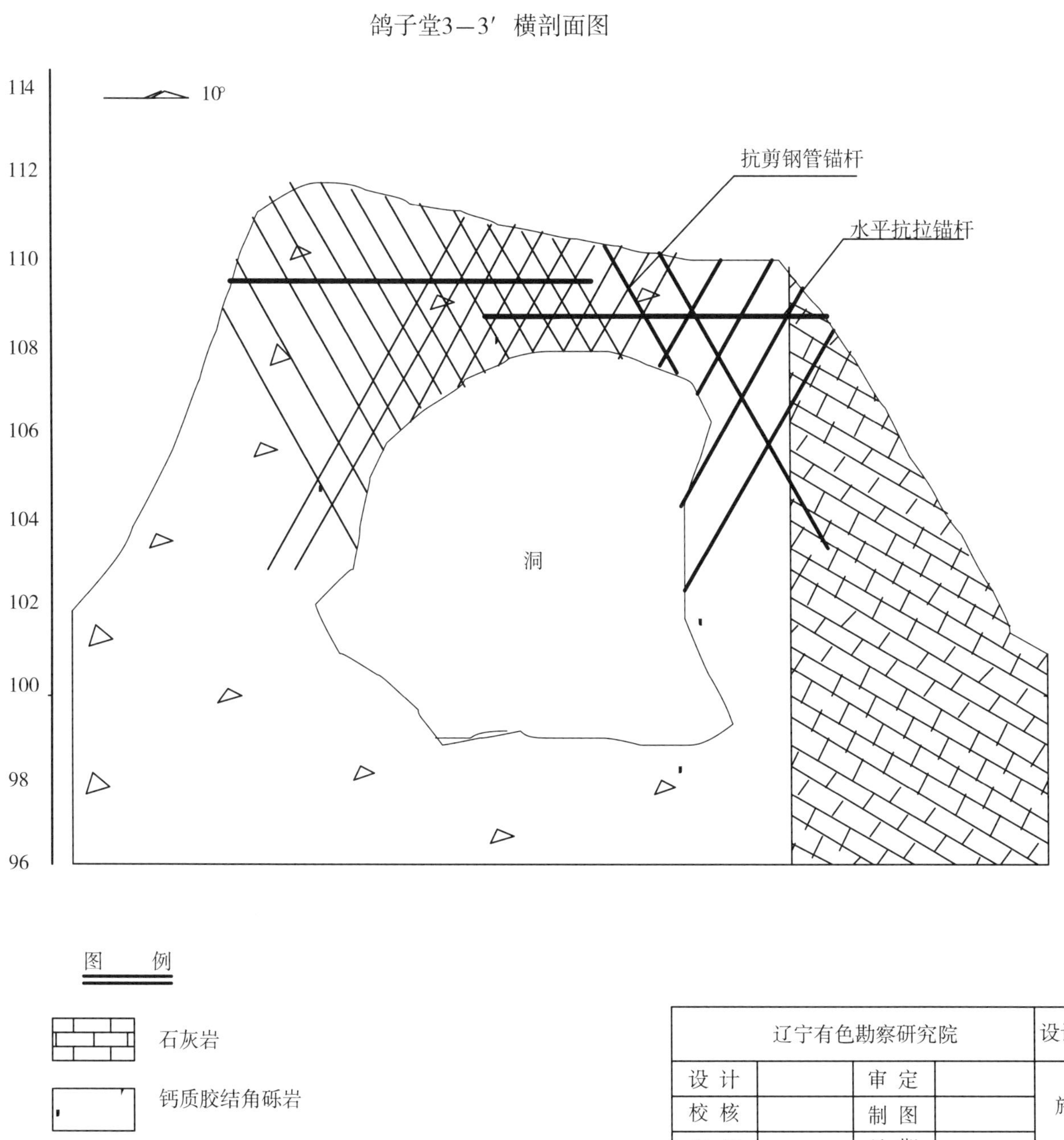

辽宁有色勘察研究院				设计项目	周口店北京人遗址抢险加固	
设 计		审 定		施工图	工程编号	
校 核		制 图			图 号	6-5
审 核		日 期			比 例	1:100

附图2-5　周口店遗址一期抢险加固设计图

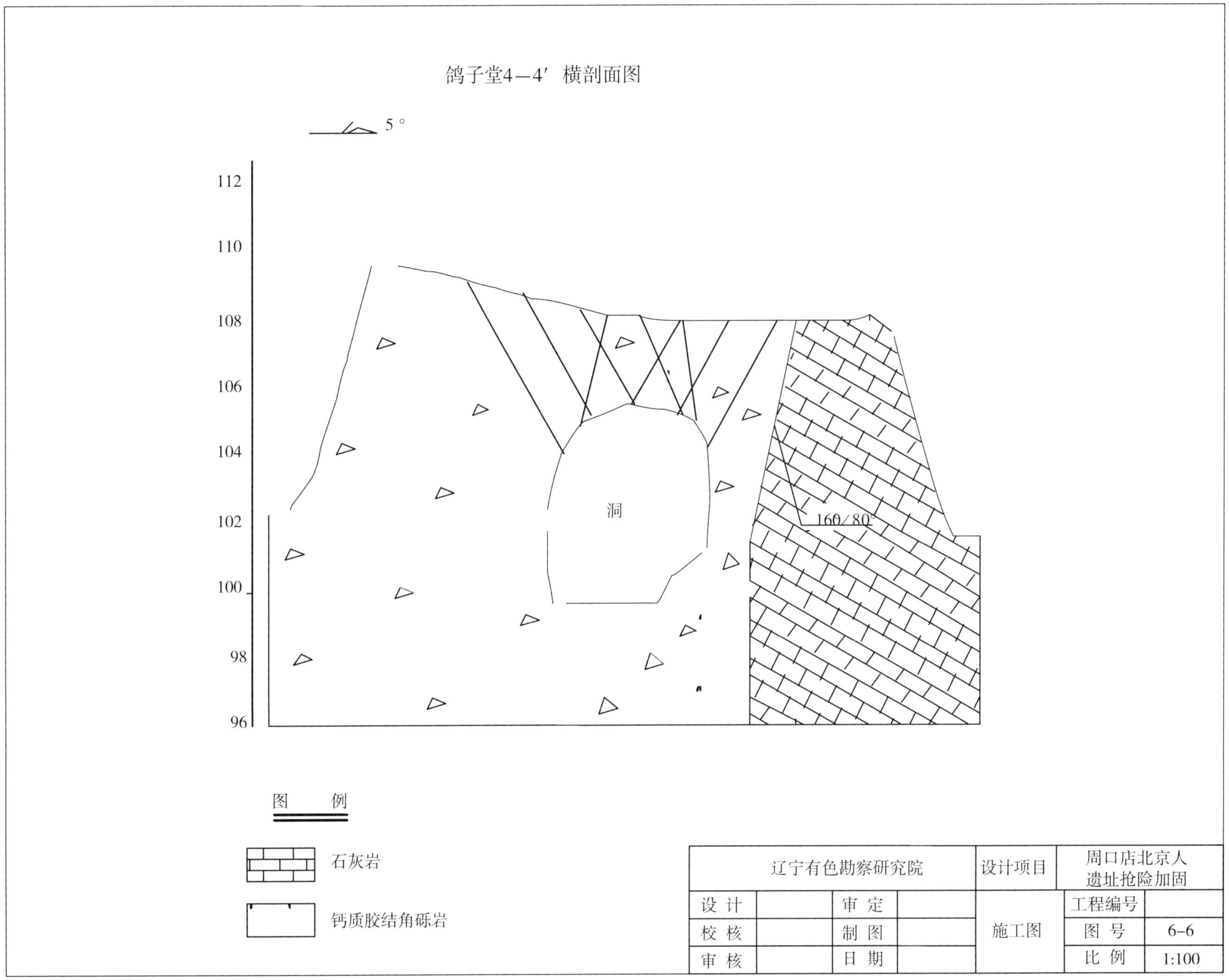

附图2-6 周口店遗址一期抢险加固设计图

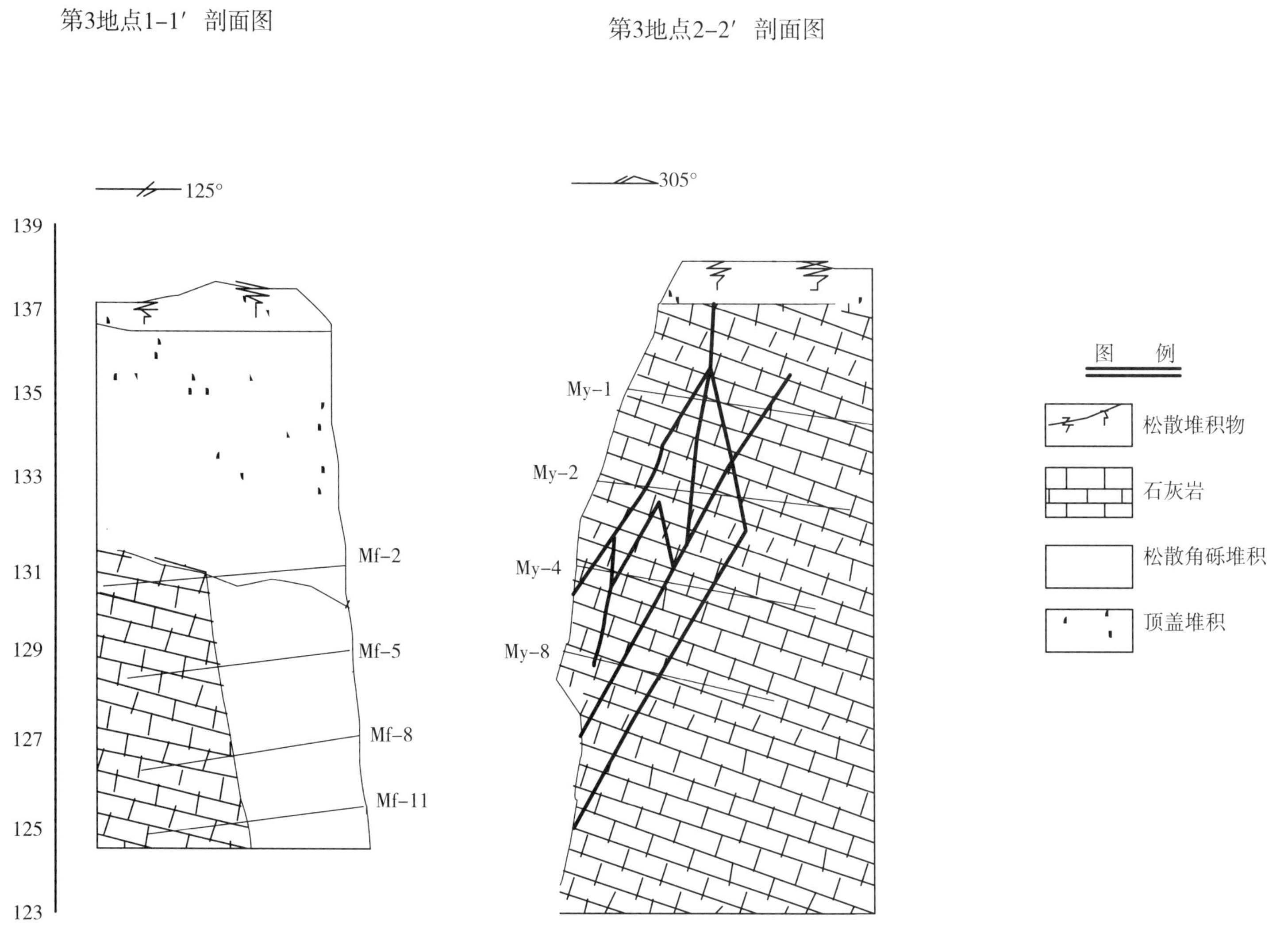

辽宁有色勘察研究院				设计项目	周口店北京人遗址抢险加固	
设 计		审 定		施工图	工程编号	
校 核		制 图			图 号	2-2
审 核		日 期			比 例	

附图2-7　周口店遗址一期抢险加固设计图

第3地点纵剖面投影图

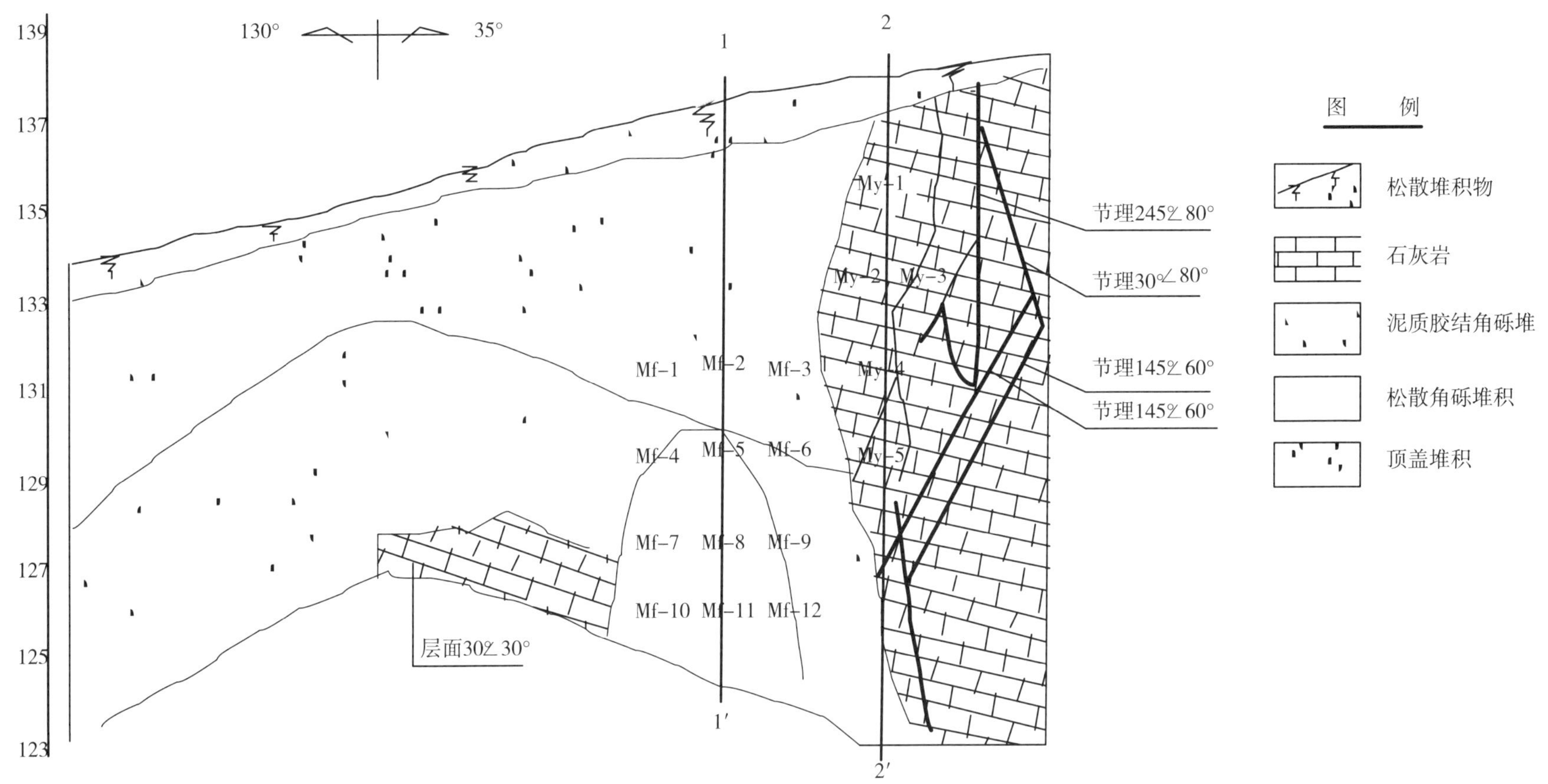

说 明

1.对松散角砾堆积，首先清除表面污垢后，采用水灰比为0.7:1的特细水泥浆沿表面孔隙进行灌注。

2.然后在其上施工ф90径的灌浆孔，用水灰比0.7:1的特细水泥浆进行渗透灌浆(也可用化学浆液)。

3.灌浆结束后置入Φ25螺纹钢形成非预应力锚杆。布设12，根约78m。

4.北侧危岩体采用预应力钢筋锚杆进行锚固防护。布设5根，约30m。

5.锚孔直径ф90，钢筋采用Φ25螺纹钢，采用水灰比为0.6:1的水泥浆灌注，要求施加设计值75%的预应力后锁定。

辽宁有色勘察研究院				设计项目	周口店北京人遗址抢险加固	
设 计		审 定		施工图	工程编号	
校 核		制 图			图 号	2-1
审 核		日 期			比 例	1:100

附图2-8 周口店遗址一期抢险加固设计图

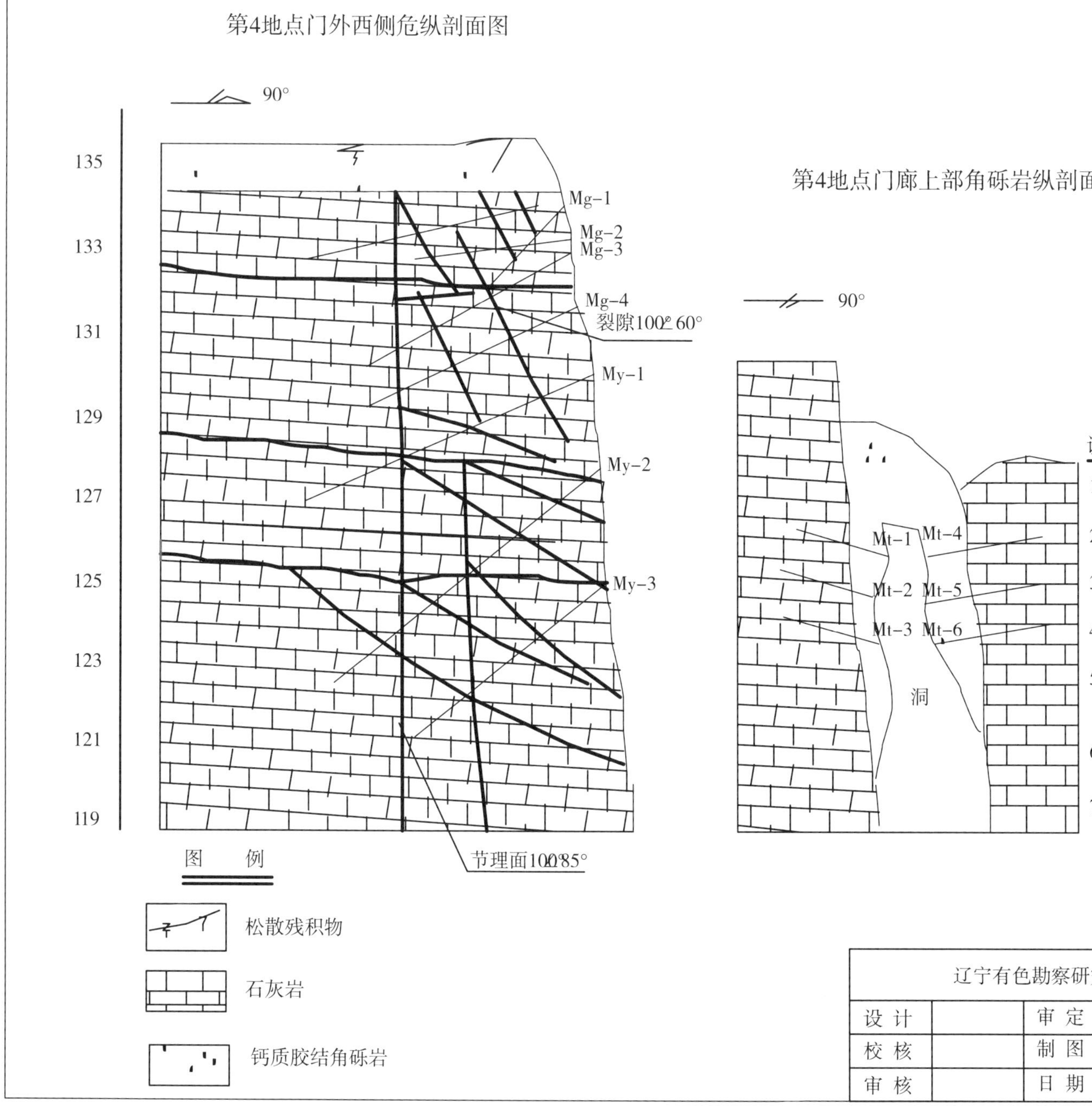

说 明

1.西侧危岩体上部采用非预应力钢管锚杆、下部采用预力钢筋锚杆进行加固。
2.锚孔孔径采用ϕ90，采用水灰比为0.6:1的水泥浆灌注。
3.钢管采用ϕ50、壁厚3.5的无缝管，钢筋采用Φ25螺纹钢。
4.门廊上部角砾堆积采用化学粘结剂粘结和短锚杆锚固相结合的方法进行防护。
5.化学粘结剂采用环氧树脂，通过锚孔低压渗透灌注在角砾岩与灰岩的接触面及角砾的孔隙间。
6.短锚杆采用ϕ42径、Φ18螺纹钢，要求锚入灰岩中大于0.5m深。共布设12根，约24m。
7.钢管锚杆布设4根，约24m。钢筋锚杆布设3根约，24m。

辽宁有色勘察研究院				设计项目	周口店北京人遗址抢险加固	
设 计		审 定		施工图	工程编号	
校 核		制 图			图 号	4-1
审 核		日 期			比 例	1:100

附图2-9 周口店遗址一期抢险加固设计图

12地点危岩体北立面投影图

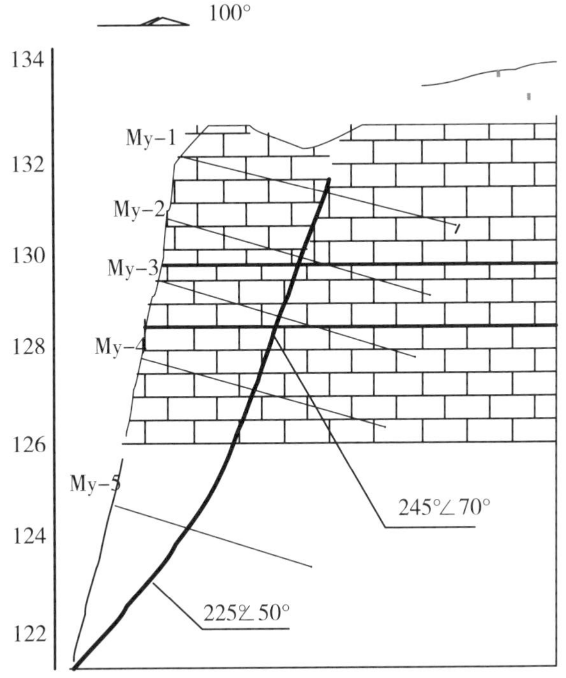

12地点危岩体南立面立剖图

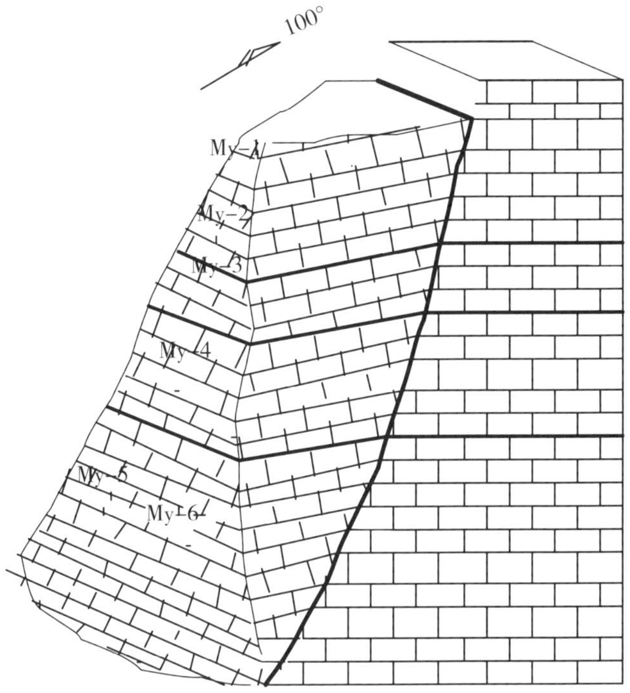

图　例

石灰岩

软弱夹层

松散堆积物

说　明

1.采用预应力钢筋锚杆进行加固。共布设16根，约36m。
2.锚孔孔径为ф90，钢筋采用ф25螺纹钢。
3.锚孔要求采用水灰比为0.6:1的水泥浆灌注。
4.锚固段要求锚入稳定岩体内大于3.0m，并要求施加设计值75%的预应力后锁定。

辽宁有色勘察研究院				设计项目	周口店北京人遗址抢险加固	
设 计		审 定		施工图	工程编号	
校 核		制 图			图 号	3-1
审 核		日 期			比 例	1:100

附图2-10　周口店遗址一期抢险加固设计图

顶盖堆积纵剖面投影图

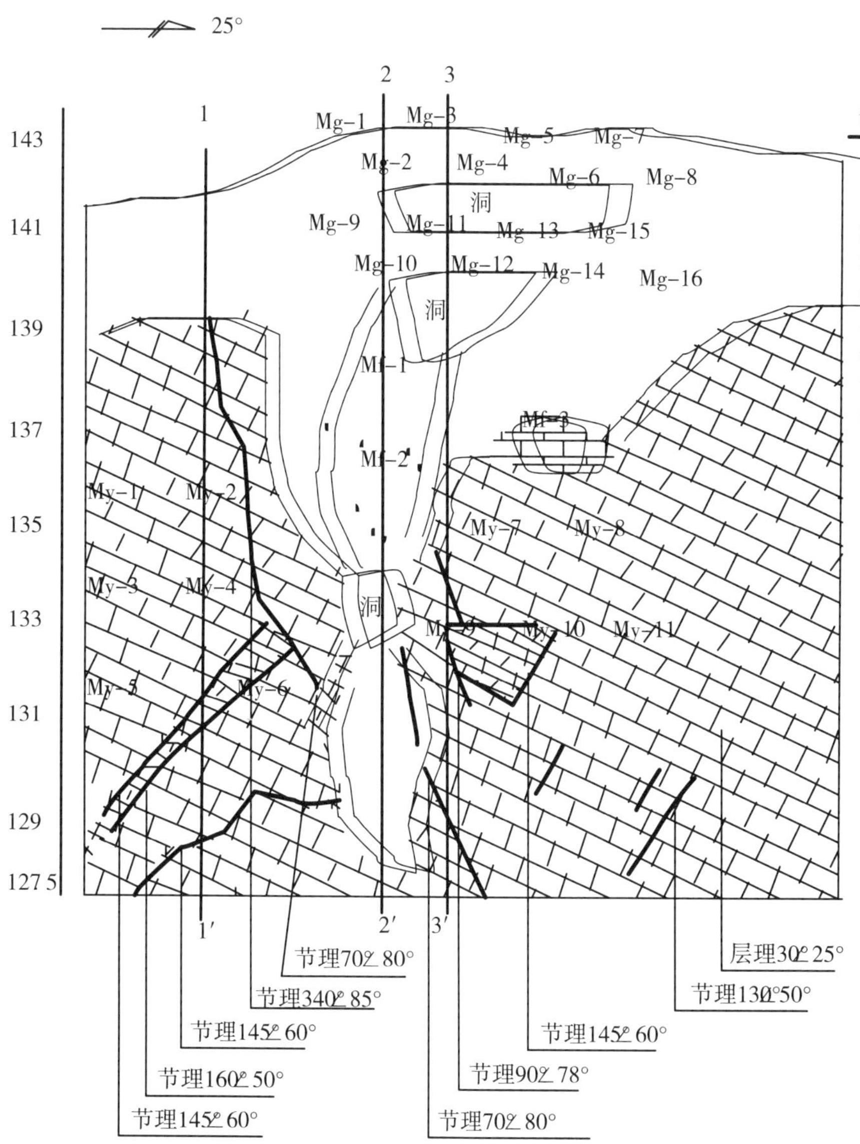

说 明

1.顶盖堆积采用非预应力钢管锚杆(mg型)进行支护，
平面上南北两侧锚杆呈上下交叉布设，交角30° 。共布设16根，约128m。
2.危岩体采用预应力钢筋锚杆（my型）进行防护。共布3根，约15m。
3.溶洞及孤石采用非预应力钢筋锚杆（mf型）进行加固。共布设11根，约55m。
4.孔径采用ф90mm，采用水灰比为0.6:1的水泥浆灌注。
5.钢管采用ф50mm，壁厚3.5mm的无缝钢管。
6.钢筋采Φ25螺纹钢。
7.预应力锚杆要求施加设计值75%的预应力后锁定。
8.锚杆的锚固段要求锚入稳定岩(土)体中大于2.5m。

图　例

石灰岩

钙质胶结角砾岩

顶盖堆积

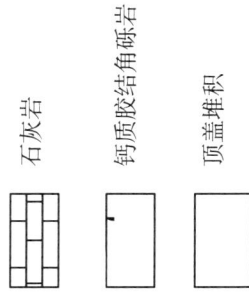

辽宁有色勘察研究院				设计项目	周口店北京人遗址抢险加固	
设 计		审 定		施工图	工程编号	
校 核		制 图			图 号	1-1
审 核		日 期			比 例	1:100

附图2-11　周口店遗址一期抢险加固设计图

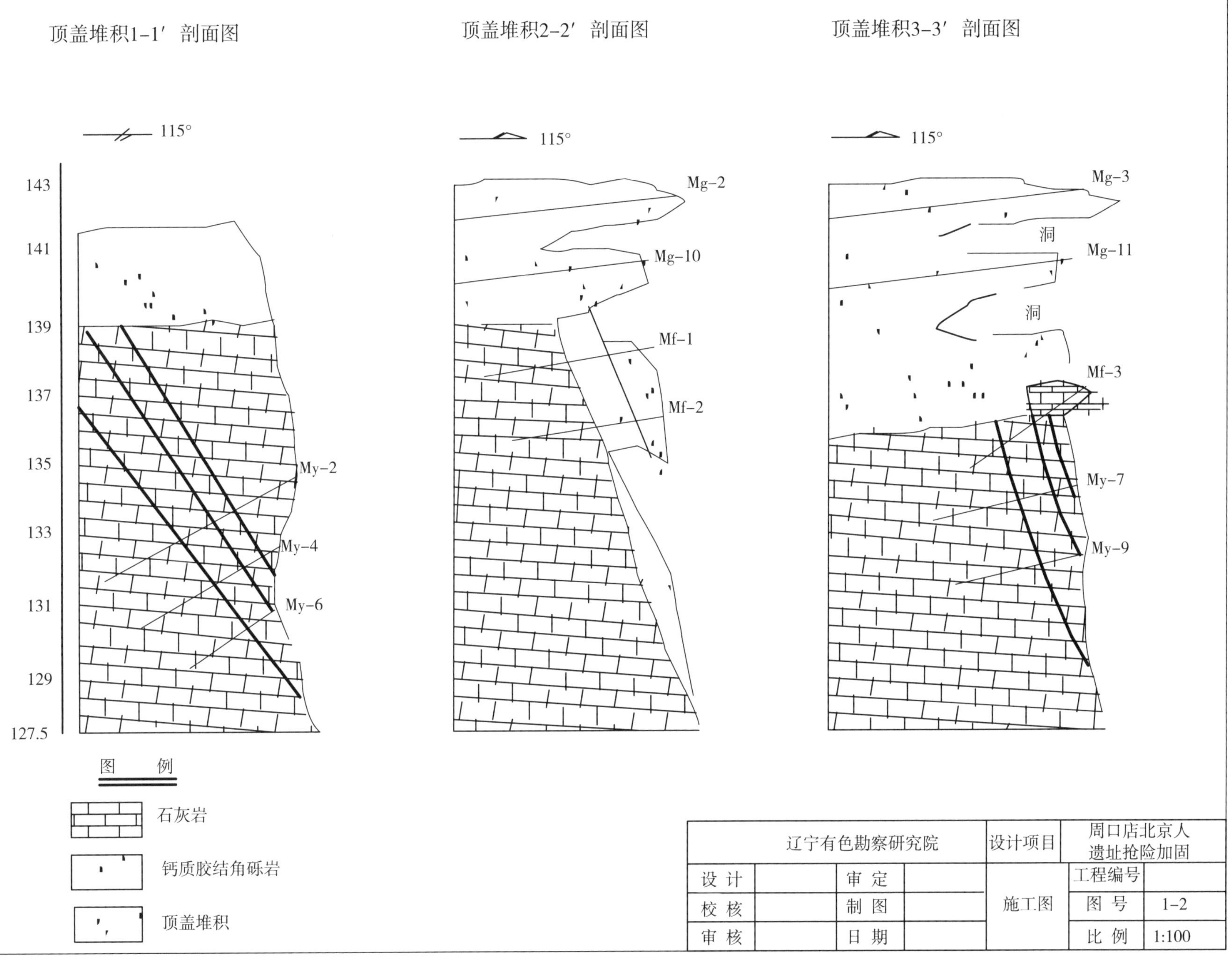

辽宁有色勘察研究院				设计项目	周口店北京人遗址抢险加固	
设 计		审 定		施工图	工程编号	
校 核		制 图			图 号	1-2
审 核		日 期			比 例	1:100

附图2-12 周口店遗址一期抢险加固设计图

山顶洞南侧排水槽纵剖面投影图

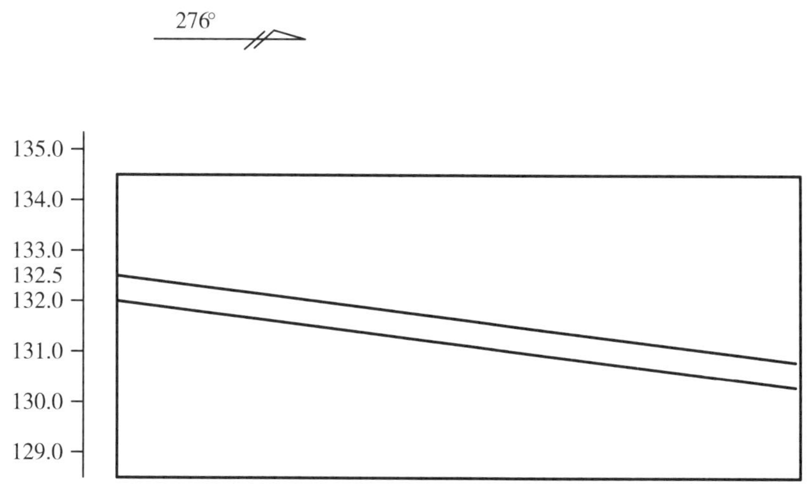

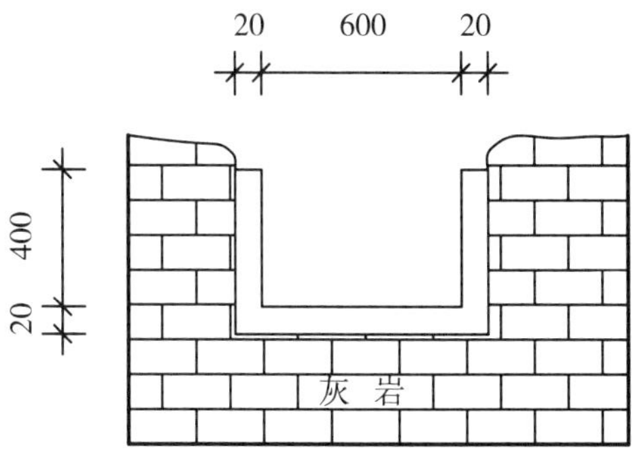

说明：

1.排水槽布置于山顶洞南侧的缓步台上，流水排入山顶洞西侧的沟谷中；

2.排水槽开凿于灰岩中，宽0.6m、深0.4m。表面用1:1水泥砂浆抹面。

辽宁有色勘察研究院				设计项目	周口店北京人遗址抢险加固	
设 计		审 定		施工图	工程编号	
校 核		制 图			图 号	8-2
审 核		日 期			比 例	1:100

附图3-1　周口店遗址一期排水设计图

猿人洞南侧排水槽布置图

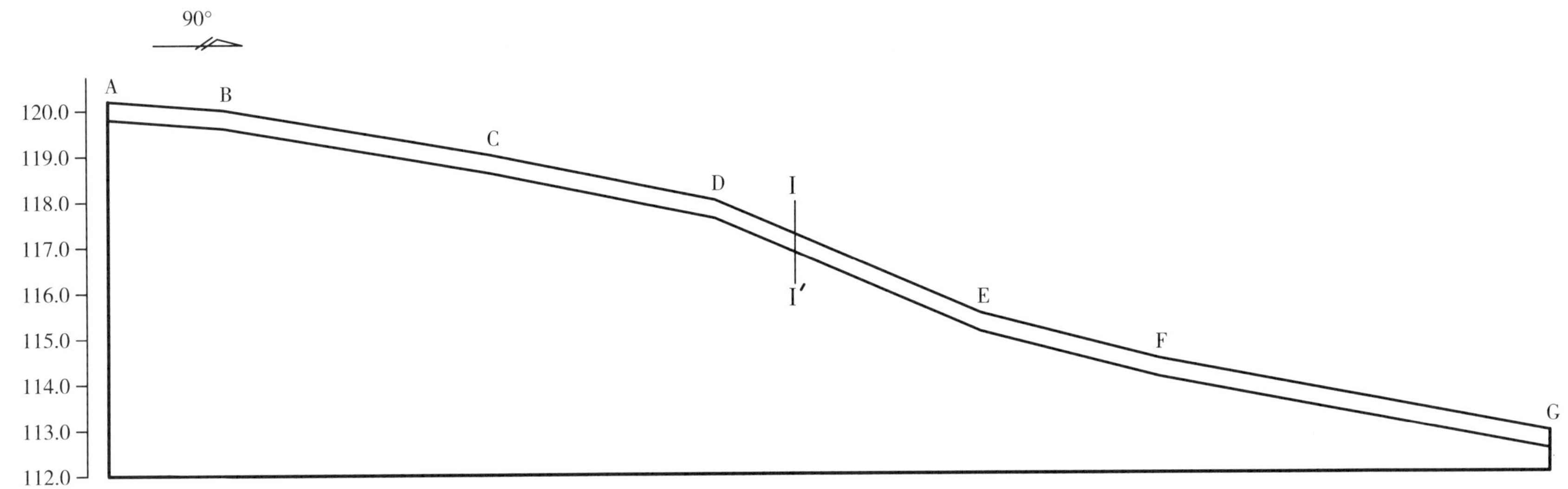

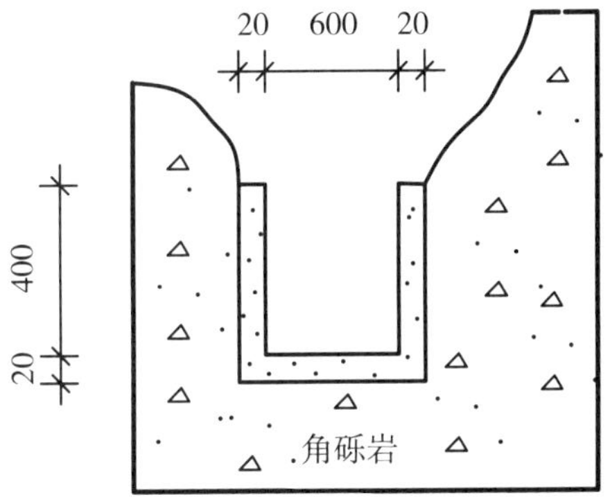

I —— I′

说明:

1.南侧排水槽设置在猿人洞南侧壁顶部的缓步台上，按现自然坡面布设，流水排入东侧人工挖掘形成的洼地中；

2.排水槽规格为宽0.6m、深0.4m，开凿于角砾岩或灰岩中。表面采用1:1水泥砂浆抹面。

辽宁有色勘察研究院				设计项目	周口店北京人遗址抢险加固	
设 计		审 定		施工图	工程编号	
校 核		制 图			图 号	7-3
审 核		日 期			比 例	1:100

附图3-2 周口店遗址一期排水设计图

排水槽结构示意图

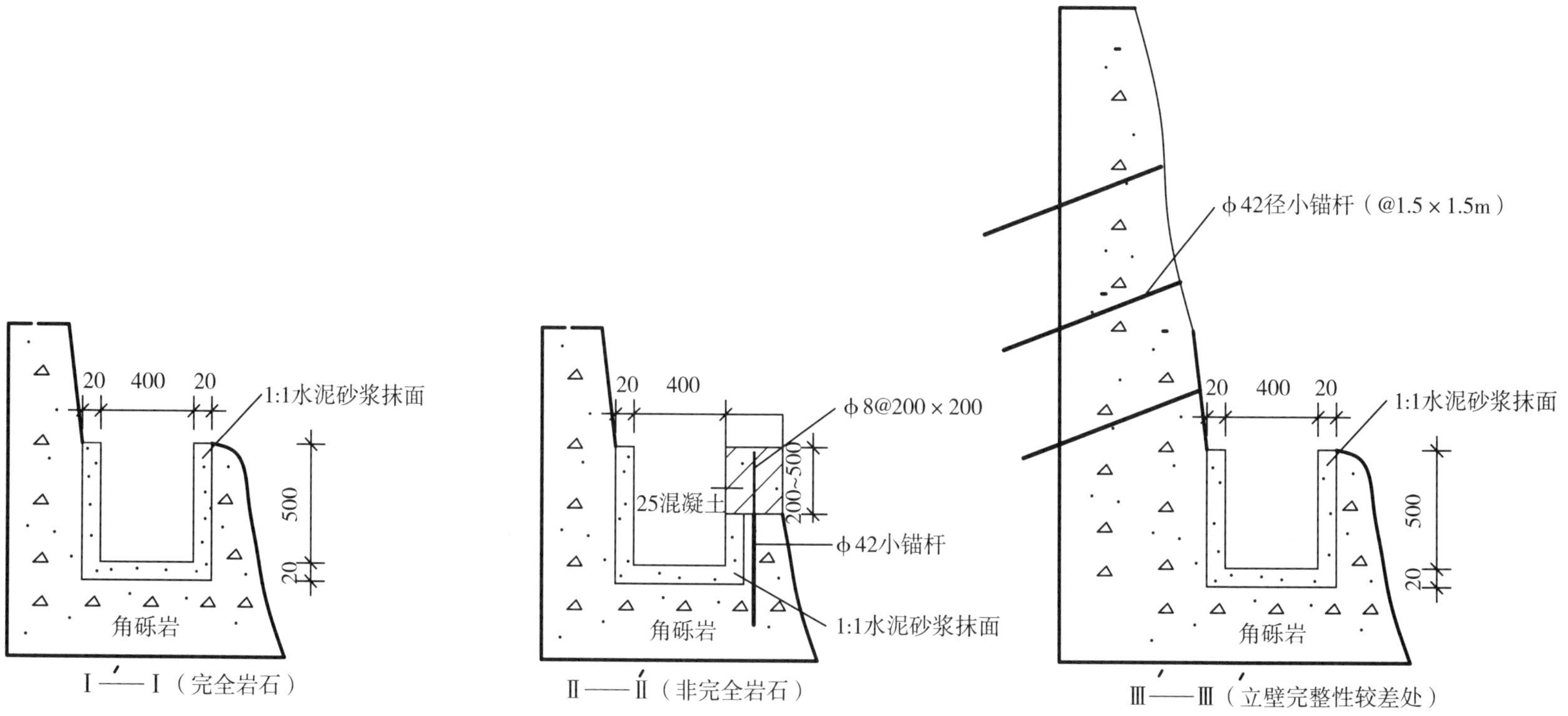

辽宁有色勘察研究院				设计项目	周口店北京人遗址抢险加固	
设计		审定		施工图	工程编号	
校核		制图			图号	7-4
审核		日期			比例	

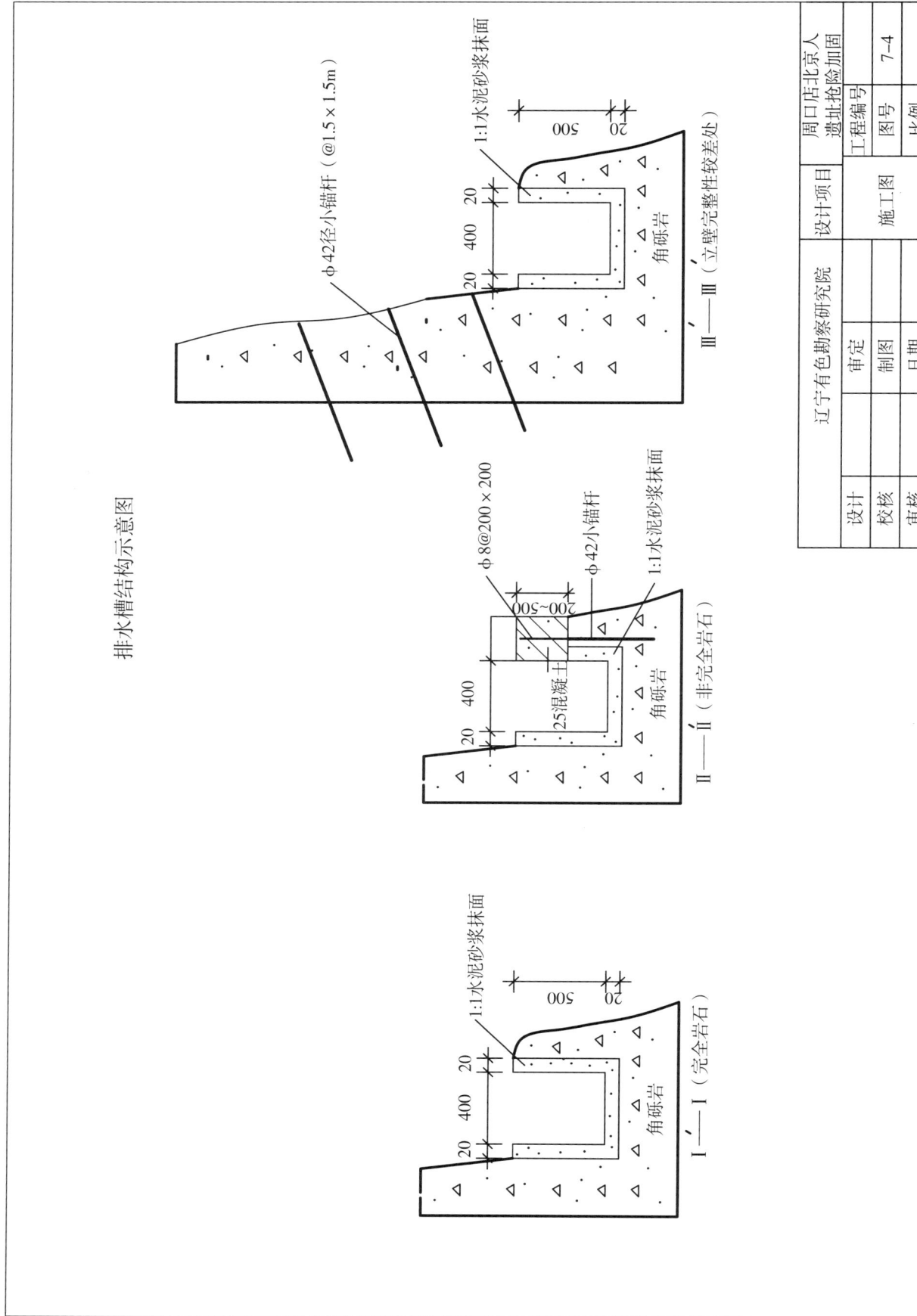

附图3-3　周口店遗址一期排水设计图

猿人洞西侧立壁排水槽纵剖面投影图

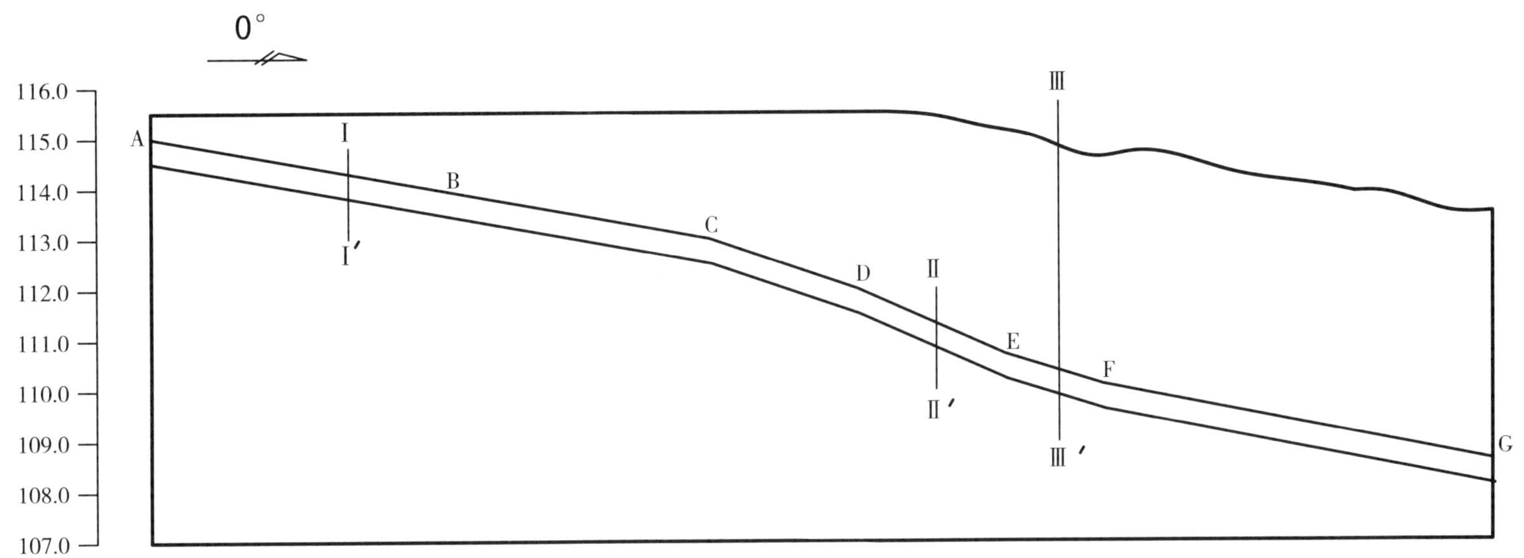

说明：

1.排水槽沿猿人洞西侧壁几处天然突出点布置；

2.全岩石段排水槽开凿成型后，内壁及底面用1:1水泥砂浆抹面；

3.非全岩石段的排水槽首先外槽壁处施工ϕ42径、Φ18小锚杆，锚杆锚入岩体内1.0m，间距为1.0m。其上绑扎钢筋网（ϕ8@200×200）后浇筑C25混凝土形成外槽壁，宽度200mm；

4.立壁完整性较差处的排水槽，在立壁上施工ϕ42径、Φ18的小锚杆进行加固防护，锚杆间距为1.5×1.5m。

辽宁有色勘察研究院				设计项目	周口店北京人遗址抢险加固	
设 计		审 定		施工图	工程编号	
校 核		制 图			图 号	7-2
审 核		日 期			比 例	1:100

附图3-4　周口店遗址一期排水设计图

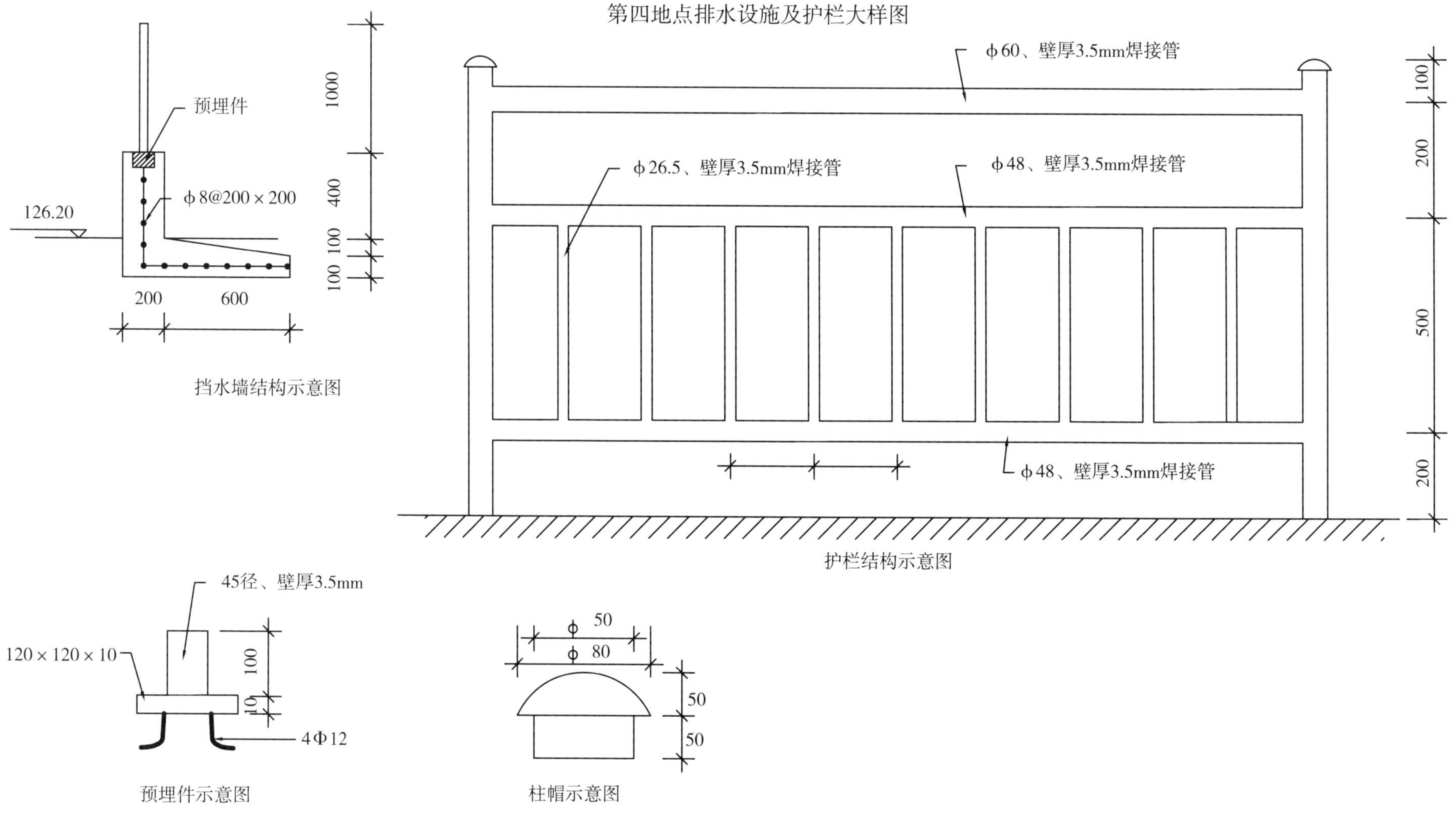

辽宁有色勘察研究院				设计项目	周口店北京人遗址抢险加固	
设计		审定		施工图	工程编号	
校核		制图			图号	9-2
审核		日期			比例	

附图3-5 周口店遗址一期排水设计图

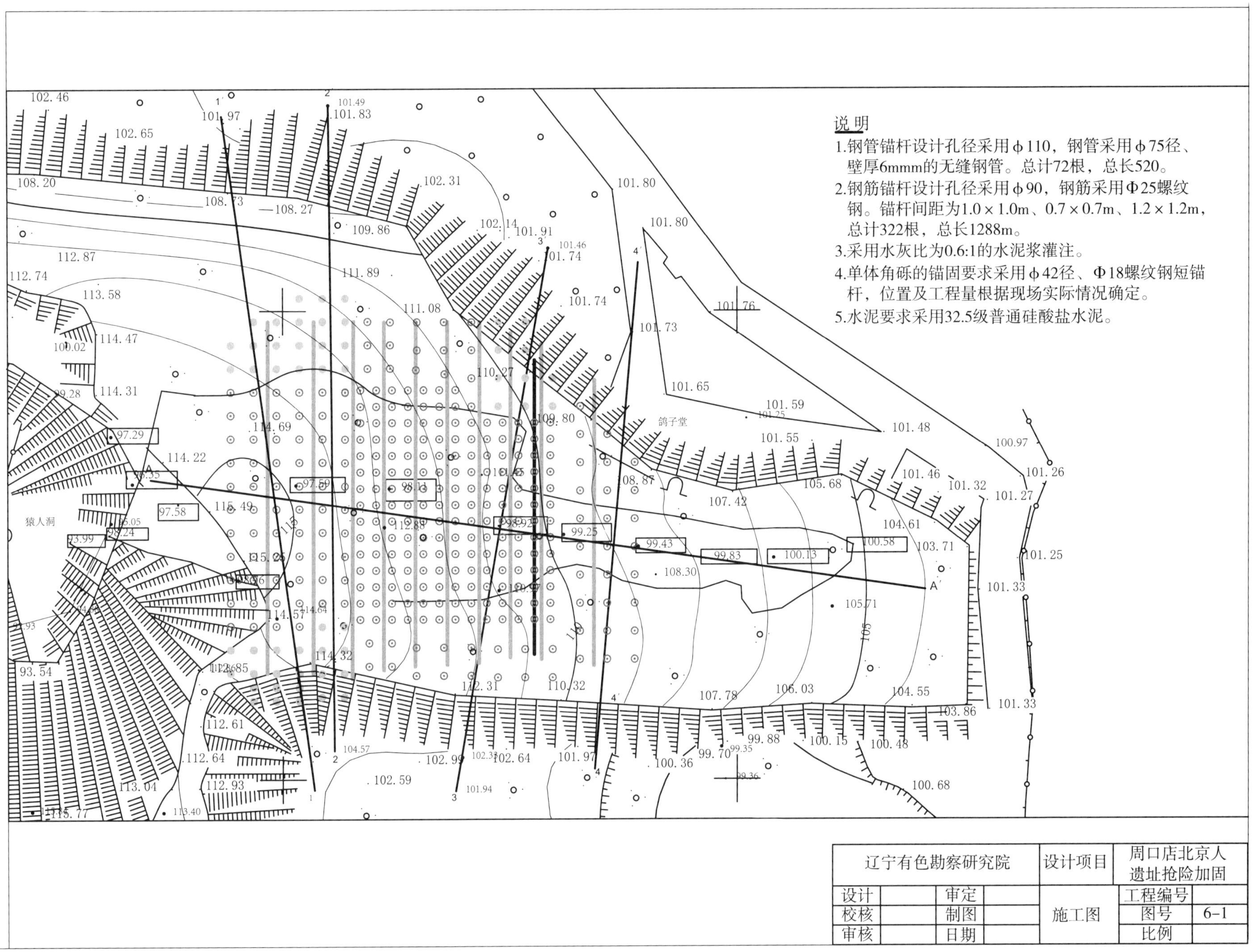
说明
1.钢管锚杆设计孔径采用ф110，钢管采用ф75径、壁厚6mmm的无缝钢管。总计72根，总长520。
2.钢筋锚杆设计孔径采用ф90，钢筋采用Φ25螺纹钢。锚杆间距为1.0×1.0m、0.7×0.7m、1.2×1.2m，总计322根，总长1288m。
3.采用水灰比为0.6:1的水泥浆灌注。
4.单体角砾的锚固要求采用ф42径、Φ18螺纹钢短锚杆，位置及工程量根据现场实际情况确定。
5.水泥要求采用32.5级普通硅酸盐水泥。
鸽子堂
猿人洞
辽宁有色勘察研究院
设计项目
周口店北京人遗址抢险加固
设计
审定
校核
制图
审核
日期
施工图
工程编号
图号
6-1
比例

附图4　鸽子堂锚杆布置平面图

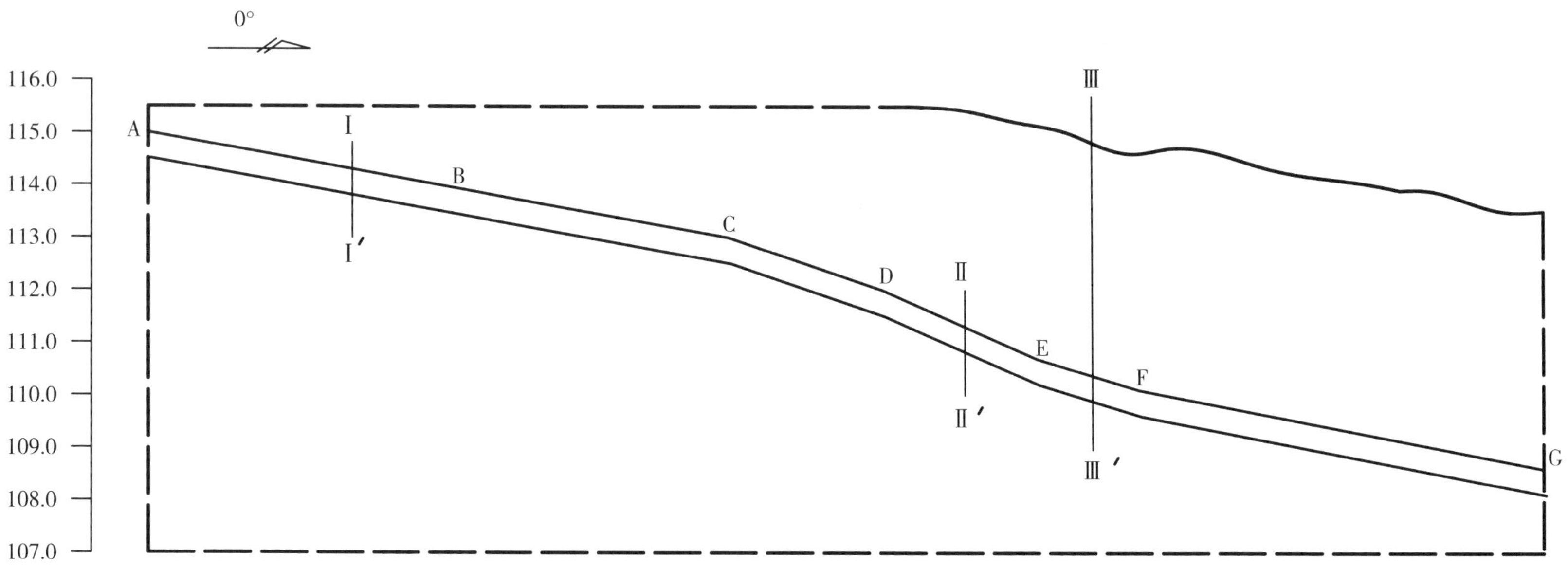

说明：

1.排水槽沿猿人洞西侧壁几处天然突出点布置；

2.全岩石段排水槽开凿成型后，内壁及底面用1:1水泥砂浆抹面；

3.非全岩石段的排水槽首先外槽壁处施工ϕ42径、Φ18小锚杆，锚杆锚入岩体内1.0m，间距为1.0m。其上绑扎钢筋网（ϕ8@200×200）后浇筑C25混凝土形成外槽壁，宽度200mm；

4.立壁完整性较差处的排水槽，在立壁上施工ϕ42径、Φ18的小锚杆进行加固防护，锚杆间距为1.5×1.5m。

辽宁有色勘察研究院				设计项目	周口店北京人遗址抢险加固	
设 计		审 定		施工图	工程编号	
校 核		制 图			图 号	7-2
审 核		日 期			比 例	1:100

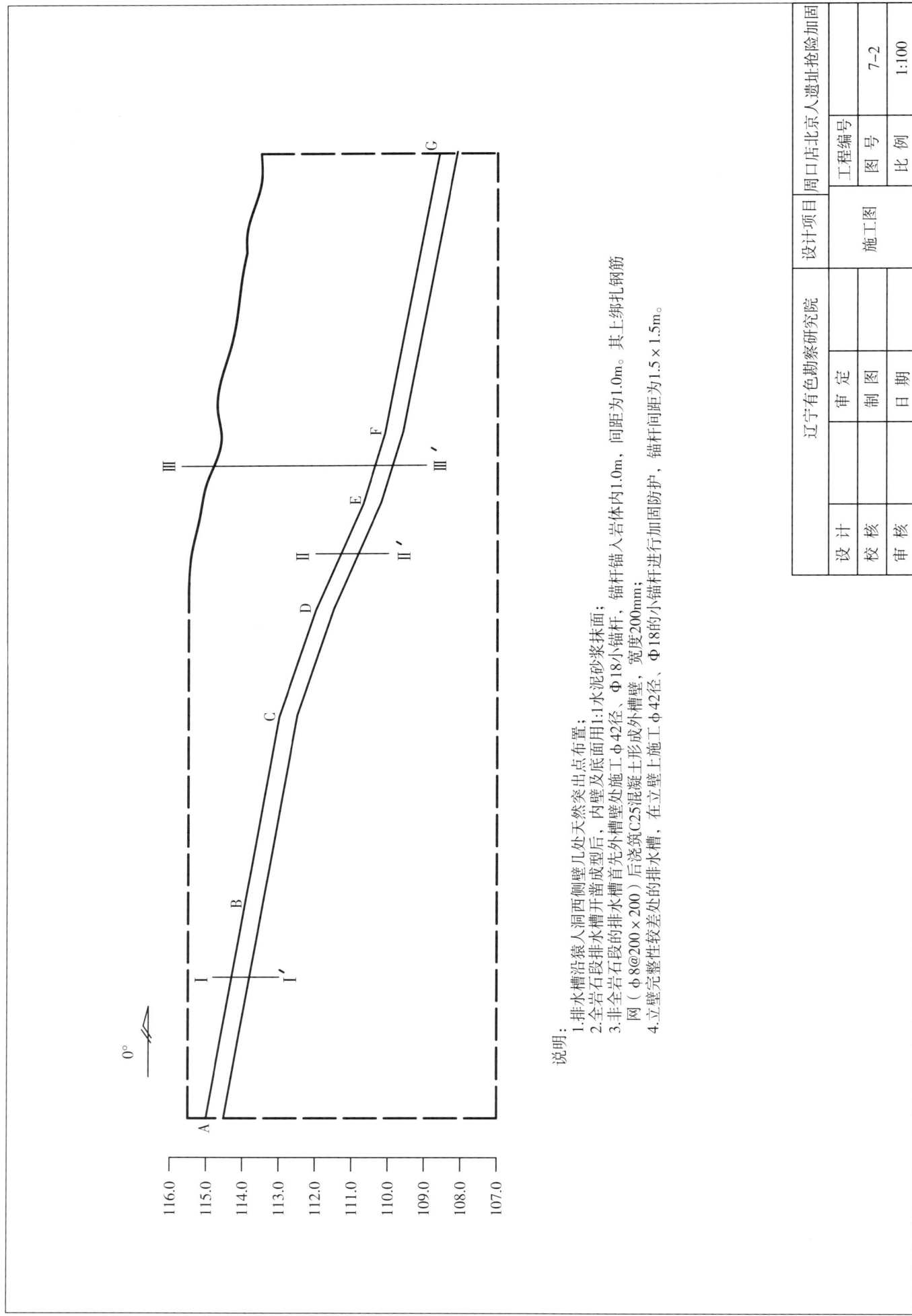

附图5　猿人洞西侧立壁排水槽纵剖面投影图

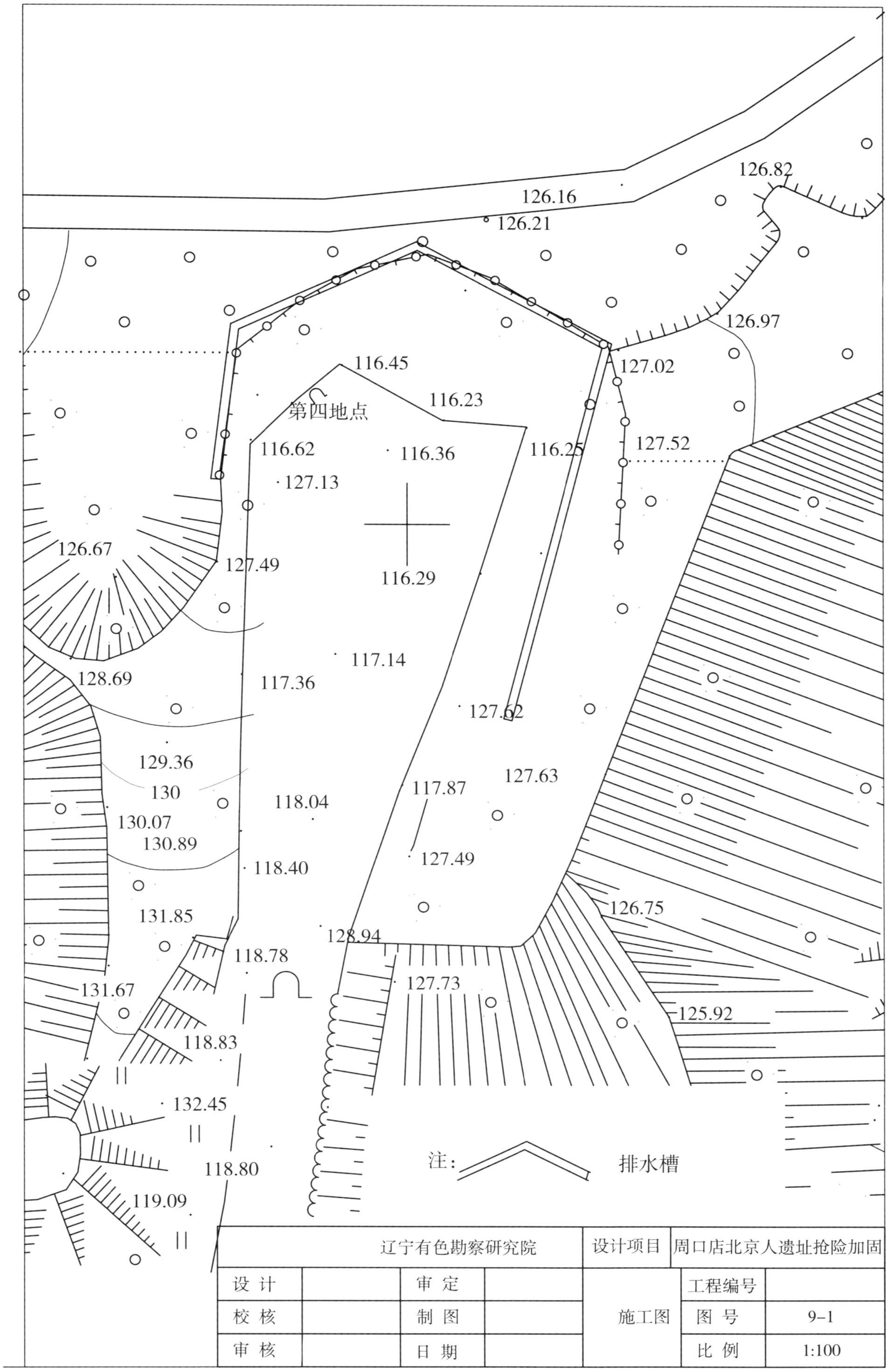
126.16
126.21
126.82
126.97
127.02
127.52
116.45
116.23
第四地点
116.62
116.36
116.25
127.13
126.67
127.49
116.29
117.14
128.69
117.36
127.62
129.36
127.63
130
118.04
117.87
130.07
130.89
127.49
118.40
126.75
131.85
128.94
118.78
127.73
131.67
125.92
118.83
132.45
118.80
注:
排水槽
119.09
辽宁有色勘察研究院
设计项目
周口店北京人遗址抢险加固
设 计
审 定
工程编号
校 核
制 图
施工图
图 号
9-1
审 核
日 期
比 例
1:100

附图6　第4地点排水设施平面布置图

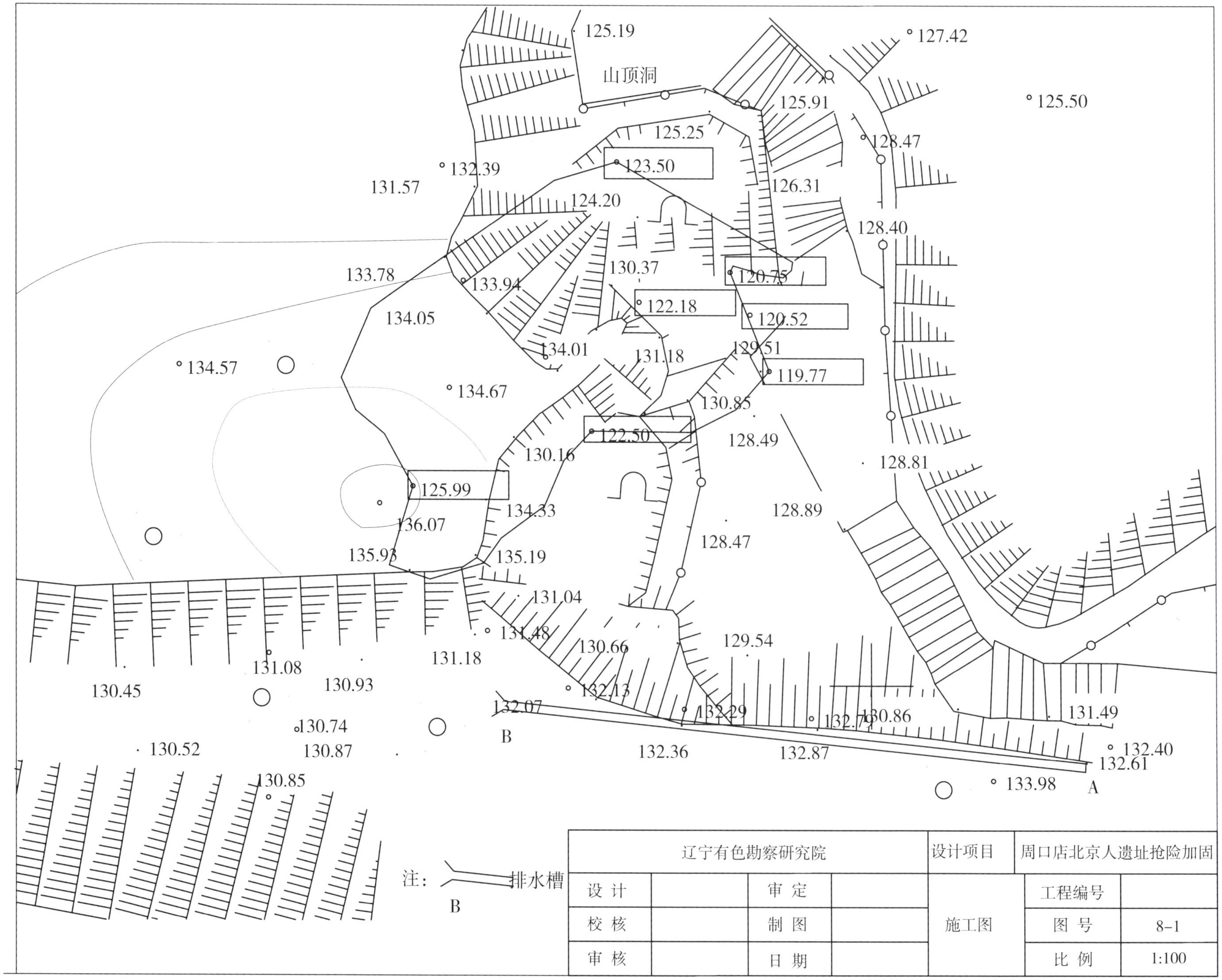

辽宁有色勘察研究院				设计项目	周口店北京人遗址抢险加固	
设 计		审 定		施工图	工程编号	
校 核		制 图			图 号	8-1
审 核		日 期			比 例	1:100

附图7　山顶洞南侧排水设施平面布置图

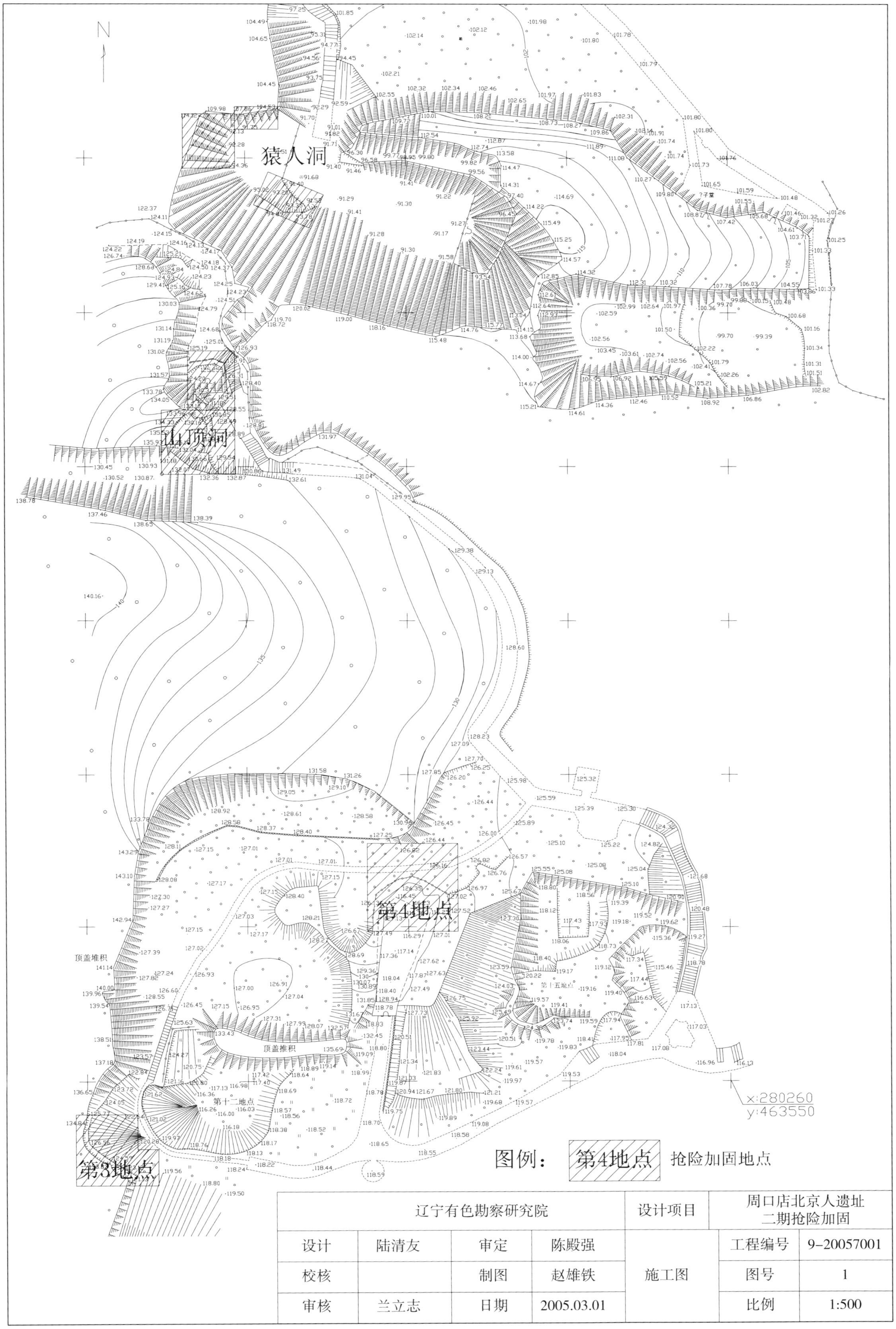

附图8　周口店遗址二期抢险加固位置图

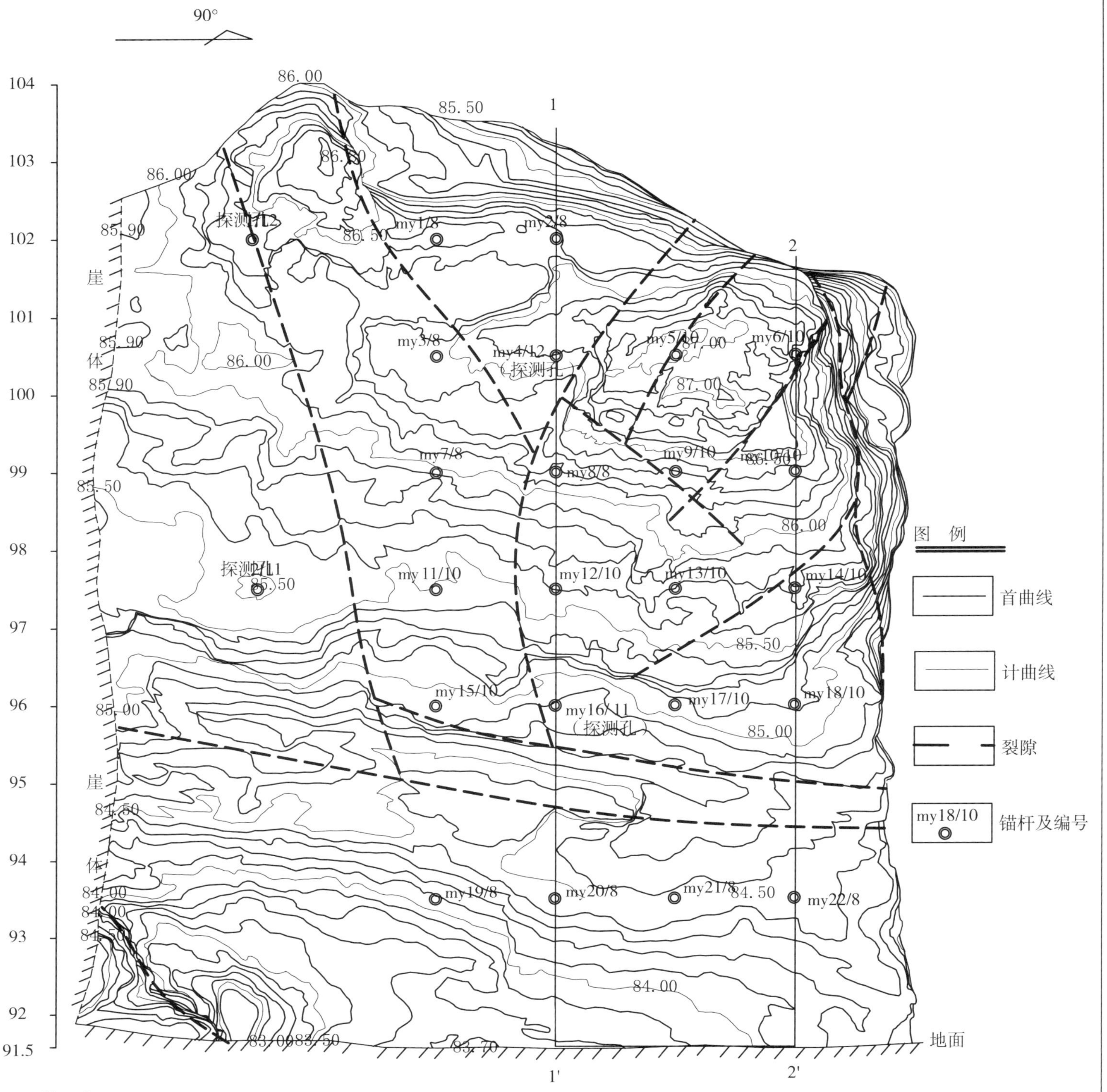

说 明

1.采用预应力钢筋锚杆进行加固,共布设22根,总进尺约227米。

2.锚孔孔径为ф90，钢筋采用ф25螺纹钢。

3.锚孔要求采用水灰比为0.5:1的水泥浆灌注,灌注时要求分内外锚固段两次灌注的方法进行，以便施加预应力，采用PO42.5水泥。

4.锚固段要求锚入稳定岩体内大于3.0m，并要求施加设计值75%的预应力后锁定。

5.施工前首先施工探测孔，查明裂隙的空间展布、有无空洞及完整岩体界面

辽宁有色勘察研究院				设计项目	周口店北京人遗址二期抢险加固	
设 计	陆清友	审 定	陈殿强	施工图	工程编号	9-20057001
校 核		制 图	范晓东		图 号	5-1
审 核	兰立志	日 期	2005.03.01		比 例	1:50

附图9－1 猿人洞西侧北壁立面工程布置图

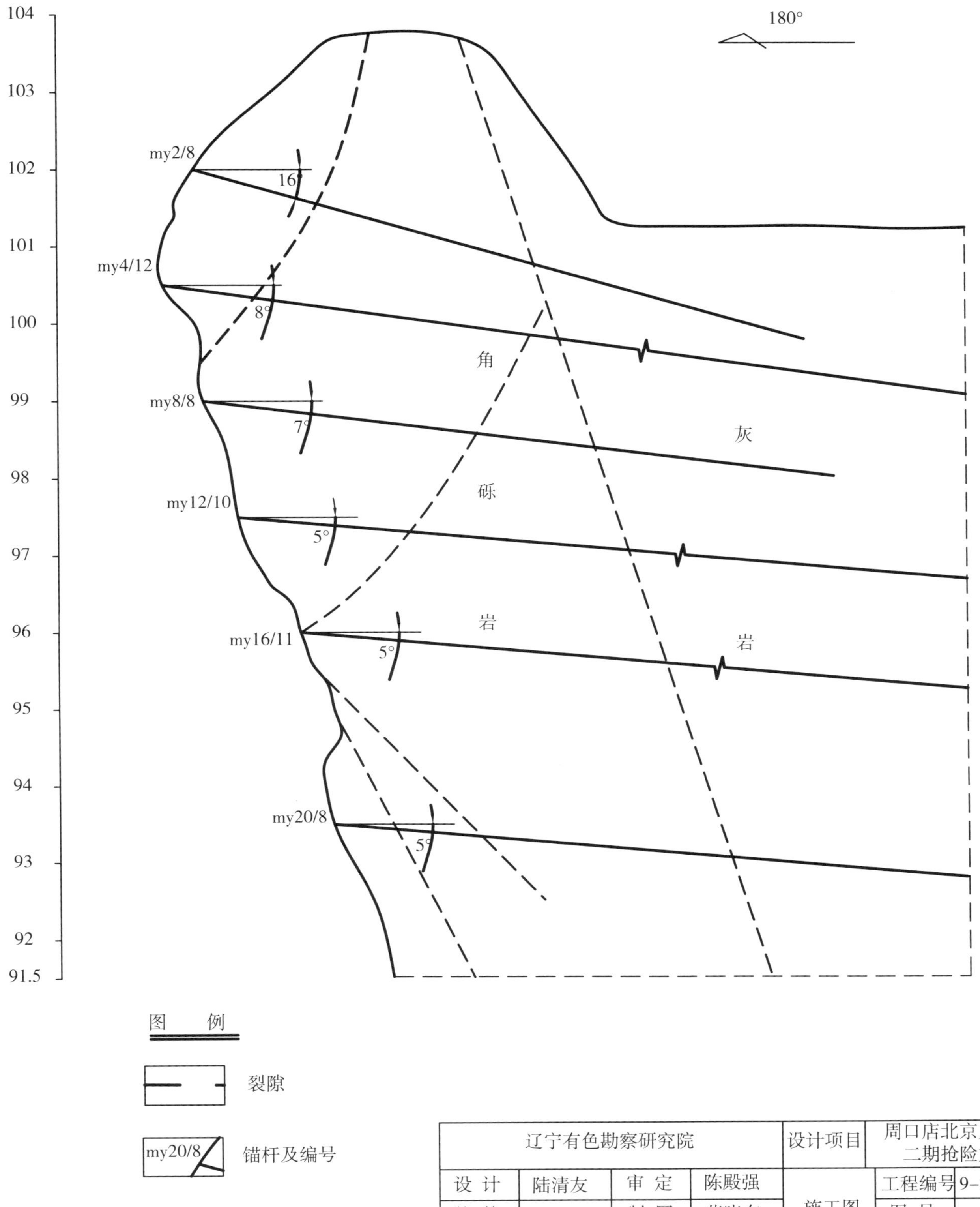

辽宁有色勘察研究院				设计项目	周口店北京人遗址二期抢险加固	
设 计	陆清友	审 定	陈殿强	施工图	工程编号	9-20057001
校 核		制 图	范晓东		图 号	5-1
审 核	兰立志	日 期	2005.03.01		比 例	1：50

附图9－2　猿人洞西侧北壁立面1－1剖面图

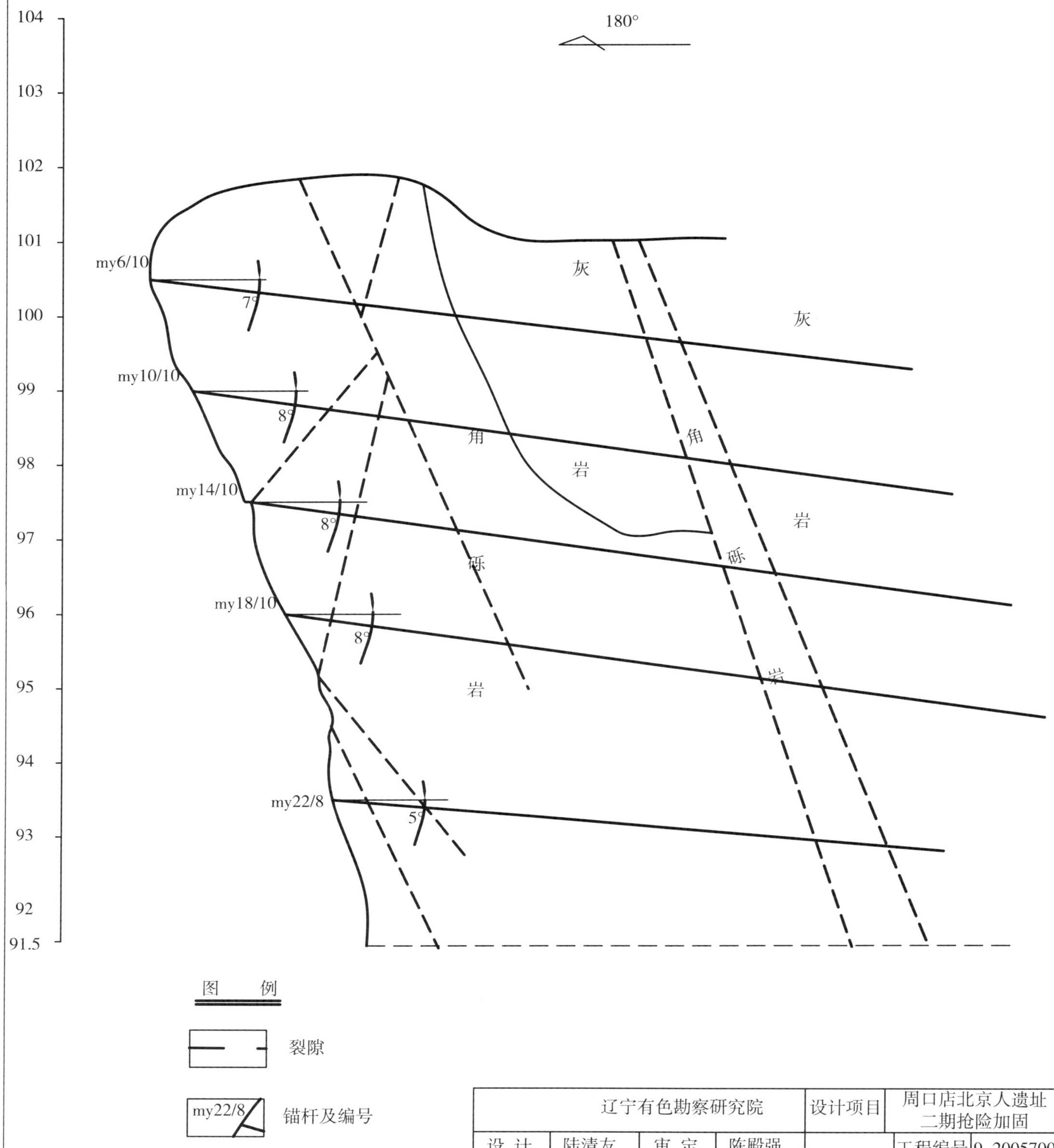

辽宁有色勘察研究院				设计项目	周口店北京人遗址二期抢险加固	
设 计	陆清友	审 定	陈殿强	施工图	工程编号	9-20057001
校 核		制 图	范晓东		图 号	5-1
审 核	兰立志	日 期	2005.03.01		比 例	1：50

附图9-3　猿人洞西侧北壁立面2-2剖面图

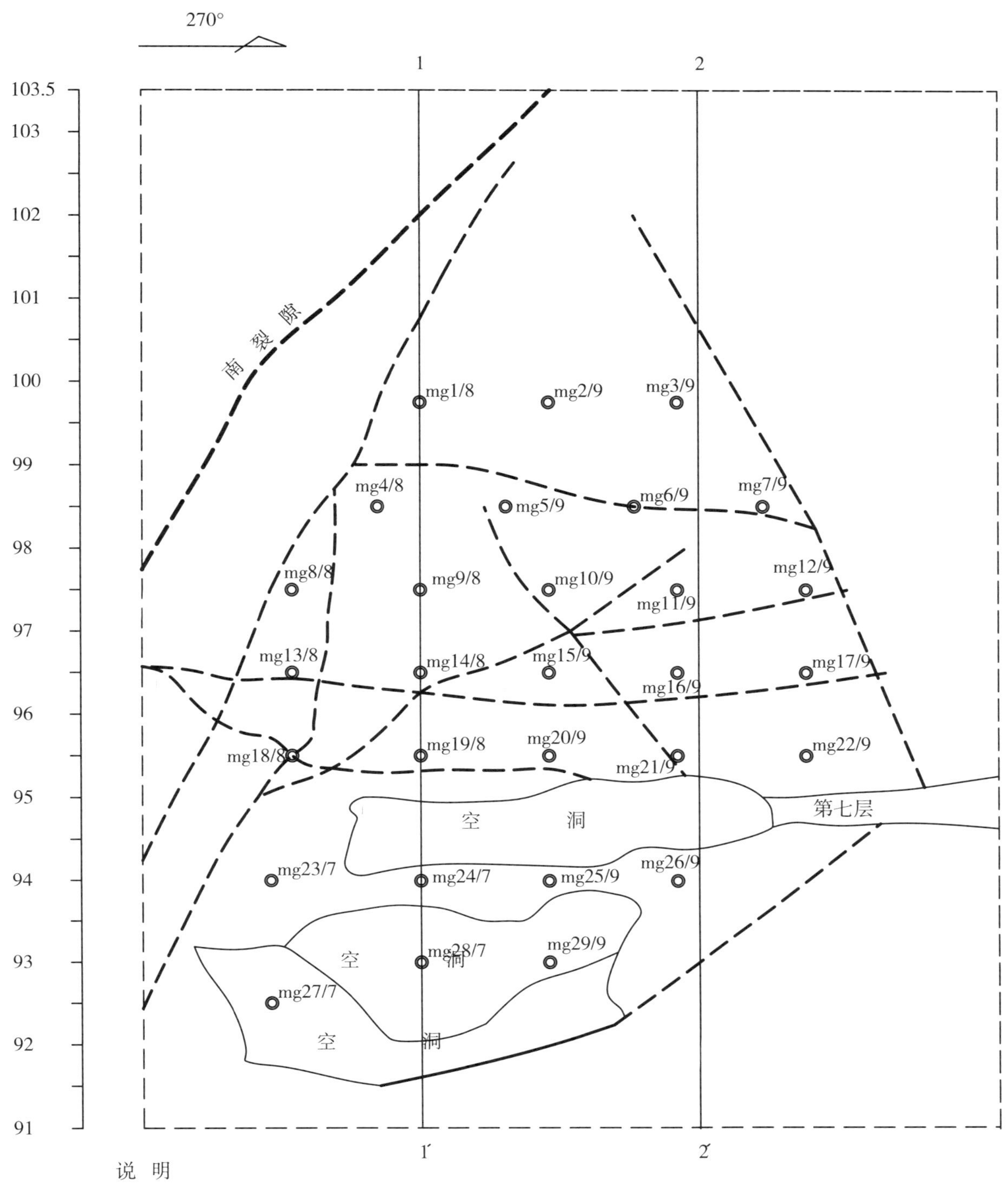

说 明

1.采用非预应力钢管锚杆进行加固，共布设29根，总进尺245m。
2.孔径均为ф90mm，采用水灰比为0.5:1的水泥浆灌注，采用P.O42.5水泥。
3.钢管采用ф48mm，壁厚3.2mm的焊管。
4.锚杆的锚固段要求锚入稳定土体中大于3.0m。

图 例

裂隙

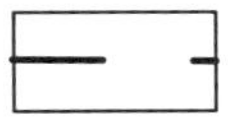

锚杆及编号

辽宁有色勘察研究院				设计项目	周口店北京人遗址二期抢险加固	
设 计	陆清友	审 定	陈殿强	施工图	工程编号	9-20057001
校 核		制 图	范晓东		图 号	6-1
审 核	兰立志	日 期	2005.03.01		比 例	1:50

附图 10-1 猿人洞西侧南壁立面工程布置图

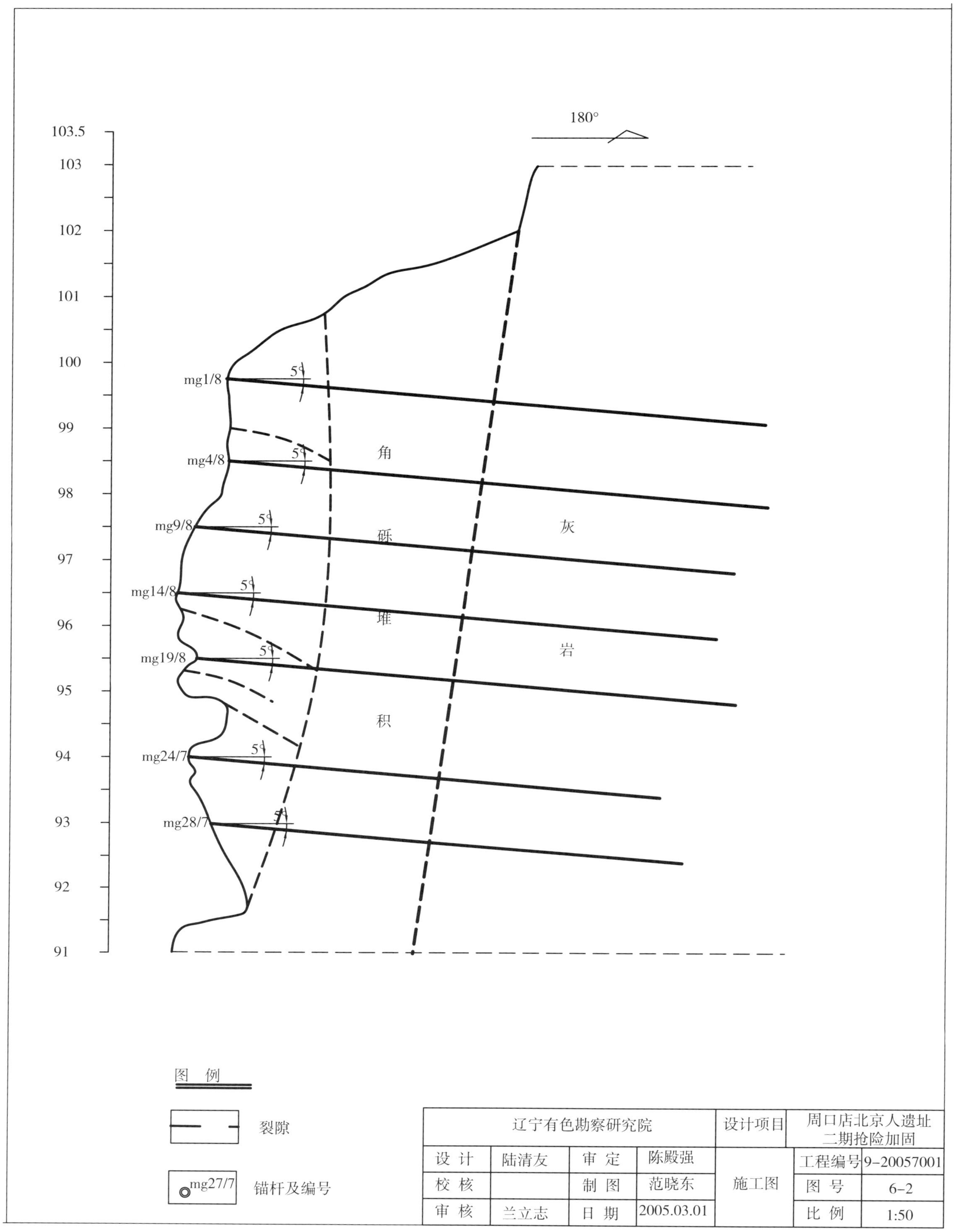
180°
103.5
103
102
101
100
99
98
97
96
95
94
93
92
91
mg1/8
mg4/8
mg9/8
mg14/8
mg19/8
mg24/7
mg28/7
5°
角
砾
堆
积
灰
岩
图 例
裂隙
mg27/7
锚杆及编号
辽宁有色勘察研究院
设计项目
周口店北京人遗址
二期抢险加固
设 计
陆清友
审 定
陈殿强
施工图
工程编号
9-20057001
校 核
制 图
范晓东
图 号
6-2
审 核
兰立志
日 期
2005.03.01
比 例
1:50

附图 10－2　猿人洞西侧南壁立面 1－1 剖面图

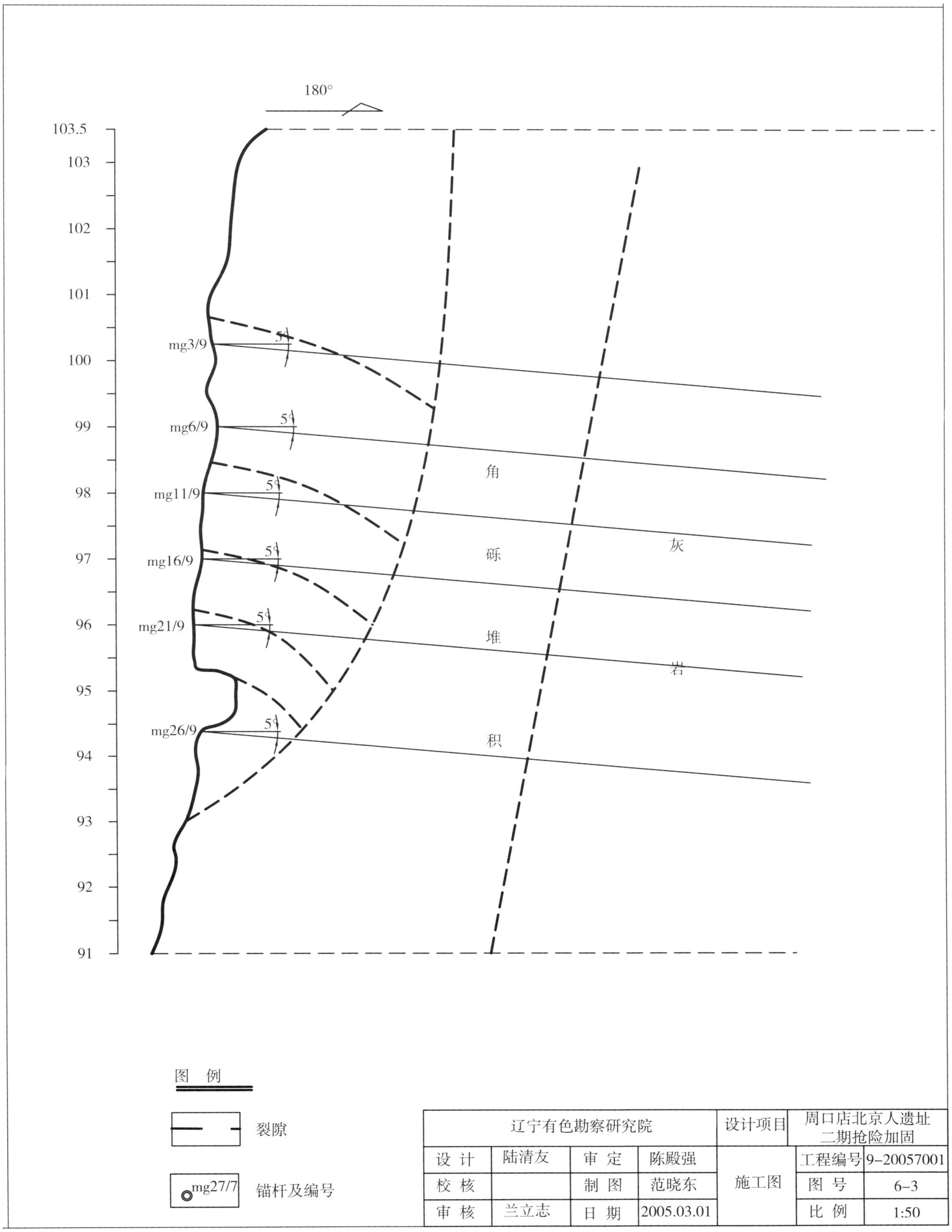

附图 10－3 猿人洞西侧南壁立面 2－2 剖面图

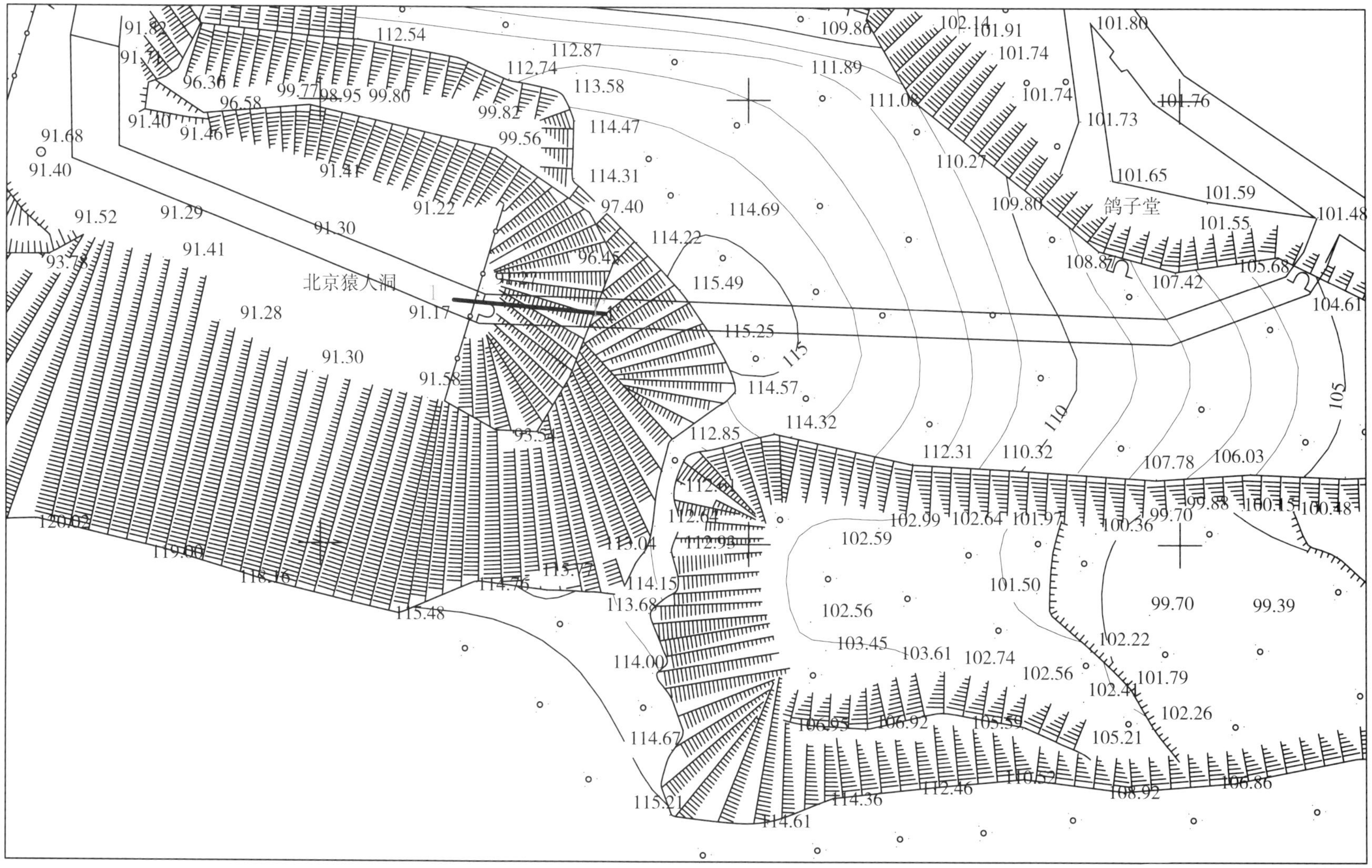

辽宁有色勘察研究院				设计项目	周口店北京人遗址抢险加固	
设 计	陆清友	审 定	陈殿强	施工图	工程编号	9-20057001
校 核		制 图	赵雄铁		图 号	8-1
审 核	兰立志	日 期	2005.03.01		比 例	1:200

附图11 鸽子堂——猿人洞道路平面图

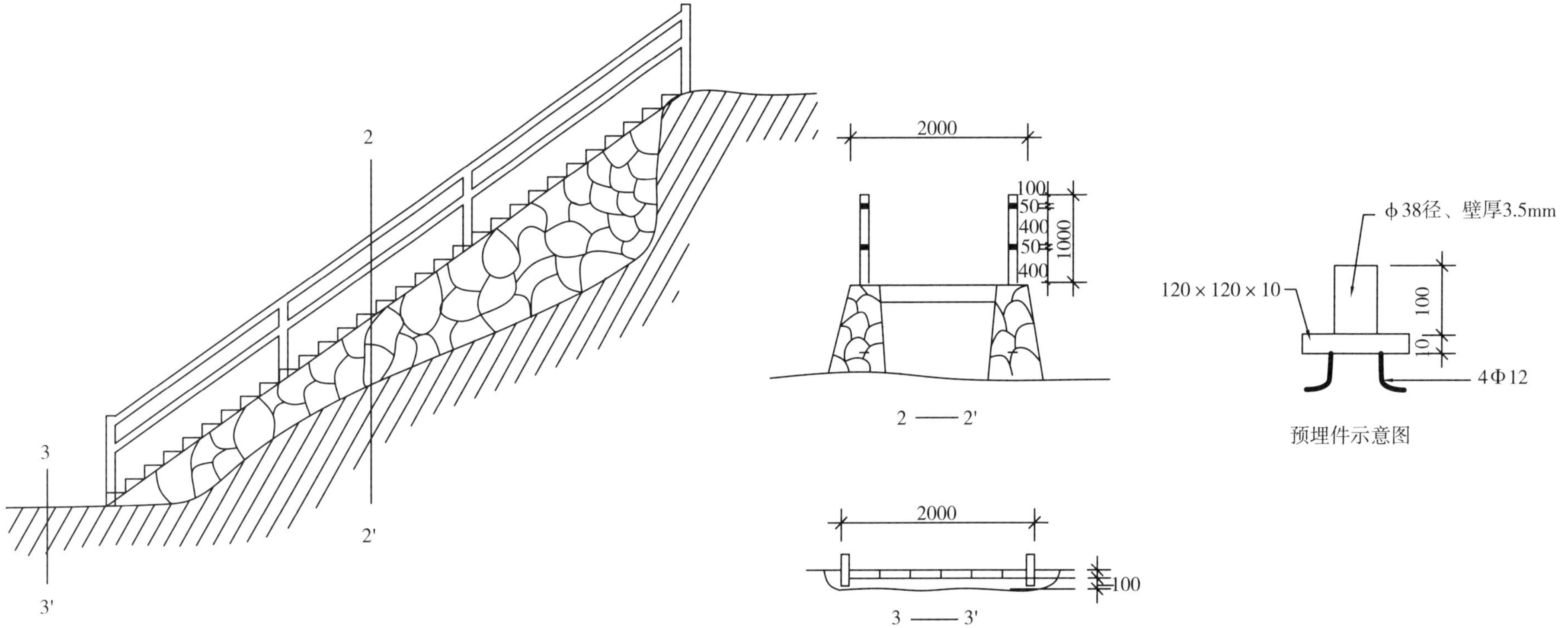

说明：

1.参观道路起自鸽子堂东侧的小洞口，经洞内至西侧洞口及猿人洞底，再与猿人洞西北的参观道路连接。

2.道路的基床用混合砂铺垫，上覆步道 砖，路宽2.0m

3.鸽子堂与猿人洞连接处修筑带有栏杆的阶梯。沿路面两侧用毛石砌筑至设计高度，中间用混合砂填实，阶梯用红砖砌筑（或混凝土捣制），再用水泥砂浆抹面。栏杆用ф50、壁厚3.5mm钢管焊制并仿木作旧。

辽宁有色勘察研究院				设计项目	周口店北京人遗址二期抢险加固	
设 计	陆清友	审 定	陈殿强	施工图	工程编号	9-20057001
校 核		制 图	赵雄铁		图 号	8-2
审 核	兰立志	日 期	2005.03.01		比 例	1:50

附图12 鸽子堂——猿人洞道路 1-1 剖面图

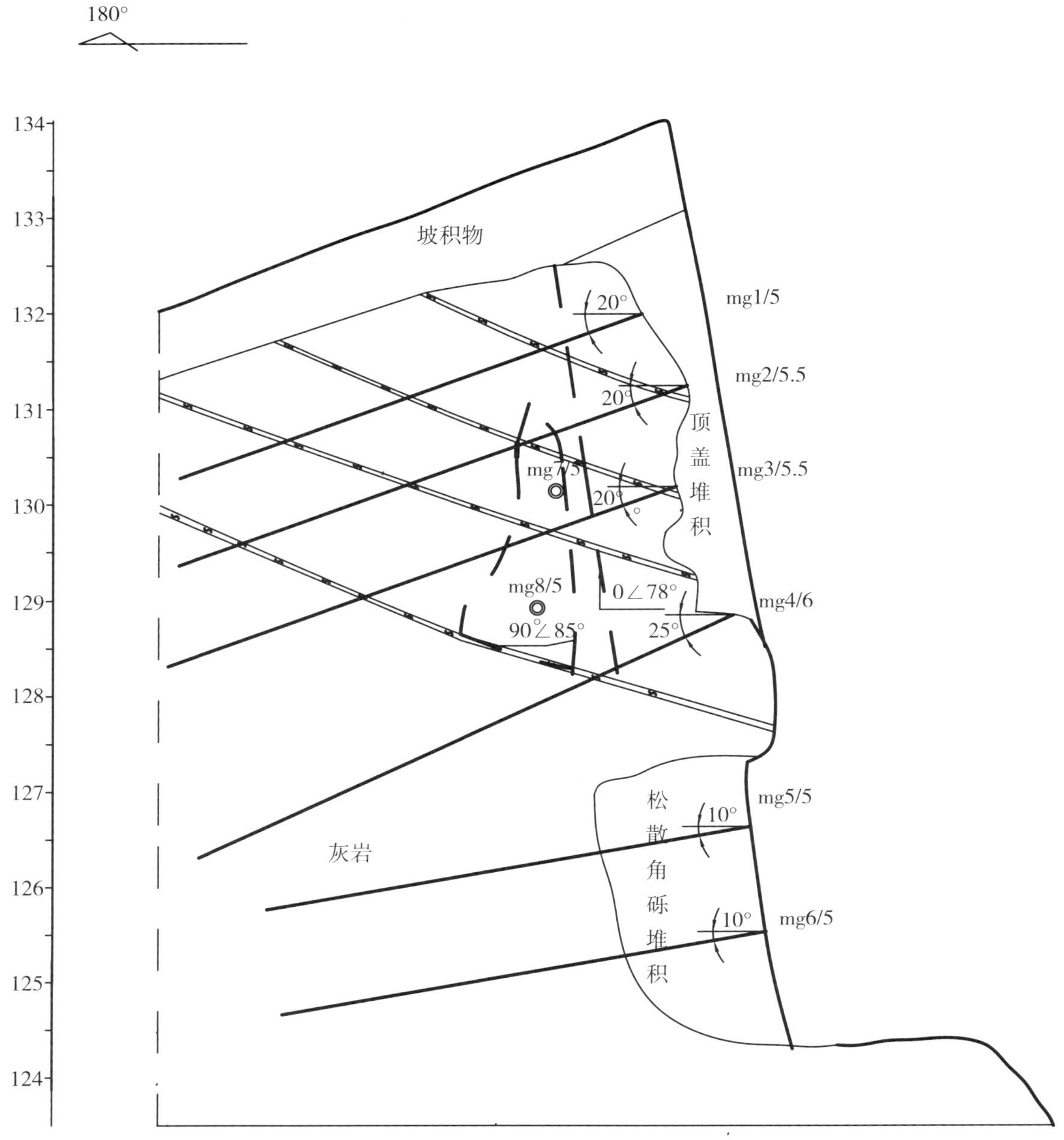

说 明

1.对东侧的危岩体，设计采用非预应力钢管锚杆进行加固（mg1–mg8），锚孔直径采用90mm，锚杆采用Φ48mm、壁厚3.2mm的焊管，采用水灰比为0.5:1的纯水泥浆灌注，要求采用P.O42.5水泥。

2.锚杆的倾角及方位应根据现场裂隙的产状确定。要求内锚固段锚入稳定岩体中≥3.0m。

3.mg1和mg4为岩体内部裂隙探查孔。

4.松散角砾堆积层中的mg5和mg6要求在外锚头上加装200×150×15 mm钢垫板，外表进行隐蔽做旧处理。

图 例

岩体层面间的软弱夹层

mf18/6 锚杆及编号

辽宁有色勘察研究院				设计项目	周口店北京人遗址二期抢险加固	
设 计	陆清友	审 定	陈殿强	施工图	工程编号	9-20057001
校 核		制 图	范晓东		图 号	2-2
审 核	兰立志	日 期	2005.03.01		比 例	1:50

附图 13-1　第 3 地点南侧东壁立面工程布置图

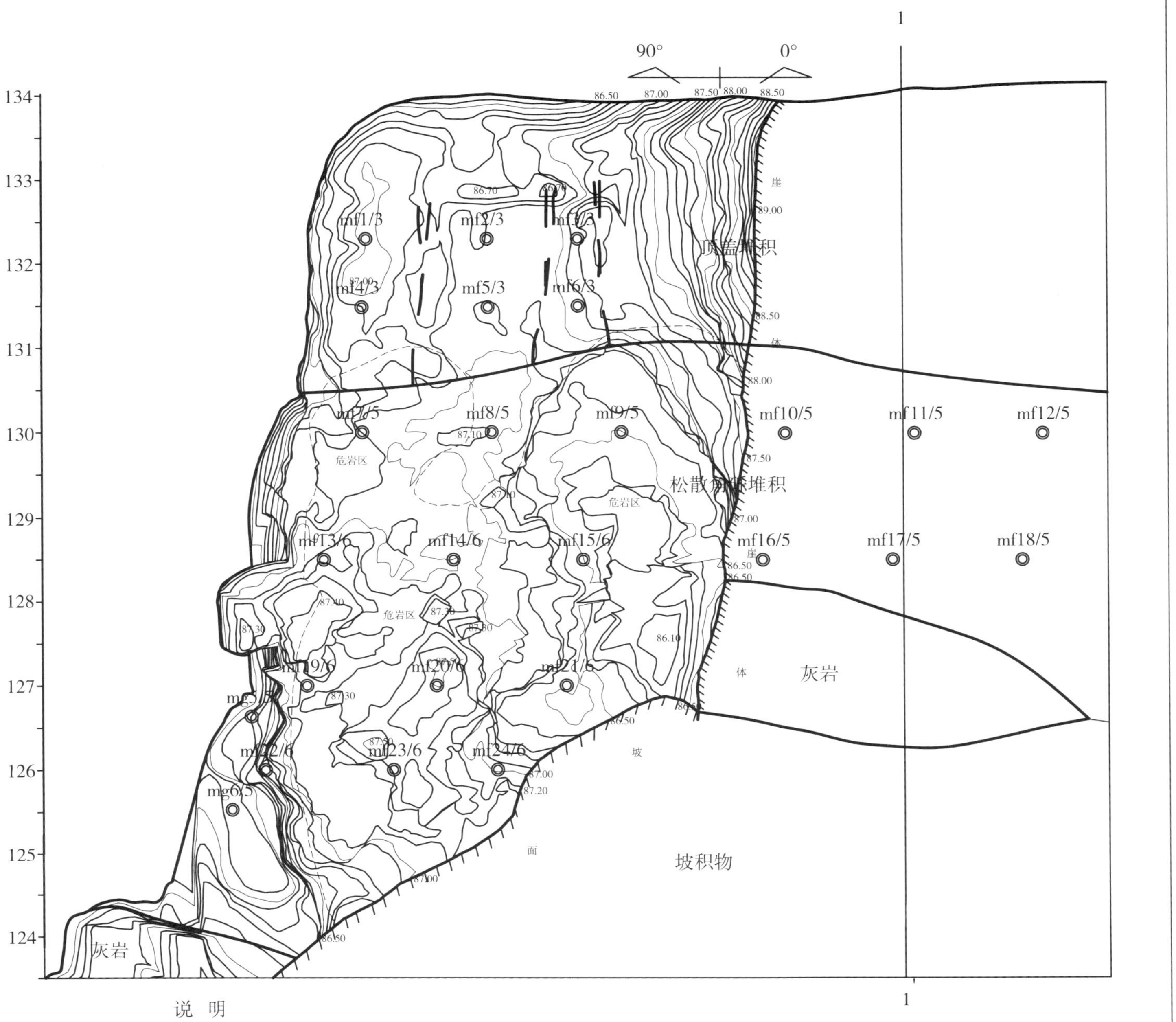

说　明

1.对上部顶盖堆积层，设计采用非预应力钢筋锚杆加固（mf1–mf6）；
锚孔直径采用Φ90mm，锚杆采用Φ25螺纹钢(RHB335)，水灰比为0.5:1的纯水泥浆灌注，要求采用P.O42.5水泥。外锚头加装200×150×15钢垫板，进行隐蔽作旧处理。

2.对于下部松散角砾堆积层，首先由人工采用1:1水泥砂浆对表面活石逐块粘结，提高其稳定性。

3.表面活石处理后，在其上施工Φ90mm径注浆孔，采用水灰比为0.5:1的水泥浆进行低压（或无压）灌浆。灌浆要求采用自然慢渗的方式多次进行。

4.待灌浆结束后，孔内插入Φ25螺纹钢形成锚杆，外锚头加装200×150×15钢垫板，表面进行作旧处理。

5.锚孔或注浆孔的倾角及方位应根据现场的实际情况确定。要求内锚固段锚入稳定岩体中≥2.5m。

图　　例

首曲线　　计曲线

mf18/6 锚杆及编号　　裂隙

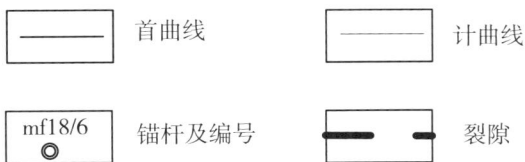

辽宁有色勘察研究院				设计项目	周口店北京人遗址二期抢险加固	
设　计	陆清友	审　定	陈殿强	施工图	工程编号	9–20057001
校　核		制　图	范晓东		图　号	2–1
审　核	兰立志	日　期	2005.03.01		比　例	1:50

附图 13－2　第 3 地点南侧北壁立面工程布置图

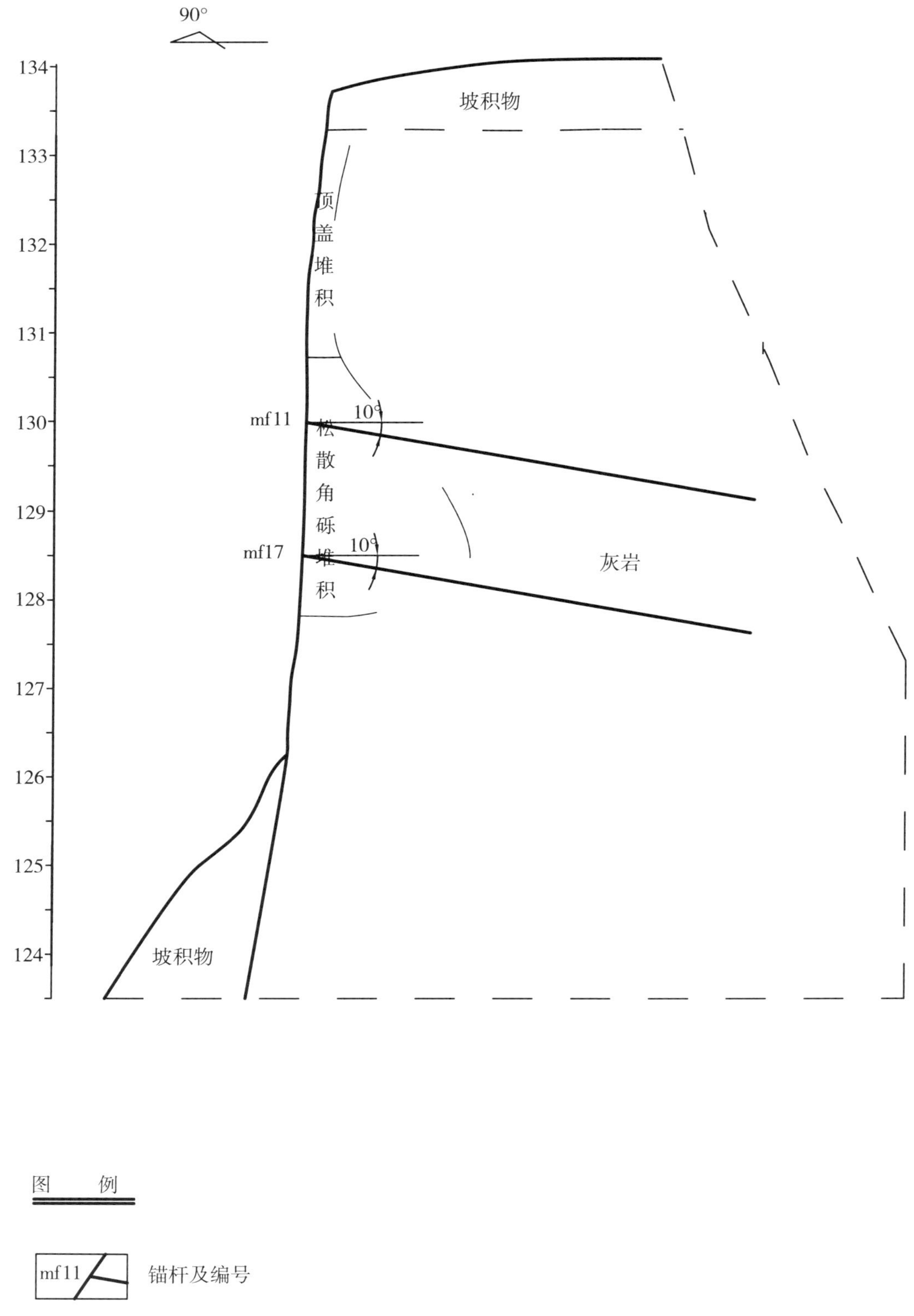

辽宁有色勘察研究院				设计项目	周口店北京人遗址 二期抢险加固	
设 计	陆清友	审 定	陈殿强	施工图	工程编号	9-20057001
校 核		制 图	范晓东		图 号	2-3
审 核	兰立志	日 期	2005.03.01		比 例	1:50

附图13－3　第3地点南侧西壁1－1剖面图

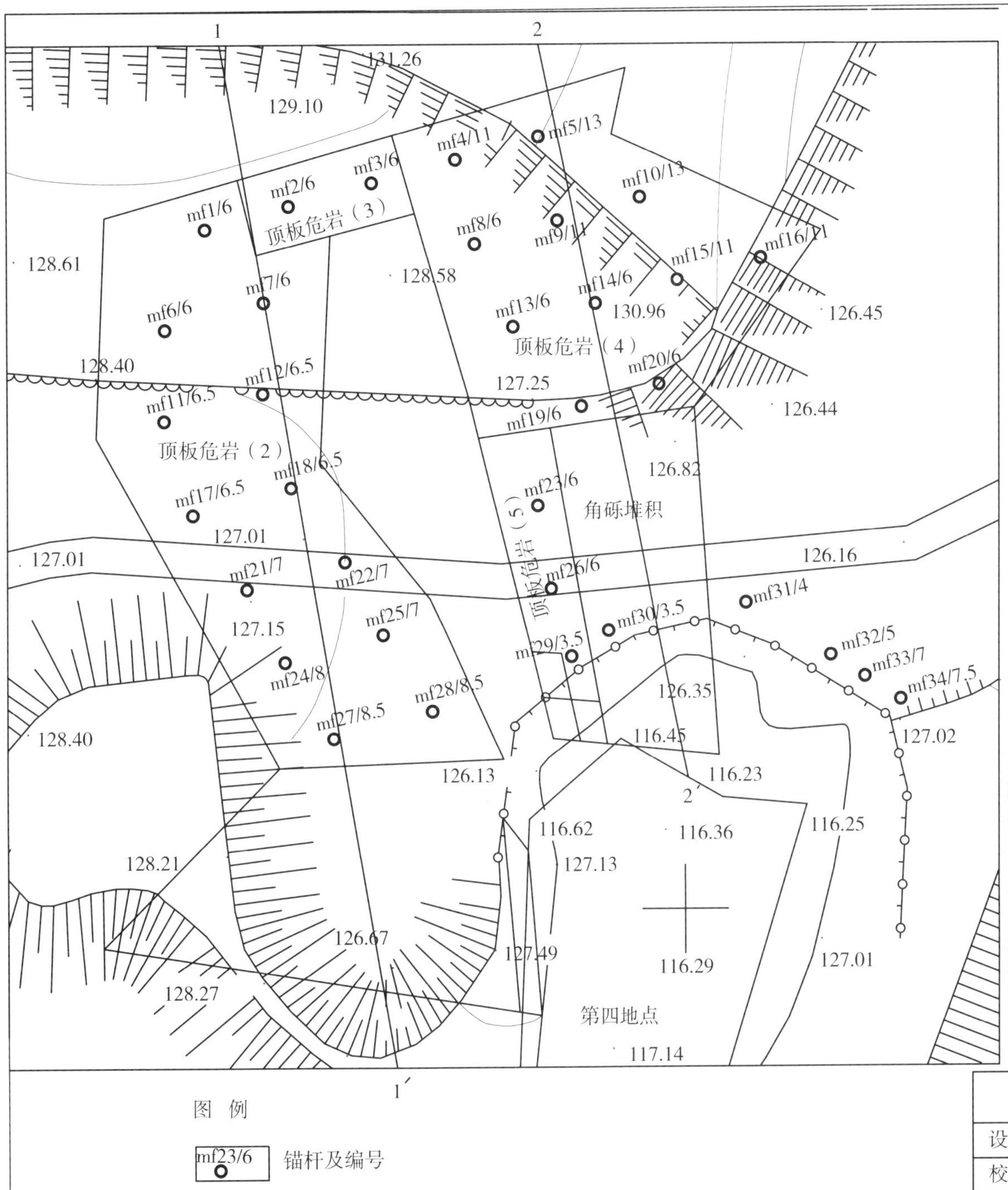

说明：

1.本图是根据中科院地球物理研究所提供的勘察图件绘制而成。
2.锚杆的位置以洞内顶板危岩体为准投影至地表。
3.设计采用非预应力钢筋锚杆进行加固。锚孔直径采用ϕ90mm、锚杆采用Φ25螺纹钢（HRB335），水灰比为0.5:1的纯水泥浆灌注，要求用P.O42.5S水泥。
4.施工前应首先施工勘察孔：mf7、mf9、mf18、mf19、mf24、mf26，以查明洞顶岩体的真实厚度和裂隙的分布产状特征。
5.施工时，要求锚孔穿透顶板。
6.锚杆的倾角和方位根据岩体的裂隙产状及地形条件具体确定。

辽宁有色勘察研究院				设计项目	周口店北京人遗址二期抢险加固	
设 计	陆清友	审 定	陈殿强	施工图	工程编号	9-20057001
校 核		制 图	赵雄铁		图 号	3-1
审 核	兰立志	日 期	2005.03.01		比 例	1：100

附图14　第4地点工程布置图

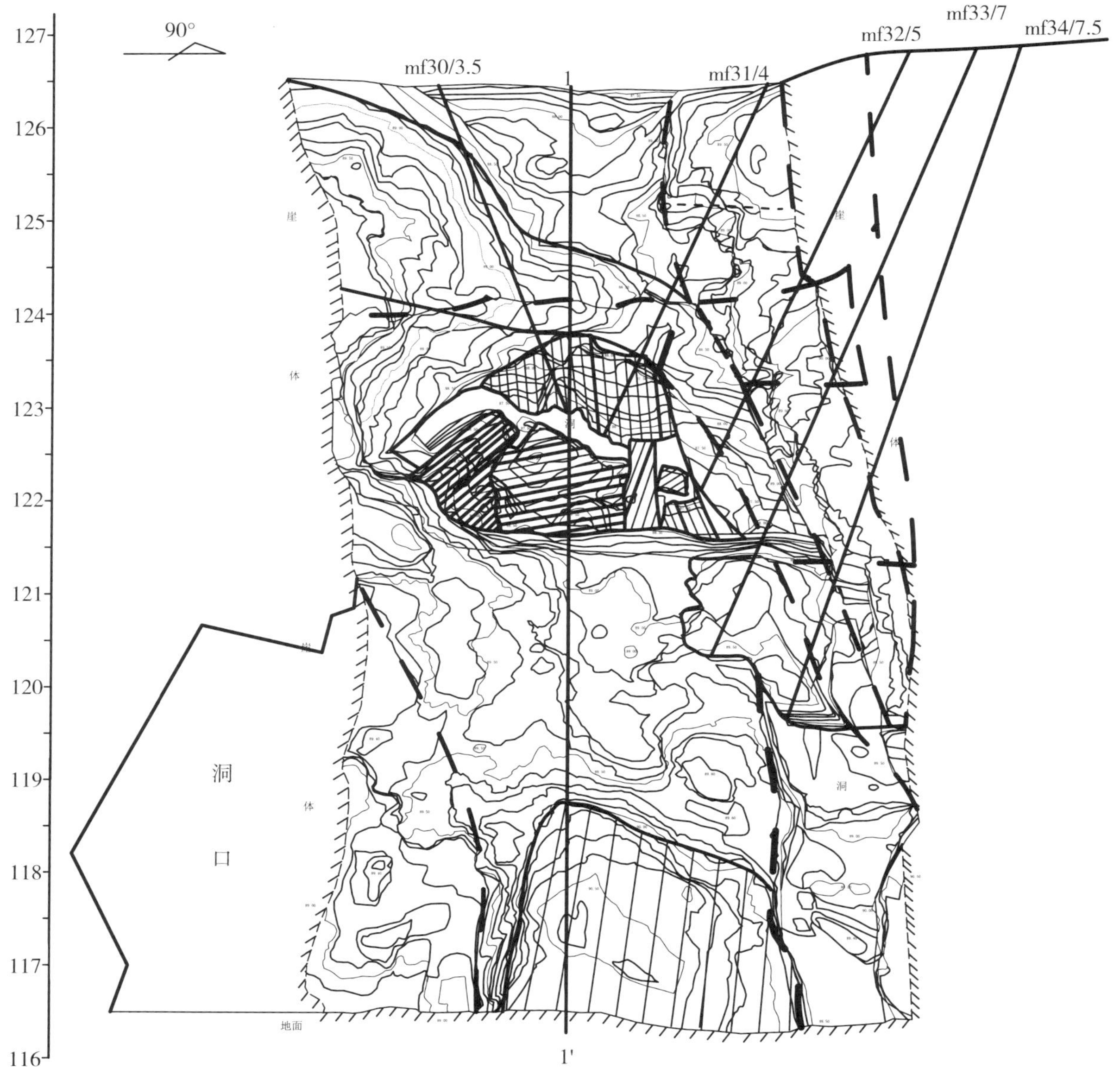

图　例

首曲线

计曲线

裂隙

mf34 锚杆及编号

说　明

1.锚杆灌注前应首先进行裂隙的表面封堵。要求采用以E14环氧树脂为主，对岩体裂隙进行粘结。
2.灌浆施工时，不能对底部的松散堆积造成污染。

辽宁有色勘察研究院				设计项目	周口店北京人遗址二期抢险加固	
设 计	陆清友	审 定	陈殿强	施工图	工程编号	9-20057001
校 核		制 图	范晓东		图 号	3-2
审 核	兰立志	日 期	2005.03.01		比 例	1：50

附图 15－1　第 4 地点立面图

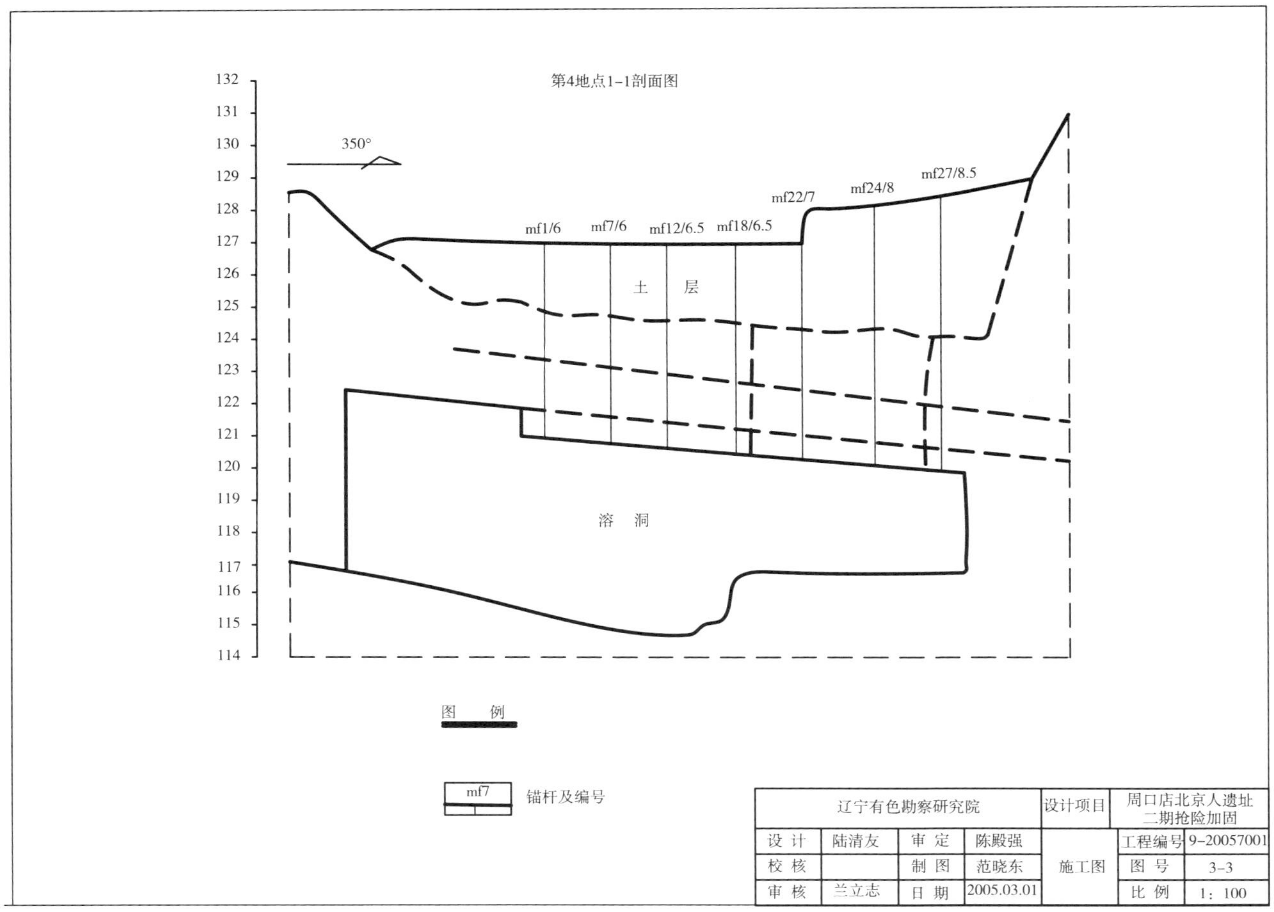
第4地点1-1剖面图
350°
mf1/6
mf7/6
mf12/6.5
mf18/6.5
mf22/7
mf24/8
mf27/8.5
土　层
溶　洞
图　例
mf7
锚杆及编号
辽宁有色勘察研究院
设计项目
周口店北京人遗址二期抢险加固
设 计　陆清友　审 定　陈殿强
校 核　制 图　范晓东
审 核　兰立志　日 期　2005.03.01
施工图
工程编号　9-20057001
图 号　3-3
比 例　1：100

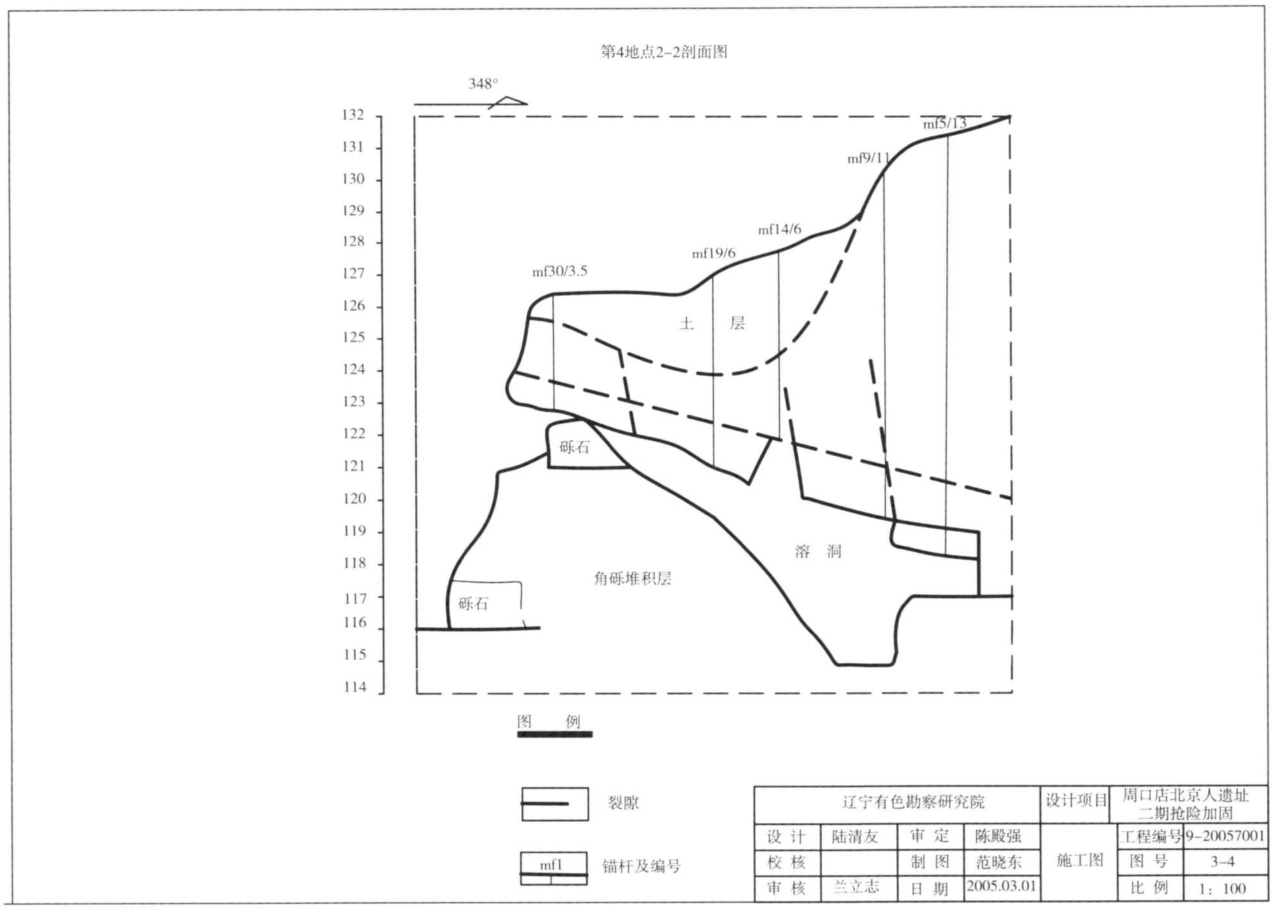
第4地点2-2剖面图
348°
mf5/13
mf9/11
mf14/6
mf19/6
mf30/3.5
土　层
砾石
溶　洞
角砾堆积层
砾石
图　例
裂隙
mf1
锚杆及编号
辽宁有色勘察研究院
设计项目
周口店北京人遗址二期抢险加固
设 计　陆清友　审 定　陈殿强
校 核　制 图　范晓东
审 核　兰立志　日 期　2005.03.01
施工图
工程编号　9-20057001
图 号　3-4
比 例　1：100

附图 15－2　第 4 地点立面图

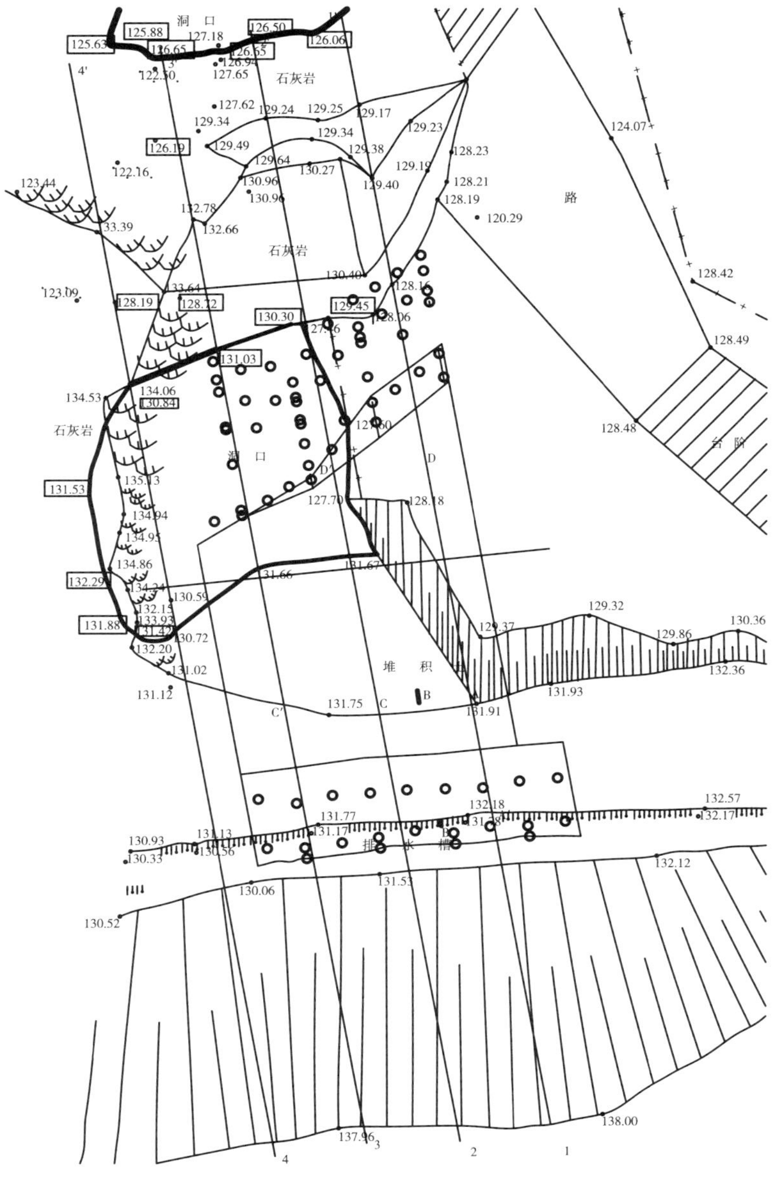

说明：
1.半可逆梁板式拱形结构，砼强度C30，自防水抗渗强度S6
2.A基座采用铰支，拟采用隔震垫。B基座采用钢管桩固接，孔径146mm，钢管ϕ110mm，¦△≥8mm。
3.由于B基座一侧岩体破碎，且较薄弱，在基座反力的作用下，易产生破坏，故采用钢管树根桩加固。孔径146mm，钢管110mm，¦△≥8mm。
4.复原采用轻质材料，如泡沫砼或化塑材料，为可逆的。
5.梁、板内壁均预埋ϕ25钢筋，埋入长度400mm，外露长度200mm，网度为700×700。
6.共设计锚杆72根，每根长3.5–5.5m，总长约300m。

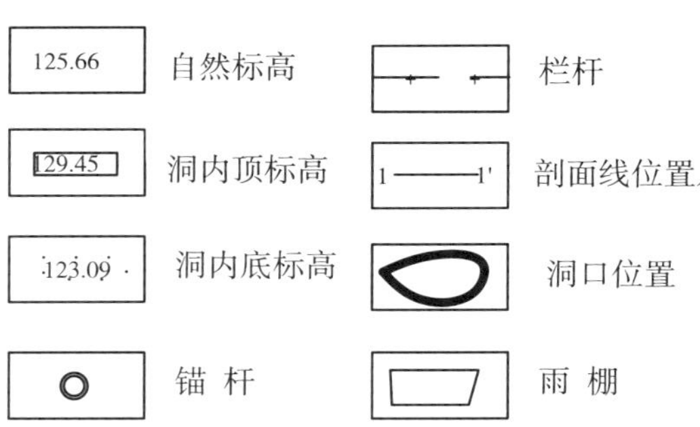

辽宁有色勘察研究院				设计项目	周口店北京人遗址二期抢险加固	
设计	兰立志	审定	陈殿强	施工图	工程编号	9-20057001
校核		制图	范晓东		图号	7-1
审核	陆清友	日期	2005.03.01		比例	1：100

附图16　山顶洞雨棚平面布置图

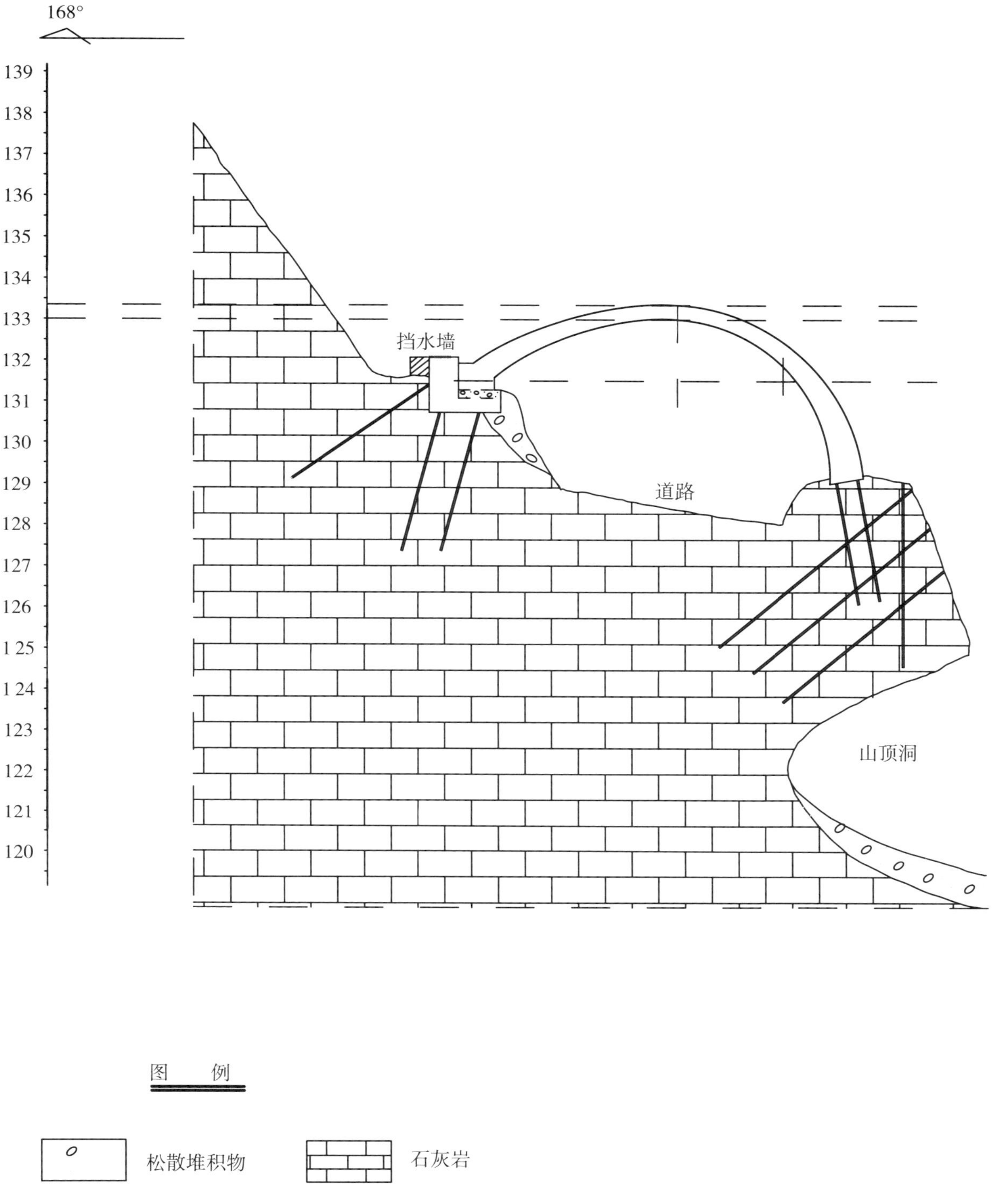

辽宁有色勘察研究院				设计项目	周口店北京人遗址二期抢险加固	
设 计	兰立志	审 定	陈殿强	施工图	工程编号	9-20057001
校 核		制 图	范晓东		图 号	7-2
审 核	陆清友	日 期	2005.03.01		比 例	1：100

附图 17　山顶洞 1－1′剖面图

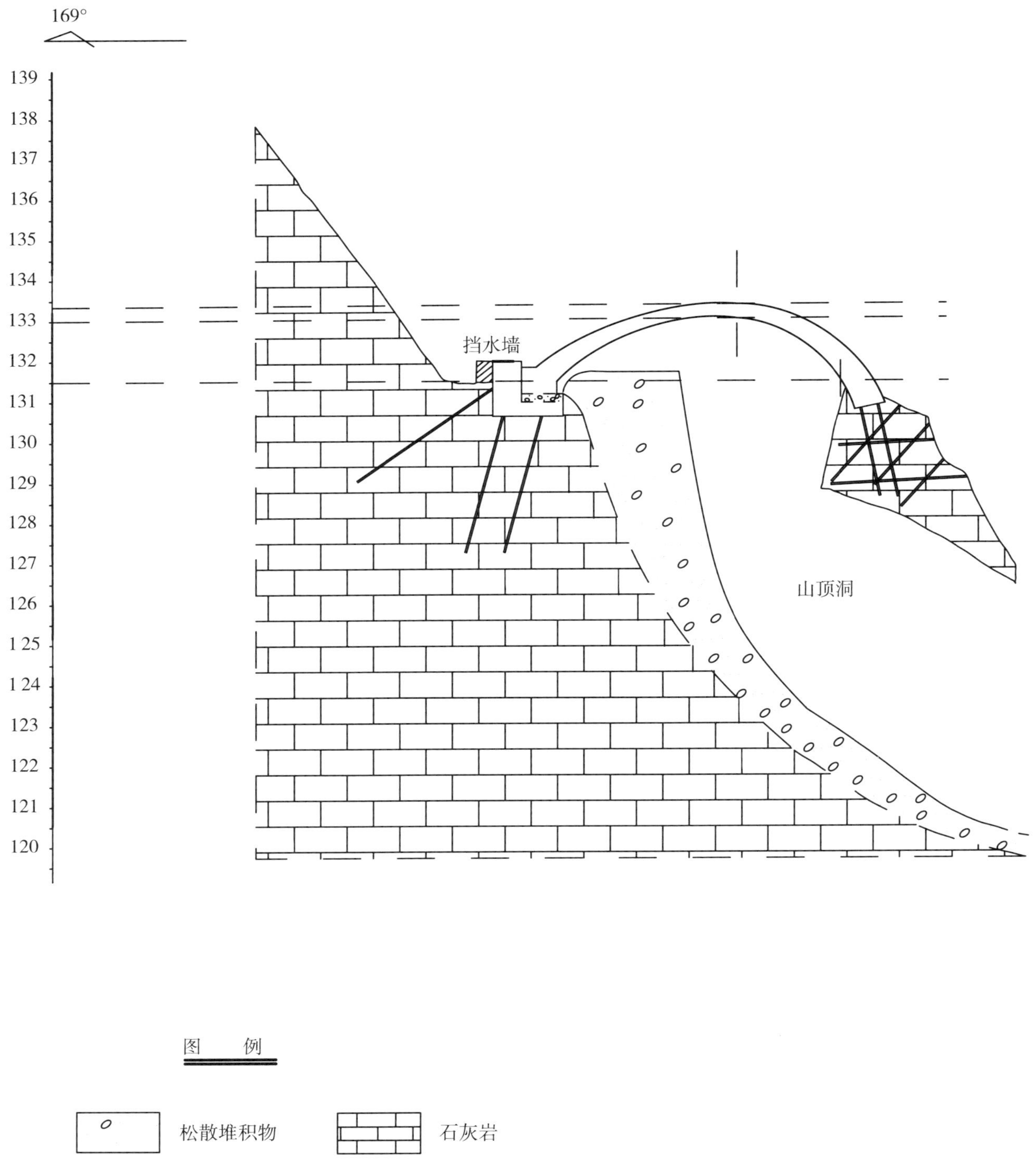

辽宁有色勘察研究院				设计项目	周口店北京人遗址二期抢险加固	
设 计	兰立志	审 定	陈殿强	施工图	工程编号	9-20057001
校 核		制 图	范晓东		图 号	7-3
审 核	陆清友	日 期	2005.03.01		比 例	1：100

附图 18　山顶洞 2－2′剖面图

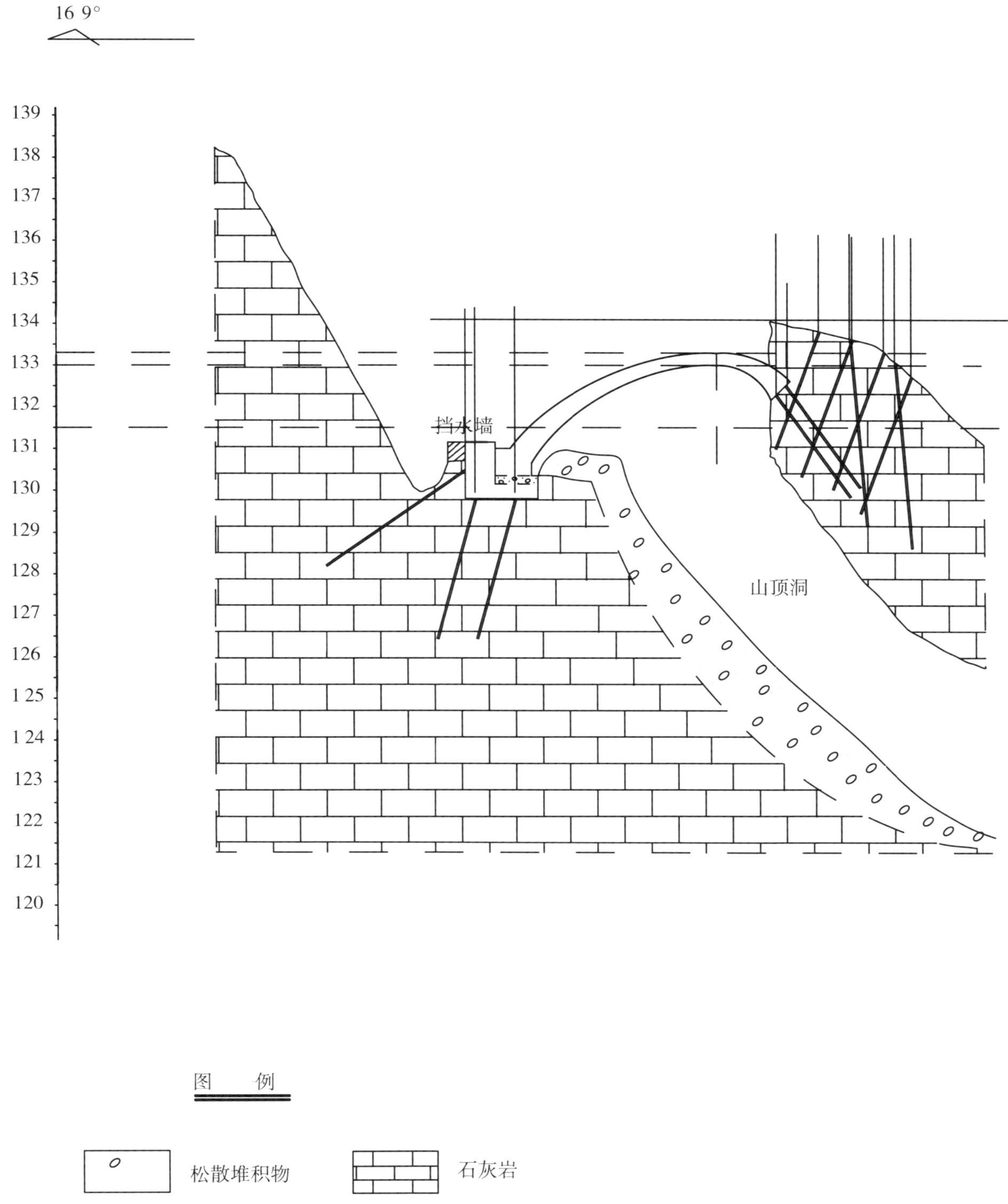

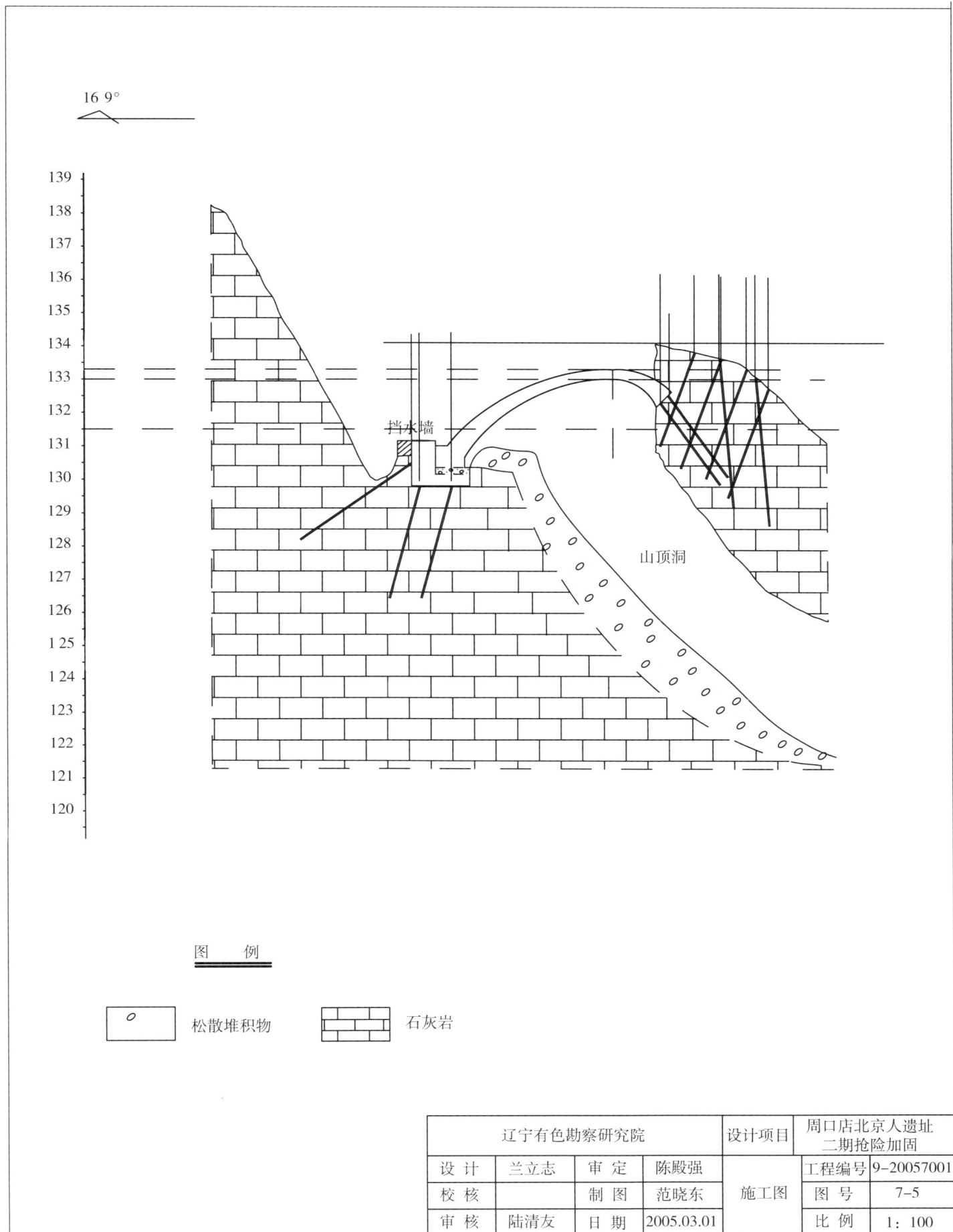

辽宁有色勘察研究院				设计项目	周口店北京人遗址二期抢险加固	
设 计	兰立志	审 定	陈殿强	施工图	工程编号	9-20057001
校 核		制 图	范晓东		图 号	7-5
审 核	陆清友	日 期	2005.03.01		比 例	1：100

附图19　山顶洞4－4′剖面图

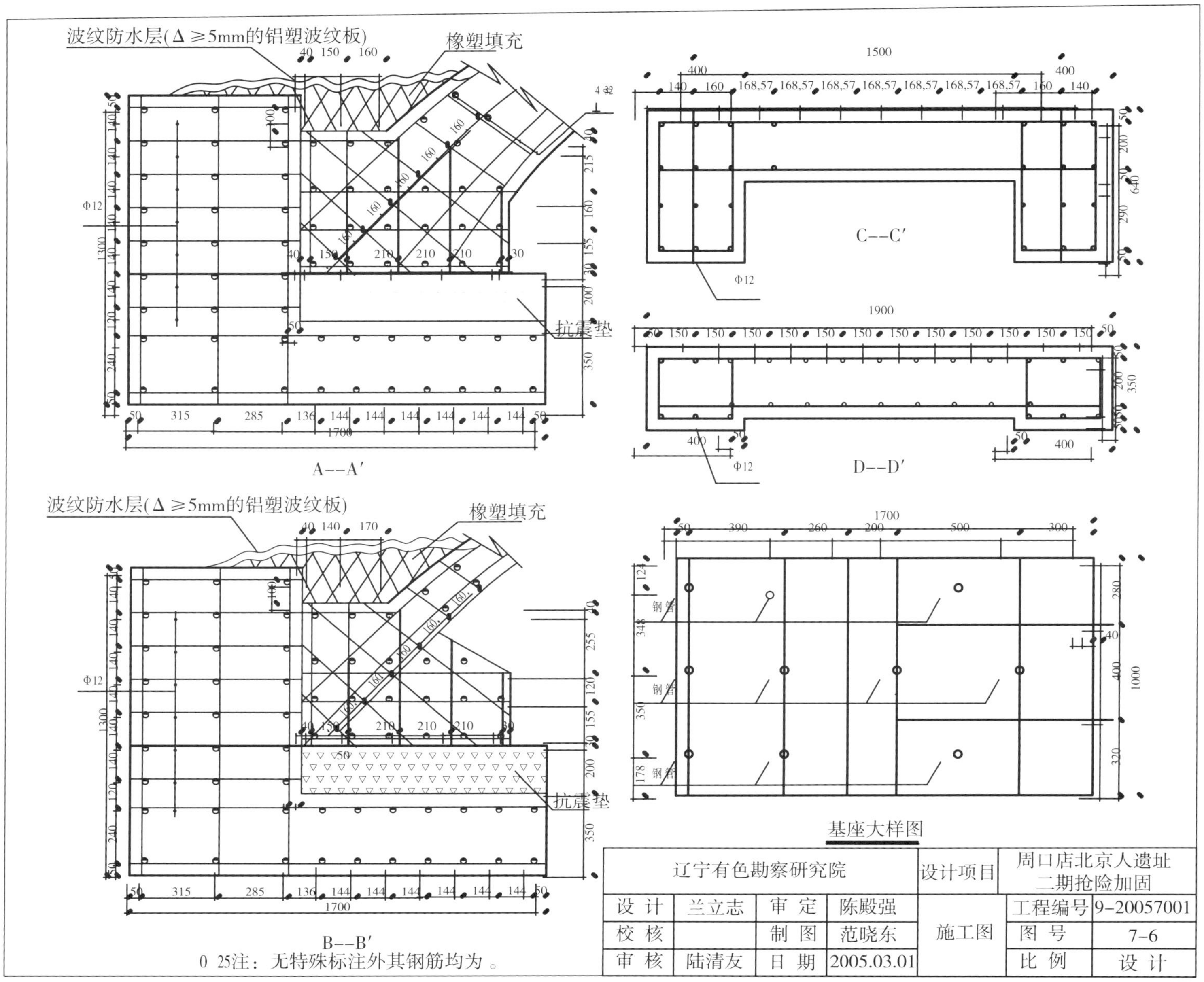

附图20　山顶洞基座大样图

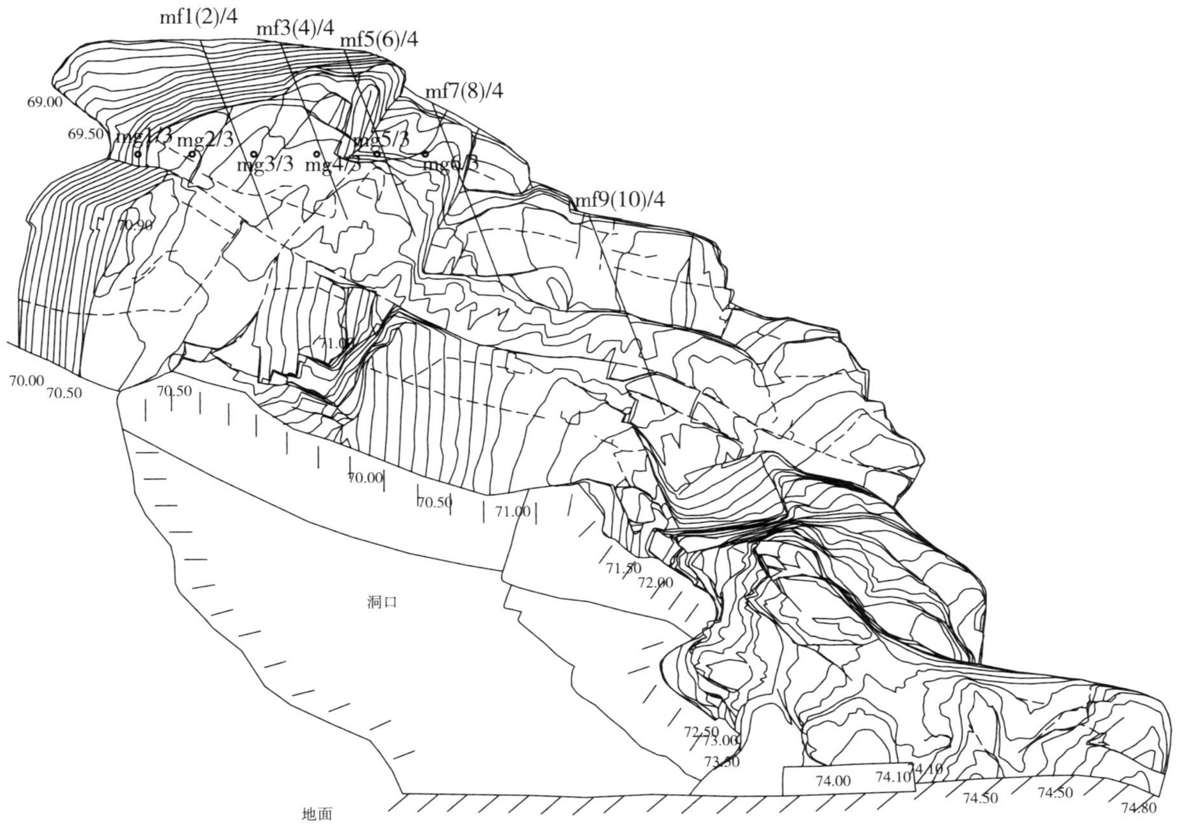

图　例

——	首曲线
——	计曲线
mg5/3 ◎	锚杆位置及编号
------	危岩区
—— -	裂隙

辽宁有色勘察研究院				设计项目	周口店北京人遗址二期抢险加固	
设 计	兰立志	审 定	陈殿强	施工图	工程编号	9-20057001
校 核		制 图	范晓东		图 号	7-8
审 核	陆清友	日 期	2005.03.01		比 例	1:50

附图21　山顶洞东立面图

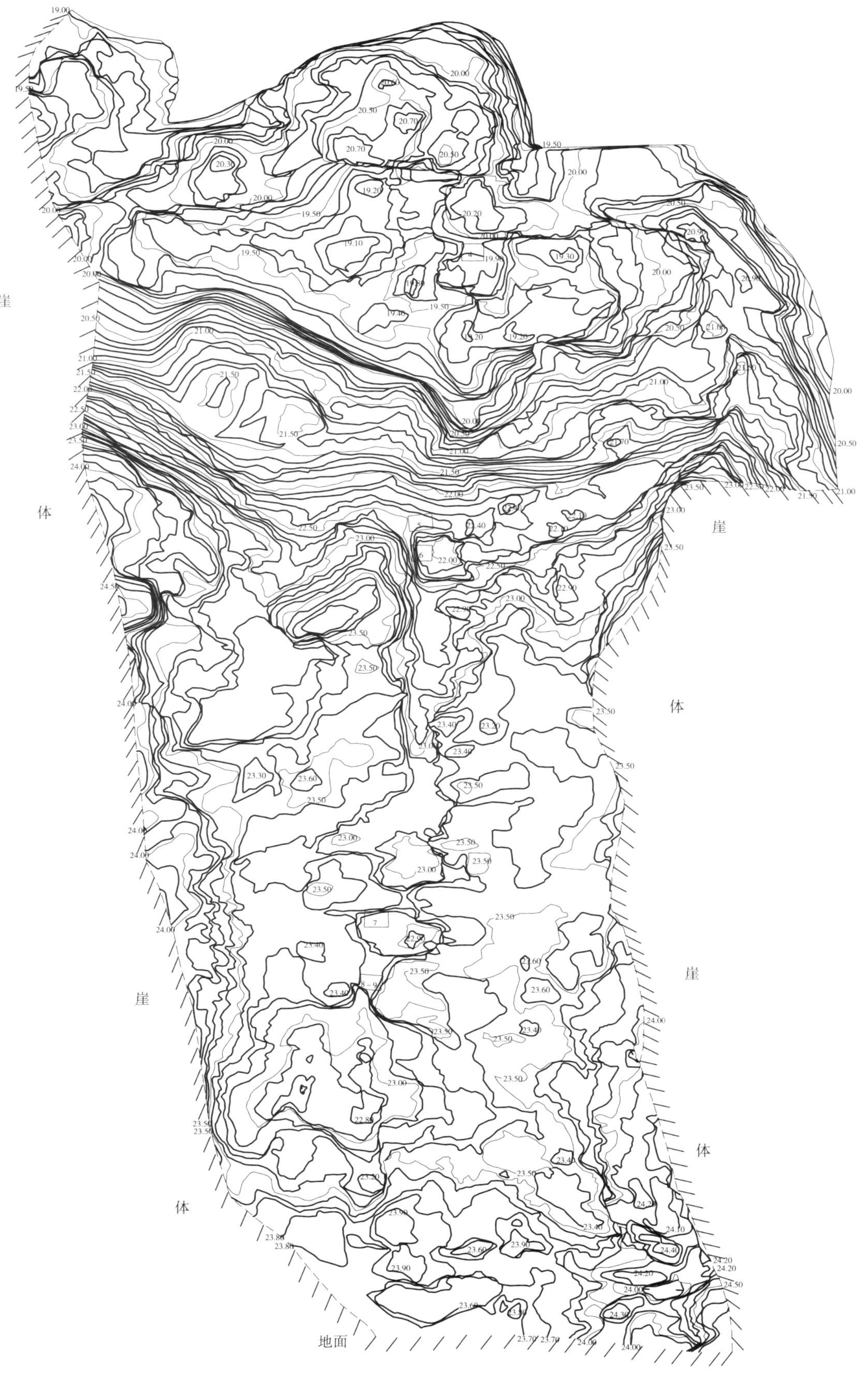

图例	
———	首曲线
———	计曲线
等值距	0.10米

项目名称	周口店北京人遗址加固保护二期工程近景摄影测量制图		测绘单位	建设综合勘察研究设计院		
			项目负责人	梁俊泽	外业测绘	张祺
图纸名称	比例	1：50	技术负责人	李琼	内业制图	杨阳
猿人洞西立面	日期	2005年1月	审核人	孙焰	检查人	李琼

附图22－1　猿人洞西立面（等值线图）

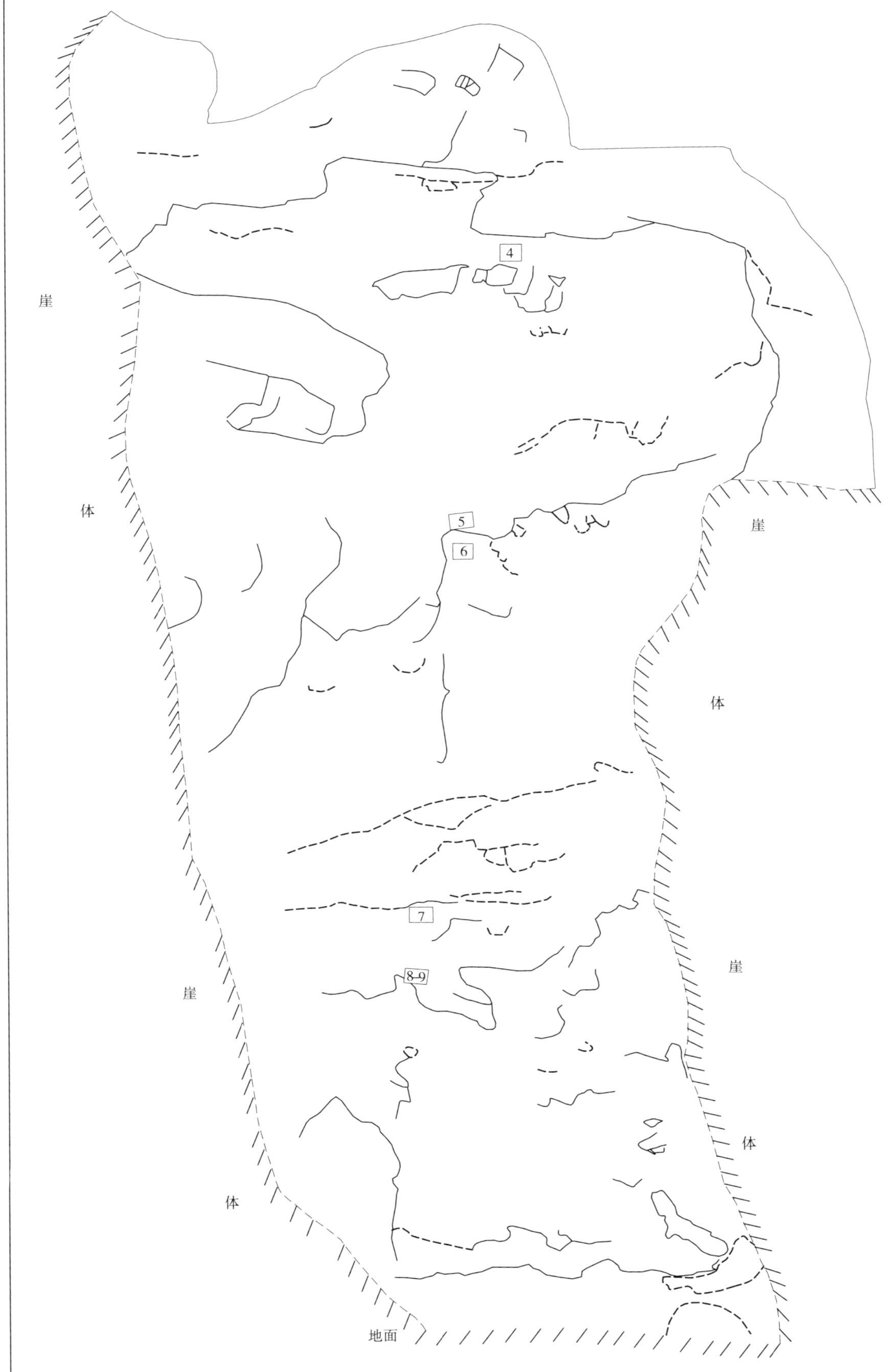

图例

- - - - - - - - 裂隙

项目名称	周口店北京人遗址加固保护二期工程近景摄影测量制图		测绘单位	建设综合勘察研究设计院		
			项目负责人	梁俊泽	外业测绘	张祺
图纸名称	比例	1：50	技术负责人	李琼	内业制图	杨阳
猿人洞西立面	日期	2005年1月	审核人	孙焰	检查人	李琼

附图 22－2　猿人洞西立面（线划图）

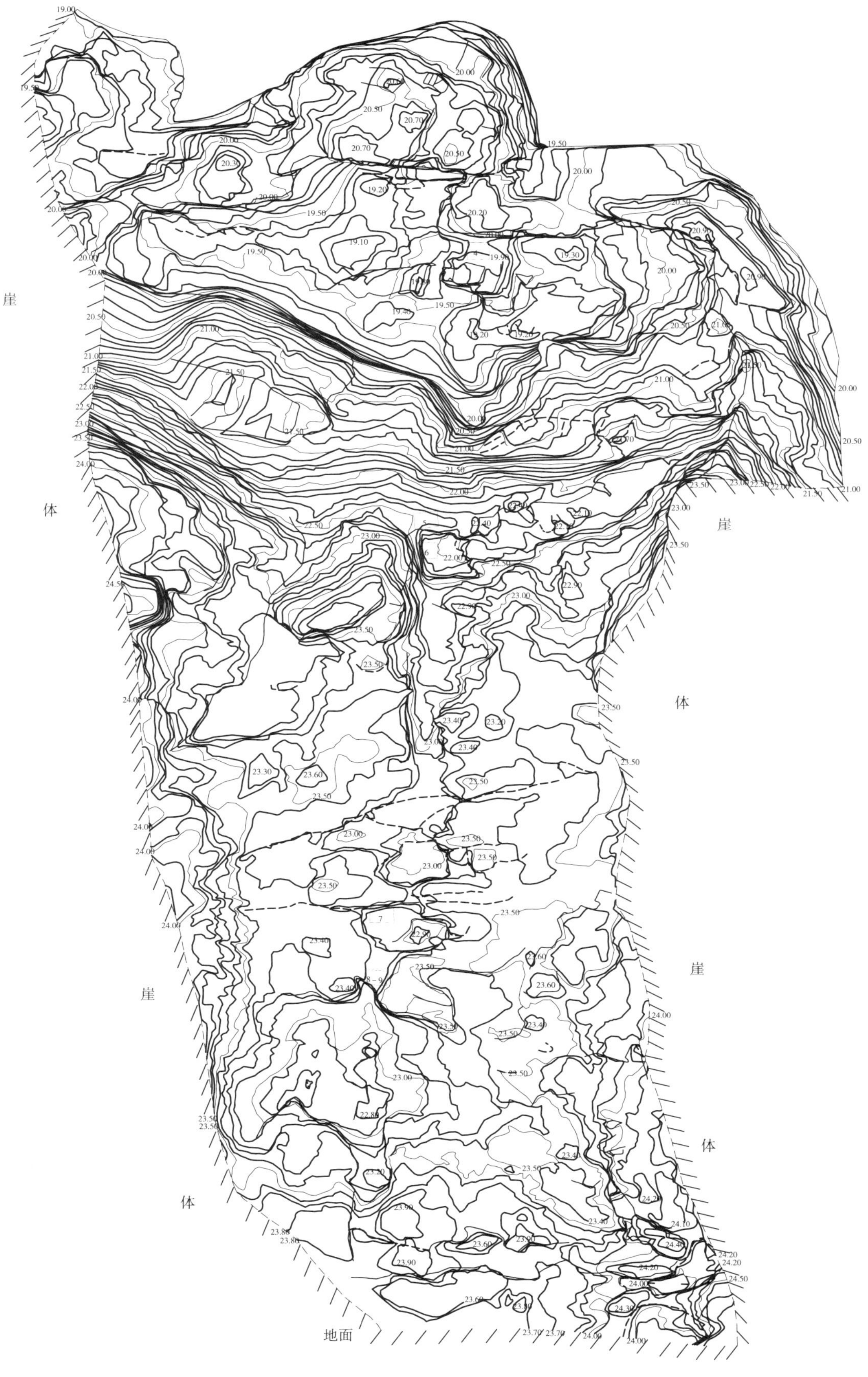

图例	
————————	首曲线
————————	计曲线
– – – – – – – –	裂隙
等值距	0.10米

项目名称	周口店北京人遗址加固保护二期工程近景摄影测量制图		测绘单位	建设综合勘察研究设计院		
			项目负责人	梁俊泽	外业测绘	张祺
图纸名称	比例	1：50	技术负责人	李琼	内业制图	杨阳
猿人洞西立面	日期	2005年1月	审核人	孙焰	检查人	李琼

附图 22－3　猿人洞西立面

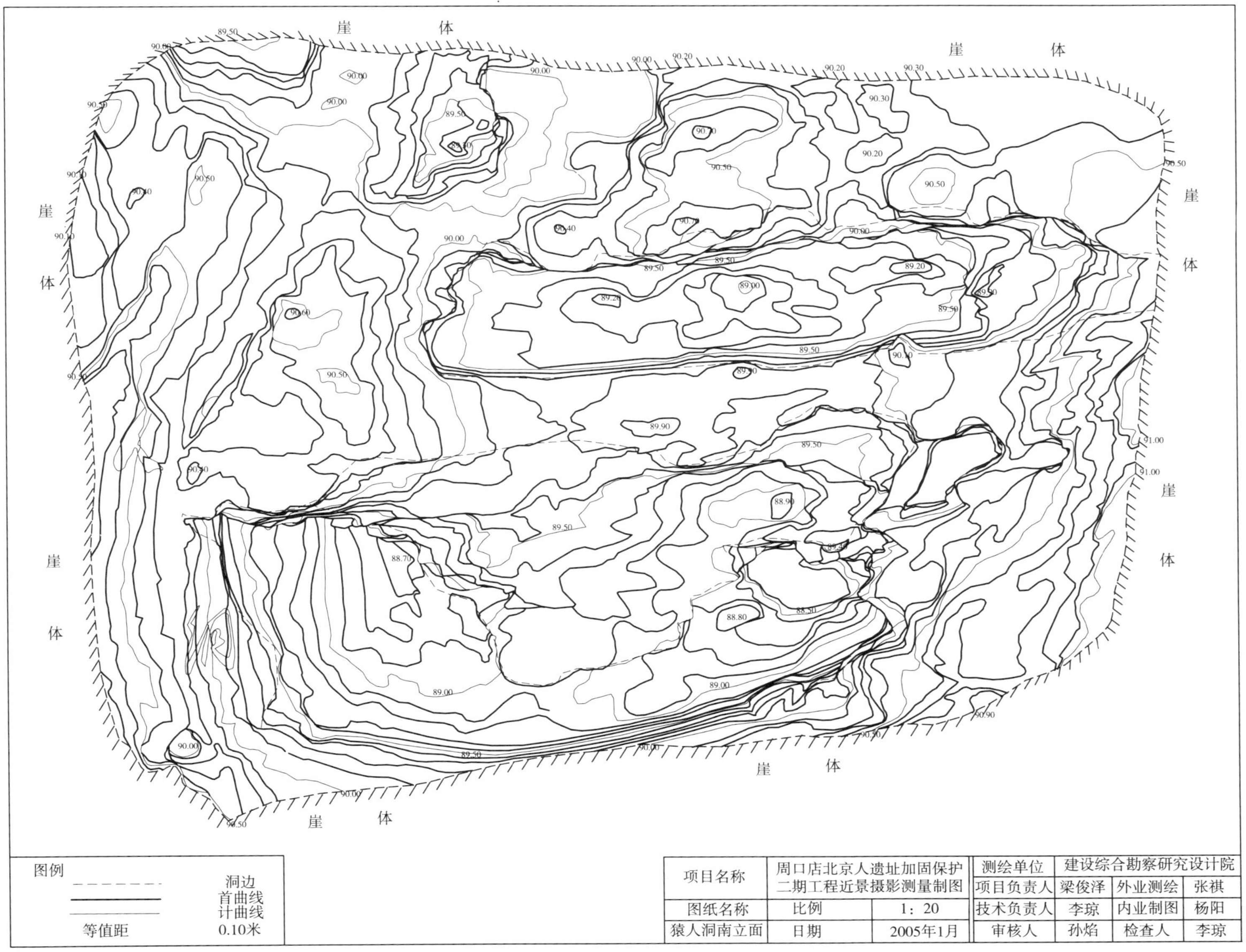
崖 体
崖 体
崖 体
崖 体
崖 体
崖 体
崖 体
崖 体
图例
洞边
首曲线
计曲线
等值距 0.10米
项目名称 周口店北京人遗址加固保护二期工程近景摄影测量制图
测绘单位 建设综合勘察研究设计院
项目负责人 梁俊泽 外业测绘 张祺
图纸名称 比例 1：20
技术负责人 李琼 内业制图 杨阳
猿人洞南立面 日期 2005年1月
审核人 孙焰 检查人 李琼

附图23－1　猿人洞南立面（等值线图）

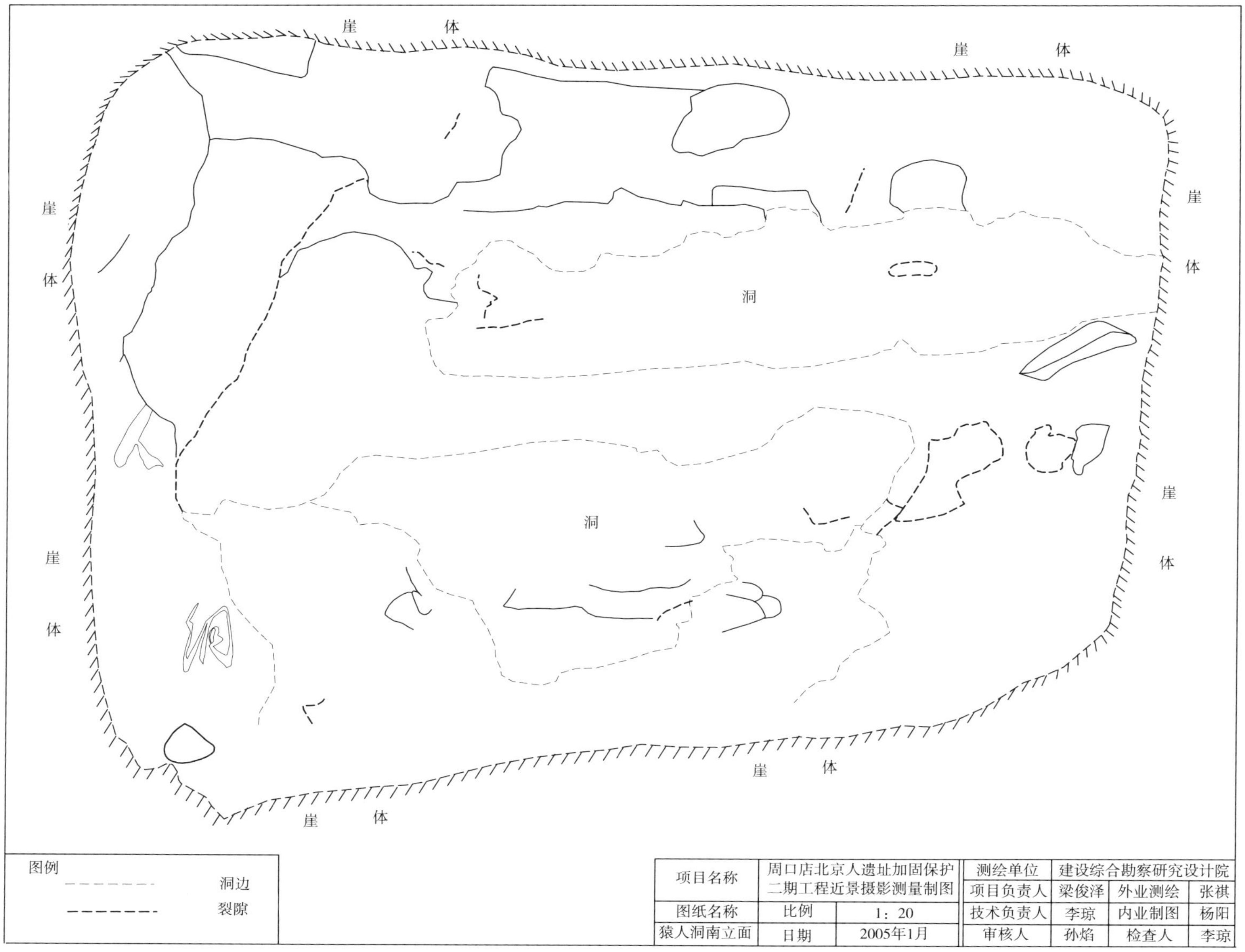
崖 体
崖 体
崖
体
崖
体
洞
洞
崖
体
崖
体
崖 体
崖 体
图例
洞边
裂隙
项目名称
周口店北京人遗址加固保护二期工程近景摄影测量制图
测绘单位
建设综合勘察研究设计院
项目负责人
梁俊泽
外业测绘
张祺
图纸名称
比例
1：20
技术负责人
李琼
内业制图
杨阳
猿人洞南立面
日期
2005年1月
审核人
孙焰
检查人
李琼

附图23－2 猿人洞南立面（线划图）

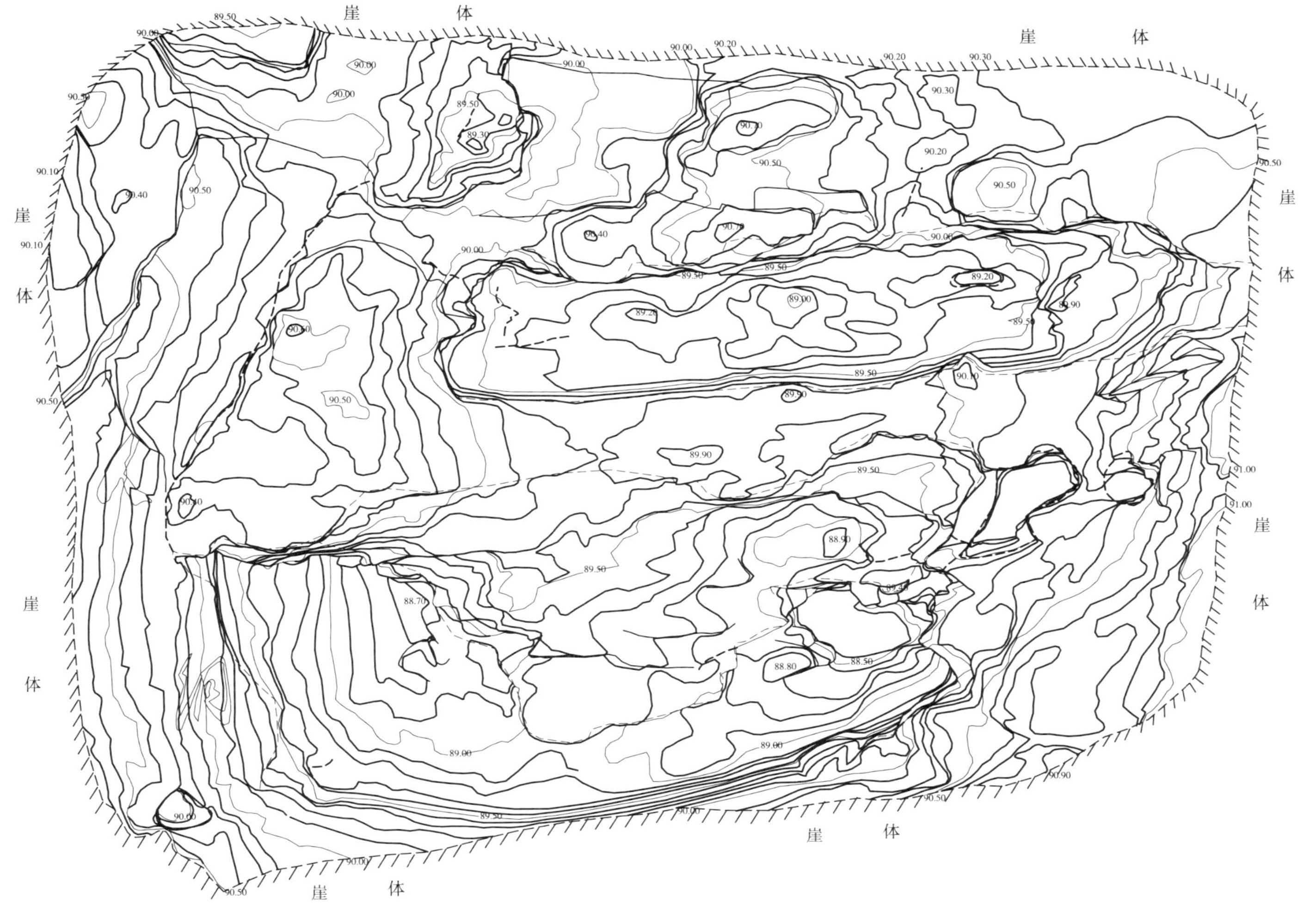

图例	
- - - - - - -	洞边
————	首曲线
————	计曲线
— — — —	裂隙
等值距	0.10米

项目名称	周口店北京人遗址加固保护二期工程近景摄影测量制图		测绘单位	建设综合勘察研究设计院		
			项目负责人	梁俊泽	外业测绘	张祺
图纸名称	比例	1：20	技术负责人	李琼	内业制图	杨阳
猿人洞南立面	日期	2005年1月	审核人	孙焰	检查人	李琼

附图 23－3　猿人洞南立面

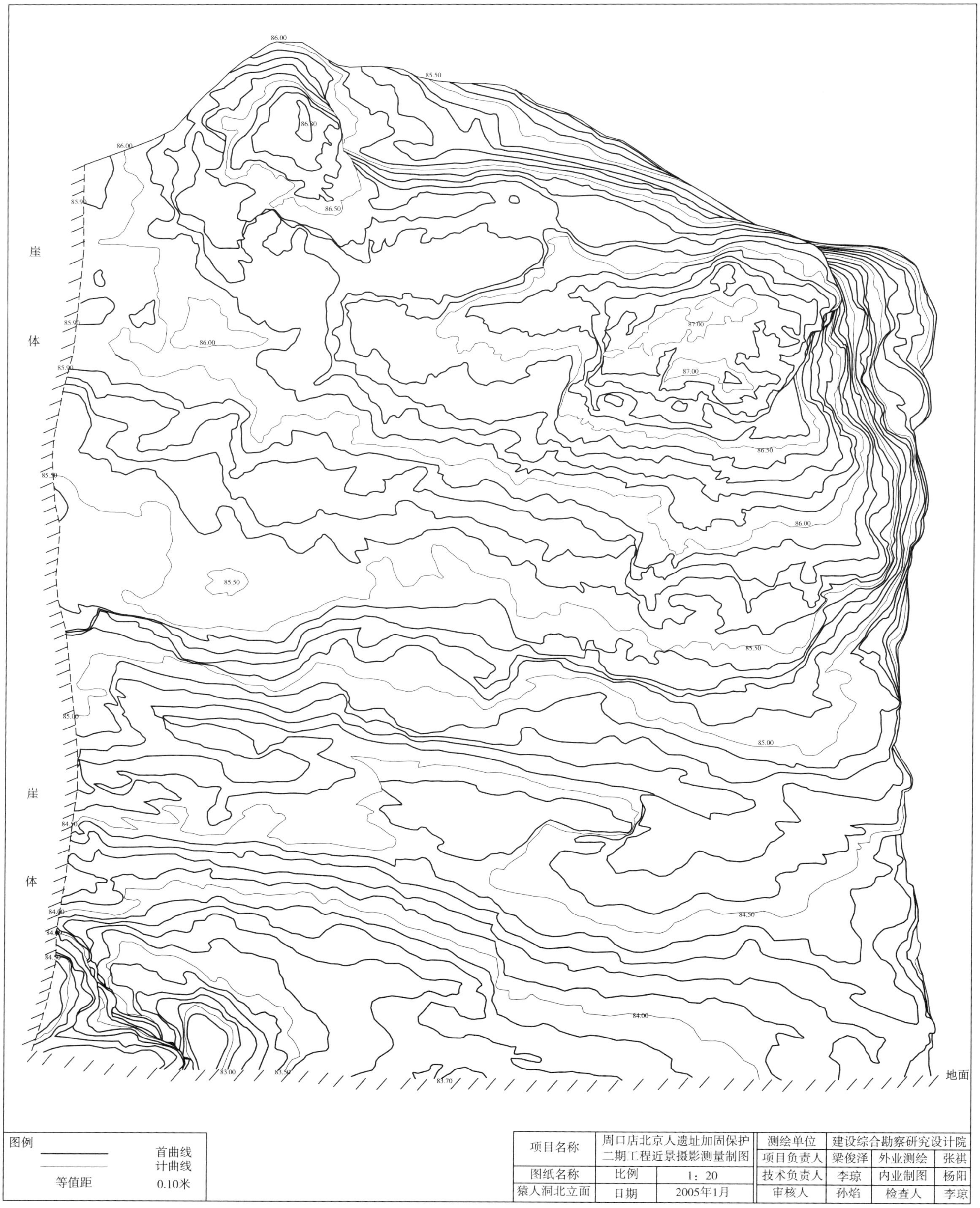

图例	
首曲线	
计曲线	
等值距	0.10米

项目名称	周口店北京人遗址加固保护二期工程近景摄影测量制图		测绘单位	建设综合勘察研究设计院		
			项目负责人	梁俊泽	外业测绘	张祺
图纸名称	比例	1：20	技术负责人	李琼	内业制图	杨阳
猿人洞北立面	日期	2005年1月	审核人	孙焰	检查人	李琼

附图24－1　猿人洞北立面（等值线图）

项目名称	周口店北京人遗址加固保护二期工程近景摄影测量制图			测绘单位	建设综合勘察研究设计院		
				项目负责人	梁俊泽	外业测绘	张祺
图纸名称	比例	1：20		技术负责人	李琼	内业制图	杨阳
猿人洞北立面	日期	2005年1月		审核人	孙焰	检查人	李琼

附图24－2　猿人洞北立面（线划图）

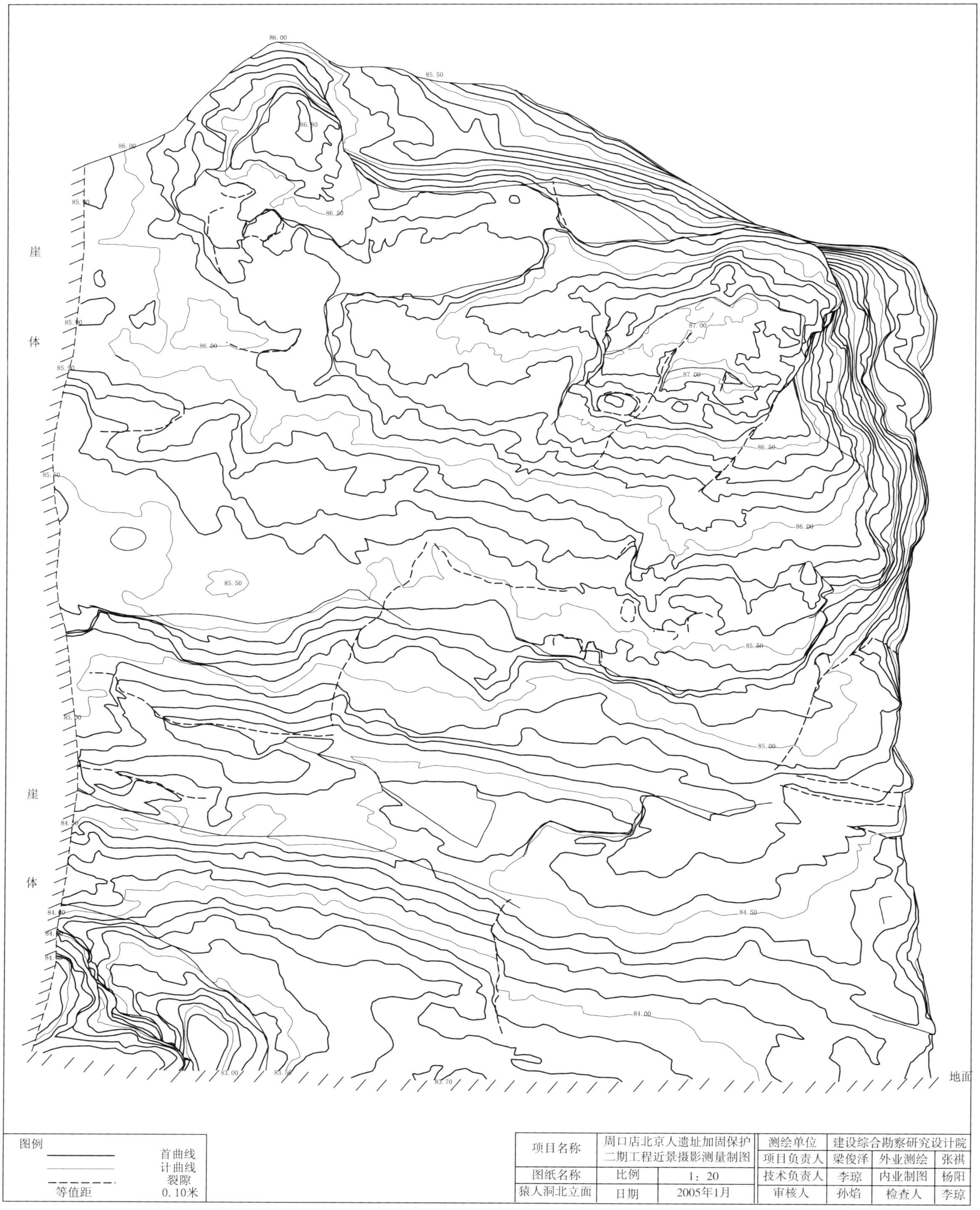

图例

————	首曲线
————	计曲线
- - - -	裂隙
等值距	0.10米

项目名称	周口店北京人遗址加固保护二期工程近景摄影测量制图		测绘单位	建设综合勘察研究设计院		
			项目负责人	梁俊泽	外业测绘	张祺
图纸名称	比例	1：20	技术负责人	李琼	内业制图	杨阳
猿人洞北立面	日期	2005年1月	审核人	孙焰	检查人	李琼

附图24－3 猿人洞北立面

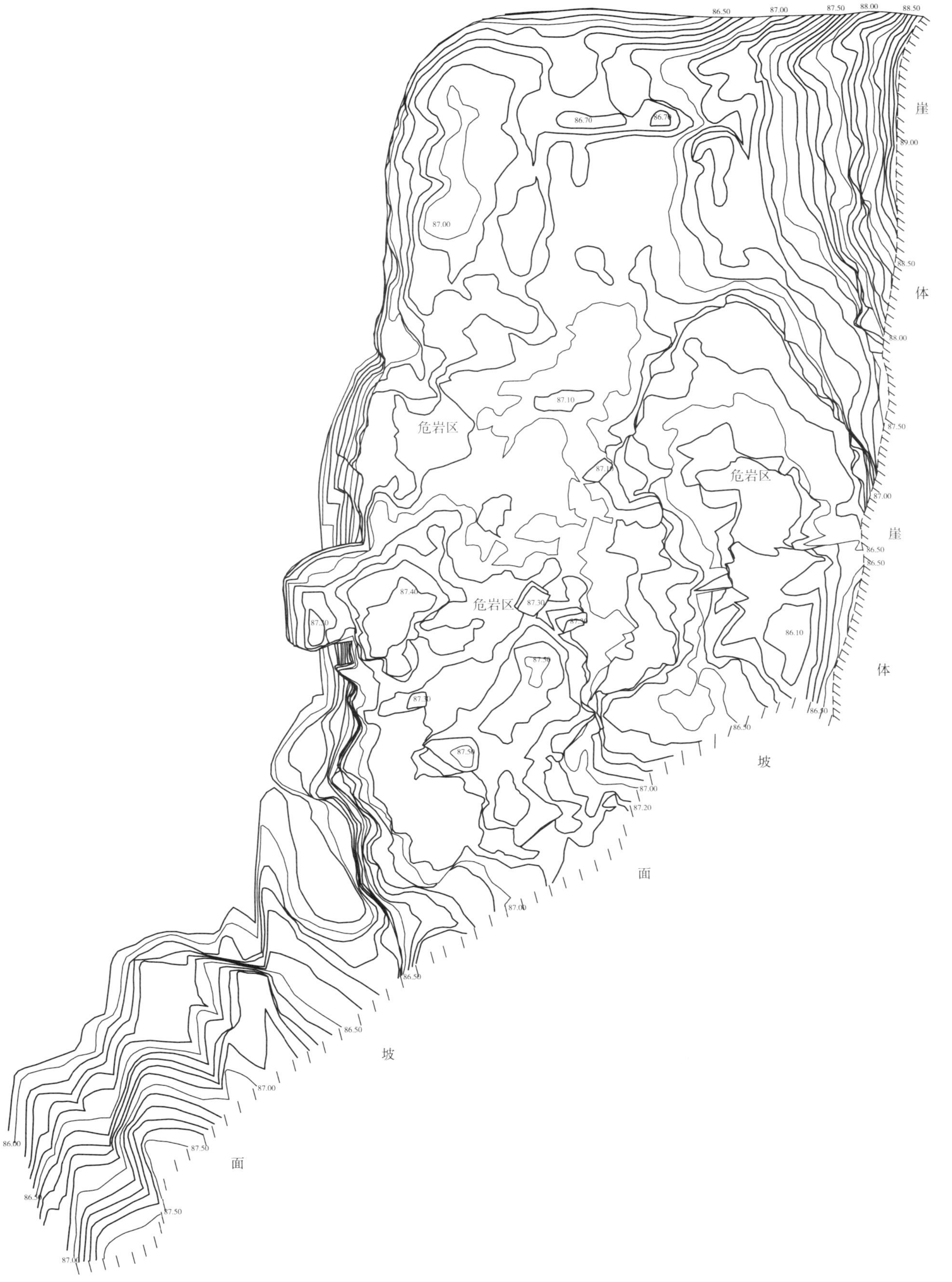

图例
——— 首曲线
——— 计曲线
危岩区
等值距 0.10米

项目名称	周口店北京人遗址加固保护二期工程近景摄影测量制图		测绘单位	建设综合勘察研究设计院		
			项目负责人	梁俊泽	外业测绘	张祺
图纸名称	比例	1：20	技术负责人	李琼	内业制图	杨阳
第三地点南立面	日期	2005年1月	审核人	孙焰	检查人	李琼

附图25－1 第3地点南立面（等值线图）

图例

危岩区

-------- 裂隙

项目名称	周口店北京人遗址加固保护		测绘单位	建设综合勘察研究设计院		
	二期工程近景摄影测量制图		项目负责人	梁俊泽	外业测绘	张祺
图纸名称	比例	1：20	技术负责人	李琼	内业制图	杨阳
第三地点南立面	日期	2005年1月	审核人	孙焰	检查人	李琼

附图25－2　第3地点南立面（线划图）

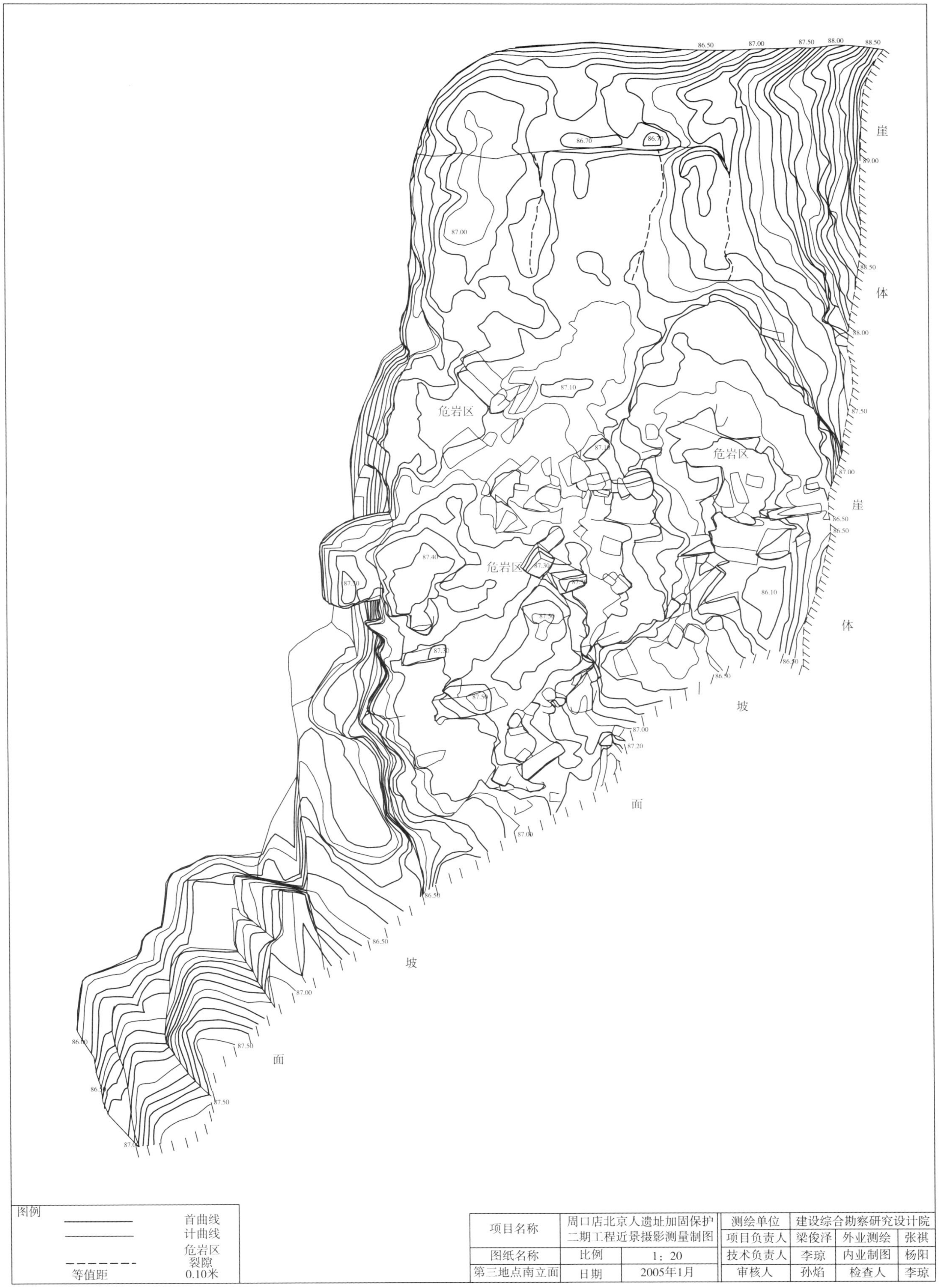

附图25－3　第3地点南立面

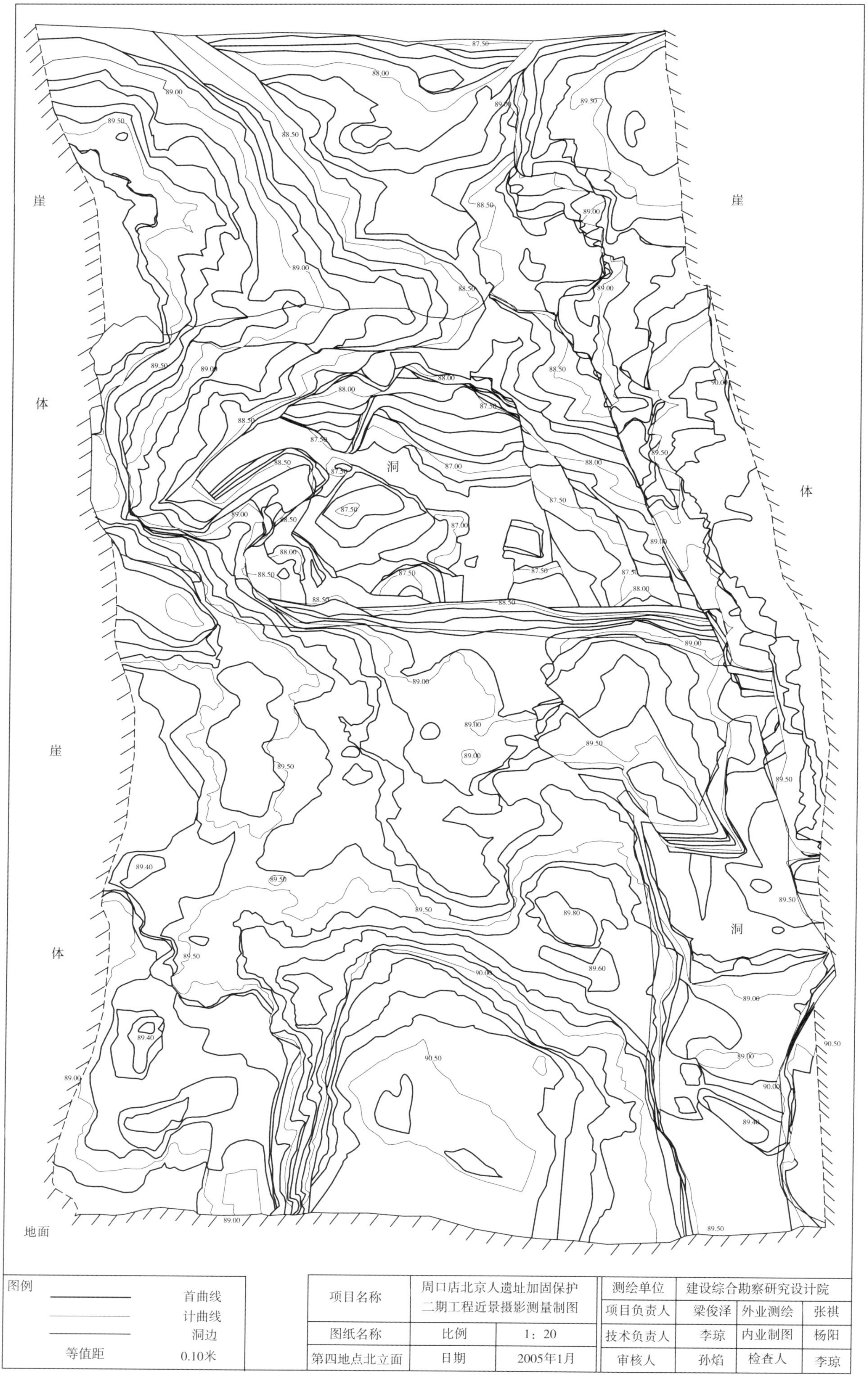

图例	
————	首曲线
————	计曲线
————	洞边
等值距	0.10米

项目名称	周口店北京人遗址加固保护二期工程近景摄影测量制图		测绘单位	建设综合勘察研究设计院		
			项目负责人	梁俊泽	外业测绘	张祺
图纸名称	比例	1：20	技术负责人	李琼	内业制图	杨阳
第四地点北立面	日期	2005年1月	审核人	孙焰	检查人	李琼

附图 26－1　第 4 地点北立面（等值线图）

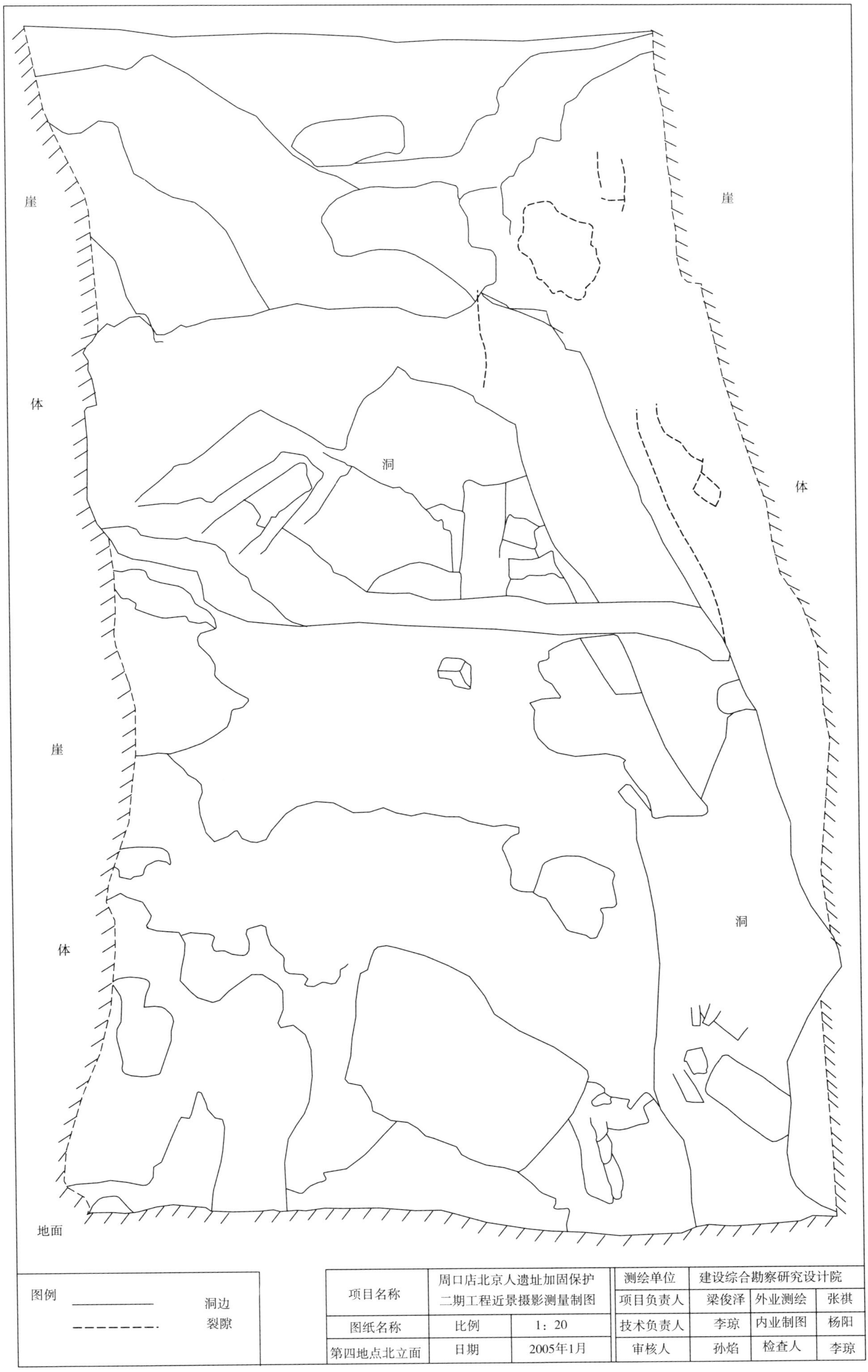

图例 —————— 洞边
- - - - - - - 裂隙

项目名称	周口店北京人遗址加固保护二期工程近景摄影测量制图		测绘单位	建设综合勘察研究设计院		
			项目负责人	梁俊泽	外业测绘	张祺
图纸名称	比例	1：20	技术负责人	李琼	内业制图	杨阳
第四地点北立面	日期	2005年1月	审核人	孙焰	检查人	李琼

附图 26－2　第 4 地点北立面（线划图）

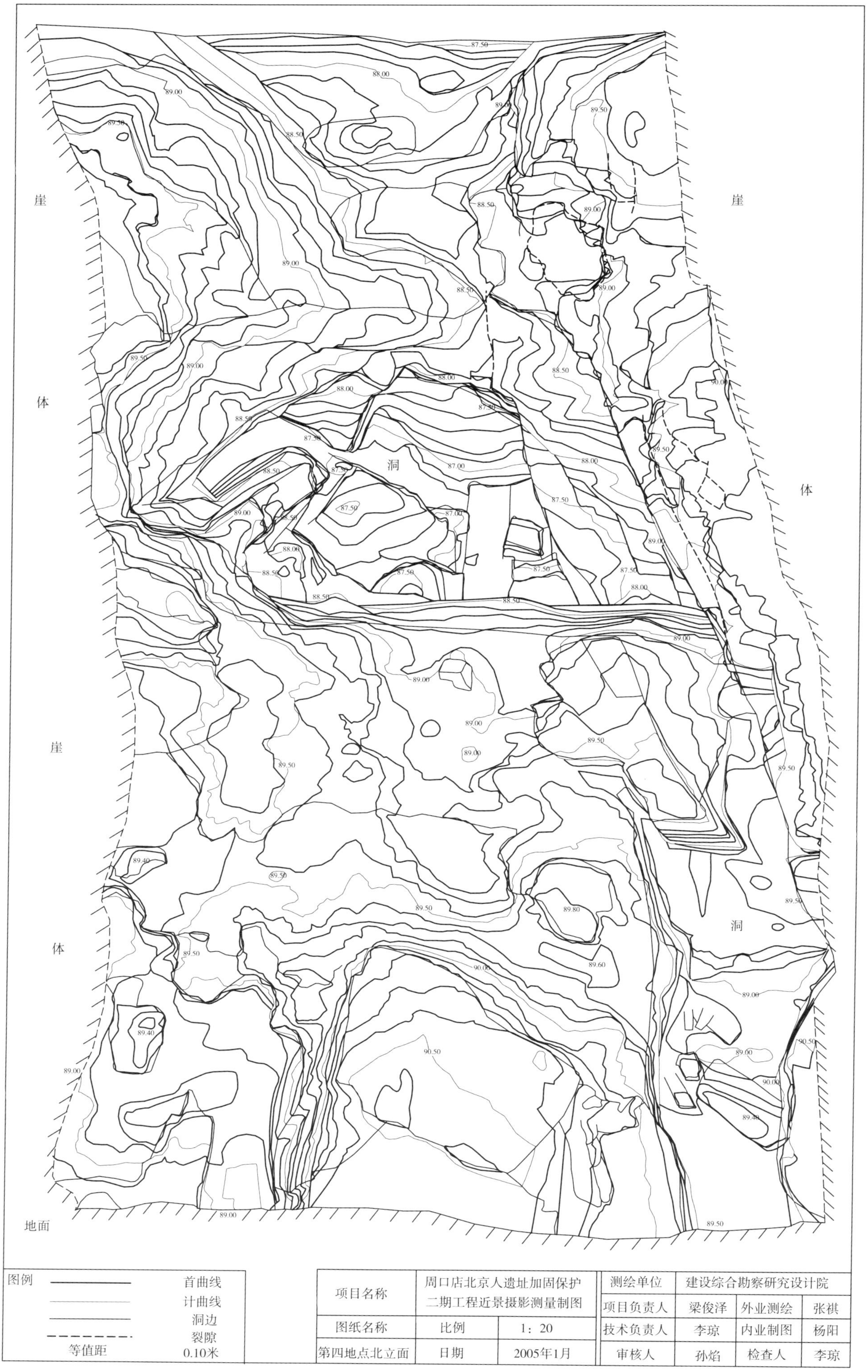

图例		
	————	首曲线
	————	计曲线
	————	洞边
	- - - - -	裂隙
等值距		0.10米

项目名称	周口店北京人遗址加固保护二期工程近景摄影测量制图		测绘单位	建设综合勘察研究设计院		
			项目负责人	梁俊泽	外业测绘	张祺
图纸名称	比例	1：20	技术负责人	李琼	内业制图	杨阳
第四地点北立面	日期	2005年1月	审核人	孙焰	检查人	李琼

附图26－3　第4地点北立面

图例

——	首曲线
——	计曲线
等值距	0.10米

项目名称	周口店北京人遗址加固保护二期工程近景摄影测量制图		测绘单位	建设综合勘察研究设计院		
			项目负责人	梁俊泽	外业测绘	张祺
图纸名称	比例	1：20	技术负责人	李琼	内业制图	杨阳
山顶洞北立面	日期	2005年1月	审核人	孙焰	检查人	李琼

附图 27－1 山顶洞北立面（等值线图）

图例

裂隙

项目名称	周口店北京人遗址加固保护二期工程近景摄影测量制图		测绘单位	建设综合勘察研究设计院		
			项目负责人	梁俊泽	外业测绘	张祺
图纸名称	比例	1：20	技术负责人	李琼	内业制图	杨阳
山顶洞北立面	日期	2005年1月	审核人	孙焰	检查人	李琼

附图27－2　山顶洞北立面（线划图）

图例	
————	首曲线
————	计曲线
- - - - - -	裂隙
等值距	0.10米

项目名称	周口店北京人遗址加固保护二期工程近景摄影测量制图		测绘单位	建设综合勘察研究设计院		
			项目负责人	梁俊泽	外业测绘	张祺
图纸名称	比例	1：20	技术负责人	李琼	内业制图	杨阳
山顶洞北立面	日期	2005年1月	审核人	孙焰	检查人	李琼

附图27－3　山顶洞北立面

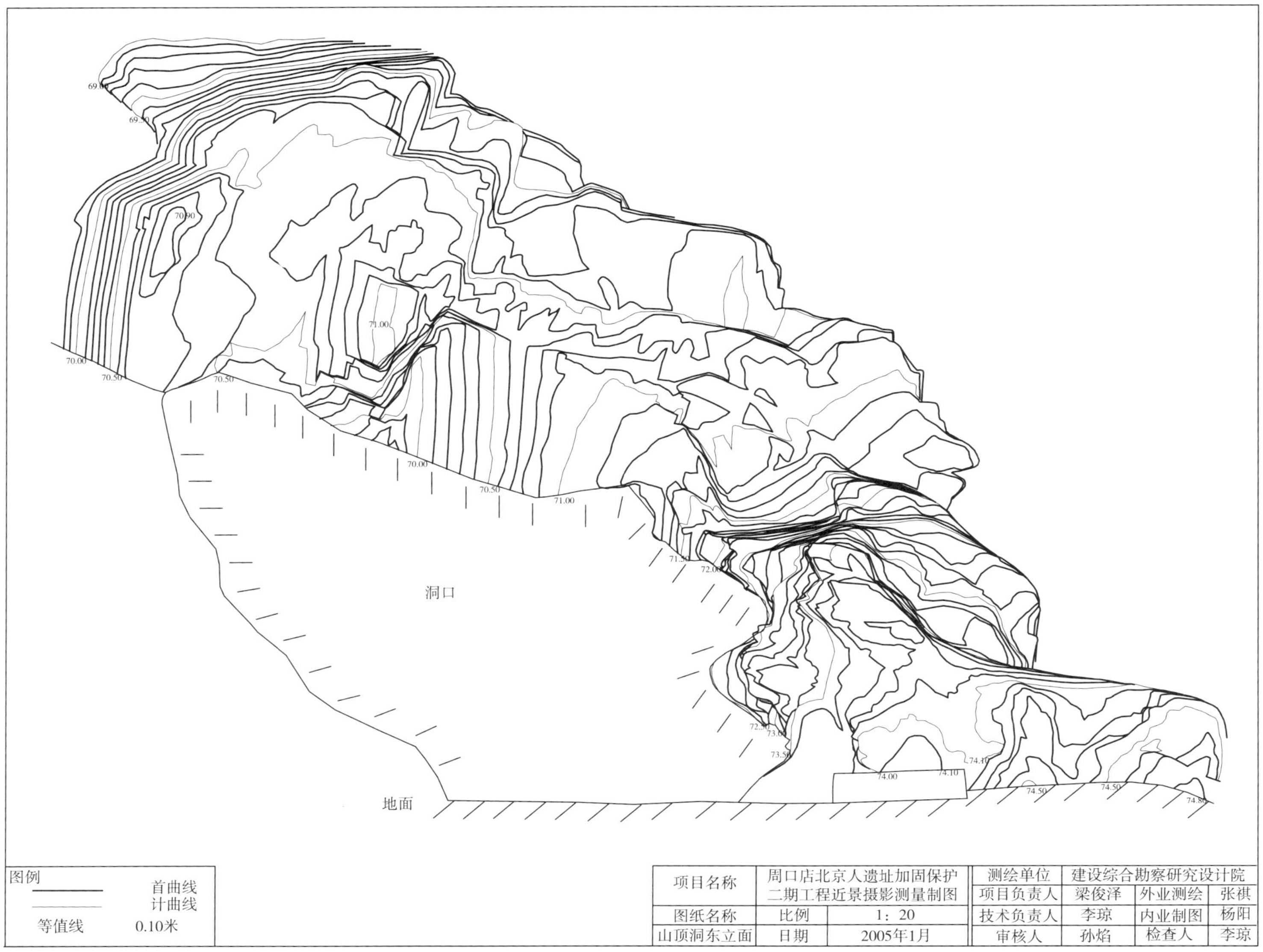

附图 28－1 山顶洞东立面（等值线图）

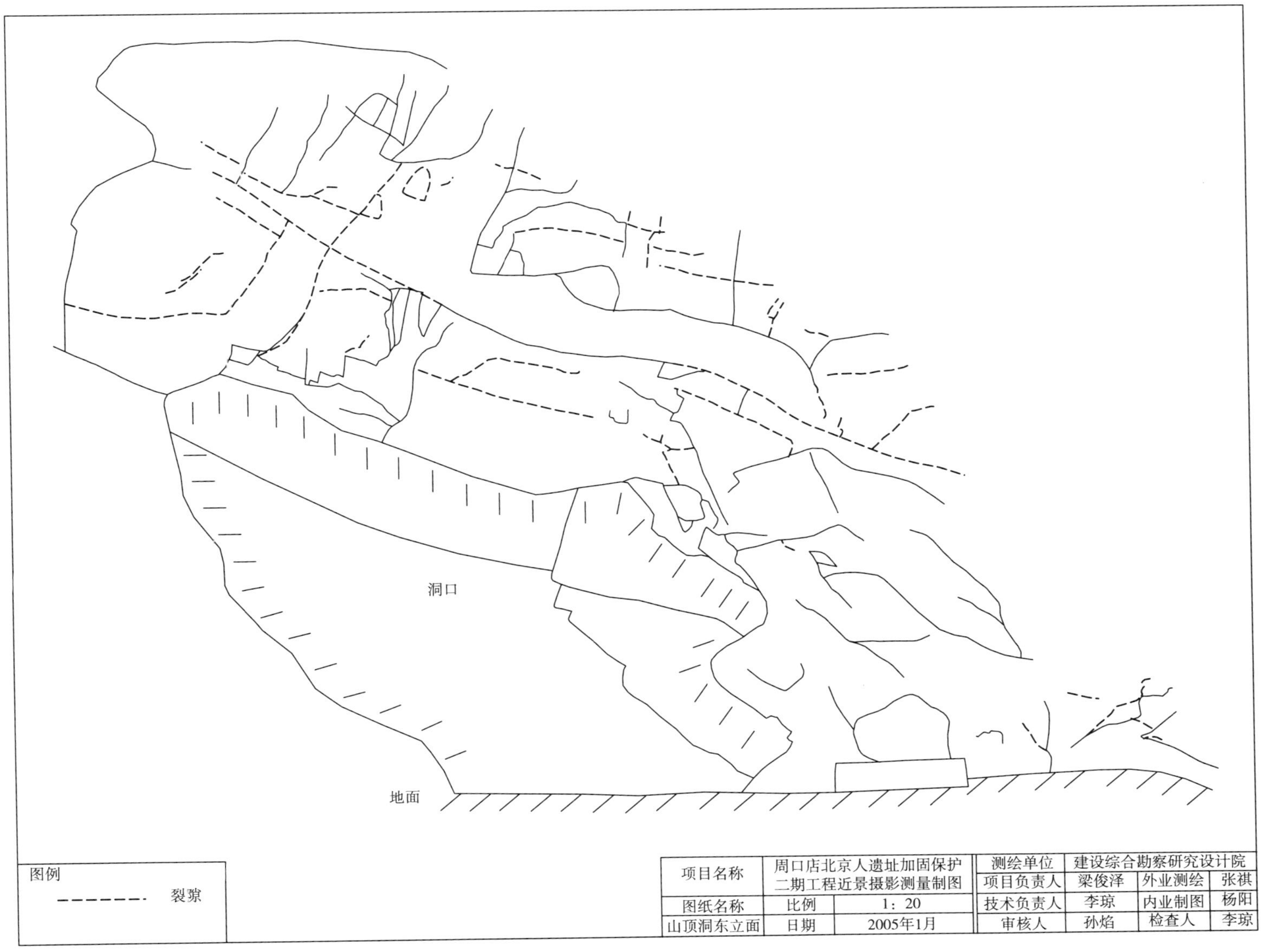

项目名称	周口店北京人遗址加固保护二期工程近景摄影测量制图		测绘单位	建设综合勘察研究设计院		
			项目负责人	梁俊泽	外业测绘	张祺
图纸名称	比例	1：20	技术负责人	李琼	内业制图	杨阳
山顶洞东立面	日期	2005年1月	审核人	孙焰	检查人	李琼

附图28－2　山顶洞东立面（线划图）

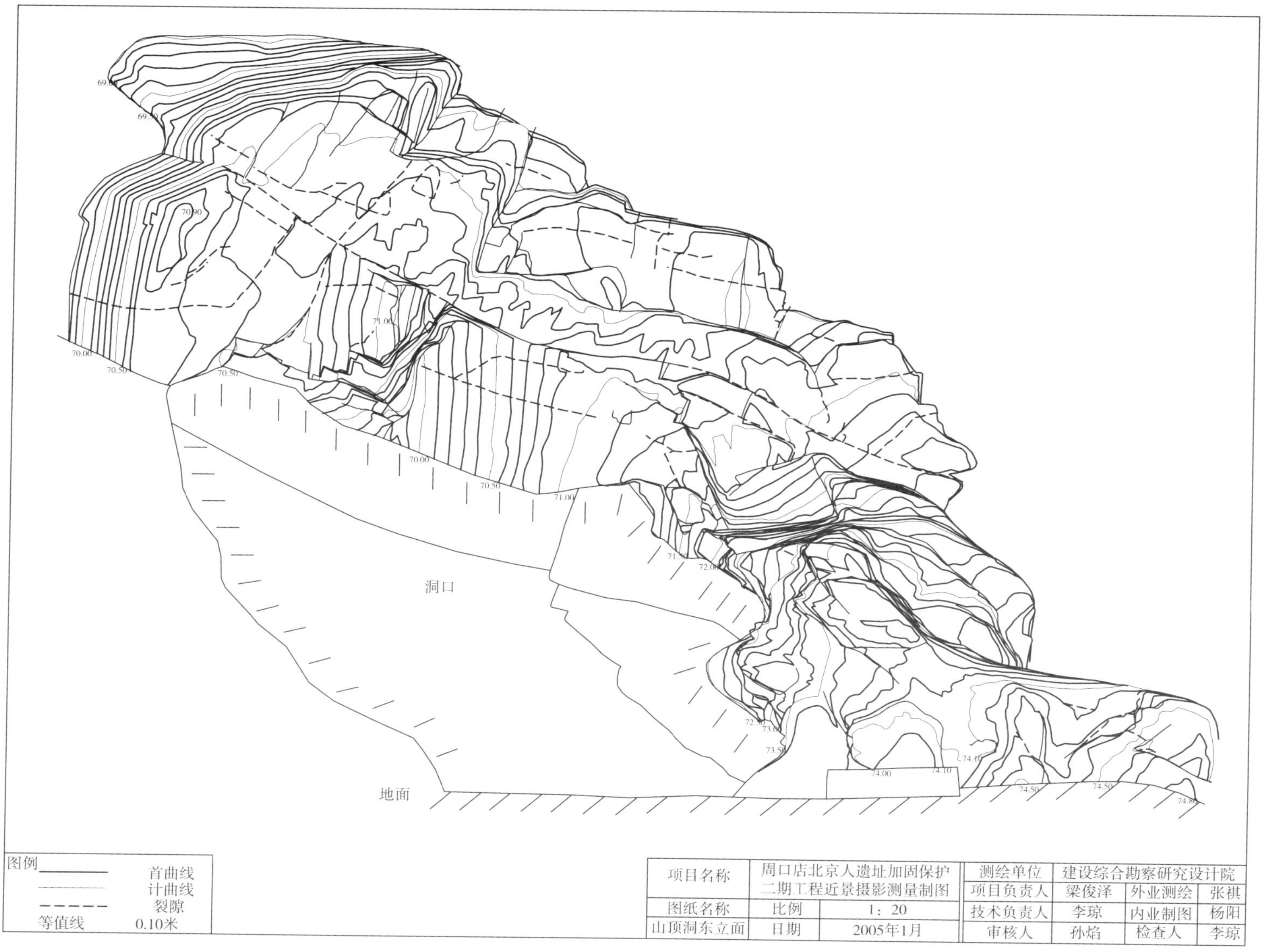

项目名称	周口店北京人遗址加固保护二期工程近景摄影测量制图		测绘单位	建设综合勘察研究设计院		
			项目负责人	梁俊泽	外业测绘	张祺
图纸名称	比例	1：20	技术负责人	李琼	内业制图	杨阳
山顶洞东立面	日期	2005年1月	审核人	孙焰	检查人	李琼

附图 28－3　山顶洞东立面

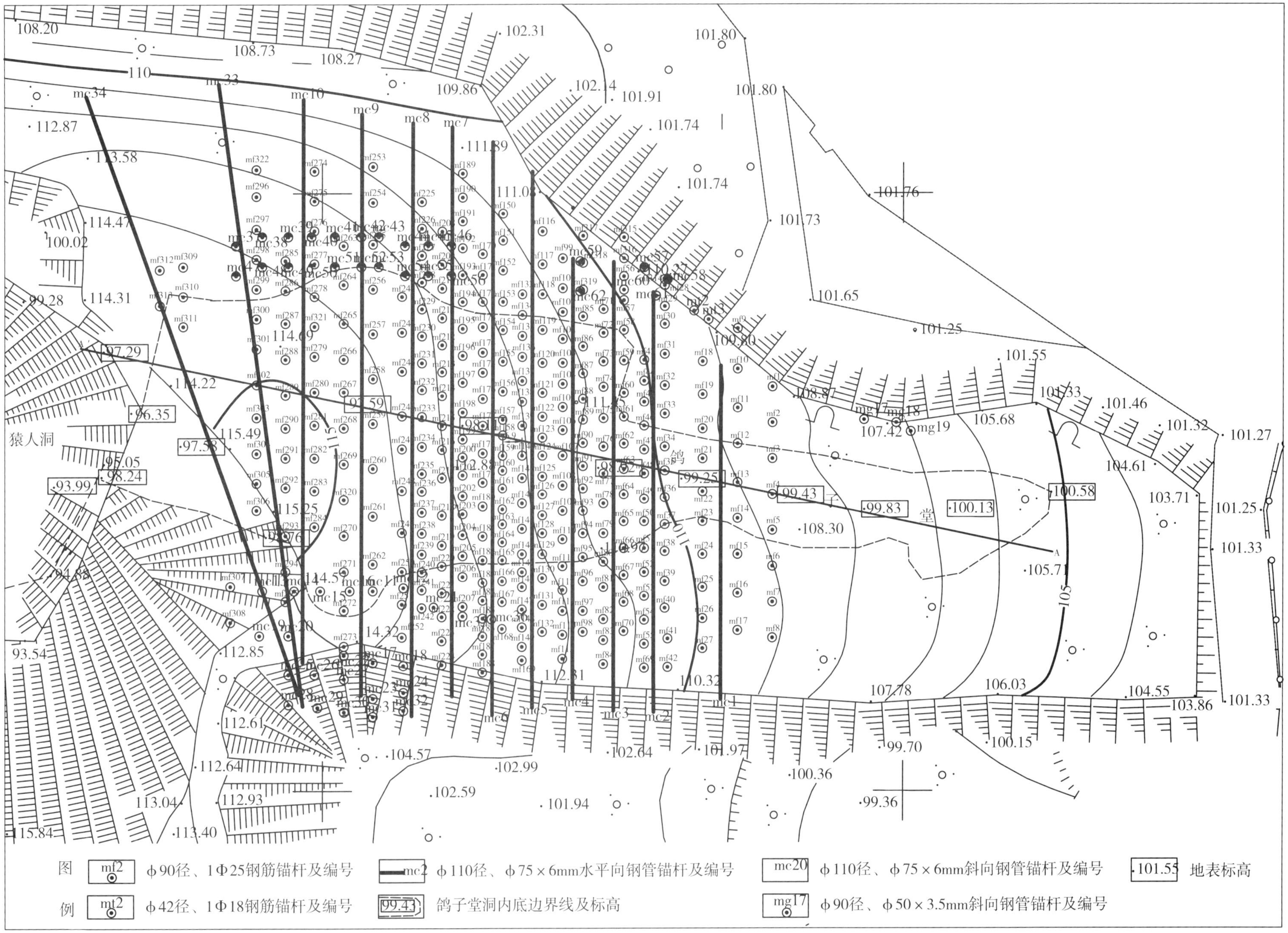

附图29　鸽子堂洞顶锚杆分布图

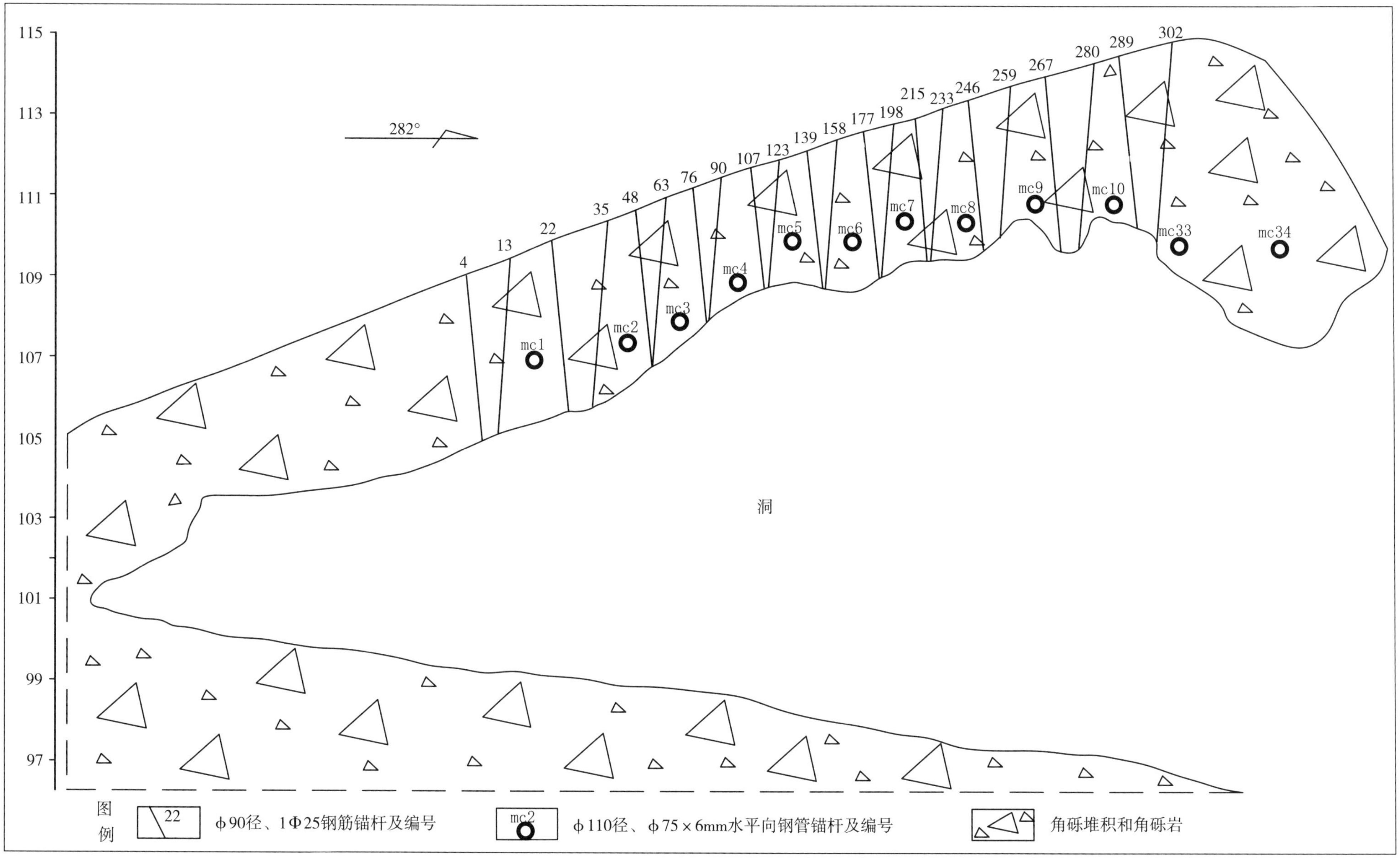

附图30　鸽子堂A—A′剖面图

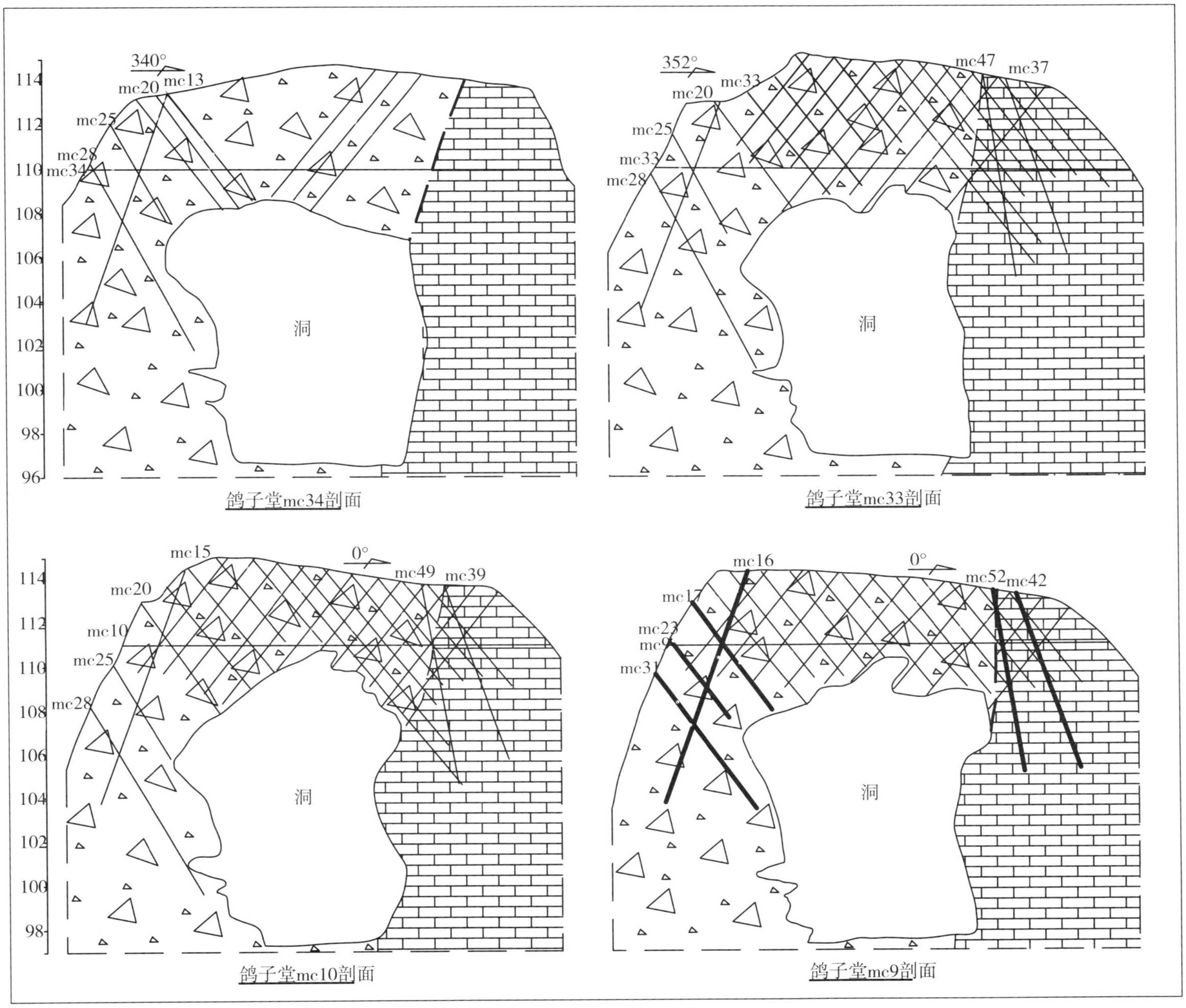

附图31　鸽子堂横剖面图之一

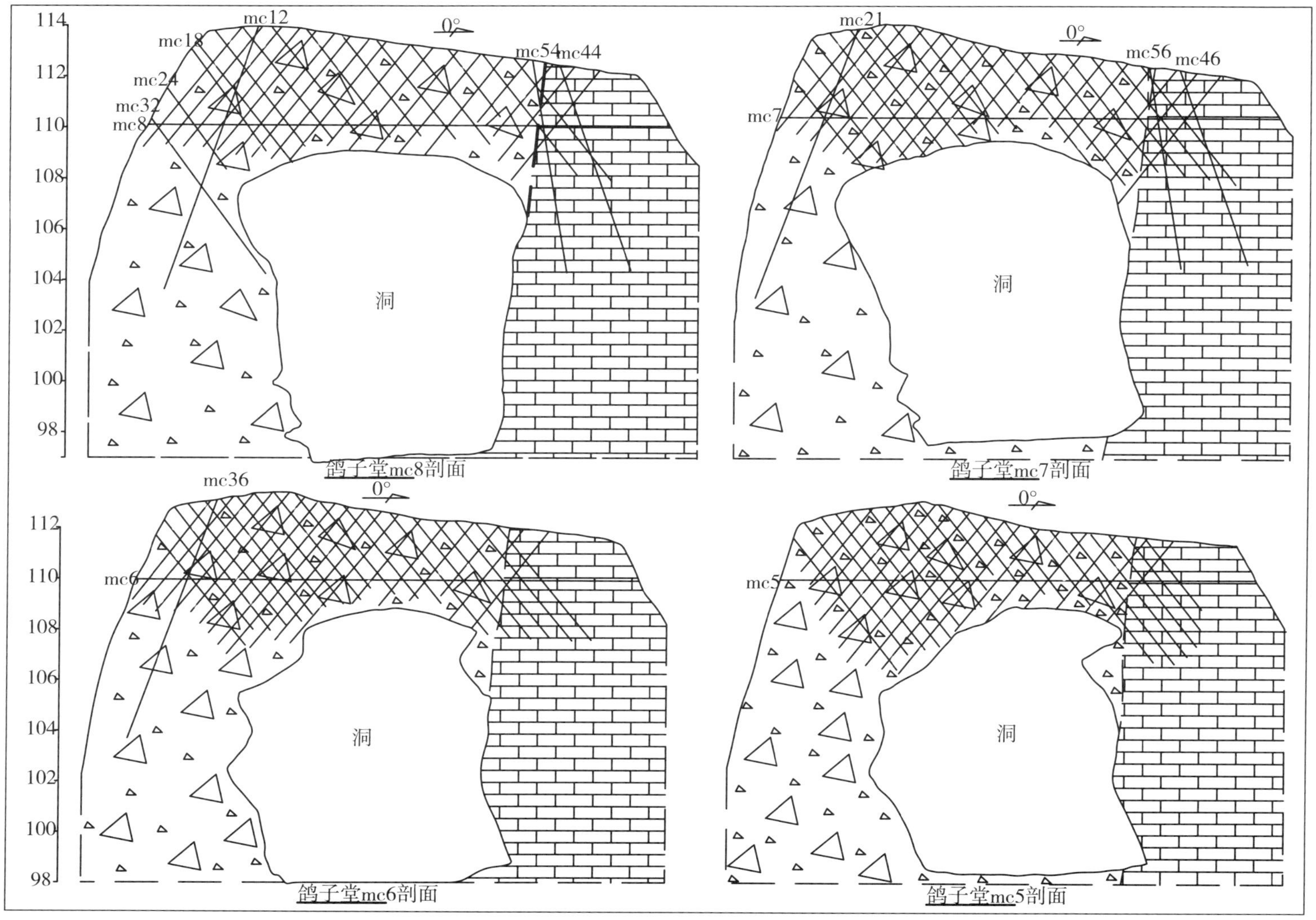

附图32　鸽子堂横剖面图之二

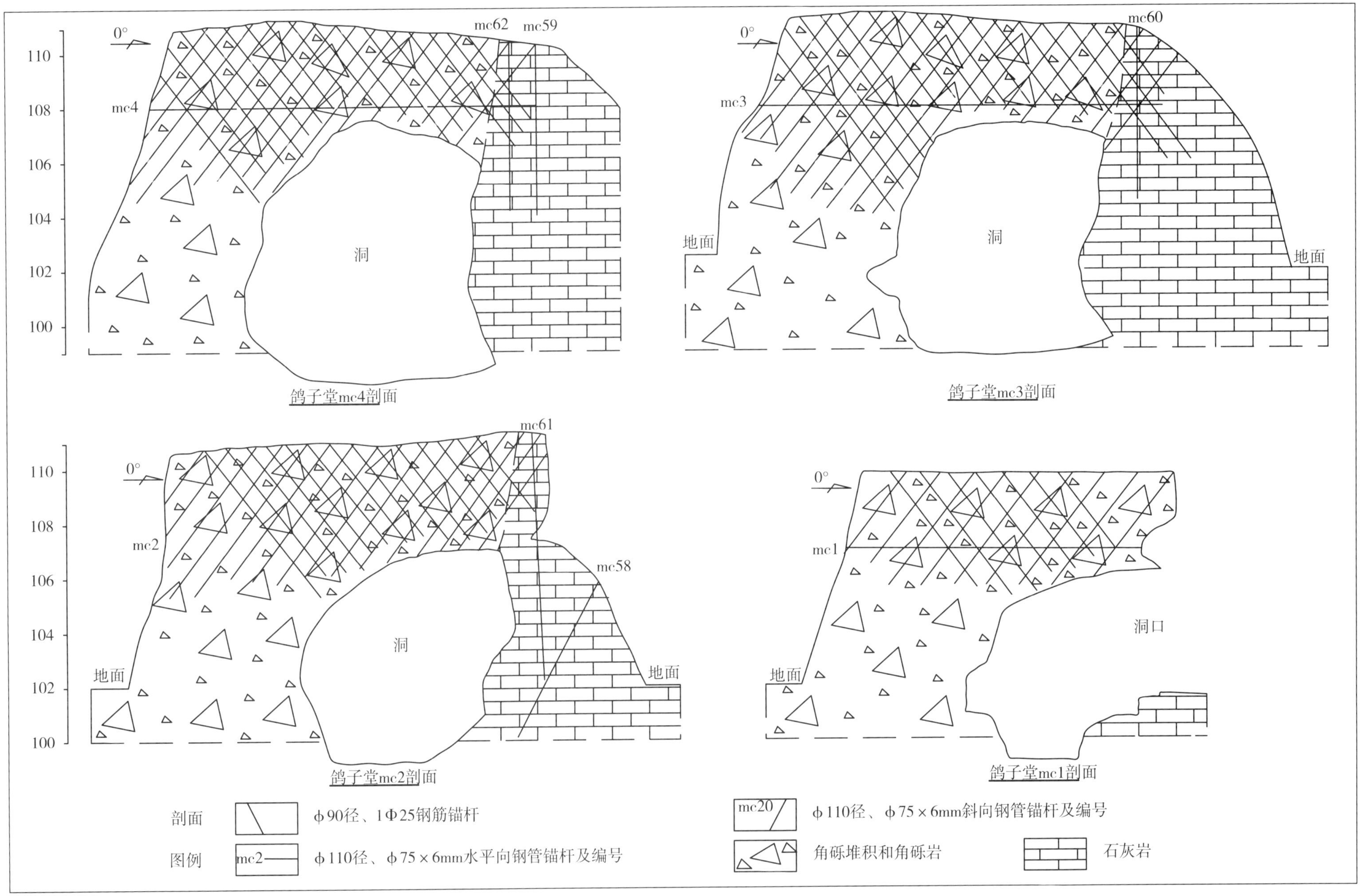

附图33　鸽子堂横剖面图之三

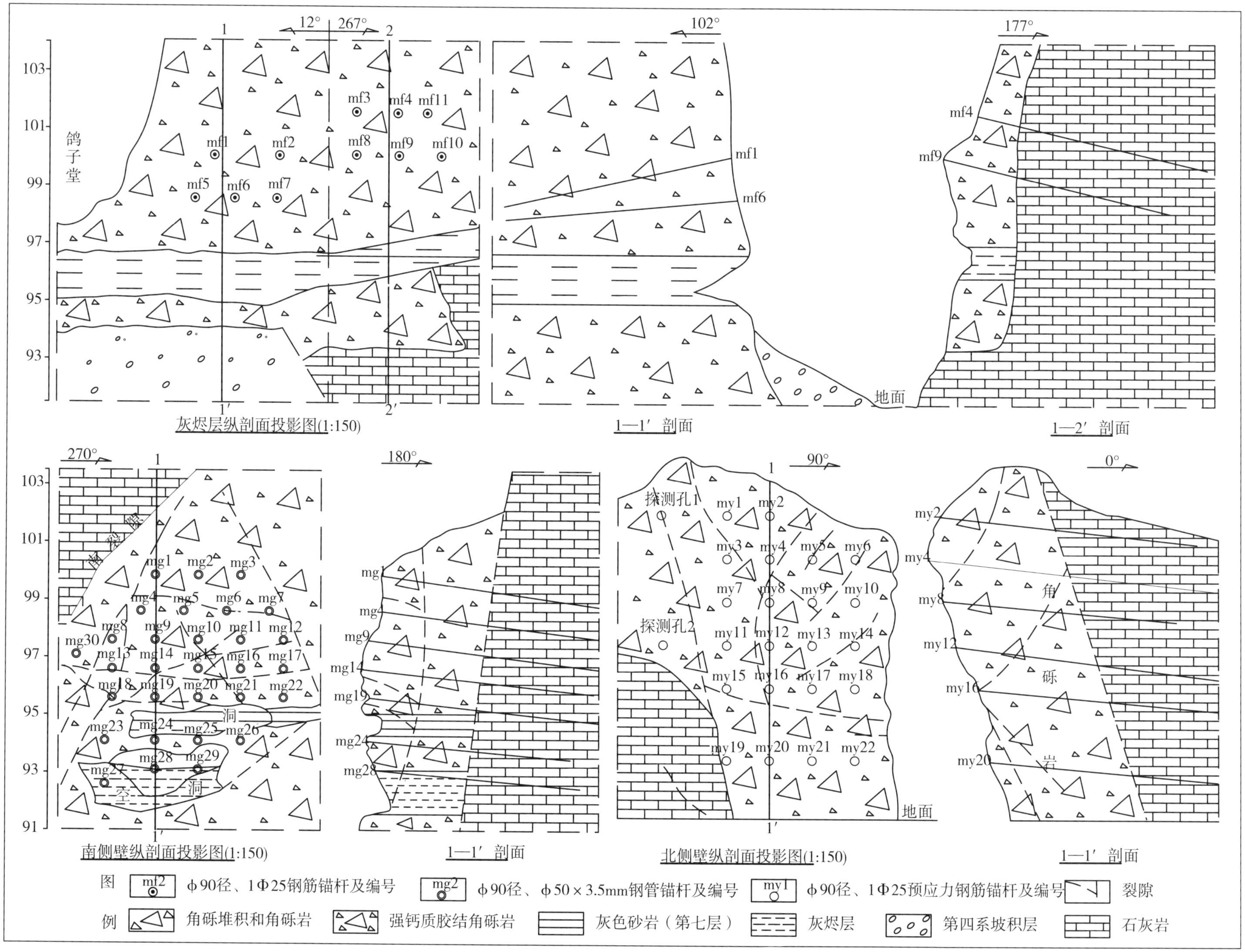

附图34　猿人洞内三处加固地点工程布置图

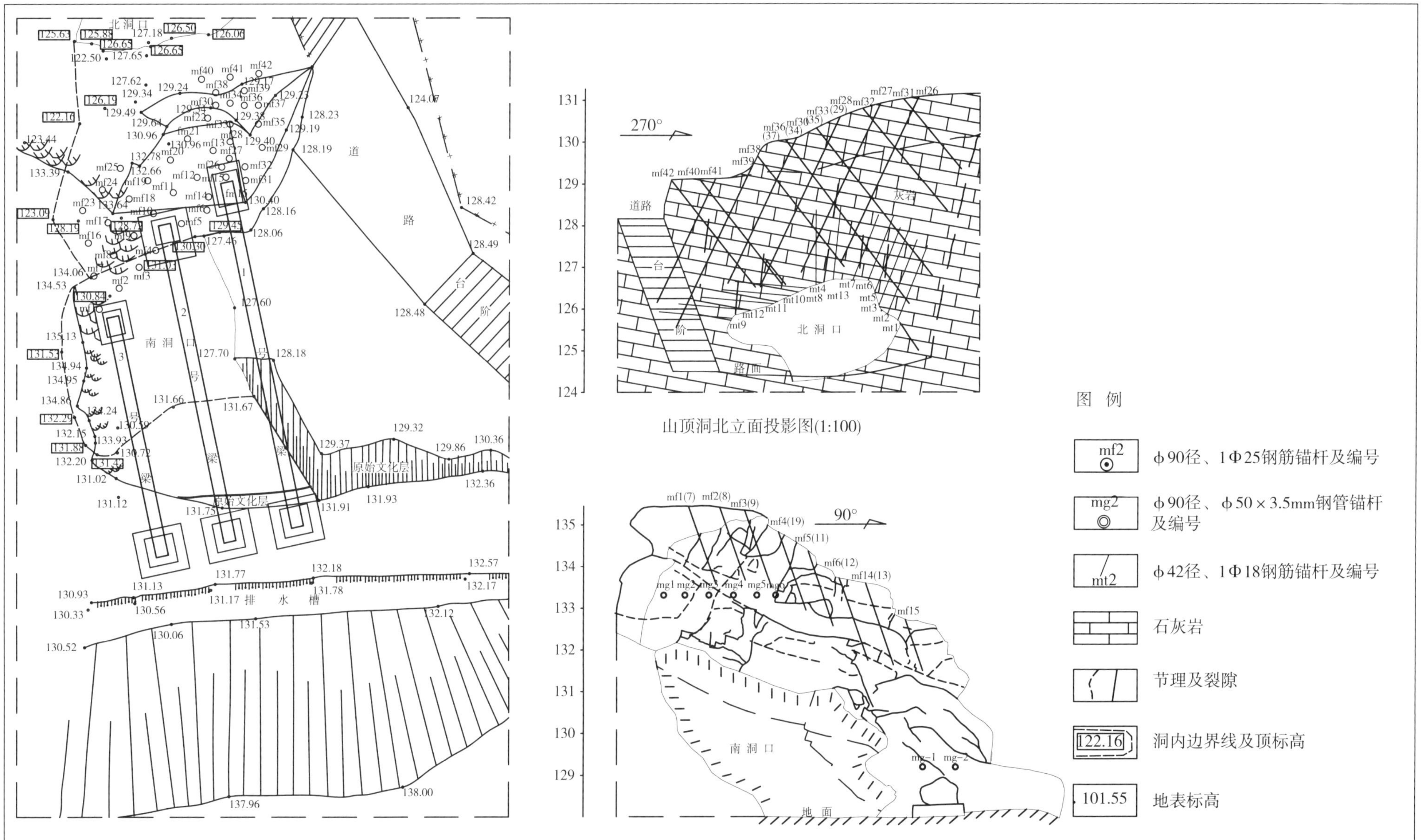

山顶洞工程平面布置图(1:100)

山顶洞北立面投影图(1:100)

山顶洞南立面投影图(1:100)

附图35　山顶洞工程布置图

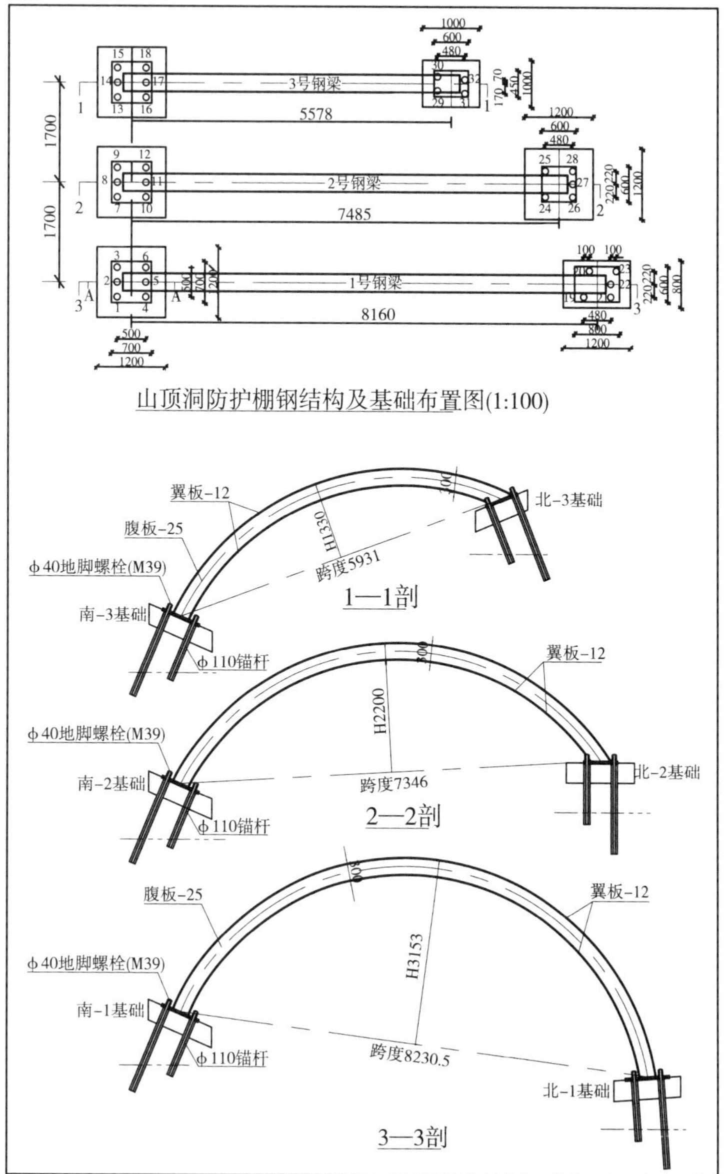

山顶洞防护棚钢结构及基础布置图(1:100)

1—1剖

2—2剖

3—3剖

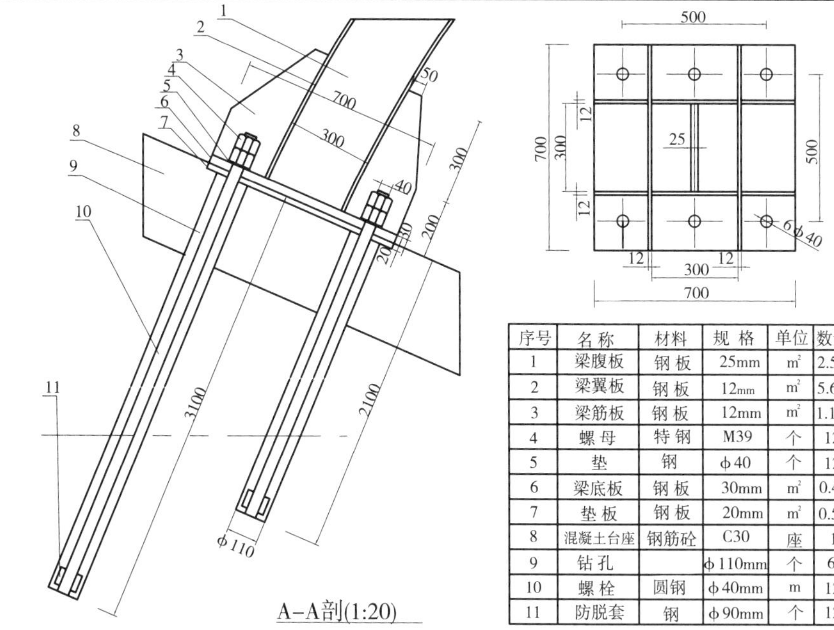

A–A剖(1:20)

序号	名称	材料	规 格	单位	数量	重量Kg
1	梁腹板	钢 板	25mm	m²	2.59	509.6
2	梁翼板	钢 板	12mm	m²	5.65	531.7
3	梁筋板	钢 板	12mm	m²	1.10	103.6
4	螺 母	特 钢	M39	个	12	
5	垫	钢	ф40	个	12	
6	梁底板	钢 板	30mm	m²	0.49	
7	垫 板	钢 板	20mm	m²	0.57	88.3
8	混凝土台座	钢筋砼	C30	座	1	
9	钻 孔		ф110mm	个	6	
10	螺 栓	圆钢	ф40mm	m	12	118.5
11	防脱套	钢	ф90mm	个	12	

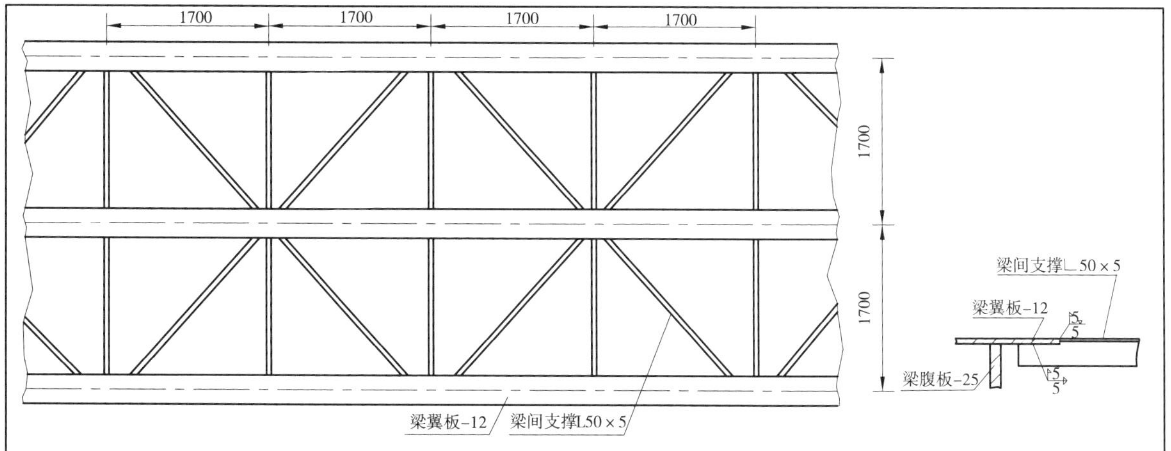

梁间支撑连接图(1:60)

焊缝搭接示意图

附图36　山顶洞防护棚骨架钢结构图

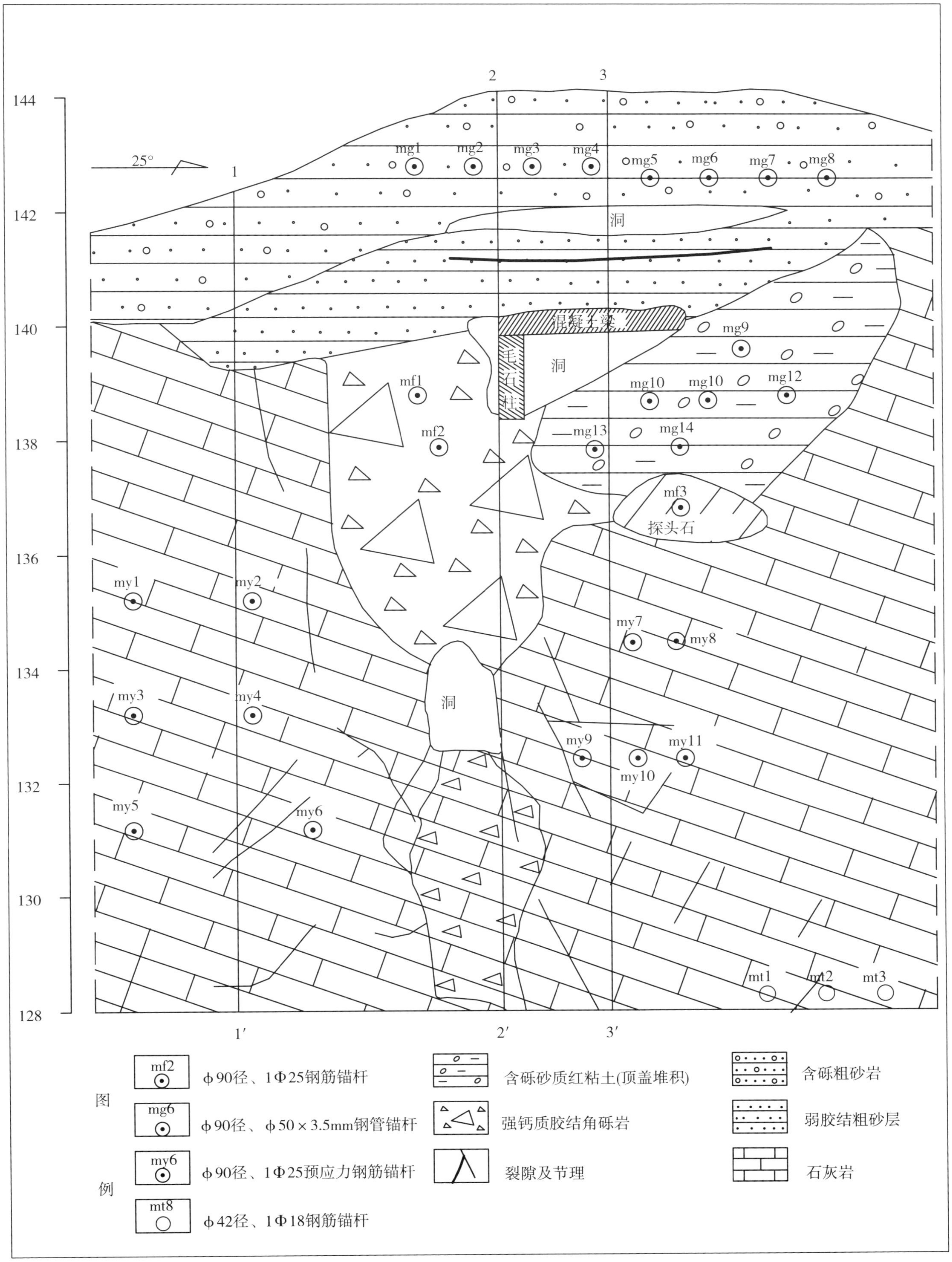

144
142
140
138
136
134
132
130
128
25°
1
2
3
1′
2′
3′
mg1
mg2
mg3
mg4
mg5
mg6
mg7
mg8
洞
混凝土梁
毛石柱
洞
mg9
mg10
mg10
mg12
mg13
mg14
mf1
mf2
mf3
探头石
my1
my2
my3
my4
my5
my6
my7
my8
洞
my9
my10
my11
mt1
mt2
mt3
图例
mf2
ϕ90径、1Φ25钢筋锚杆
mg6
ϕ90径、ϕ50×3.5mm钢管锚杆
my6
ϕ90径、1Φ25预应力钢筋锚杆
mt8
ϕ42径、1Φ18钢筋锚杆
含砾砂质红粘土(顶盖堆积)
强钙质胶结角砾岩
裂隙及节理
含砾粗砂岩
弱胶结粗砂层
石灰岩

附图37　顶盖堆积纵剖面投影图

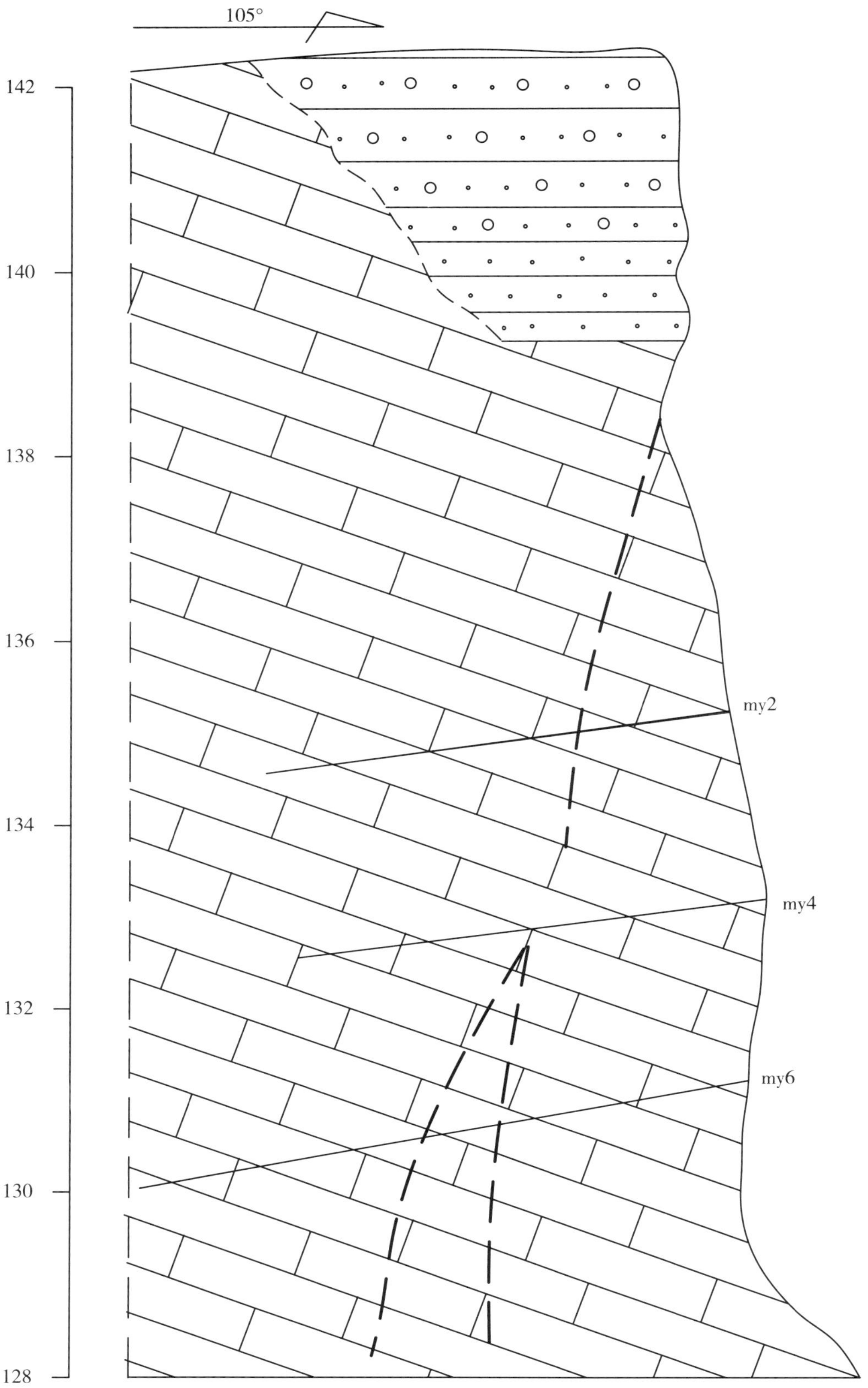

附图38　顶盖堆积1－1′横剖面图之一

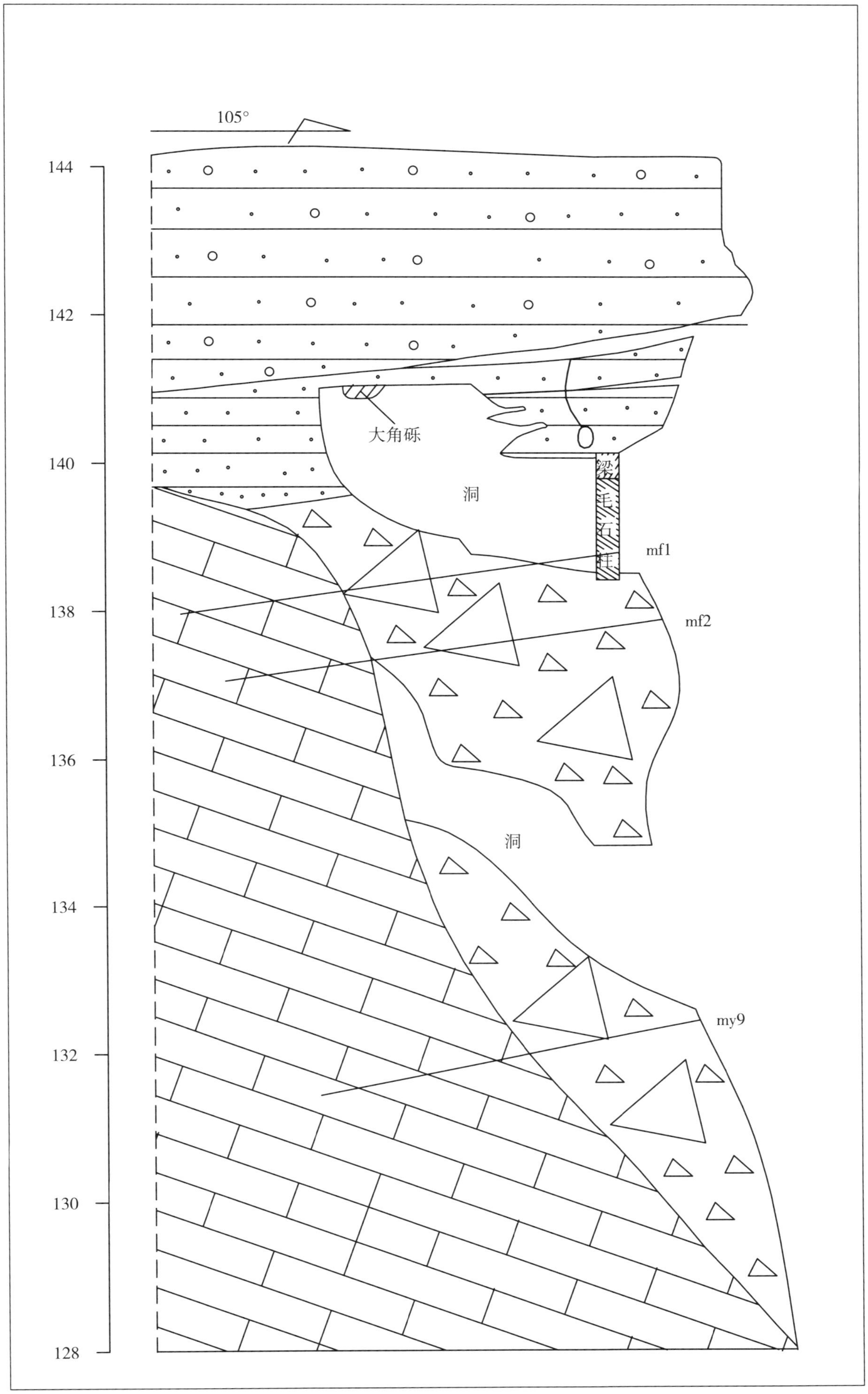

附图39　顶盖堆积2－2′横剖面图之二

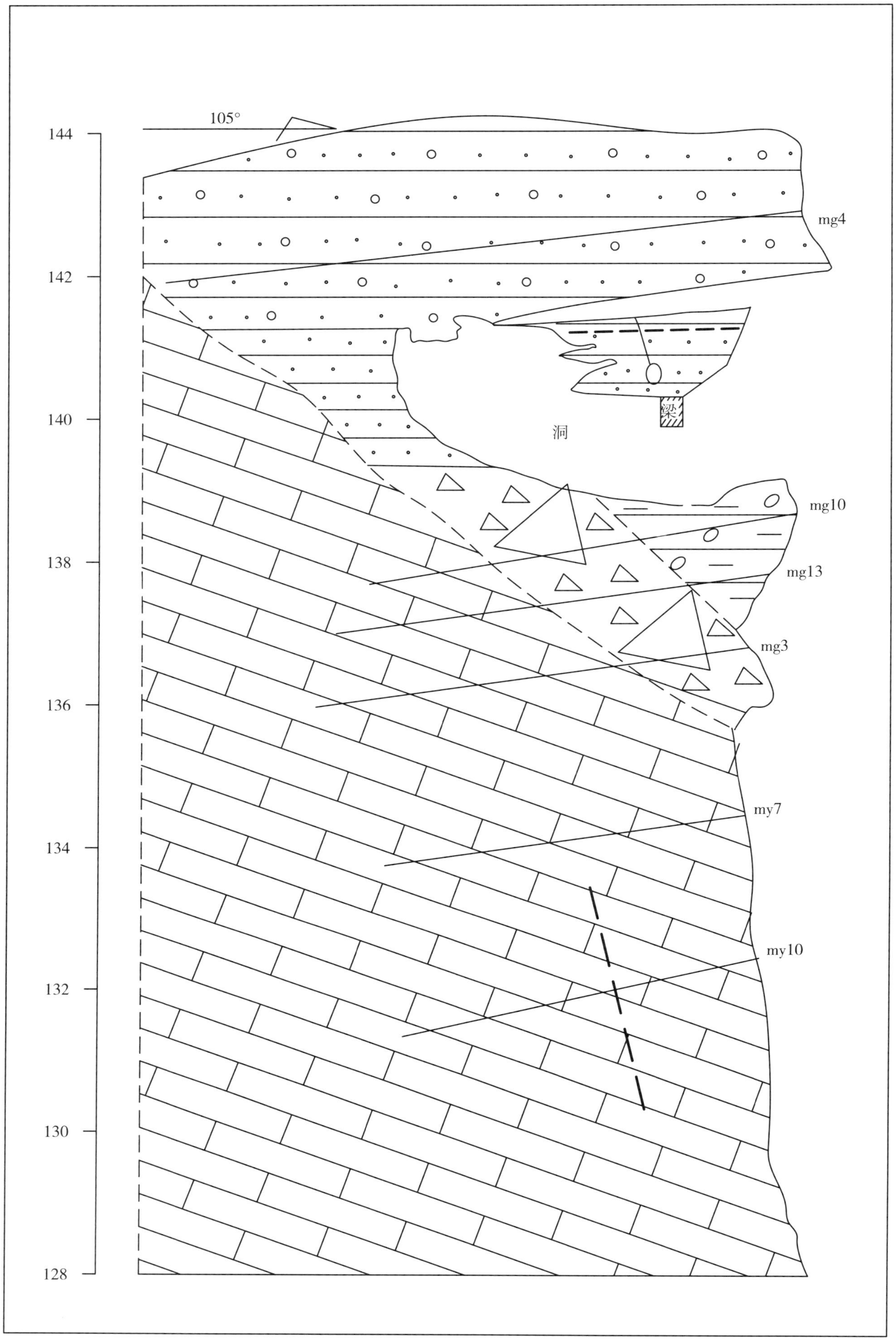

附图40　顶盖堆积3－3′横剖面图之三

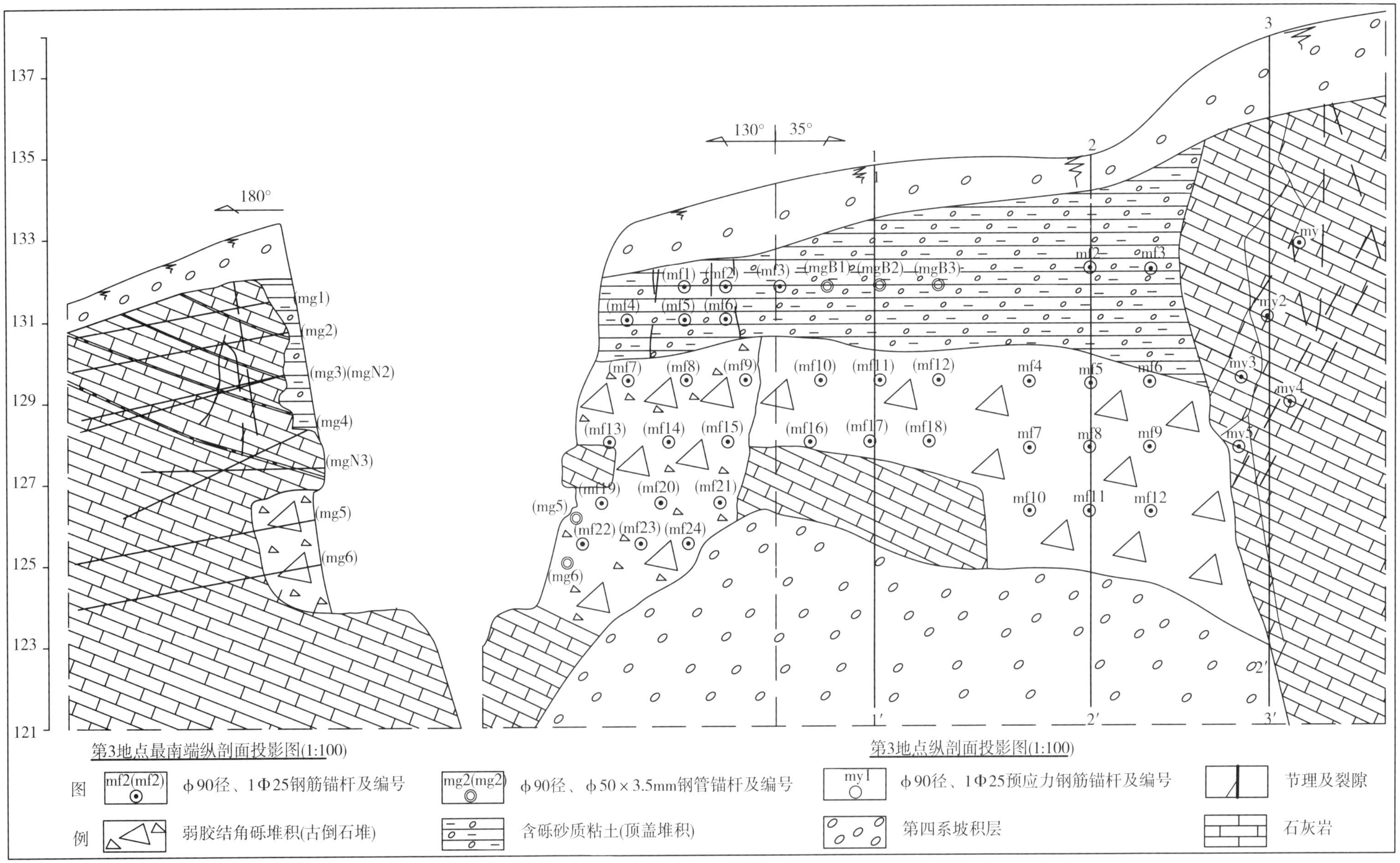
137
135
133
131
129
127
125
123
121
180°
130°
35°
(mg1)
(mg2)
(mg3)(mgN2)
(mg4)
(mgN3)
(mg5)
(mg6)
(mf1) (mf2) (mf3) (mgB1) (mgB2) (mgB3)
(mf4) (mf5) (mf6)
(mf7) (mf8) (mf9) (mf10) (mf11) (mf12)
(mf13) (mf14) (mf15) (mf16) (mf17) (mf18)
(mf19) (mf20) (mf21)
(mf22) (mf23) (mf24)
mf2 mf3
mf4 mf5 mf6
mf7 mf8 mf9
mf10 mf11 mf12
my1 my2 my3 my4 my5
1 1′ 2 2′ 3 3′
第3地点最南端纵剖面投影图(1:100)
第3地点纵剖面投影图(1:100)
图例
mf2(mf2) φ90径、1Φ25钢筋锚杆及编号
mg2(mg2) φ90径、φ50×3.5mm钢管锚杆及编号
my1 φ90径、1Φ25预应力钢筋锚杆及编号
节理及裂隙
弱胶结角砾堆积(古倒石堆)
含砾砂质粘土(顶盖堆积)
第四系坡积层
石灰岩

附图41　第3地点工程布置图

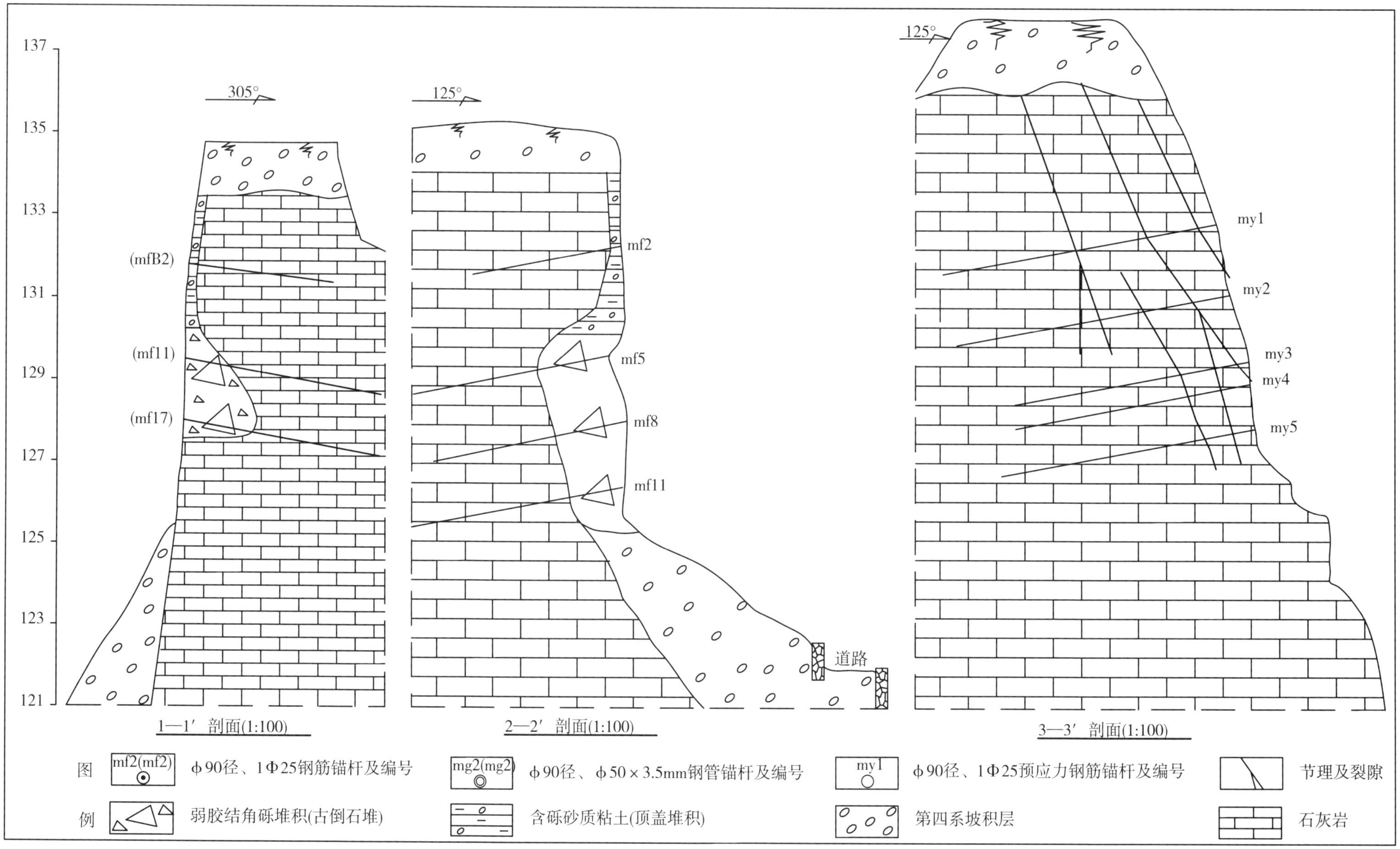

137
135
133
131
129
127
125
123
121
305°
125°
125°
(mfB2)
(mf11)
(mf17)
mf2
mf5
mf8
mf11
my1
my2
my3
my4
my5
道路
1—1′ 剖面(1:100)
2—2′ 剖面(1:100)
3—3′ 剖面(1:100)
图例
mf2(mf2)
ф90径、1Φ25钢筋锚杆及编号
mg2(mg2)
ф90径、ф50×3.5mm钢管锚杆及编号
my1
ф90径、1Φ25预应力钢筋锚杆及编号
节理及裂隙
弱胶结角砾堆积(古倒石堆)
含砾砂质粘土(顶盖堆积)
第四系坡积层
石灰岩

附图42 第3地点横剖面图

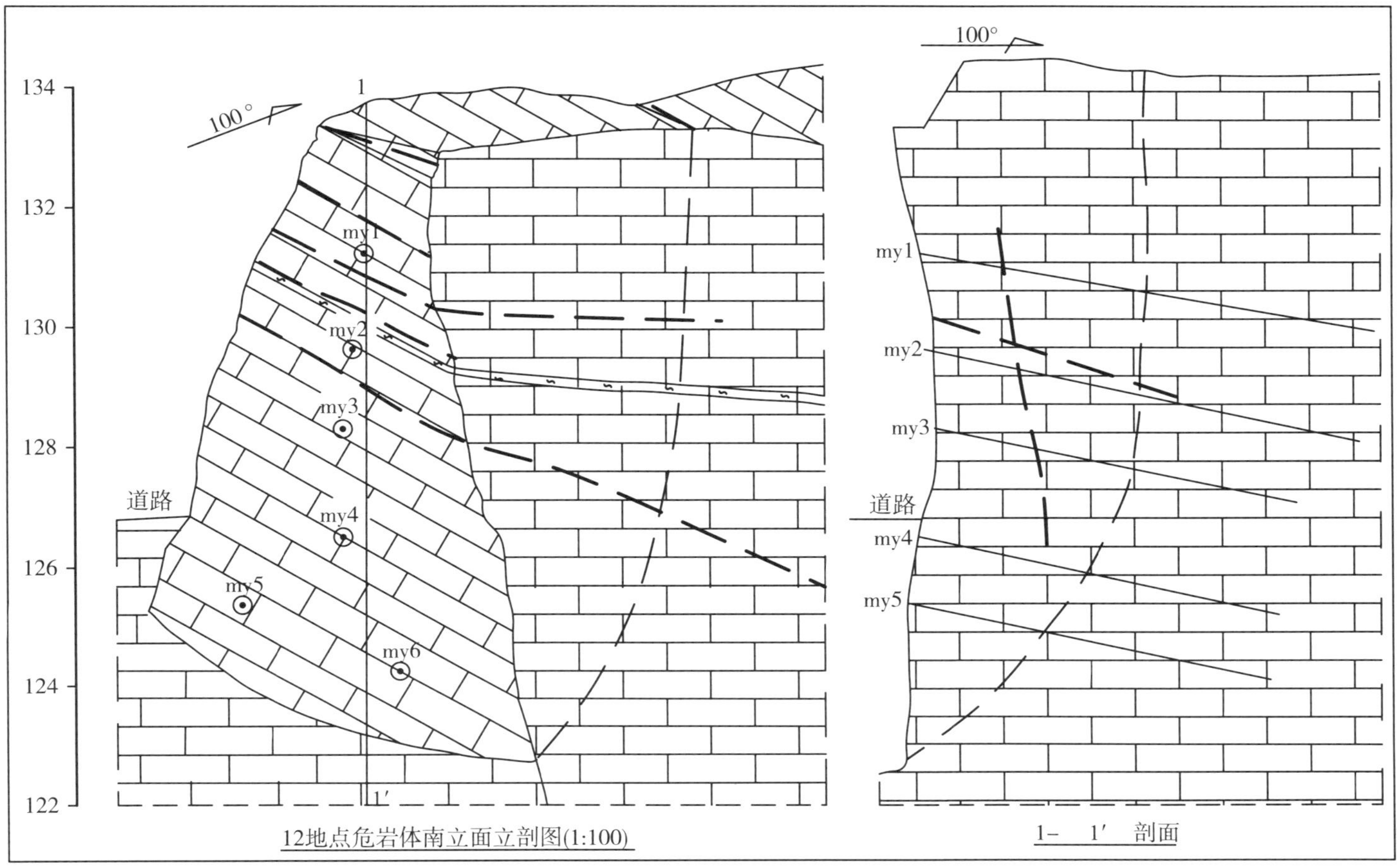

附图43　第12地点工程布置图

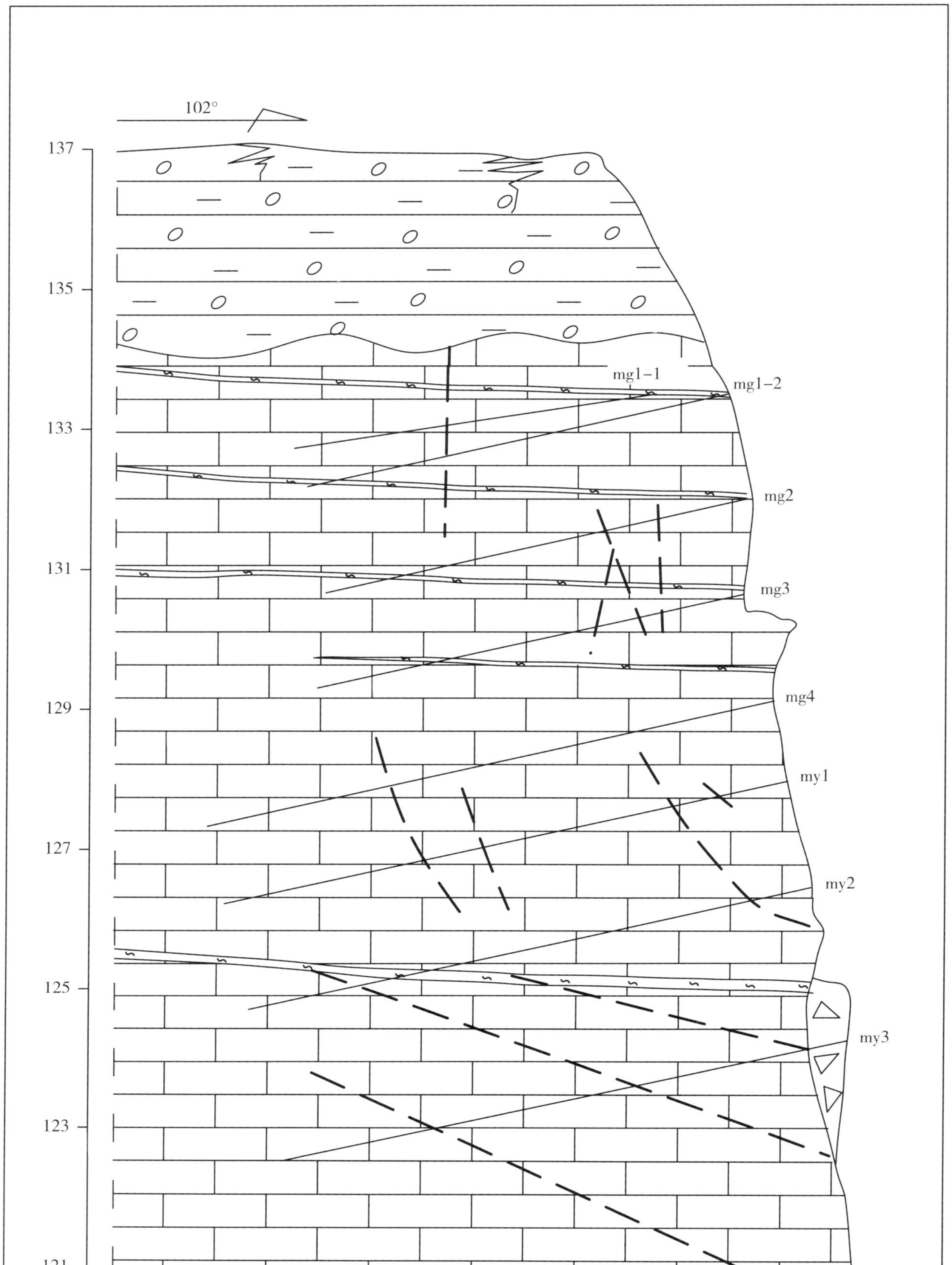

附图44　第4地点门外纵剖面投影图

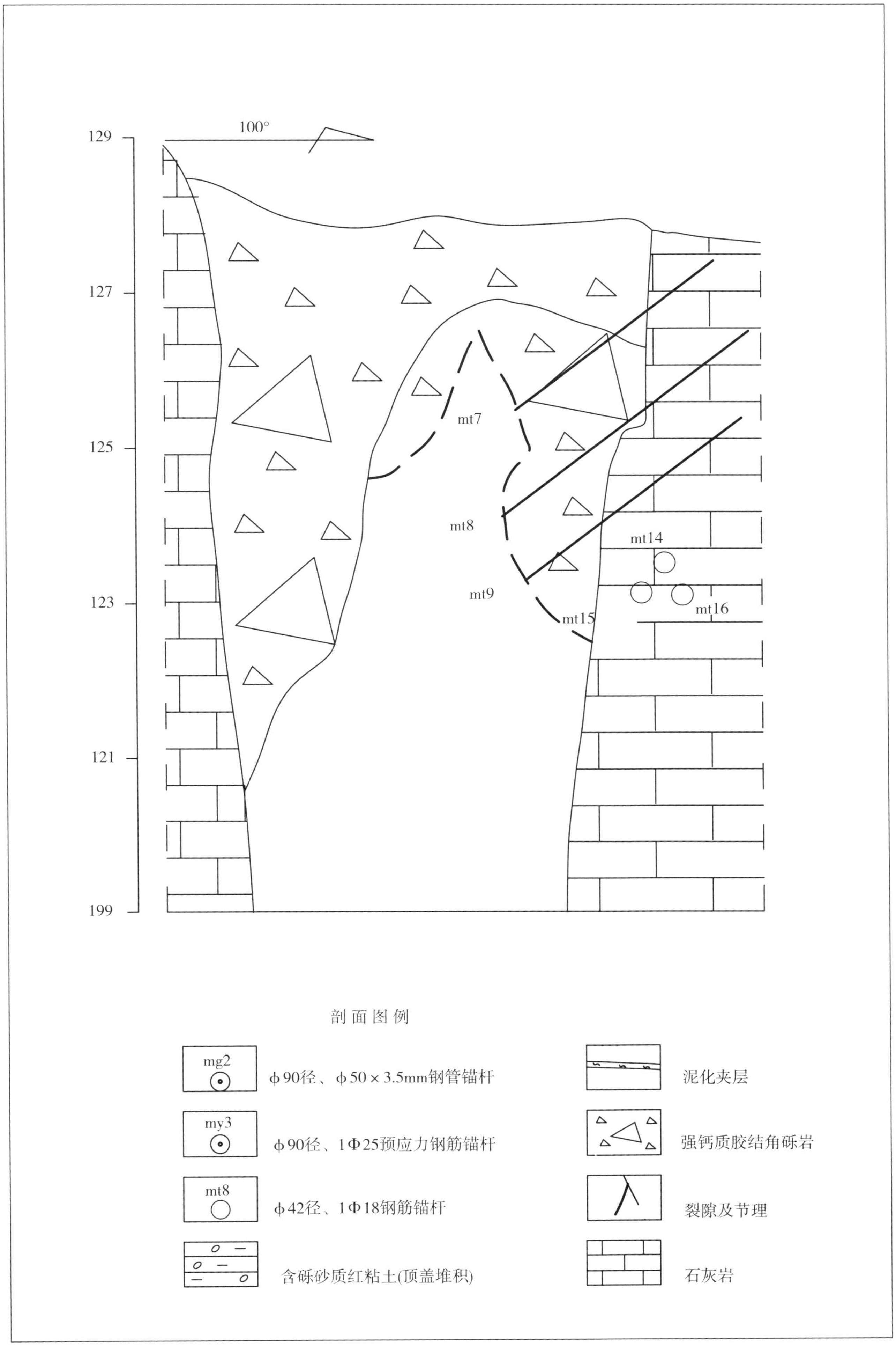

附图45　第4地点门廊上部纵剖面投影图

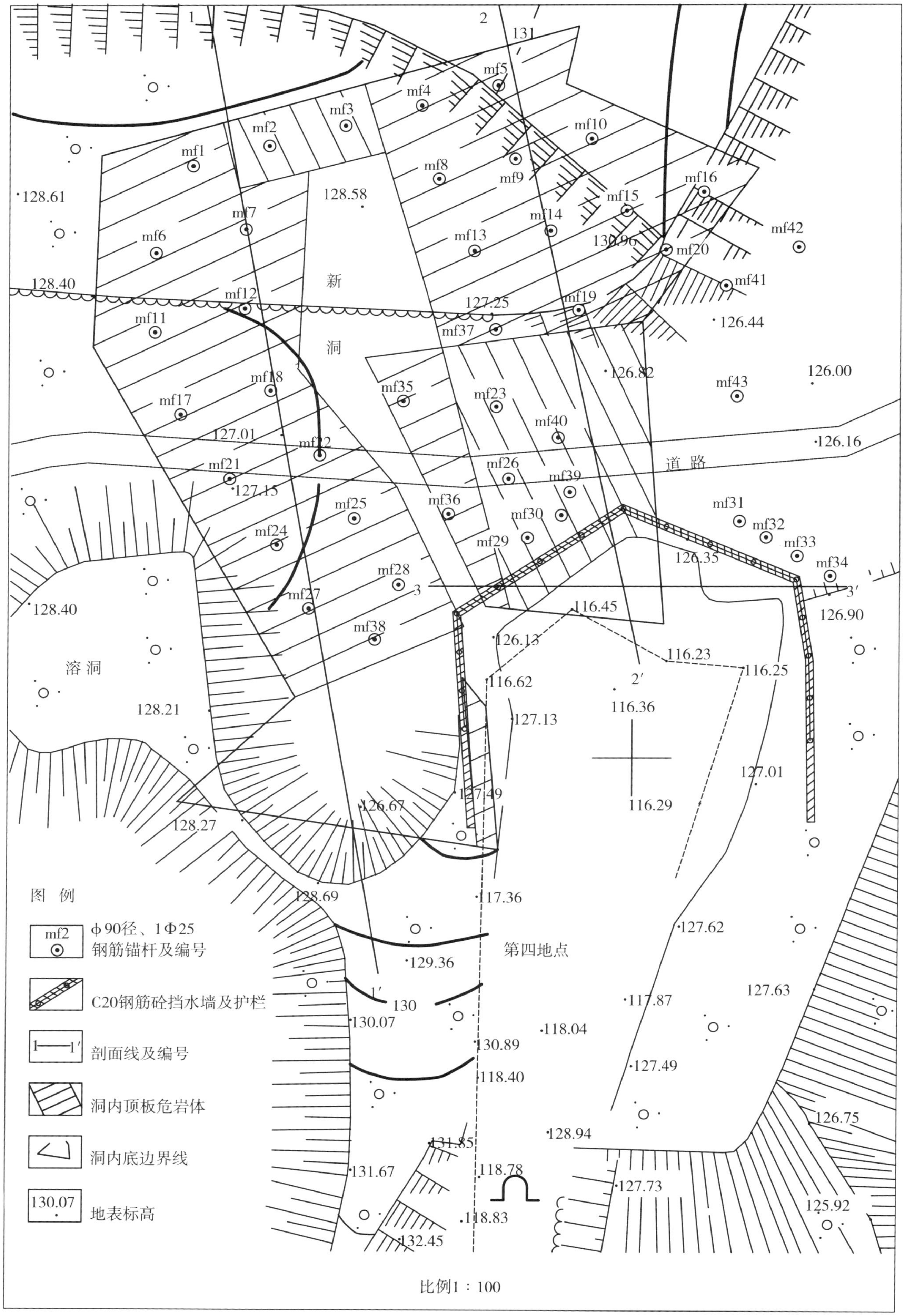

附图46 第4地点（新洞）工程平面布置图

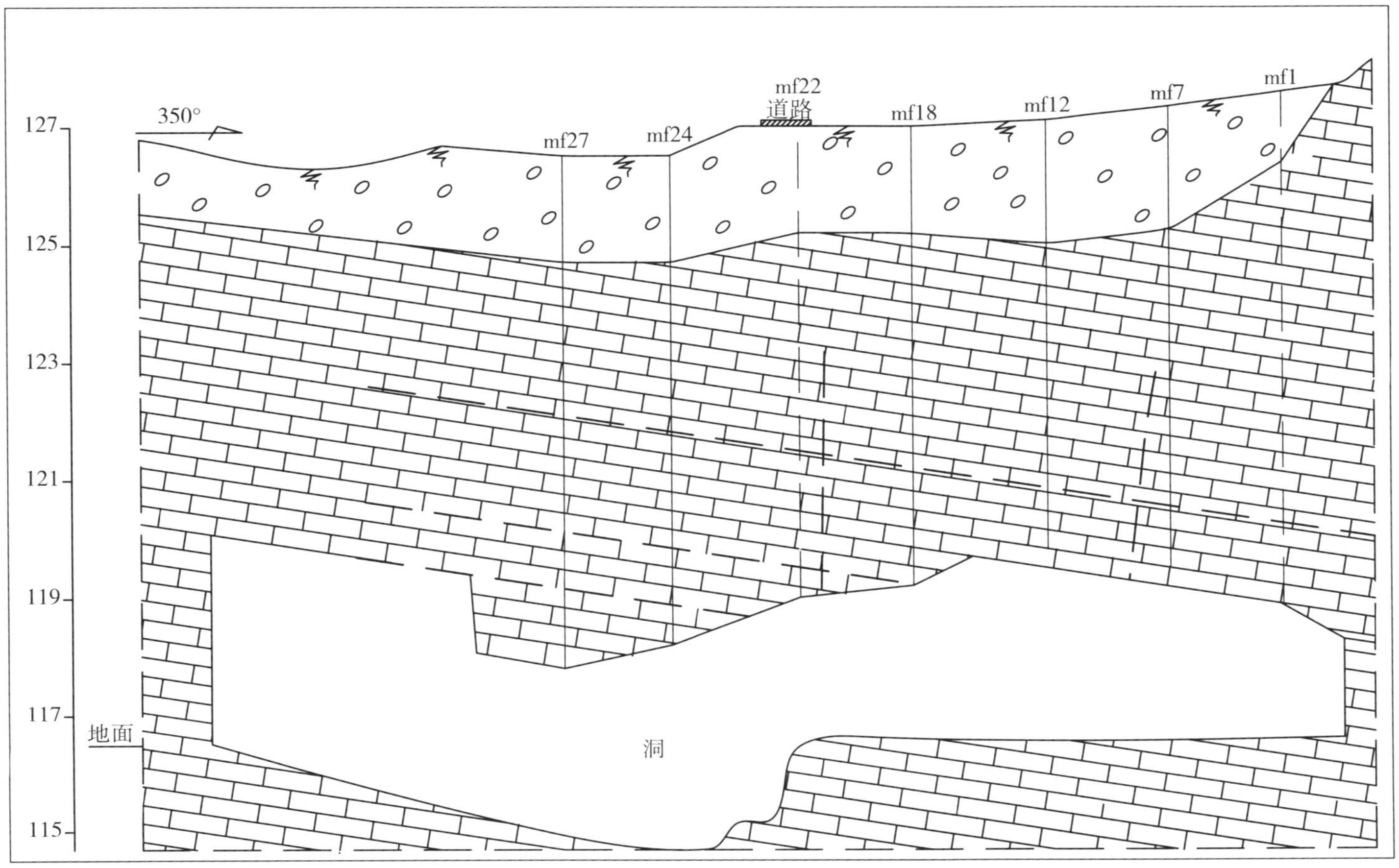

附图47　第4地点剖面图之一

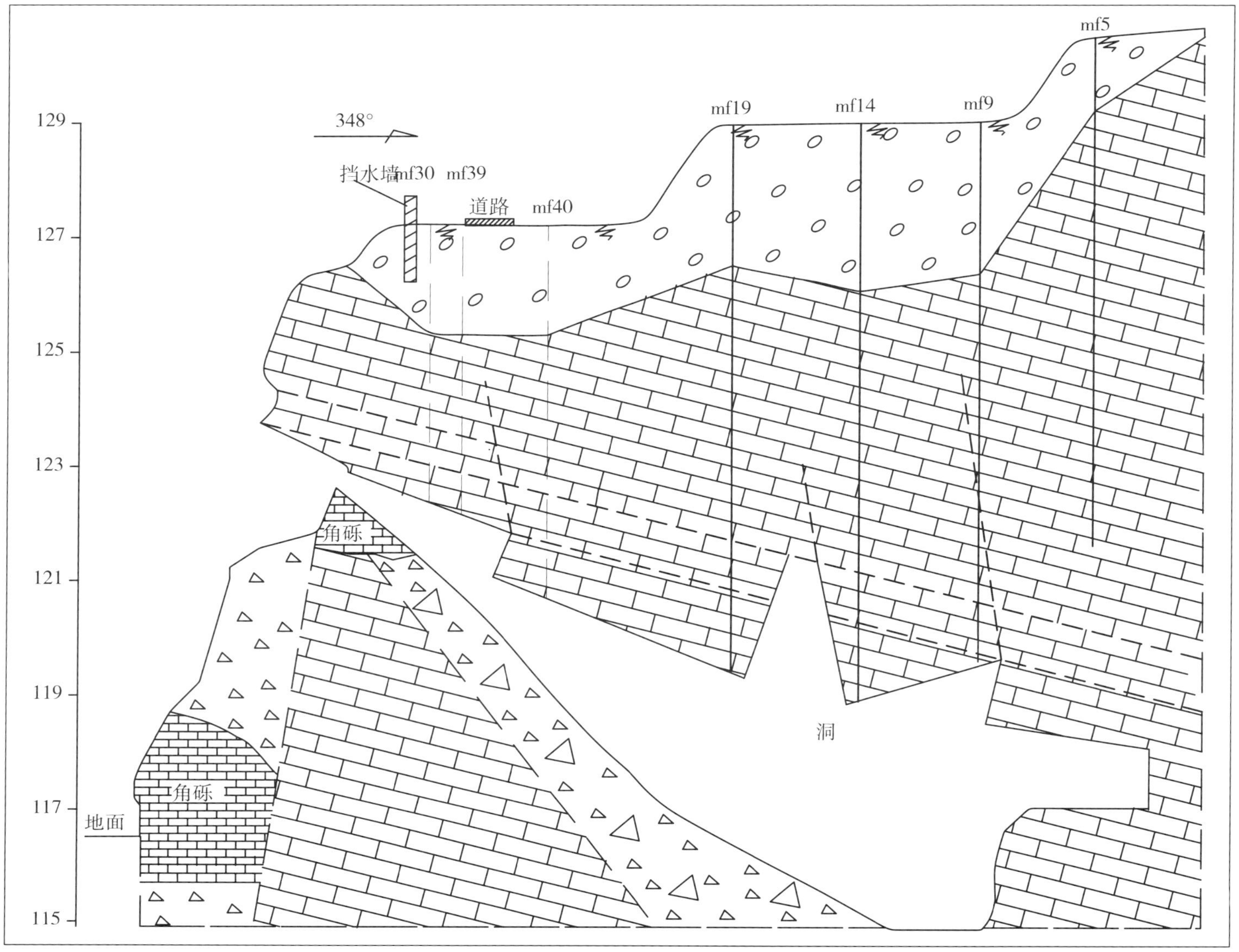

附图48　第4地点剖面图之二

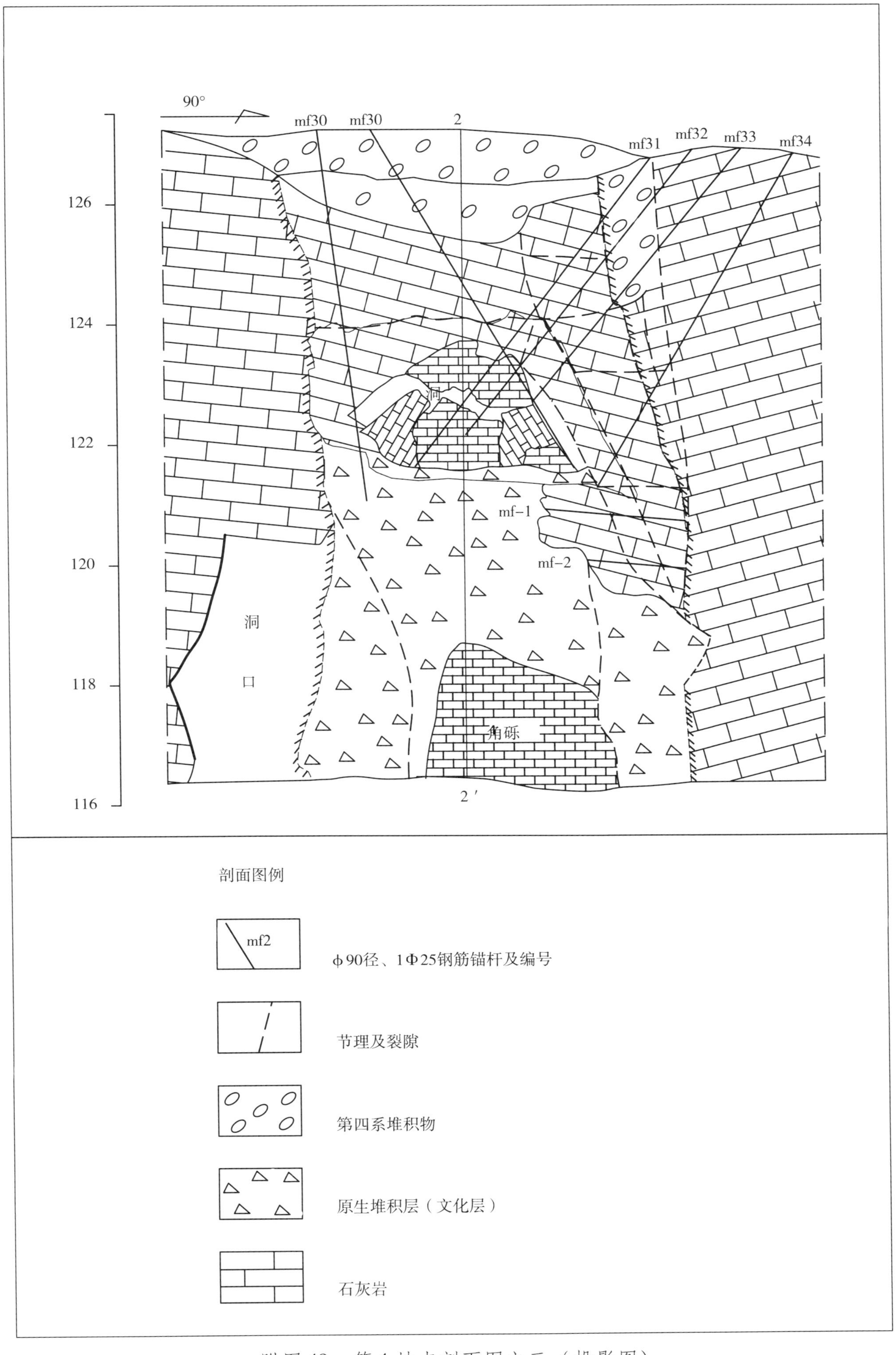

附图49　第4地点剖面图之三（投影图）

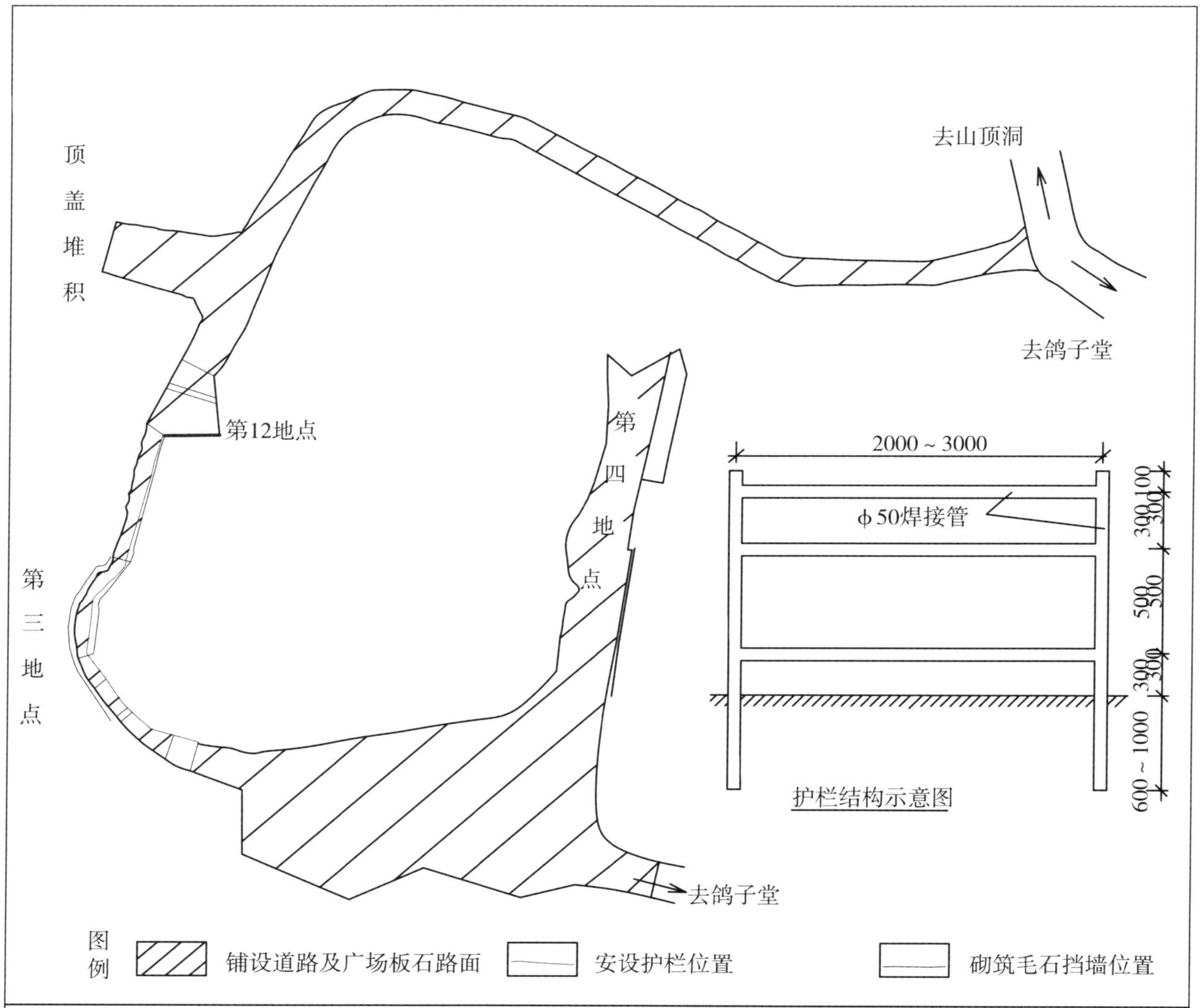

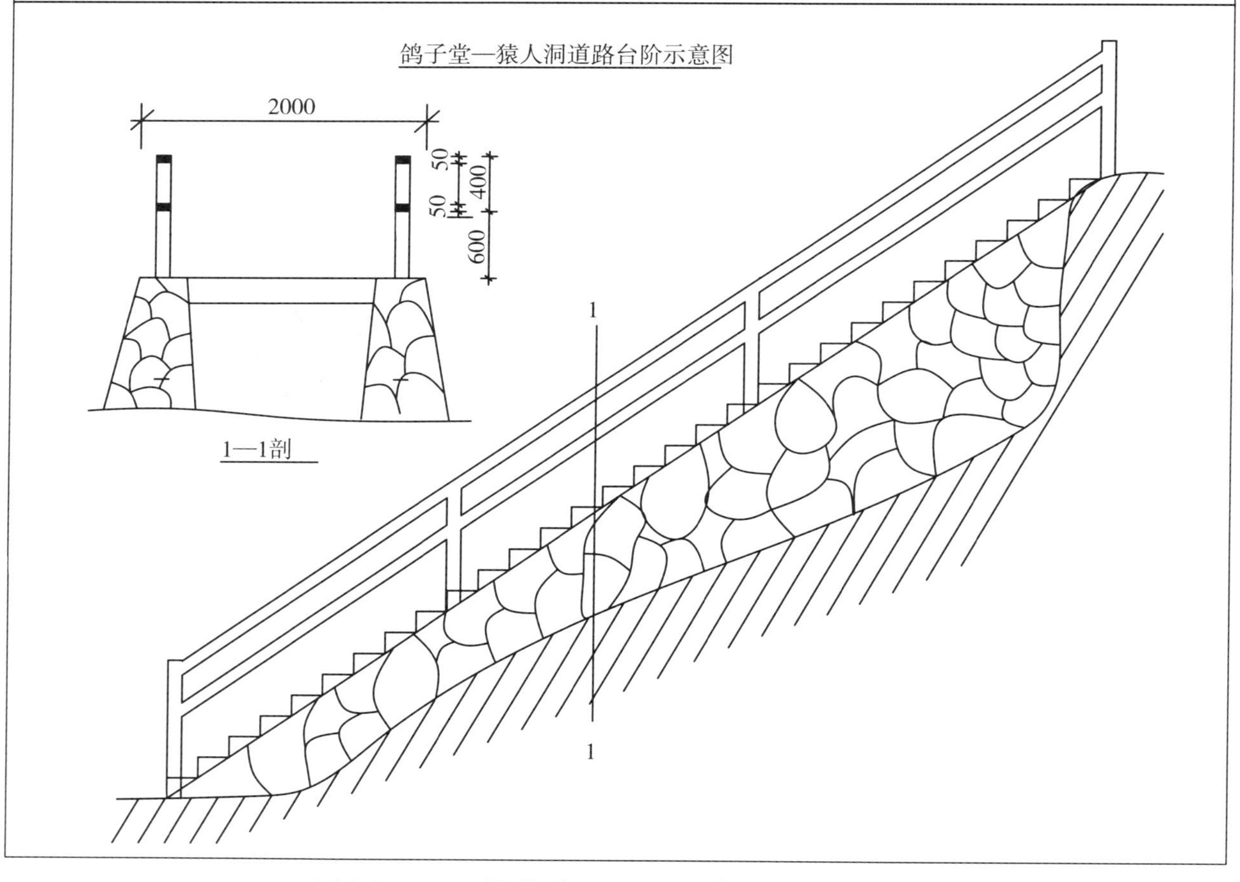

附图50 环境整治工程平面布置图（局部）

后　记

周口店遗址的加固保护工程，是自遗址发现以来第一次实施大规模保护。在方案设计中严格按照《文物保护法》文物保护原则，所采取的工程措施既要具备有效的保护功能，又要最大限度的减少对文化层考古信息和历史信息的干扰破坏。在施工中引入孔内摄影等先进技术，通过深入孔内的探头和与其相连的成像系统进行全孔成像，对施工地点岩土体内部情况进行探查，有效的弥补了勘察设计中对岩土体内部情况掌握不清这一缺欠，确保了工程质量。工程的实施，极大地缓解了自然营力对遗址造成的破坏，使遗址核心区内化石地点及附着岩体得到了有效的保护，为今后的遗址保护工作积累了宝贵的经验。

此书所介绍的加固保护对象仅限于遗址核心区内的部分化石地点，目前正在开展猿人洞保护方案设计论证，同时遗址重点保护范围界桩及安全防范设施、遗址环境整治、遗址动态信息及监测预警系统建设等工程正在实施，今后还将根据《周口店遗址保护规划》和《周口店遗址群地质病害调查报告》，不断对其他化石地点继续进行有效的保护，届时我还会将保护成果与大家分享。

感谢文物出版社对本书出版的大力支持。

错漏之处，希望大家谅解。

周口店北京人遗址管理处

2012 年 12 月

图版

1. 搭设脚手架

2. 往加固地点搬运施工设备

3. 除尘设施

4. 搅拌水泥浆液

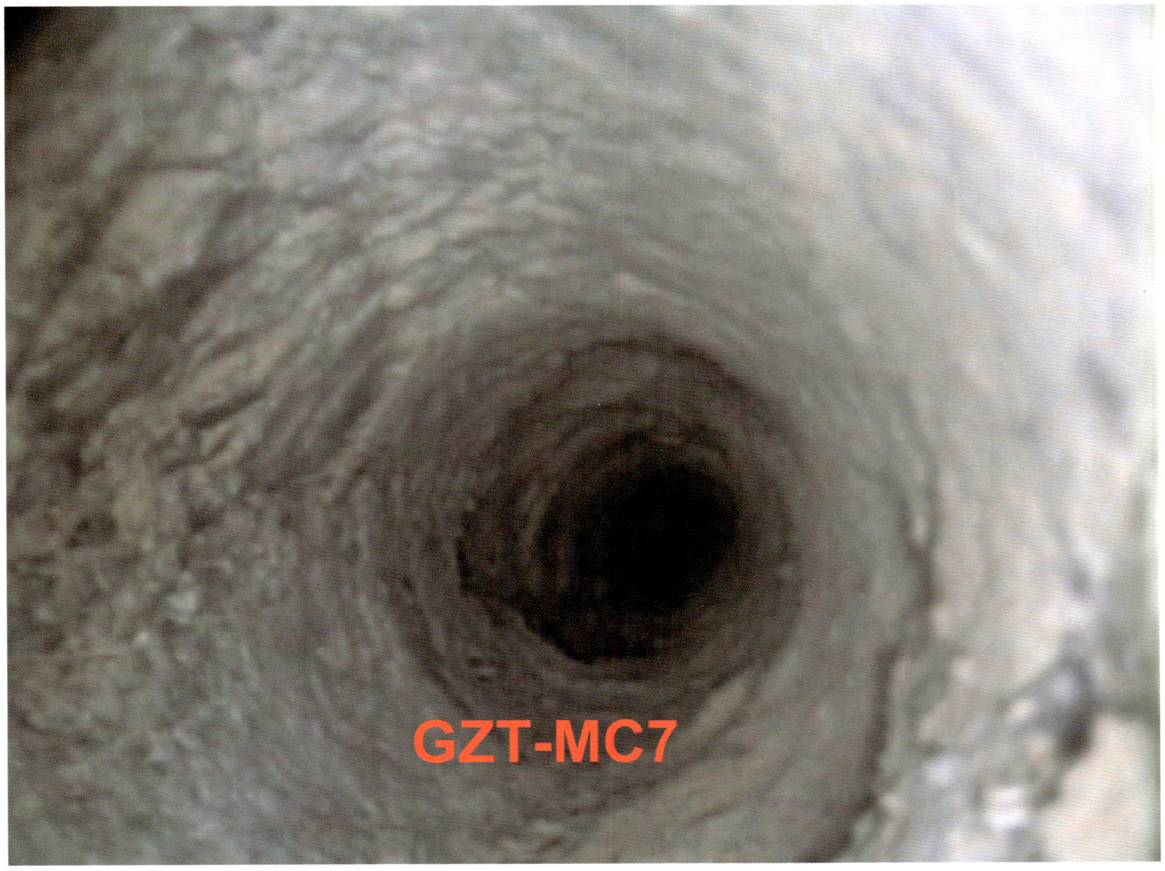

5. 锚孔检测：鸽子堂 Mc7 孔

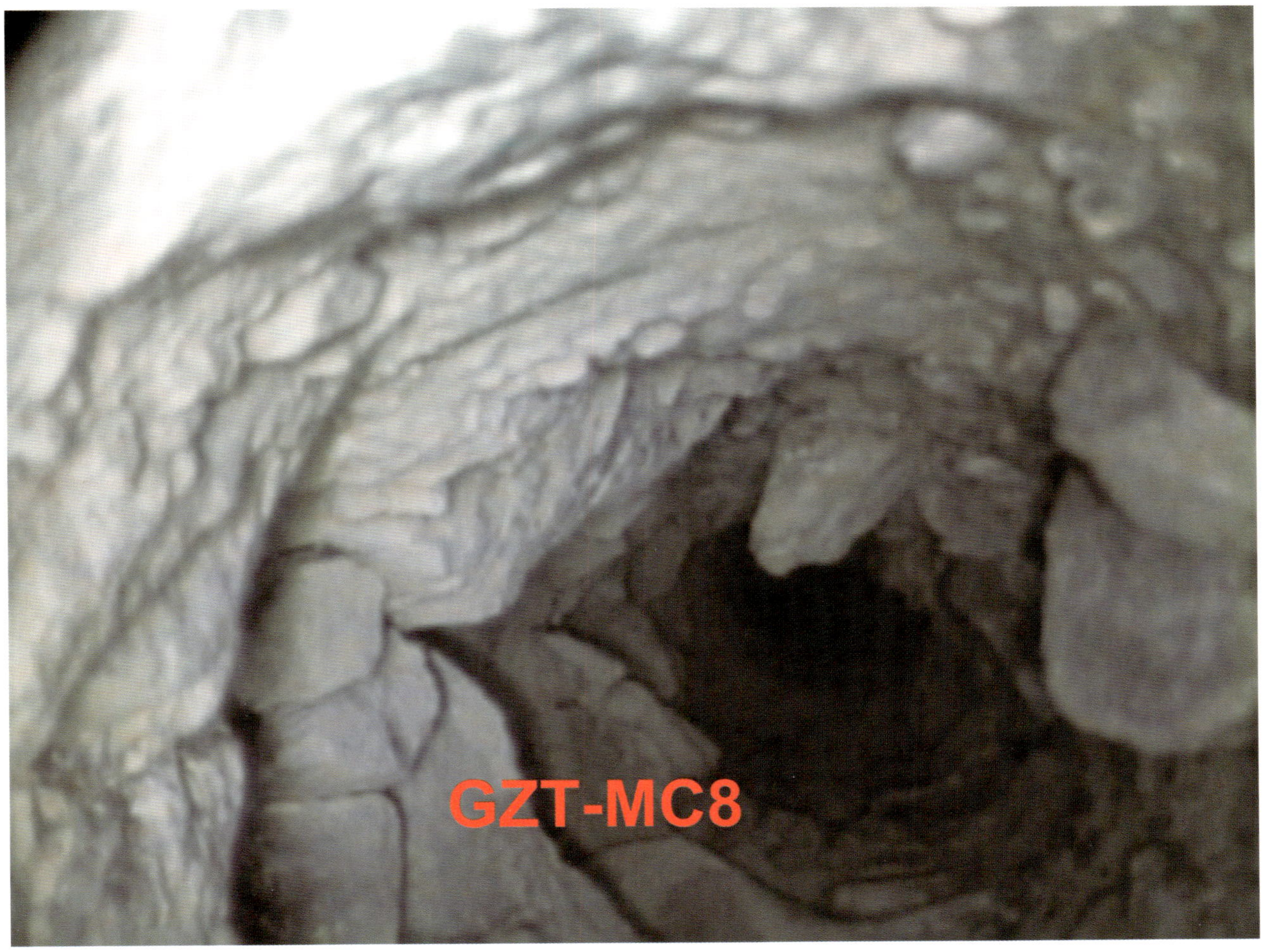

6. 锚孔检测：鸽子堂 Mc8 孔之角砾

7. 除尘后的锚杆成孔

8. 锚杆注浆

9. 鸽子堂穿透洞顶之锚杆

10. 鸽子堂顶外锚头钢垫板的焊接

11. 鸽子堂洞顶危岩体的探查

12. 鸽子堂洞顶危岩体的顶撑

13. 鸽子堂洞顶(西中)的危岩体

14. 鸽子堂洞顶(西北)的危岩体

15. 加固后的鸽子堂西侧

16. 加固后的鸽子堂北侧

17. 加固后的鸽子堂洞内

18. 加固后鸽子堂北侧洞顶的危石

19. 加固前的灰烬层

20. 加固后的灰烬层

21. 加固前的猿人洞南壁

22. 加固后的猿人洞南壁

23. 加固前的猿人洞北壁

24. 加固后的猿人洞北壁

25. 猿人洞南侧

26. 猿人洞南侧排水槽

27. 第 3 地点的松散角砾堆积

28. 第 3 地点的松散角砾堆积

29. 加固后的第 3 地点

30. 加固前的第 4 地点

31. 加固前的第 4 地点门廊

32. 第 4 地点门上裂隙进行封堵

33. 第 4 地点门上裂隙进行封堵

34. 加固后的第 4 地点

35. 加固后的第 4 地点门廊

36. 第 4 地点排水槽挖方

37. 第 4 地点排水槽混凝土施工

38. 第 4 地点前护栏

39. 第 4 地点上部挡水墙及护栏

40. 加固前的顶盖堆积

41. 加固后的顶盖堆积

42. 重修后的顶盖堆积门前广场

43. 加固前的第 12 地点

44. 加固后的第 12 地点

45. 加固前的山顶洞北侧

46. 加固山顶洞安装锚杆

47. 吊装钢梁

48. 焊缝

49. 防护棚玻璃钢防水处理

50. 防护棚协调做旧(钻孔)

51. 防护棚协调做旧(勾缝)

52. 防护棚协调做旧(磨光)

53. 防护棚协调做旧（上色）

54. 山顶洞挡水墙及护栏

55. 山顶洞南侧排水槽

56. 加固前的山顶洞北侧

57. 加固前的山顶洞东侧

58. 加固后的山顶洞北侧

59. 加固后的山顶洞东侧